高等学校交通运输与工程类专业规划教材
高等学校应用型本科规划教材
辽宁省首批"十二五"普通高等教育本科省级规划教材

路基路面工程

(第2版)

潘宝峰 主　编
张铁志　耿立涛 副主编
钟　阳 主　审

内 容 提 要

本教材为辽宁省首批"十二五"普通高等教育本科省级规划教材。全书共分9章,第1章为绪论,第2章为路基路面材料的力学特性,第3章为路基设计,第4章为路面基层,第5章为荷载作用与交通分析,第6章为沥青路面,第7章为水泥混凝土路面,第8章为路基路面排水设计,第9章为路基路面养护技术与管理。

本教材可作为高等学校土木工程、道路桥梁与渡河工程、市政工程、机场工程、港口航道工程等专业的专业主干课教材,也可供从事公路、城市道路、机场道路建设等交通行业相关人员学习参考。

图书在版编目(CIP)数据

路基路面工程/潘宝峰主编. — 2版. — 北京:
人民交通出版社股份有限公司,2018.8
ISBN 978-7-114-13637-5

Ⅰ. ①路… Ⅱ. ①潘… Ⅲ. ①路基工程—教材②路面
—道路工程—教材 Ⅳ. ①U416

中国版本图书馆 CIP 数据核字(2017)第 012305 号

高等学校交通运输与工程类专业规划教材
高等学校应用型本科规划教材
辽宁省首批"十二五"普通高等教育本科省级规划教材

书　　名:	路基路面工程(第2版)
著 作 者:	潘宝峰
责任编辑:	李　瑞　王景景
责任校对:	刘　芹
责任印制:	张　凯
出版发行:	人民交通出版社股份有限公司
地　　址:	(100011)北京市朝阳区安定门外外馆斜街3号
网　　址:	http://www.ccpress.com.cn
销售电话:	(010)59757973
总 经 销:	人民交通出版社股份有限公司发行部
经　　销:	各地新华书店
印　　刷:	北京虎彩文化传播有限公司
开　　本:	787×1092　1/16
印　　张:	18
字　　数:	450 千
版　　次:	2018 年 8 月　第 2 版
印　　次:	2023 年 1 月　第 2 版　第 4 次印刷
书　　号:	ISBN 978-7-114-13637-5
定　　价:	45.00 元

(有印刷、装订质量问题的图书由本公司负责调换)

第2版前言

路基与路面工程是道路、桥梁、隧道、机场、交通工程等专业方向的必修课。本书第1版于2009年出版,2013年入选辽宁省首批"十二五"普通高等教育本科省级规划教材。几年来,路基路面新材料、新技术不断涌现,相关规范、标准陆续更新,教育教学改革不断深入。为适应新时期本科教学的最新要求,2014年5月本书主编邀请使用该教材的其他高校主讲教师,召开了第一次教材修订研讨会。会上,根据路基路面工程的特点及主讲教师多年授课经验,在保持第1版特点的前提下,制定了修正大纲,对第1版进行了全面修订。

与第1版相比,本版教材主要有以下变化:

(1) 将第1章中"路基的变形、破坏原因与措施"融入第3章;

(2) 第2章名称变为"路基路面材料的力学特性",本章融合了原第2章、第6章中有关材料方面的内容;原第2章的"荷载作用与交通分析"放入第5章,"环境因素的影响"放入第1章;

(3) 原第3章中的"路基排水设计"放入第8章并增加了路面排水的内容;

(4) 原第4章、第5章整合为第4章"路面基层";

(5) 增加了第5章"荷载作用与交通分析",并将标准轴载及换算融入本章;

(6) 第6章增加了"国外沥青路面设计简介";

(7) 第7章增加了"国外水泥混凝土路面设计简介";

(8) 增加了第9章"路基路面养护技术与管理"。

本书修订过程中,既考虑了理论与实践的有机结合,又在加强理论教学的基础上更加注重应用能力的培养,以满足为培养应用型人才服务的要求。全书共分为九章,具体编写分工为:第1章由大连民族大学彭永恒教授编写,第2章由辽宁工程技术大学郑大为副教授编写,第3章由辽宁工业大学曹春阳副教授编写,第4章由大连海洋大学沈璐副教授编写,第5章、第6章第6.7节、第7.7节由深圳大学麦德荣博士编写,第6章第6.1~6.6节由山东建筑大学耿立涛副教授编写,第7章第7.1~7.6节由辽宁科技大学张铁志副教授编写,第8章由大连理工大学潘宝峰教授编写,第9章由新疆大学左志博士编写。全书由潘宝峰教授统稿并担任主编,由大连理工大学钟阳教授主审。

本书在编写过程中参考了书后所列书目,从中参考了许多有益的内容,在此向各位编著者表示诚挚的谢意。

作 者

二〇一八年二月于大连

目录

第 1 章　绪论 ··· 1
　1.1　道路工程发展历史 ··· 1
　1.2　路基路面工程的特点及设计内容 ··· 2
　1.3　路基土的分类及其工程性质 ··· 4
　1.4　路基水温状况与公路自然区划 ·· 8
　1.5　路基路面结构及层位功能 ·· 15
　1.6　主要路面材料 ·· 19
　复习思考题 ··· 20

第 2 章　路基路面材料的力学特性 ·· 21
　2.1　路基土的力学强度特性 ·· 21
　2.2　路面材料的力学强度特性 ·· 28
　复习思考题 ··· 37

第 3 章　路基设计 ·· 38
　3.1　路基设计概述 ·· 38
　3.2　路基的横断面设计及路基的附属设施 ·· 45
　3.3　路基边坡稳定性分析 ··· 53
　3.4　路基防护与加固 ··· 65
　3.5　挡土墙设计 ··· 71
　3.6　特殊路基设计 ·· 114
　复习思考题 ··· 120

第 4 章　路面基层 ·· 122
　4.1　概述 ·· 122
　4.2　粒料类基层 ·· 123
　4.3　无机结合料稳定类基层 ·· 127
　复习思考题 ··· 140

第 5 章　荷载作用与交通分析 ·· 141
　5.1　荷载作用 ··· 141
　5.2　交通分析 ··· 146
　5.3　标准轴载及当量轴次 ··· 149

复习思考题 ………………………………………………………………………… 154

第6章 沥青路面 … 156
6.1 概述 ………………………………………………………………………… 156
6.2 沥青路面的破坏状态与设计标准 ……………………………………… 159
6.3 沥青路面结构组合设计 ………………………………………………… 163
6.4 弹性层状体系理论 ……………………………………………………… 165
6.5 新建沥青路面的结构厚度计算 ………………………………………… 169
6.6 沥青路面改建设计 ……………………………………………………… 181
6.7 国外沥青路面设计简介 ………………………………………………… 184
复习思考题 ………………………………………………………………………… 193

第7章 水泥混凝土路面 … 194
7.1 概述 ………………………………………………………………………… 194
7.2 水泥混凝土路面的构造 ………………………………………………… 198
7.3 小挠度薄板理论 ………………………………………………………… 207
7.4 荷载应力分析 …………………………………………………………… 210
7.5 温度应力分析 …………………………………………………………… 218
7.6 水泥混凝土路面设计方法 ……………………………………………… 221
7.7 国外水泥混凝土路面设计简介 ………………………………………… 235
复习思考题 ………………………………………………………………………… 246

第8章 路基路面排水设计 … 247
8.1 路基排水设计 …………………………………………………………… 248
8.2 路面排水设计 …………………………………………………………… 261
复习思考题 ………………………………………………………………………… 265

第9章 路基路面养护技术与管理 … 267
9.1 概述 ………………………………………………………………………… 267
9.2 路基养护技术 …………………………………………………………… 268
9.3 路面预防性养护简介 …………………………………………………… 269
9.4 沥青路面维修养护 ……………………………………………………… 271
9.5 水泥混凝土路面维修养护 ……………………………………………… 274
9.6 路面管理系统简介 ……………………………………………………… 276

参考文献 … 279

第 1 章 绪 论

【本章内容】

本章主要介绍道路的发展历史、路基路面工程特点、路基土的分类及其工程性质、路基水温状况与公路自然区划、路基路面结构及层位功能。

【学习要求】

了解道路工程的发展过程;掌握路基土的分类及其工程性质、路基干湿类型及划分方法;掌握路基路面结构特点、功能与分层要求;掌握路基路面结构的主要影响因素;掌握路基路面结构的环境特点;掌握公路自然区划的概念、划分方法及各区的筑路特点;熟悉路基路面的设计内容。

1.1 道路工程发展历史

中国古代的道路和桥梁建筑,在世界道路交通史上留下了光辉的篇章。

据《史记》记载,早在4000多年前的夏朝,已有了车和行车的路。商代开始有驿道传送。西周开创了以都市为中心的道路体系,建立了比较完善的道路管理制度。秦代修弛道、直道约1.2万公里,建立了规模宏大的道路交通网。西汉时期设驿亭3万处,道路交通呈现出更加繁荣的景象,特别是连接欧亚大陆的"丝绸之路"的开通,为东西方经济文化交流做出了巨大贡献。

唐代是我国古代经济和文化的昌盛时期，建成了以长安城为中心约2.2万公里的驿道网。到了宋、元、明、清各代，道路交通又有了进一步的发展，形成了层次分明、功能齐全的道路系统。

20世纪初，汽车进入我国，开始在原有的驿道上修建行驶汽车的公路。1912—1949年，公路有了初步发展，共修建公路约13万公里。这些公路标准低、路况差，特别是由于连年战争，能够维持通车的仅有8万公里，此时全国1/3的地区不通公路，西藏地区甚至没有公路。

1949年10月中华人民共和国成立，我国进入了社会主义建设时期，百业俱兴，公路交通事业也得到了快速发展，至1978年底，全国共修建公路88万公里。特别是1978年以来，公路发展十分迅速。我国内地的高速公路建设起步虽晚，但发展迅猛。1988年第1条高速公路——沪嘉高速公路建成通车,1990年总计375公里的沈大高速公路全线贯通，标志着我国已进入高速公路时代。"十一五"期间，我国加速编织立体交通网，公路、水路、民航、邮政均迎来历史上最大规模的建设热潮，取得了前所未有的大发展，基本满足了百姓的出行需求。"十二五"期间，完成交通固定资产投资超过12.5万亿元，是"十一五"期间的1.6倍。"五纵七横"综合运输大通道基本贯通，综合交通网络初步形成，综合枢纽建设明显加快，各种运输方式衔接效率显著提升。至2017年，全国公路通车总里程达477.35万公里，高速公路里程突破13.65万公里，"7918"国家高等级公路网基本建成，全国100%的县、99.99%的乡及99.98%的建制村通了公路，国省干线公路技术等级逐步提升，全国96%的县城实现二级及以上等级公路连通，公路养护管理水平持续提升，公路网已基本建成。

经过半个多世纪的发展，我国在道路工程领域的科学研究和工程实践方面也取得了许多突破性的成果。

1.2 路基路面工程的特点及设计内容

1.2.1 路基路面工程的特点

路基路面是道路的主要组成部分。路基是按照道路路线设计线形和横断面的要求在天然地表面填筑或开挖而成的带状岩土结构物。路面是在路基顶面的行车部分，用各种混合料铺筑而成的层状结构物。路基是路面的基础，起着支撑并保证路面结构稳定的作用；路面直接承受行车荷载和自然因素的作用，起着保护路基、使其避免经受各种不利因素的直接影响。路基路面是相辅相成、不可分割的整体，应综合考虑其工程特点，解决工程技术问题。

路基路面作为线形结构物，在地域空间上跨度很大，可能绵延几公里甚至几百公里。与其他结构物相比，路基路面具有许多独特的工程特点。

(1) 路基路面结构简单。

(2) 路基工程工艺简单，工程量巨大，可就地取材。道路路线长，土石方数量大，人力和机械用量多，施工工期长。

(3) 路面工程技术含量高，投资大。路面结构在道路总造价中所占比重很大，一般可达30%以上。

(4) 影响因素复杂，变异性和不确定性大。道路沿线气候、地形、地貌、水文和地质等自然条件变化大,而路基路面结构层材料的力学性能对环境条件变化敏感,因此,路基路面结构体系承受着复杂多变的自然条件和环境因素的影响。再者,道路沿线各地区经济发展状况带来的交通量的差异也是影响道路结构性能的重要因素之一。

(5)涉及学科多。路基路面工程涉及材料科学、岩土工程、结构分析、管理科学等多种学科。

1.2.2 路基路面工程的性能要求

在行车荷载和自然因素的作用下,路基路面会产生各种变形及损坏。道路在运行期间保持良好的路况,是保证道路满足车辆运行要求、提高车速、增强行车安全性和舒适性以及降低运输成本的前提。因此,路基路面工程应具有下列基本性能。

(1)承载能力

行车荷载作用下,路基路面结构内部会产生应力、应变及位移。路基路面结构应具有足够的强度以抵抗车轮荷载引起的各个部分的各种应力,避免压碎、拉断、剪切等各种破坏。路基路面结构也应具有足够的刚度,在车轮荷载作用下不产生过量的变形,避免车辙、沉陷、波浪等各种病害。这就要求路基路面结构整体及其各组成部分都应具有与行车荷载相适应的承载能力。

(2)稳定性

在天然地表建造的道路结构物改变了自然的平衡。在达到新的平衡状态之前,道路结构物处于一种暂时的不稳定状态。新建的路基路面结构袒露在大气之中,经常受到大气温度、降水与湿度变化的影响,结构物的物理、力学性质将随之发生变化,处于另外一种不稳定状态。路基路面结构能否经受这种不稳定状态,而保持工程设计所要求的几何形态及物理力学性能,称为路基路面结构的稳定性。影响路基路面稳定的因素很多,有地理条件、地质条件、气候条件、水文和水文地质条件、土的类别及人为作用等。

(3)耐久性

路基路面工程投资巨大,从规划、设计、施工至建成通车需要较长的时间。因此,在行车荷载和环境因素的作用下,路基路面不应过早损坏,而要经久耐用,具有较长的使用年限,即路基路面工程应具有耐久的性能。影响耐久性的因素很多,包括行车荷载、自然因素及材料特性等。

(4)平整度

路面表面是否平整是影响行车安全、舒适及运输效益的重要因素。不平整的路表面会增大行车阻力、影响行车速度,并使车辆产生附加的振动作用,而且,不平整的路表面还会积滞雨水,加速路面的破坏。因此,路面应保持一定的平整度。影响路面平整度的因素主要是施工工艺。

(5)抗滑性

路面表面要求平整,但不宜光滑,汽车在光滑的路面上行驶时,车轮与路面之间缺乏足够的附着力或摩擦力。特别是雨天高速行车,在紧急制动、突然起动、或爬坡、转弯时,车轮易产生空转或打滑,容易引起交通事故。因此,路面表面必须有足够的抗滑能力。路面表面的抗滑能力主要由表面宏观及微观粗糙度所决定。

1.2.3 路基路面工程的设计内容

路基路面设计应根据道路使用要求、当地自然情况和经济发展水平,参照有关规范和经验,选定合理的结构方案,绘出设计图纸,作为施工的依据。其具体内容如下:

(1)路基设计

①路基横断面设计:根据道路使用要求和交通量确定公路等级,结合路线设计确定的路基填挖高度和顶宽、沿线岩质或土质情况,设计路基横断面形状和边坡坡度。

②路基排水设计:根据沿线地形、降水、地面河流和地下水情况,进行道路排水系统的布置以及地面和地下排水构造物的设计。

③路基防护及加固设计:根据当地气候、水文和地质等情况,分析路基的稳定性,并采取坡面防护、支挡等措施,进行相应的支挡结构物设计,对湿软地基进行加固设计。

④其他:路基附属设施设计等。

(2)路面设计

①路面结构组合设计:根据公路等级、使用要求、当地自然环境、路基支承条件和路面材料供应情况,提出路面结构层的组合方案。

②路面材料组成设计:根据所选材料的性状要求和当地自然条件,进行各结构层材料的组成设计。

③路面结构厚度计算:应用力学模型和相应的计算理论,或者按经验方法确定满足交通条件、环境条件以及设计年限要求的各结构层厚度。

④路面排水设计:根据当地气候、水文以及道路平、纵、横设计,布设路面排水系统,进行路面表面与内部排水的设计。

⑤其他:水泥混凝土路面的接缝和配筋设计,其他附属设施设计等。

1.3 路基土的分类及其工程性质

1.3.1 路基土的分类

土的工程分类,主要有两大分支:一是从地基承载力的观点出发,认为土的塑性指标是关键指标,因而主张以塑性指数的大小分类;二是从路基稳定性的观点出发,认为颗粒组成,特别是土的细粒含量,对水稳定性影响巨大,因此主张以颗粒组成作为分类标准。我国的公路用土依据土的颗粒组成、土颗粒的矿物成分或其余物质(有机质)含量、土的塑性指标等,分为巨粒土、粗粒土、细粒土和特殊土四大类,并进一步细分为12种土,见表1-1及图1-1。

粒 组 划 分 表　　　　表1-1

粒径	200		60		20		5		2		0.5	0.25	0.075	0.002 (mm)
	巨粒组						粗粒组							细粒组
	漂石 (块石)		卵石 (小块石)		砾(角砾)			砂					粉粒	黏粒
					粗	中	细	粗	中	细				

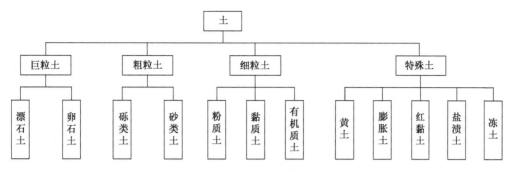

图 1-1 土分类总体系

土中不同粒组所占的比例(相对含量)称为土颗粒的级配。为了表示土颗粒的均匀程度和级配的优劣,定义土的不均匀系数 C_u 为:

$$C_u = \frac{d_{60}}{d_{10}} \tag{1-1}$$

土的颗粒级配累计曲线的斜率是否连续可用曲率系数 C_c 表示,定义 C_c 为:

$$C_c = \frac{d_{30}^2}{d_{60}d_{10}} \tag{1-2}$$

其中 d_{10}、d_{30}、d_{60} 为土的特征粒径,在土的粒径分布曲线上,小于该粒径的土的质量分别为总质量的 10%、30%、60%。

C_u 越大,表示土越不均匀,即粗颗粒与细颗粒的大小相差越悬殊,$C_u > 5$ 的土称为不均匀土,反之称为均匀土。

当级配连续时,C_c 的范围为 1~3,反之表示级配曲线不连续。从工程观点看,土的级配不均匀($C_u \geq 5$)且级配曲线连续($C_c = 1 \sim 3$)的土,称为级配良好的土。

巨粒类土的分类见表 1-2。

巨粒类土分类表　　　　表 1-2

土　类	粒　组　含　量		土类代号	土类名称
漂(卵)石	巨粒含量>75%	漂石含量大于卵石含量	B	漂石(块石)
		漂石含量不大于卵石含量	Cb	卵石(碎石)
漂(卵)石夹土	50%<巨粒含量≤75%	漂石含量大于卵石含量	BSl	混合土漂石(块石)
		漂石含量不大于卵石含量	CbSl	混合土卵石(块石)
漂(卵)石质土	15%<巨粒含量≤50%	漂石含量大于卵石含量	SlB	漂石(块石)混合土
		漂石含量不大于卵石含量	SlCb	卵石(碎石)混合土

巨粒组含量不大于 15% 时,可扣除巨粒,按粗粒类土或细粒类土的相关规定分类。土中巨粒组土粒质量少于或等于总质量的 15%,且巨粒组土粒和粗粒组土粒质量之和多于总质量的 50% 的土称为粗粒土。粗粒土分为砾类土和砂类土,砾粒组含量大于砂粒组含量的土称为砾类土,砾粒组含量不大于砂粒组含量的土称为砂类土。砾类土和砂类土根据其细粒含量和粗粒组的级配进行分类,见表 1-3、表 1-4。

砾类土分类表　　　　　　　　　　　表1-3

土　类	粒组含量		土类代号	土类名称
砾	细粒含量≤5%	级配：$C_u \geq 5, 1 \leq C_c \leq 3$	GW	级配良好砾
		级配：不同时满足上述要求	GP	级配不良砾
含细粒土砾	5%＜细粒含量≤15%		GF	含细粒土砾
细粒土质砾	15%＜细粒含量≤50%	细粒土位于塑性图A线及以上	GC	黏土质砾
		细粒土位于塑性图A线以下	GM	粉土质砾

砂类土分类表　　　　　　　　　　　表1-4

土　类	粒组含量		土类代号	土类名称
砂	细粒含量≤5%	级配：$C_u \geq 5, 1 \leq C_c \leq 3$	SW	级配良好砂
		级配：不同时满足上述要求	SP	级配不良砂
含细粒土砂	5%＜细粒含量≤15%		SF	含细粒土砂
细粒土质砂	15%＜细粒含量≤50%	细粒土位于塑性图A线及以上	SC	黏土质砂
		细粒土位于塑性图A线以下	SM	粉土质砂

砂还可细分为粗砂、中砂、细砂。粒径大于0.5mm颗粒质量多于总质量50%的砂称为粗砂；粒径大于0.25mm颗粒质量多于总质量50%的砂称为中砂；粒径大于0.075mm颗粒质量多于总质量75%的砂称为细砂。

细粒组(小于0.075mm的颗粒)质量多于或等于总质量的50%的土称为细粒土。按照相关规定：粗粒组含量不大于25%的细粒土称为粉质土或黏质土；粗粒组含量大于25%且不大于50%的细粒土称为含粗粒的黏质土或含粗粒的粉质土；有机质小于10%且不小于5%的土称为有机质土。

细粒土可根据图1-2所示的塑性图分类。当细粒土位于塑性图A线或A线以上时，如果在B线或B线右侧，称为高液限黏土，记为CH；如果在B线左侧且$I_p = 7$线以上，称为低液限黏土，记为CL。当细粒土位于塑性图A线以下时，如果在B线或B线右侧，称为高液限粉土，记为MH；如果在B线左侧且$I_p = 4$线以下，称为低液限粉土，记为ML。黏土和粉土过渡区的土可按相邻土层的类别考虑细分。

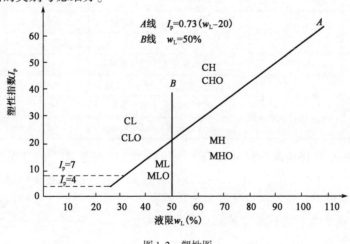

图1-2　塑性图

有机质土根据图1-2定名,位于塑性图A线或A线以上时:在B线或B线以右,称有机质高液限黏土,记为CHO;在B线以左,$I_P = 7$线以上,称为有机质低液限黏土,记为CLO。位于塑性图A线以下:在B线或B线以右,称有机质高液限粉土,记为MHO;在B线以左,$I_P = 4$线以下,称有机质低液限粉土,记为MLO。

细粒土的分类体系,如图1-3所示。

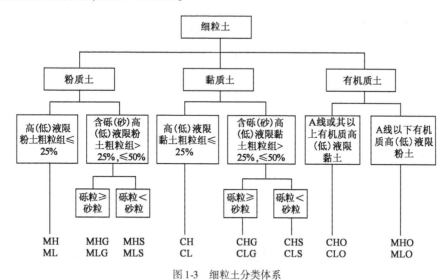

图1-3 细粒土分类体系

除了以上介绍的土类,还有一些较为特殊的土,主要包括黄土、膨胀土、红黏土和盐渍土等,它们大多具有不良工程特征。因此,特殊土不宜做路基填料,必须做路基填料时,则需采取适当的技术措施进行处理后方可使用。

1.3.2 路基土的工程性质

各类公路用土具有不同的工程性质,在选择路基填筑材料,以及修筑稳定土路面结构层时,应根据不同的土类分别采取不同的工程技术措施。

巨粒土包括漂石(块石)和卵石(块石),有很高的强度和稳定性,是填筑路基的良好材料,亦可用于砌筑边坡。但其压实较为困难,必须采取一定的措施,保证其压实度。

级配良好的砾石混合料,密实程度好,强度和稳定性均能满足要求。除了填筑路基之外,可用于铺筑中级路面,经适当处理后可以铺筑高级路面的基层、底基层。

砂类土(纯砂)无塑性,透水性强,毛细水上升高度小,具有较大的内摩擦系数,强度和水稳定性均好;但砂类土黏结性小,易于松散,压实困难。经充分压实的砂类土路基,压缩变形小,稳定性好。为了加强压实和提高稳定性,可以采用振动法压实,并可掺加少量黏土(即砂性土),以改善级配组成。

砂类土含有一定数量的粗颗粒,又含有一定数量的细颗粒,级配适宜,强度、稳定性等都能满足要求,是理想的路基填筑材料。如细粒土质砂,其粒径组成接近最佳级配,遇水不黏结、不膨胀,雨天不泥泞,晴天不扬尘,便于施工。

粉质土含有较多的粉土颗粒,干时虽有黏性,但易于破碎,浸水时容易成为流动状态。粉质土毛细作用强烈,毛细水上升高度大(可达1.5m)。在季节性冰冻地区容易造成冻胀、翻浆等病害。粉质土属于不良的公路用土,如必须用粉质土填筑路基,则应采取技术措施改良土质并加强排水、采取隔离水等措施。

黏质土中细颗粒含量多,土的内摩擦系数小而黏聚力大,透水性小而吸水能力强,毛细现象显著,有较大的可塑性。黏质土干燥时较坚硬,施工时不易破碎。浸湿后能长期保持水分,不易挥发,因而承载能力小。对于黏质土如在适当含水率时加以充分压实和设置良好的排水设施,筑成的路基也能获得稳定。

重黏土工程性质与黏质土相似,但其含黏土矿物成分不同时,性质有很大差别。黏土矿物主要包括蒙脱土、伊里土、高岭土。蒙脱土主要分布在东北地区,其塑性大,吸湿后膨胀强烈,干燥时收缩大,透水性极低,压缩性大,抗剪强度低。高岭土分布在南方地区,其塑性较低,有较高的抗剪强度和透水性,吸水和膨胀量较小。伊里土分布在华中和华北地区,其性质介于上述两者之间。重黏土不透水,黏聚力特强,塑性很大,干燥时很坚硬,施工时难以挖掘与破碎。

总之,土作为路基建筑材料,砂质土最优,黏质土次之,粉质土属于不良材料,最容易引起路基病害。重黏土,特别是蒙脱土也是不良的路基土。此外,还有一些特殊土类,如有特殊结构的土(黄土)、含有机质的土(腐殖土)以及含易溶盐的土(盐渍土)等,用以填筑路基时必须采取相应技术措施。

1.4 路基水温状况与公路自然区划

1.4.1 环境因素影响

路基路面结构长期暴露在自然环境中,经受着各种自然环境因素的影响,如风吹、日晒、雨淋、大气温度等,路基路面内部的性质与状态也随之发生变化。

例如,路基土的湿度增加,使其强度、刚度降低,还可能产生膨胀;温度的变化,导致路面材料的胀缩,产生相应的损坏等。因此,必须研究这些环境因素对路基路面的影响,以便在设计、施工、养护中充分考虑行车荷载与环境因素的共同作用,采取合理的技术措施,延缓并减少病害的发生,延长路基路面的使用寿命。

(1)温度变化

大气的温度在年内和日内都发生着周期性的变化,路基路面内部的温度也相应地发生周期性变化。路表面温度变化与气温变化大致是同步的,但是由于部分太阳辐射热被路面所吸收,路表面的温度较气温高,尤其是沥青路面,由于吸热量大,温度增加的幅度超过其他类型路面。路面结构内不同深度处的温度同样随气温的变化呈周期性变化,但变化的幅度随深度的增加而减小,图1-4为沥青面层的温度日变化曲线。

在一天内,路面顶面与底面的温差经历了由负(顶温低于底温)到正(顶温高于底温),再由正到负的循环变化,呈现周期性的特点。研究表明,除了日变化外,一年四季面层不同深度处的温度还随气温的变化而经历着年变化,平均气温最高和最低时,面层的平均气温也相应为最高和最低值。

影响路面结构内温度状况的因素很多,可分为外部因素和内部因素两类。外部因素主要指气象条件,如太阳辐射、气温、风速、降水量和蒸发量等。而其中太阳辐射和气温是决定路面温度的重要因素。内部因素则为路面材料的热物理特性参数,如热传导率、热容量和对太阳辐射热的吸收能力等。

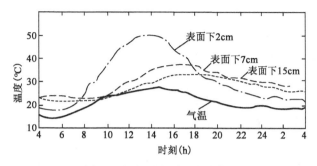

图1-4 沥青面层温度日变化曲线

路面结构内的温度状况,可通过外部因素和内部影响因素之间建立联系的方法来预估。这种方法有两类,即统计方法和理论方法。

统计方法就是在路面结构层的不同深度处埋设测温元件,连续观测年循环内不同时刻的温度变化。同时收集当地的气象资料,包括对应的气温和辐射热等。对记录的路面温度和气象因素进行回归分析。选择符合显著性检验要求的因素,分别建立不同深度处温度指标的回归方程式:

$$T_{\max} = a + b \cdot T_{a \cdot \max} + c \cdot Q \tag{1-3}$$

式中:$T_{\max}$——路面某一深度处的最高温度,℃;

$T_{a \cdot \max}$——相应的日最高气温,℃;

Q——相应的太阳日辐射热,J/m^2;

a、b、c——回归常数。

由于统计方法不可能包括所有的复杂因素,所以计算的精确度有其局限性,其结果只可以在条件相似的地区参考使用。

理论法是应用热传导理论方程,推演出由各项气象资料和路面材料热物理特性参数组成的温度预估方程。通常由于参数确定的难度大和理论假设的理想化,理论计算的结果与实测结果有一定的差距。

(2)湿度变化

大气湿度的变化以及降水、地面积水和地下水侵入路基路面结构,是自然环境影响的另一个重要方面,它除了影响路基土湿度的变化,使路基产生胀缩及强度、刚度不稳定状态之外,对路面结构层也有许多不利的影响。

路基路面结构的刚度、强度和稳定性,在很大程度上取决于路基的湿度变化。保持路基干燥的主要方法是设置良好的地面排水设施和路面结构排水设施,经常养护保持畅通。地下水对路基湿度的影响随地下水位的高低与土的性质而异。通常认为受地下水影响的高度对黏土为6m,砂质黏土或粉土约为3m,砂土为0.9m。在这个深度范围内,路基湿度受地下水位控制,在这个范围以上部分,路基湿度主要受大气降水、蒸发以及地面排水控制。对于干旱地区,路基的湿度主要受空气相对湿度的控制,受降水的影响很小。

面层的透水性对路基路面的湿度有很大影响,若采用不透水的面层结构,将减少降水和蒸发的影响。在道路完工两三年内,路面结构与路基上部中心附近的湿度逐渐趋向稳定。对于透水的面层结构,若不做专门处理,则路面结构和上层路基的湿度状况将受到降水和蒸发的影响而产生季节性变化。

1.4.2 路基湿度状况

(1) 路基湿度的来源

路基在使用过程中,受到各种外界因素的影响,使湿度发生变化。路基湿度的来源可分为以下几方面:

①大气降水:大气降水通过路面、路肩、边坡和边沟渗入路基;

②地面水:边沟的流水、地表径流水因排水不良,形成积水渗入路基;

③地下水:地下水可以通过渗流或水位升高渗入路基,也可通过毛细管作用浸湿路基;

④水蒸气凝结水:在土的空隙中流动的水蒸气,遇冷凝结成水;

⑤薄膜移动水:在土的结构中水以薄膜的形式从含水率较高处向较低处流动,或由温度较高处向温度较低处流动。

根据具体情况不同,其中的一种或者几种同时存在并影响路基湿度,如图1-5所示。

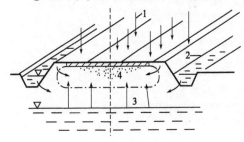

图1-5 路基潮湿来源示意图
1—大气降水;2—地面水;3—由地下水上升的毛细水;
4—水蒸气凝结的水

(2) 大气温度及其对路基水温状况的影响

路基湿度变化除了受水的来源影响之外,另一个重要因素是受当地大气温度的影响。由于湿度与温度变化对路基产生的共同影响称为路基的水温状况。沿路基深度出现较大的温度梯度时,水分在温差的影响下以液态或气态由热处向冷处移动,并积聚在该处。这种现象在季节性冰冻地区尤为严重。

季节性冰冻地区的路基在秋末冬初冻结的过程中会在负温的影响下,出现水分积聚现象。气温下降到零度以下,路面和路基结构内的温度也随之由上而下地逐渐降到零下。在负温度区内,自由水、毛细水和弱结合水随温度降低而相继冻结,于是土粒周围的水膜减薄,剩余了许多自由表面能,增加了土的吸湿能力,促使水分由高温处向低温处移动,以补充低温处失去的水分。因此,负温度区的水分移动一般发生在0～-3℃等温线之间。在正温度区内,因零度等温线附近土中自由水和毛细水的冻结,形成了与深层次土层之间的温度坡差,从而促使下面的水分向零度等温线附近移动。而这部分上移的水分又成了负温度区水分移动的补给来源,这就造成了上层路基水分的大量积聚。

积聚的水冻结后体积增大,使路基隆起而造成面层隆起开裂,即冻胀现象。春融时节,路面和路基内部由上而下逐渐融化,积聚在路基上层的水分先融解,水分难以迅速排除,造成路基上层的湿度增加,路面结构的承载能力大大降低。若是在交通繁重的地区,经重车反复作用,路基路面结构会产生较大的变形,严重时,路基土以泥浆的形式从胀裂的路面缝隙中冒出,形成了翻浆。冻胀和翻浆的出现,使路面结构遭受严重损坏。

当然,并不是在季节性冰冻地区所有的道路都会产生冻胀与翻浆。对于渗透性较高的砂性土以及渗透性很低的黏性土,水分都不容易积聚,因此不易发生冻胀与翻浆。而相反,对于粉性土和极细砂则由于毛细水活动力强,极易发生冻胀与翻浆。周边的水文条件和气候条件亦是重要影响因素。地面排水不良、地下水位高、路基湿度大、水源充足,初冬时正负温度反复交替,路基冻结缓慢,这些都是产生冻胀与翻浆的重要自然条件。

(3) 路基平衡湿度及干湿类型

① 路基平衡湿度及干湿类型

路基的强度与稳定性同路基的干湿状态有密切关系,并在很大程度上影响路面结构设计,路基的干湿状态可用路基平衡湿度来表征。路基平衡湿度是指公路建成通车后,路基在地下水、降雨、蒸发、冻结和融化等因素作用下,湿度达到相对稳定的平衡状态,此时的湿度称为平衡湿度,可用饱和度来表示。

路基平衡湿度状况可依据路基的湿度来源分为干燥、中湿、潮湿三类。干燥类路基,地下水位很低,路基工作区处于地下水毛细润湿面之上,路基平衡湿度由气候因素所控制;中湿类型路基,其湿度兼受地下水和气候因素的影响,路基工作区被地下水毛细润湿面分为上、下两部分,下部受地下水毛细润湿的影响,上部则受气候因素的影响,如图1-6所示;潮湿类路基,地下水或地表积水水位高,路基工作区均处于地下水毛细润湿的影响之下,路基平衡湿度由地下水或地表长期积水的水位升降所控制。

大量研究表明,过去采用的平均含水率及平均稠度指标均不能完全反映路基土的工作状态。通常情况下,土体体积随湿度变化而变化,这样即使质量含水率不变,体积含水率及饱和度都会发生变化。因而在表征土体湿度时,必须考虑土体密度和质量含水率两个因素,而饱和度和体积含水率均包含了质量含水率和密度两个参数,所以可以选择饱和度或者体积含水率来表征土体湿度状况。土的饱和度用式(1-4)计算。

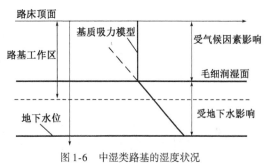

图1-6 中湿类路基的湿度状况

$$S = \frac{w_V}{1 - \frac{r_S}{G_S \gamma_w}} \text{ 或 } S = \frac{w}{\frac{\gamma_w}{\gamma_S} - \frac{1}{G_S}} \quad (1-4)$$

式中:S——饱和度,%;

w——土的质量含水率,%;

w_V——体积含水率,%;

γ_w、γ_S——土的干密度和水的密度,kg/m³;

G_S——土的相对密度。

路基土在平衡湿度状态下长期处于非饱和状态,其湿度状况主要由土的基质吸力所决定。土的基质吸力定义为土中孔隙气压力与孔隙水压力之差,见式(1-5)。

$$h_m = u_a - u_w \quad (1-5)$$

式中:h_m——基质吸力,kPa;

u_a——孔隙气压力,kPa;

u_w——孔隙水压力,kPa。

获得土的基质吸力后,即可通过土—水特性曲线预估路基的干湿状况(饱和度)。土—水特性曲线可参见非饱和土相关的文献。

②路基平衡湿度预估

干燥路基的平衡湿度可根据道路所在自然区划的湿度指数和路基土的类别确定,湿度指数用式(1-6)计算:

$$\text{TMI} = \frac{100(R) - 60(\text{DF})}{\text{PE}} \tag{1-6}$$

式中:TMI——某年度的湿度指数;
　　R——某年度的径流量,cm;
　　DF——某年度缺水量,cm;
　　PE——某年度蒸发总量,cm。

不同自然区划的 TMI 值可参考表 1-5 查取。

不同自然区划的 **TMI** 值范围　　　　　　　　表 1-5

区划	亚区		TMI 范围	区划	亚区	TMI 范围
Ⅰ	Ⅰ$_1$		-5.0 ~ -8.1	Ⅳ	Ⅳ$_{6a}$	41.2 ~ 97.4
	Ⅰ$_2$		0.5 ~ -9.7		Ⅳ$_7$	16.0 ~ 69.3
Ⅱ	Ⅱ$_1$	黑龙江	-0.1 ~ -8.1		Ⅳ$_{7b}$	-5.4 ~ -23.0
		辽宁、吉林	8.7 ~ 35.1	Ⅴ	Ⅴ$_1$	-25.1 ~ 6.9
	Ⅱ$_{1a}$		-3.6 ~ -10.8		Ⅴ$_2$	0.9 ~ 30.1
	Ⅱ$_2$		-7.2 ~ -12.1		Ⅴ$_{2a}$	39.6 ~ 43.7
	Ⅱ$_{2a}$		-1.2 ~ -10.6		Ⅴ$_3$	12.0 ~ 88.3
	Ⅱ$_3$		-9.3 ~ -26.9		Ⅴ$_{3a}$	-7.6 ~ 47.2
	Ⅱ$_4$		-10.7 ~ -22.6		Ⅴ$_4$	-2.6 ~ 50.9
	Ⅱ$_{4a}$		-15.5 ~ 17.3		Ⅴ$_5$	39.8 ~ 100.6
	Ⅱ$_{4b}$		-7.9 ~ 9.9		Ⅴ$_{5a}$	24.4 ~ 39.2
	Ⅱ$_5$		-1.7 ~ -15.6		—	—
	Ⅱ$_{5a}$		-1.0 ~ -15.6	Ⅵ	Ⅵ$_1$	-15.3 ~ -46.3
Ⅲ	Ⅲ$_1$		-21.2 ~ -25.7		Ⅵ$_{1a}$	-40.5 ~ -47.2
	Ⅲ$_{1a}$		-12.6 ~ -29.1		Ⅵ$_2$	-39.5 ~ -59.2
	Ⅲ$_2$		-9.7 ~ -17.5		Ⅵ$_3$	-41.6
	Ⅲ$_{2a}$		-19.6		Ⅵ$_4$	-19.3 ~ -57.2
	Ⅲ$_3$		-19.1 ~ -26.1		Ⅵ$_{4a}$	-34.5 ~ -37.1
	Ⅲ$_4$		-10.8 ~ -24.1		Ⅵ$_{4b}$	-2.6 ~ -37.2
Ⅳ	Ⅳ$_1$		21.8 ~ 25.1	Ⅶ	Ⅶ$_1$	-3.1 ~ -56.3
	Ⅳ$_{1a}$		23.2		Ⅶ$_2$	-49.4 ~ -58.1
	Ⅳ$_2$		-6.0 ~ 34.8		Ⅶ$_3$	-22.5 ~ 82.8
	Ⅳ$_3$		34.3 ~ 40.4		Ⅶ$_4$	-5.1 ~ -5.7
	Ⅳ$_4$		32.0 ~ 67.9		Ⅶ$_5$	-20.3 ~ 91.4
	Ⅳ$_5$		45.2 ~ 89.3		Ⅶ$_{6a}$	-10.6 ~ -25.8
	Ⅳ$_6$		27.0 ~ 64.7		—	—

由式(1-6)计算或由表1-5查得的TMI值以及由表1-6查得的路基土的类别,即可获得该地区的路基饱和度。

各路基土组在不同TMI时的饱和度(%) 表1-6

土 组	TMI					
	-50	-30	-10	10	30	50
砂(S)	20~50					
粉土质砂(SM)	45~48	62~68	73~80	80~86	84~89	87~90
黏土质砂(SC)						
低液限粉土(ML)	41~46	59~64	75~77	84~86	91~92	92~93
低液限黏土(CL)	39~41	57~64	75~76	86	91	92~94
高液限粉土(MH)	41~42	61~62	76~79	85~88	90~92	92~95
高液限黏土(CH)	39~51	58~69	74~85	86~92	91~95	94~97

中湿类路基的平衡湿度参照图1-6。路基工作区分上部和下部,分别确定其平衡湿度。地下水毛细润湿面以上的路基工作区上部,按路基土的类别和TMI值确定其平衡湿度,地下水毛细润湿面以下的路基工作区下部,按路基土组类别和距地下水位的距离确定其平衡湿度(表1-7)。最后加权平均作为整个路基的平衡湿度。

潮湿路基的平衡湿度可根据路基土类别和地下水位高度由表1-7确定。

各土组距地下水位不同高度处的饱和度(%) 表1-7

土 组	计算点距地下水或地表水长期积水水位的距离(m)						
	0.3	1.0	1.5	2.0	2.5	3.0	4.0
粉土质砾(GM)	69~84	55~69	50~65	49~62	45~59	43~57	—
黏土质砾(GC)	79~96	64~83	60~79	56~75	54~73	52~71	—
砂(S)	95~80	70~50					
粉土质砂(SM)	79~93	64~77	60~72	56~68	54~66	52~64	
黏土质砂(SC)	90~99	77~87	72~83	68~80	66~78	64~76	
低液限粉土(ML)	94~100	80~90	76~86	83~73	71~81	69~80	
低液限黏土(CL)	93~100	80~93	76~90	73~88	70~86	68~85	66~83
高液限粉土(MH)	100	90~95	86~92	83~90	81~89	80~87	—
高液限黏土(CH)	100	93~97	90~93	88~91	86~90	85~89	83~87

路基的干湿类型确定后,即可确定路基回弹模量湿度调整系数,供设计使用。

1.4.3 公路自然区划

我国地域辽阔,又是一个多山的国家,东西高差大,从北向南又分别处于寒带、温带和热带,各地自然条件和道路的工程性质差异很大,自然环境变化极为复杂。为了区分各地自然区域的筑路特性,并保留道路工程相似地区的筑路经验和原始数据,经多年调查研究,结合工程实践,将全国划分为若干区域,称为公路自然区划,并制定了《公路自然区划标准》(JTJ 003—1986)。

(1) 公路自然区划划分原则

①道路工程特征相似的原则

在同样的自然因素下，筑路特性和规律应具有相似性。例如，北方不利季节主要是春融时期，有翻浆病害；南方不利季节在雨季，水损害是主要病害。相似的自然因素下工程经验有很大的借鉴意义。

②地表气候区划差异性的原则

地表气候是地带性差异与非地带性差异的综合结果。通常，地表气候随着当地纬度而变，例如北半球从北向南气候逐渐变暖，称为地带性差异。除此之外，还与高程的变化有关，即使在同一纬度，海拔高度不同气候差异也十分显著，海拔越高气温越低，称为非地带性差异。因此，地表气候往往是地带性差异与非地带性差异综合作用的结果。

③自然气候因素既有综合又有主导作用的原则

道路冻害是湿度与温度共同作用的结果，如南方非冰冻地区尽管湿度大，温度高，但没有负温度的作用，不会发生冻害，说明发生病害的主导因素是温度；而西北干旱地区尽管温度低，但湿度也低，也不会发生冻害，说明发生病害的主导因素是湿度。

(2) 公路自然区划的方法

①一级区划

一级区划是按自然气候，全国轮廓性地理地貌划分的。依据全年均温 −2℃ 等值线、一月份均温 0℃ 等值线、1000m 及 3000m 的 2 条等高线将全国划分为多年冻土、季节冻土和全年不冻土三大地带，再根据水热平衡和地理位置，划分为冻土、温润、干湿过渡、湿热、潮暖和高寒七个大区，其代号、名称和特点如下：

Ⅰ区——北部多年冻土区。该区北部为连续分布的多年冻土，南部为岛状分布的多年冻土。对于泥沼地多年冻土层，最重要的道路设计原则是保温，不可轻易挖去覆盖层，使路堤下保持冻结状态，若受大气热量影响融化，后患无穷。对于非多年冻土层的处理方法则不同，需将泥炭层全部或局部挖去，排干水分，然后填筑路堤。该区主要是林区道路，路面结构为中级路面。林区山地道路，因表土湿度大，地面径流大，最易翻浆，应采取换土、稳定土、砂垫层等处理方法。

Ⅱ区——东部温润季冻区。该区路面结构突出的问题是防止翻浆和冻胀。翻浆的轻重程度取决于路基的潮湿状态，可根据不同的路基潮湿状态采取措施。该区缺乏砂石材料，采用稳定土基层已取得一定的经验。

Ⅲ区——黄土高原干湿过渡区。该区特点是黄土对水分的敏感性高，干燥土基强度高、稳定性好。在河谷盆地的潮湿路段以及灌区耕地，土基稳定性差、强度低，必须认真处理。

Ⅳ区——东南湿热区。该区雨量充沛，雨型季节性强，台风暴雨多，水毁、冲刷、滑坡是道路的主要病害，路面结构应结合排水系统进行设计。该区水稻田多，土基湿软、强度低，必须认真处理。由于气温高、热季长，要注意黑色面层材料的热稳定性和防透水性。

Ⅴ区——西南潮暖区。该区山多，筑路材料丰富，应充分利用当地材料筑路，对于水文不良路段，必须采取措施，稳定路基。

Ⅵ区——西北干旱区。该区大部分地下水位很低，虽然冻深多在 100～150cm 以上，但一般道路冻害较轻，个别地区，如河套灌区、内蒙古草原洼地，地下水位高，翻浆严重。丘陵区 1.5m 以上的深路堑冬季积雪厚，雪水侵入路面造成危害，所以沥青面层材料应具有良好的防透水性,路肩也应作防水处理。由于气候干燥,砂石路面经常出现松散、搓板和波浪现象。

Ⅶ区——青藏高寒区。该区局部路段有多年冻土,须按保温原则设计。由于地处高原,气候寒冷,昼夜气温相差很大,日照时间长,沥青老化很快,又因为年平均气温相对偏低,路面易遭受冬季雪水渗入而破坏。

②二级区划

二级区划仍以气候和地形为主导因素,并以潮湿系数为主要分区依据,在 7 个一级区划内进一步分为 33 个二级区和 19 个副区,共 52 个二级自然区。潮湿系数 K 按全年的大小分为六个等级。其中潮湿系数 K 用式(1-7)计算:

$$K = \frac{R}{Z} \tag{1-7}$$

式中:R——年降水量,mm;

Z——年蒸发量,mm;

K——潮湿系数。

其中,K 值大小对应潮湿等级见表 1-8。

K 值与潮湿等级的关系 表 1-8

潮湿等级	1	2	3	4	5	6
K 值	≥2.0	$2.0>k\geq15$	$1.5>k\geq1.0$	$1.0>k\geq0.5$	$0.5>k\geq0.25$	$0.25>k$
类型	过湿	中湿	湿润	润干	中干	过干

③三级区划

三级区划是在二级区划的基础上进一步划分的。划分的方法有两种,一种是以水热、地理和地貌为依据,另一种是以地表的地貌、水文和土质为依据,由各省、自治区和直辖市自行划定。

各级区划的范围不同,在公路工程上的应用也各有侧重。一级区划主要为全国性的公路总体规划和设计服务;二级区划主要为各地的路基路面设计、施工、养护提供较全面的地理、气候依据和有关计算参数,如土基和路面材料的回弹模量、路基临界高度、土基压实标准等。

1.5 路基路面结构及层位功能

在不同的场合,路基内涵也不同。在进行路基设计时,路基的概念是道路整个横断面,是广义的路基;在进行路面结构设计时,路基的概念是路面的基础,即路面以下的部分。

(1)路基横断面

路基横断面包含路基和路面结构两部分,路基宽度由路面(车行道)和路肩组成,对于高等级公路还有中间带、硬路肩和路缘带等,在特殊位置,例如:有变速车道和其他附属设施等处,其宽度也应属于路基宽度。各部分的宽度与道路等级、设计速度等有关。图 1-7 和图 1-8 分别为典型的路基横断面和路基层位结构图。

路面以下部分的路基根据材料和使用要求又可分为上路床、下路床、上路堤和下路堤。对于不同交通等级,路基结构的层位划分也不同,不同层位对填土有不同要求,详情见表 1-9。

路面横断面的形式可根据道路等级、功能及施工方式不同,选择不同的形式,通常分为槽式横断面和全铺式横断面。

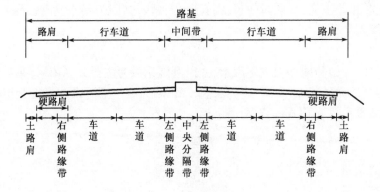

图 1-7　路基横断面图

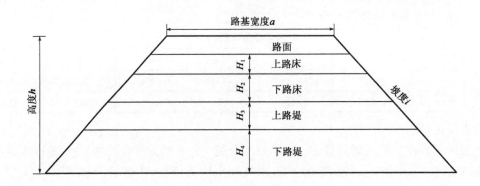

图 1-8　路基层位划分

路基层位划分　　　　　　　　　　　　　　　　　表 1-9

路基部位		上路床	下路床	上路堤	下路堤
路床顶面以下深度(m)	轻、中及重交通荷载等级	0～0.3	0.3～0.8	0.8～1.5	>1.5
	特重、极重交通荷载等级	0～0.3	0.3～1.2	1.2～1.9	>1.9

①槽式横断面

在路基上按路面行车道及硬路肩设计宽度开挖路槽,保留土路肩,形成浅槽,在槽内铺筑路面。也可采用培槽方法,在路基两侧培槽或半填半挖的方法培槽。这种路面横断面由于路肩部分采用不透水材料填筑,进入路面结构内的水将不易排出路肩外。槽式路面横断面形式见图 1-9a)。

②全铺式横断面

在路基全部宽度内铺筑路面。在高等级公路建设中,有时为了将路面结构内部的水分迅速排出,在全宽范围内铺筑基层材料保证水分由横向排入边沟。有时考虑到道路交通的迅速增长,为适应扩建的需要,将硬路肩及土路肩的位置全部按行车道标准铺筑面层。在盛产石料的山区或较窄的路基上,全宽铺筑碎(砾)石路面或其他等级路面。全铺式路面横断面形式见图 1-9b)。

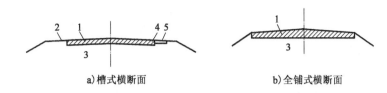

图 1-9 路面横断面形式
1-路面;2-路肩;3-路基;4-路缘带;5-加固路肩

(2) 路拱横坡度

为了保证路面上的雨水及时排出,路面表面应做成直线形或抛物线形的路拱。等级高的路面,平整度和水稳定性较好,透水性也小,通常采用直线型的路拱和较小的路拱横坡度。等级低的路面为了有利于迅速排除路表积水,一般采用抛物线形路拱和较大横坡度。表1-10列出了不同类型路面的路拱平均横坡度。

路 拱 坡 度   表 1-10

路 面 类 型	路拱坡度(%)	路 面 类 型	路拱坡度(%)
沥青混凝土、水泥混凝土	1.0~2.0	碎、砾石等粒料路面	2.5~3.5
其他黑色路面、整齐石块	1.5~2.5	低级路面	3.0~4.0
半整齐石块、不整齐石块	2.0~3.0		

路拱横坡度的选用,应充分考虑有利于行车平稳和有利于路面排水两方面的要求。在干旱和有积雪、浮冰的地区,应采用低值,多雨地区采用高值;当道路纵坡较大和路面较宽时,应采用低值,反之则应采用高值。

(3) 路面结构层次的划分及层位功能

行车荷载和自然因素对于路基路面的影响,随深度增加而逐渐减弱。因此,对路面材料的强度、抗变形能力和稳定性的要求也随深度的增加而逐渐降低。为了适应这一特点,路面结构通常分层铺筑,按照使用要求、受力状况、土基支撑条件和自然因素影响程度的不同,分成若干层次。通常按照各个层位功能的不同,分为面层和基层,必要时在土基和基层之间设置垫层作为温度和湿度的过渡层。

① 面层

面层是直接同行车荷载和大气接触的表面层次,它承受较大行车荷载的垂直力、水平力和冲击力的作用,同时还受到降水的侵蚀和气温变化的影响。因此,同其他层次相比,面层应具备较高的结构强度,较好的水、温稳定性,其表面还应具有良好的抗滑性和平整度。

修筑面层所用的材料主要有:水泥混凝土、沥青混合料、碎(砾)石混合料、砂砾或块料等。

较厚的沥青面层宜分两层或三层铺筑,如高等级公路沥青面层总厚度一般为 12~18cm,可分为上、中、下三层铺筑,并根据各分层的要求采用不同的级配。沥青面层主要承受垂直应力和剪切应力,因此沥青面层材料设计主要考虑抗车辙和抗剪切性能,表层路面材料同时应考虑耐久性和抗滑性。

水泥混凝土路面也可分为上下两层铺筑,分别采用不同强度等级的水泥混凝土材料。水泥混凝土路面上可加铺沥青混凝土形成复合式结构。

但是砂石路面上所铺的 2～3cm 厚的磨耗层或 1cm 厚的保护层,以及厚度不超过 1cm 的简易沥青表面处治,不能作为一个独立的层次,应看作是面层的一部分。

②基层(含底基层)

基层主要承受由面层传来的车辆荷载作用,并将其扩散到下面的垫层和土基中。因此基层是路面结构中的主要承重层,应具有足够的强度和刚度,并具有良好的抵抗疲劳破坏的能力。基层遭受大气因素的影响虽然比面层小,但是仍然有可能经受地下水和通过面层渗入雨水的侵蚀,所以基层结构应具有足够的水稳定性。基层表面虽不直接供车辆行驶,但仍然要求有较好的平整度,这是保证面层平整的基本条件。由于基层一般受到拉应力或拉应变作用,因此,必须保证基层的疲劳寿命满足使用要求,基层或底基层材料主要应考虑其抗疲劳特性。

修筑基层的材料主要有各种结合料(如石灰、水泥或沥青等)稳定土或稳定碎(砾)石、贫水泥混凝土、各种工业废渣和土砂石所组成的混合料等,天然砂砾、各种碎(砾)石、片石、块石或圆石可以作为底基层材料,可提高基层的整体抗冰冻、抗水损害和承载能力。

基层厚度太厚时,为保证工程质量可分为两层或三层铺筑。当采用不同材料来修筑基层时,应根据基层的受力特点和结构要求,合理使用当地材料。

③垫层(功能层)

为保证面层和基层的强度、刚度和稳定性,减少土基水温状况变化对其造成的不良影响,必要时应设置垫层。例如季节性冰冻地区,路面厚度不满足防冻要求时,可设置防冻垫层;地下水位高,排水不良的路段可设置防(隔)水层。垫层介于路基与基层或底基层之间,它的主要功能是改善土基的湿度和温度状况,同时将基层传递下来的行车荷载加以扩散,以减小路基产生的应力和变形。因此,修筑垫层的材料,强度要求不一定高,但水稳定性和隔温性能要好。常用的垫层材料分为两类:一类是由松散粒料组成的透水性垫层;另一类是用无机结合料稳定土等修筑的稳定类垫层。

(4)路面分类

路面是路基顶面的行车部分,是用各种混合料铺筑而成的层状结构物。按照路面结构的力学性质不同可以分为柔性路面、半刚性路面和刚性路面。按照面层与基层材料类型及组合方式可以分为以下几种类型:

①柔性基层沥青路面

柔性基层沥青路面的整体结构刚度较小,在车辆荷载作用下产生的弯沉变形较其他基层沥青路面大。路面结构层的抗弯拉强度较低,可通过合理的结构组合和厚度保证路面结构整体具有很强的抵抗荷载作用的能力,同时通过各结构层将车辆荷载传递给路基,可使路基承受的单位压力控制在一定的范围内。路基路面结构主要靠抗压强度和抗剪强度承受车辆荷载的作用。该类型路面主要包括各种用沥青处理或未经处理的粒料基层和各类沥青面层组成的路面结构。

②半刚性基层沥青路面

用水泥、石灰等无机结合料稳定的土或碎(砾)石及含有水硬性结合料的工业废渣修筑的基层,在前期具有柔性基层的力学性质,而后期的强度和刚度均有较大幅度的增长,但是最终的强度和刚度仍远小于水泥混凝土。由于这种材料的刚性处于柔性基层与刚性基层之间,因此称为半刚性基层,将这种基层和铺筑在上面的沥青面层称为半刚性基层沥青路面。该种路面结构承载能力较强,适用性广,但易产生反射裂缝,应用时应采取有效措施防止反射裂缝的发生。在沥青面层与半刚性或刚性材料层之间增加柔性材料层,例如级配碎石等,可有效防止反射裂缝的发生。

③刚性基层沥青路面(复合式路面)

复合式路面即水泥混凝土基层沥青路面。这种结构充分利用了两种材料的优点,又避免了各自的缺点,具有良好的使用性能和耐久性。该结构必须采取有效的措施保证各结构层之间的有效黏结及反射裂缝的发生。

④水泥混凝土路面

水泥混凝土路面主要指用水泥混凝土作面层的路面结构。水泥混凝土的强度高,刚度大,在车辆荷载作用下,竖向变形小,通过混凝土板传递给基础的单位压力也较柔性路面小得多。路面结构主要靠水泥混凝土板的抗弯拉强度承受车辆荷载。

1.6 主要路面材料

用于修筑路面的材料很多,由于所用的原材料及组成结构不同,其性能有较大差异。可依据车辆荷载、环境因素、施工条件及所处的层位等进行选用。

(1)砂石材料

砂石材料呈松散状,压实后的结构层主要靠颗粒间的摩擦、嵌挤提供强度,因而强度低,在车辆荷载作用下变形大,可用于各级公路底基层及二级以下公路的基层,亦可作中级路面的面层。常用的有水结碎石、泥结碎石、泥灰结碎石级配碎(砾)石、级配砂砾等。

(2)无机结合料稳定材料

无机结合料稳定材料是指由水泥、石灰等无机结合料处理(稳定)的土、碎(砾)石、砂砾和工业废渣等。由于结合料与土或集料的物理化学作用,压实后形成的结构层整体性强、强度高、刚度大、稳定耐久,因而可做各等级公路的基层或底基层。由于其抗磨性能差,因而不应做路面面层。无机结合料稳定材料的强度、刚度介于柔性(沥青混合料)与刚性(水泥混凝土)之间,也称之为半刚性材料。

(3)沥青混合料

沥青混合料是指沥青做结合料,与各种矿质集料拌和后形成的材料。由于沥青具有良好的黏结性能,经拌和压实后的结构层具有较高的强度及优良的使用性能,可用作各级公路的面层及基层。常用的沥青混合料有沥青混凝土、热拌沥青碎石、乳化沥青碎石、SMA、OGFC 等功能性混合料。

(4)水泥混凝土

水泥混凝土属于刚性材料,强度高、刚性大、稳定耐久,可用于重交通道路的面层与基层。由于其刚度大,变形能力差,因此,要求基层提供良好的支撑条件。

【复习思考题】

1-1 路基路面工程的特点及性能要求有哪些？影响路基路面强度稳定的因素有哪些？
1-2 路基路面工程的设计内容有哪些？
1-3 路基土的工程特性有哪些？
1-4 路基湿度的来源有哪些？什么是平衡湿度？路基的干湿类型是如何划分的？
1-5 什么是公路自然区划？划分的原则及依据有哪些？各区划的特点有哪些？
1-6 路面结构为何要分层？各层功能有哪些？
1-7 湿度对沥青路面及水泥混凝土路面的影响有哪些？

第 2 章
路基路面材料的力学特性

【本章内容】

本章主要介绍路基土的力学强度特性、应力应变特性、路基承载能力参数及路基工作区；不同路面材料的强度特性、应力应变特性、累积变形及疲劳特性等。

【学习要求】

掌握路基强度特性及应力应变特性、路基设计参数及测定方法、路基工作区计算方法；掌握沥青路面材料、水泥混凝土材料的强度特性、应力应变特性、累计变形及疲劳特性；掌握路面材料设计参数的测定及取值方法。

2.1 路基土的力学强度特性

2.1.1 路基受力与工作区

(1) 路基受力

路基在使用过程中，同时受到由路面上传递下来的车辆荷载，以及路基和路面的自重作用，图 2-1 为路基受力时不同深度 Z 范围内的应力分布图。

其中，σ_1 为车辆荷载在土基内部任一点产生的竖向压应力，若把车辆荷载简化为集中荷载时，σ_1 可按布辛奈斯克（J. Boussinesq）公式进行计算，即：

$$\sigma_1 = \frac{P}{Z^2} \cdot \frac{3}{2\pi \left[1 + \left(\frac{r}{Z}\right)^2\right]^{5/2}} \tag{2-1}$$

为使用方便，式(2-1)可简化为：

$$\sigma_1 = K \cdot \frac{P}{Z^2} \tag{2-2}$$

式中：P——车辆荷载，kN；

Z——荷载下的垂直深度，m；

K——应力系数，$K = \dfrac{3}{2\pi \left[1 + \left(\dfrac{r}{Z}\right)^2\right]^{5/2}}$。

σ_2 为土基自重引起的压应力，按式(2-3)计算：

$$\sigma_2 = \gamma Z \tag{2-3}$$

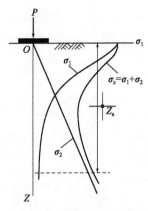

图 2-1 路基中应力分布
σ_1-车辆荷载引起的应力；σ_2-土基自重引起的应力；σ_z-应力之和

式中：γ——单位体积土的重力，kN/m³。

因此，土基中任一点受到的竖向压应力 σ_z 为：

$$\sigma_z = \sigma_1 + \sigma_2 = K \cdot \frac{P}{Z^2} + \gamma Z \tag{2-4}$$

(2) 路基工作区

由式(2-2)、式(2-3)可知，车辆荷载产生的垂直应力 σ_1 随深度的增加而减小，自重应力 σ_2 则随深度的增加而增大，因此，车辆荷载在土基中产生的应力 σ_1 与土基自重应力之比 σ_1/σ_2 亦随之急剧变小。如果此比值减小到一定数值，例如 $\sigma_1/\sigma_2 = 0.1 \sim 0.2$，即在某一深度 Z_a 处，车辆荷载在土基中产生的应力仅为土基自重应力的 1/5～1/10，与土基自重引起的应力 σ_2 相比，车辆荷载在 Z_a 以下土基中产生的应力 σ_1 已经很小，可忽略不计。把车辆荷载在土基中产生应力作用的这一深度范围称作路基工作区。

据此可以得到路基工作区深度 Z_a 的计算式为：

$$K \cdot \frac{P}{Z_a^2} = \frac{1}{n} \gamma Z$$

$$Z_a = \sqrt[3]{\frac{KnP}{\gamma}} \tag{2-5}$$

式中：$\dfrac{1}{n} = \dfrac{\sigma_1}{\sigma_2}$，$n = 5 \sim 10$。

由于路基路面材料的不同，路面材料的刚度及重度一般均大于路基。路基工作区深度随路面材料的刚度及重度的增加而减小。因此，由式(2-5)计算时，应将路面厚度折算为同路基刚度及重度相当的厚度，作为整体进行计算。

表 2-1 是用式(2-5)计算的几种国产车型的 Z_a 值。

为保证路基的强度与稳定性，应对路基工作区深度范围内的土体压实提出更高的要求。当路基工作区深度大于路基填土高度时，天然地基上部土层不仅受到填土的作用，还受到行车荷载的作用，因此这部分土层也应满足路基工作区的要求，进行充分压实。

路基工作区深度 表2-1

车　型	$P=\frac{1}{2}$(后轴重,kN)	路基工作区深度 Z_a(m)	
		$n=5$	$n=10$
黄河 JN-150	$\frac{1}{2}$(101.60)	1.9	2.4
解放 CA-10 B	$\frac{1}{2}$(60.85)	1.6	2.0
交通 SH-141	$\frac{1}{2}$(55.1)	1.6	2.0
跃进 NJ-130	$\frac{1}{2}$(38.3)	1.4	1.7
北京 BJ-130	$\frac{1}{2}$(27.18)	1.2	1.6
上海 SH-130	$\frac{1}{2}$(23.00)	1.2	1.5
红旗 CA-773	$\frac{1}{2}$(15.75)	1.0	1.3
天津 TJ-620	$\frac{1}{2}$(12.5)	1.0	1.2

2.1.2 路基应力—应变特性

理想线弹性体的应力与应变关系呈线性特性,当应力消失时,应变也随之消失,恢复到初始状态。由于路基土的内部结构非常复杂,包括固相、液相和气相,固相又由不同矿物成分、不同粒径的颗粒组成。因此路基土在应力作用下的变形特性同理想线弹性材料有很大区别。

(1)应力—应变的非线性特性

图2-2是用压入承载板试验所得的土基竖向变形 l 与压力 p 之间的关系曲线,图中的曲线变化大致可分为3个阶段。

阶段Ⅰ——弹性变形阶段。在此阶段内,卸载后变形可以恢复,路基土受到弹性压缩,应力与应变的关系呈近似直线。

阶段Ⅱ——塑性变形阶段。在此阶段内,随着应力增大,变形发展较快,卸载后变形不能完全恢复。其中,能够恢复的变形称为弹性变形,不能恢复的变形称为塑性变形(或残余变形)。在此阶段范围内,应力应变关系呈曲线。

阶段Ⅲ——破坏阶段。当应力继续增大,变形也急剧增大,土体已经失去抵抗变形的能力,表明土体已破坏。

根据弹性力学理论,测得回弹变形,可通过式(2-6)计算路基土的回弹模量。

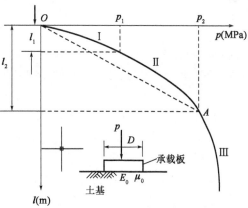

图2-2 路基土的应力—应变关系曲线

$$E=\frac{\pi pD(1-\mu^2)}{4l} \tag{2-6}$$

式中：E——路基土的回弹模量，kPa；

　　　p——承载板的压强，kPa；

　　　D——承载板的直径，m；

　　　l——承载板的回弹变形，m；

　　　μ——土的泊松比。

若路基土是理想的线弹性材料，则 E 为一常数，p、l 为直线关系，但由图2-2可知，p、l 关系并非直线，三轴试验[图2-3a)]也证实这种曲线关系十分普遍，因此土基的回弹模量 E 并不是常数。

土体在内部应力作用下表现出的变形，从微观的角度看，是土的颗粒之间的相对移动。当移动的距离超出一定限度时，即使将应力解除，土体的颗粒也不能再回复原位；从宏观角度看，路基将产生不可恢复的残余变形。因此，路基的应力—应变关系除了出现非线性特性之外，还表现出弹塑性性质。由承载板和三轴压缩试验结果可以看出，当荷载卸除、应力恢复到零时，曲线由 A 回到 B，OB 即为塑性或残余变形[图2-3b)]。

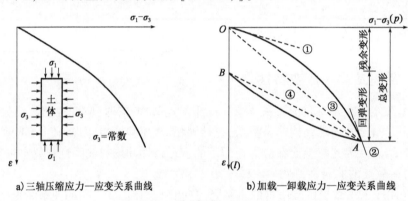

a) 三轴压缩应力—应变关系曲线　　b) 加载—卸载应力—应变关系曲线

图2-3　土的应力—应变关系曲线

尽管路基的应力—应变关系非常复杂，但是在评定路基应力—应变状态以及设计路面时仍然用模量值 E 来表征。最简单的方法是采用局部线性化的方法，即在曲线的某一个微小线段内，近似地将它视为直线，以它的斜率作为模量值。按照应力—应变曲线上应力取值方法的不同，模量有以下几种：

①初始切线模量：应力值为零时应力—应变曲线的斜率，如图2-3b)中的①所示。

②切线模量：某一应力级位处应力—应变曲线的斜率，如图2-3b)中的②所示，反映该级位处应力—应变变化的精确关系。

③割线模量：以某一应力值的曲线上的点同起始点相连的割线的斜率，如图2-3b)中的③所示，反映路基在该工作应力范围内的应力—应变的平均状态。

④回弹模量：应力卸除阶段，应力—应变曲线的割线模量，如图2-3b)中的④所示。

前三种模量取值时的应变值是包含残余应变和回弹应变在内的总应变，而回弹模量取值时已扣除残余应变后的回弹应变。因此，将前三种模量笼统地称为土的弹性模量显然是不合适的。而回弹模量能反映土所具有的那部分弹性性质，所以，在以弹性力学为理论基础的路基路面设计方法中，往往将土的回弹模量视为土的弹性模量，并且作为路基路面设计中的一项重要计算参数。

（2）土基的流变特性

土是具有流变性质的材料，路基在荷载作用下的变形不仅与荷载大小有关，而且还与荷载作用的持续时间有关。土的流变性质主要同塑性变形有关，图2-4表示荷载作用时间与土的弹性变形、塑性变形以及总变形的关系。

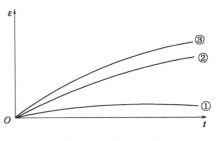

图2-4 荷载作用时间与变形的关系
①-弹性变形；②-塑性变形；③-总变形

车辆在路面上行驶，车轮对路面下路基的作用时间通常都是很短的，产生的塑性变形与静荷载长期作用下的塑性变形相对小得多。因此，一般情况下，路基的流变性质可以不予考虑。

（3）重复荷载作用下路基的变形特性

路基承受着车轮荷载的多次重复作用，每一次荷载作用时，路基产生的变形均可分为弹性变形和塑性变形两部分。弹性变形随着荷载的消失而恢复，而塑性变形因不能恢复而形成残余变形，这种残余变形会随着荷载重复作用次数的增加而累积。但是，随着荷载重复作用次数的增加，每一次产生的塑性变形都逐渐减小。所以，它的变形累积速度是随作用次数的增加而减缓的。

路基在荷载重复作用下产生的变形累积，最终可导致两种不同的情况。一种是土体逐渐压密，土的颗粒之间进一步靠拢，但是不会产生引起土体整体破坏的剪切面，路基被压实而稳定；另一种是荷载的重复作用造成土体的剪切变形不断发展，形成整体破坏的剪切面，最后达到破坏阶段，路基失去支撑荷载的能力。

路基在荷载重复作用下的变形累积，将导致哪一种最终结果，主要取决于：

①土的性质（类型）和状态（含水率、密实度、结构状态）；

②重复荷载的大小，通常以相对荷载，即重复荷载产生的应力与静载极限强度之比来表示；

③荷载作用的速度、持续时间以及频率；

④路基中侧向应力的大小。

2.1.3 土基的承载能力及抗剪强度参数

（1）表征土基承载能力的指标

土基是路面结构的基础，其承载能力常用其在一定应力级位下的抗变形能力来表征。在一定应力作用下，变形越大，土基承载能力越低；反之，则表明土基承载能力越高。

①回弹模量

把土基简化为一弹性半空间体，用回弹模量表征其应力应变特性，并作为土基的承载能力指标。为模拟车轮印记的作用，通常以圆形承载板（刚性承载板）压入土基的方法测定其回弹模量，如图2-2所示，回弹模量由公式(2-6)计算。

由于承载板测试回弹模量的野外测试速度较慢，因此工程中常用标准汽车测量弯沉，根据测得的回弹变形（回弹弯沉l_0）用式(2-7)计算土基回弹模量值。

$$E_0 = \frac{pd}{l_0}(1-\mu_0^2) \times 0.712 \qquad (2-7)$$

式中：E_0——土基的回弹模量，kPa；

p——标准试验车的轮胎压力，kPa；

d——试验车轮迹当量圆直径，cm；

μ_0——土基的泊松比，取 0.35；

l_0——土基不利季节的计算弯沉值，cm；

0.712——弯沉换算系数。

与用承载板作加载测试相比，两者结果相差不大，但后者测试工作大为简化。

②动态回弹模量

土基所受的车辆荷载是动态、重复的，为了体现土基的这种受力特性，用动态回弹模量来表征。所谓动态回弹模量即施加重复应力的幅值与相应方向回弹应变幅值的比值。

通常用重复加荷的三轴试验测量[试验方法见《公路路基设计规范》(JTG D30—2015)]，动态回弹模量用式(2-8)计算。

$$E_R = \frac{\tau_0}{\varepsilon_0} \tag{2-8}$$

式中：E_R——土基动态回弹模量，MPa；

τ_0——轴向应力幅值，MPa；

ε_0——轴向回弹应变幅值。

由于重复应力幅值与应变幅值并不同步，因此，动态回弹模量是一近似值。

③土基反应模量

在刚性路面设计中，常用地基反应模量 K 作为指标，表征地基抵抗变形的能力。该力学模型假设地基上任一点的反力与该点的挠度成正比，而与其他点无关，即地基相当于由互不联系的弹簧组成(图 2-5)。这种地基力学模型首先由捷克工程师文克勒(E. Winkler)提出，因此，又称为文克勒地基模型。地基反应模量 K 为压力 p 与总沉降 l 之比，即：

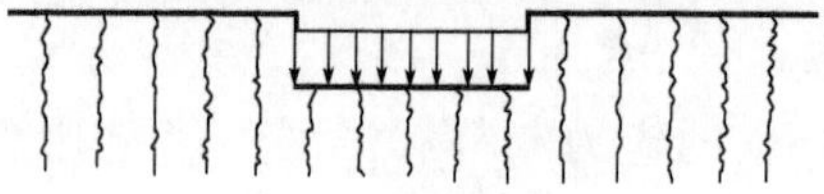

图 2-5 文克勒地基模型

$$K = \frac{p}{l} \tag{2-9}$$

式中：K——地基反应模量，MPa/m；

p——单位压力，MPa；

l——加荷时的总弯沉，m。

地基反应模量 K 用刚性承载板试验确定。承载板的直径规定为 76cm。测试方法与回弹模量测试方法相类似，但采用一次加载法。施加的荷载大小由两种方法控制：当地基较为软弱时，用 0.127cm 的沉降控制承压板的荷载；若地基较为坚硬，沉降难以达到 0.127cm 时，以单位压力 $p = 0.07$MPa 控制承载板的荷载。

当用直径 30cm 承载板测量时，可按式(2-10)进行修正：

$$K_{76} = 0.4 K_{30} \tag{2-10}$$

若测量时只考虑回弹弯沉，则可以得到路基土的回弹反应模量 K_R，通常回弹反应模量 K_R 与地基反应模量 K 有如下关系：

$$K_R = 1.77 K \tag{2-11}$$

④加州承载比

加州承载比 CBR(California Bearing Ratio)是美国加利福尼亚州早年提出的一种评定土基及其他路面材料承载力的指标。承载能力以材料抵抗局部荷载压入变形的能力表征,并采用高质量标准碎石为标准,它们的相对比值即为 CBR 值。试验时,用一个端部面积为 19.35cm^2 的标准压头,以 0.127cm/min 的速度压入土中。记录每贯入 0.254cm 时的单位压力,直到总深度达到 1.27cm 为止。单位压力与达到该贯入深度时的标准压力之比即为土基的 CBR 值,即式(2-12)。

$$\text{CBR} = \frac{p}{p_s} \times 100\% \tag{2-12}$$

式中:p——对应于某一贯入深度的单位压力,MPa;

p_s——与土基贯入深度相同的标准碎石的单位压力,MPa,见表2-2。

标准碎石的贯入压力 表2-2

贯入深度(cm)	0.254	0.508	0.762	1.016	1.270
标准压力(MPa)	7.03	10.55	13.36	16.17	18.23

计算 CBR 值时,取贯入深度为 0.254cm 的 CBR 值,但是当贯入深度为 0.254cm 时的 CBR 值小于贯入深度为 0.508cm 时的 CBR 值时,应以后者为准。

CBR 试验设备有室内试验设备与室外试验设备两种。室内 CBR 试验装置如图 2-6 所示。试件按路基施工时的含水率及压实度要求在试筒内制备,加载前在水中浸泡 4d。为模拟路面结构对土基的附加应力,在浸水过程中及压入试验时,在试件顶面施加环形砝码,其重量根据预计的路面结构重量确定,但不得小于 45.3N。试件浸水至少淹没顶部 2.54cm。CBR 值的野外试验方法基本与室内试验相同,但其压入试验直接在土基顶面进行。

以上几项指标,都表征特定条件下土基的承载能力(即抵抗变形能力),但由于土基是非线弹性体,其承载能力还随土质、密实度、水温状况及自然条件而变,因此,在应用各项指标进行路面设计和对土基承载能力进行评价时,必须与路面结构设计方法相配合,把路基路面的设计力学模型与具体条件和要求联系起来。例如,在进行路面结构计算、验算需要土基的回弹模量时,不仅要考虑荷载的动态重复作用,还要考虑不同湿度、干湿循环等环境因素的影响,并对回弹模量进行修正,见式(2-13)。

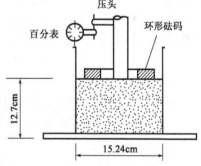

图 2-6 CBR 试验装置示意图

$$E = K_S \cdot K_\eta \cdot E_R \tag{2-13}$$

式中:E——路基回弹模量,MPa;

E_R——土基动态回弹模量,MPa,式(2-8);

K_S——湿度调整系数,为平衡湿度状况下的回弹模量与标准状况下的回弹模量之比;

K_η——干湿循环或冻融循环条件下土基模量折减系数,通过试验确定。

E_R、K_S、K_η 的标准试验方法及取值参见《公路路基设计规范》(JTG D30—2015)。

(2)抗剪强度参数

土的抗剪强度是指土体抵抗剪切破坏的能力。土的抗剪强度对分析土坡稳定以及挡土墙土压力计算具有十分重要的意义。

土的抗剪强度通常用库仑公式表示为：

$$\tau = c + \sigma \tan\varphi \tag{2-14}$$

式中：τ——土的抗剪强度，kPa；

σ——剪切破坏面上的法向正应力，kPa；

c——土的单位黏聚力，kPa；

φ——土体的内摩阻角，°。

c、φ 值即为土的抗剪强度参数，它反映了土体抗剪强度的大小，是土体非常重要的力学参数。

土的抗剪强度参数可用直剪或三轴压缩试验测定，在不同的方法及控制条件下可模拟土体受荷载时发生的不同应力状况。

2.2 路面材料的力学强度特性

2.2.1 路面材料的强度特性

路面所用的材料，按其不同的形态及成型性质大致可分为三类：松散颗粒型材料及块料、沥青结合料、无机结合料。这些材料按照不同的成型方式（密实型、嵌挤型和稳定型）形成各种结构层。由于材料的基本性质和成型方式不同，各种路面结构层具有不同的力学强度特性。

路面材料在车轮荷载和环境因素的作用下所表现出的力学强度特性，对路面的使用品质和使用寿命有重大影响。因此，深入了解路面材料的力学强度特性有助于正确判别路面各种病害的真实成因，同时也有助于正确理解路面设计方法基本原理的物理背景。

(1)抗剪强度

路面结构层因抗剪强度不足而产生破坏的情况有以下三种：

①路面结构层厚度较薄，总体刚度不足，车轮荷载通过薄层结构传给土基的剪应力过大，导致路基路面整体结构发生剪切破坏；

②无机结合料的粒料基层因层位不合理，内部剪应力过大而引起部分结构层产生剪切破坏；

③面层结构材料的抗剪强度较低，如高气温条件下的沥青面层；级配碎石面层等，经受较大的水平推力时，面层材料产生纵向或横向推移，产生各种剪切破坏。

按摩尔(Mohr-Coulumb)强度理论，材料的抗剪强度由两部分组成，其一是摩擦阻力部分，同作用在剪切面上的法向应力成正比；其二是同法向应力无关的黏结力部分，与土的抗剪强度公式相同，即：

$$\tau = c + \sigma \tan\varphi$$

式中：τ——材料的抗剪强度，kPa；

σ——剪切破坏面上的法向正应力，kPa；

c——材料的单位黏聚力,kPa;

φ——土体的内摩阻角,°。

c 和 φ 是表征路面材料抗剪强度的两项参数,可以通过直接剪切试验,绘出 τ-σ 曲线后,按上式确定。对于松散材料无法进行直剪试验时,可以由三轴压缩试验,绘制摩尔圆和相应的包络线,按上式近似确定 c、φ 值,如图 2-7 所示。由于三轴试验较接近实际受力状态,因此得到广泛应用。三轴试验试件的直径应大于集料中最大粒径的 4 倍,试件的高度和直径之比不小于 2。目前普遍使用试件的直径为 10cm,高为 20cm,粒料最大粒径不应大于 2.5cm。

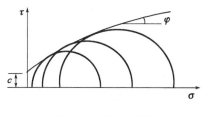

图 2-7 三轴试验曲线

沥青混合料经受剪切作用时,除了矿质颗粒之间存在摩擦阻力外,还有粒料与沥青的黏结力以及沥青膜之间的黏滞阻力共同形成抗剪强度。沥青混合料中的矿质粒料因有沥青裹附,其摩阻力比纯粒料有所下降。沥青含量越高,φ 值下降越多;而集料级配良好,富有棱角时,有助于提高内摩阻角。

沥青混合料的黏结力取决于以下因素:

①沥青的黏度:黏度越高,混合料黏结力越大。

②沥青用量:过少时,不足以充分裹附矿质颗粒,用量过多时,又将挤开矿质颗粒,两种情况都会使黏结力降低。因而,存在一最佳沥青用量,使黏结力达到最大。

③温度和剪切速率:沥青的黏度受温度和应力作用时间的影响很大,随温度的升高和剪切速率的下降,混合料的黏结力降低。

④矿料:矿料的级配、颗粒形状和表面特性都会对沥青混合料的黏结力产生影响,矿料的比表面积越大,包覆矿料颗粒的沥青膜越薄,黏结力就越大。有棱角的矿料增多,矿粉同沥青的吸附性好等因素,都有助于提高黏结力。

(2)抗拉强度

沥青混凝土路面、水泥混凝土路面及各种半刚性基层在气温急剧下降时产生收缩,水泥混凝土路面和各种半刚性基层在湿度变化时,也会产生明显的干缩,这些收缩变形受到约束阻力时,将在结构层内产生拉应力,当材料的抗拉强度不足以抵抗上述拉应力时,路面结构层会产生拉伸断裂。

路面材料的抗拉强度主要是由混合料中结合料的黏结力所提供的,可以采用直接拉伸或间接拉伸试验获得。

如图 2-8 所示,直接拉伸试验是将混合料制成圆柱形试件,试件两端黏结在有球形铰接的金属盖帽上,通过安装在试件上的变形传感器,测定试件在各级拉应力下的应变值,试件破坏时的最大应力值即为抗拉强度。

如图 2-9 所示,间接拉伸试验,即劈裂试验。对于沥青混合料及半刚性材料,是将混合料制成圆柱形试件,直径为 D,高度为 h,试验时通过压条,沿直径方向按一定的速率施加荷载,直至试件开裂破坏。抗拉强度用式(2-15)计算:

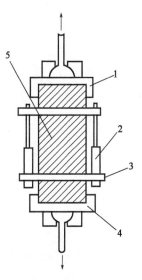

图 2-8 直接拉伸试验
1-上盖帽;2-变形传感器;3-金属箍;
4-下盖帽;5-试件

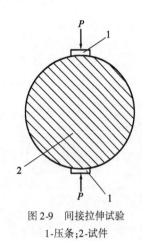

图2-9 间接拉伸试验
1-压条；2-试件

$$\sigma_t = \frac{2P}{\pi h D} \qquad (2\text{-}15)$$

式中：σ_t——混合料的抗拉强度，kPa；
　　　P——试验最大荷载，kN；
　　　h、D——试件的高度和直径，m。

劈裂试验试件尺寸（h，D）的大小与混合料集料的最大粒径有关。用于沥青混合料的试件尺寸与用于半刚性材料的试件尺寸不一样，可在有关试验规程中查阅。

水泥混凝土劈裂强度试验采用边长为150mm的立方体试件，抗拉强度按式（2-16）计算：

$$\sigma_t = \frac{2P}{\pi A} \qquad (2\text{-}16)$$

式中：A——试件劈裂面面积，m²。

(3)抗弯拉强度

用水泥混凝土、沥青混合料以及半刚性材料修筑的结构层，在车轮荷载作用下，常处于受弯曲工作状态。由车轮荷载引起的弯拉应力超过材料的抗弯拉强度时，材料会产生弯曲断裂。因此，需要测定路面材料的抗弯拉强度。

路面材料的抗弯拉强度，大多通过简支小梁试验进行评定。小梁截面边长的尺寸应不小于混合料中集料最大粒径的4倍，通常采用三分点加载（图2-10）。材料的抗弯拉强度σ_t按式（2-17）计算：

$$\sigma_t = \frac{Pl}{bh^2} \qquad (2\text{-}17)$$

式中：σ_t——混合料的抗弯拉强度，kPa；
　　　P——破坏荷载，kN；
　　　l——支点间距，m；
　　　b、h——试件截面的宽度和高度，m。

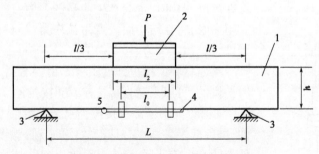

图2-10 抗弯拉强度试验加荷形式示意图
1-试验梁；2-承压板；3-支点；4-顶杆；5-千分表

2.2.2 路面材料的应力—应变特性

路面结构层在车轮荷载作用下的应力、应变和位移量，不仅同荷载的大小有关，还取决于路面材料的应力—应变特性。

(1)碎(砾)石材料

用于基层和底基层的碎(砾)石材料无法通过成型试件直接测试应力—应变特性,可以由三轴压缩试验所得到的应力—应变关系曲线求得表征其应力—应变特性的回弹模量值 E_r。经试验发现,它的应力—应变特性具有明显的非线性特性,即弹性模量 E_r 随偏应力 $\sigma_d = (\sigma_1 - \sigma_3)$ 的增大而减小,随侧压力 σ_3 的增大而增大。根据大量试验,碎(砾)石材料的回弹模量值可以用式(2-18)表示:

$$E_r = k_1 \theta^{k_2} \tag{2-18}$$

式中:θ——三向主应力之和,kPa;

k_1、k_2——回归常数,同材料性质有关。

一般情况下碎石集料的 k_1 取值范围在 7.0~15.7 之间,k_2 取值范围在 0.46~0.64 之间。碎(砾)石材料的回弹模量值同材料的级配、颗粒形状、密实度等因素有关,取值范围为 100~700MPa。通常,密实度越高,颗粒棱角越多,模量值越大,细料含量不多时,含水率的影响很小。

(2)水泥混凝土及无机结合料稳定材料

水泥混凝土以及用无机结合料处治的混合料,经捣实成型,并养护一定时间后,具有一定的整体性及较高强度,因此研究这一类材料的应力—应变特性,可以采用规则试件进行测定。常用的试验方法有三种,即单轴试验、三轴试验以及小梁试验。

单轴试验测定水泥混凝土混合料抗压强度和抗压弹性模量所用的试件为 150mm×150mm×300mm 棱柱体试件。先测定抗压强度,然后取同样的试件施加 40% 的抗压强度用于测定抗压回弹模量,用传感器或千分表记录轴向压缩变形量。混凝土的抗压弹性模量按式(2-19)计算:

$$E_c = \frac{P_A - P_0}{F} \times \frac{L}{\Delta_a} \tag{2-19}$$

式中:E_c——混凝土弹性模量,kPa;

P_A——终荷载,kN;

P_0——初荷载,kN;

Δ_a——加载 P_0 及 P_A 作用下之变形差,m;

L——试件轴向标距长度,m;

F——试件横截面面积,m²。

无机结合料稳定材料早期强度低,后期强度高。在早期,测定其应力—应变特性关系,不宜采用无侧限单轴试验方法。最理想、最符合路面结构实际工作状态的试验方法为三轴压缩试验。通过试验发现,这一类材料的应力—应变关系曲线呈现非线性特征,与土一样,其弹性模量是三向主应力的函数。然而,在应力级位较低时(低于极限应力 50%),应力—应变曲线可近似看作是线性的。按回弹应变量确定的回弹模量值,可以近似看作为常数。

在不具备三轴压缩试验条件时,可以采用室内承载板法测定无机结合料稳定材料的早期抗压回弹模量。用承载板法试验的试件取直径×高 = 150mm×150mm,承载板直径37.4mm,面积11cm²。试验时取承载板的单位压力为 200~700kPa,分级加载,同时记录承载板的沉降量,回弹模量值按式(2-20)计算:

$$E_r = \frac{\pi pD}{4l}(1-\mu^2) \tag{2-20}$$

式中：p——承载板单位压力，kPa；
   D——承载板直径，m；
   l——相应于单位压力 p 的回弹变形，m；
   μ——泊松系数，可取 0.25。

水泥混凝土路面与无机结合料处治的混合料基层，在车辆荷载作用下处于弯曲受力状态，结构分析时，采用相应的参数计算抗弯拉弹性模量。测量抗弯拉弹性模量所用的试件尺寸与测量抗弯拉强度时所用的小梁试件相同，加载方法也相同。取抗弯拉强度对应荷载的50%，作为最大荷载，加载时同时记录小梁跨中的挠度。详见规范《公路工程水泥及水泥混凝土试验规程》(JTG E30—2005) T 0559。

抗弯拉弹性模量按式(2-21)计算：

$$E_b = \frac{23L^3(P_{0.5}-P_0)}{1296J|\Delta_{0.5}-\Delta_0|} \tag{2-21}$$

式中：$P_{0.5}$、P_0——终荷载及初荷载，kN；
   $\Delta_{0.5}$、Δ_0——对应于 $P_{0.5}$ 及 P_0 的跨中挠度，m；
   L——试件支座间距，m；
   J——试件断面转动惯量，$J = \frac{1}{12}bh^3$，m^4；
   b、h——梁的宽与高，m。

(3) 沥青混合料

沥青混合料是一种弹—黏塑性材料，在应力—应变关系中呈现出不同的性质。有时仅呈现为弹性性质，有时则主要呈黏塑性性质。而大多数情况下，几乎同时综合呈现上述两种性质。掌握表征这些性质的指标，能正确地判断沥青混合料在不同条件下的特性，特别是沥青混合料在最高和最低温度下的变形特性。

为了研究沥青混合料的工作性质，必须考虑材料的蠕变和应力松弛现象。蠕变是材料在固定应力作用下，变形随时间而发展的过程。沥青混合料的蠕变试验表明，在作用力恒定的情况下，弹性—黏塑性材料的变形随时间的发展，取决于作用力的大小。当作用力相当小，即低于弹性极限或屈服点时[图2-11a)]，应力作用后，一部分变形瞬间在该材料中产生，并在应力撤除之后，仍以同样的速度消失，这是沥青混合料的纯弹性变形（或称瞬时弹性变形），在这个范围内应力和应变呈直线关系；另一部分变形随力的作用时间而缓慢增大，应力撤除后，变形也随时间增加而缓慢地消失，这是沥青混合料的黏弹性变形（或称滞后弹性变形）。沥青混合料受力较大，高于弹性极限或屈服点时，特别是受力时间很短促时，材料呈现出弹性或兼有黏弹性的性质。当作用力相当大时[图2-11b)]，在相当长的时间内（超出弹性变形发展的时间），材料的变形除有瞬时弹性变形和滞后弹性变形外，还存在黏滞性塑性流动变形。应力撤除后，这部分变形不再消失，为塑性变形。这种情况说明，沥青混合料受力相当大，且受力时间又较长时，材料不仅产生弹性变形，而且存在随时间而发展的塑性变形。

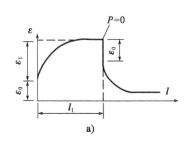 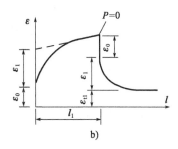

图 2-11 沥青蠕变曲线

为正确地了解沥青混合料的工作状况,还应考虑沥青混合料在应力—应变状态下呈现出的应力松弛特征。应力松弛是变形物体在恒定应变下应力随时间而自动降低的过程,这是由于物体内部塑性流动变形的结果。为使物体保持变形的状态,随着时间的推移,所需的力越来越小,应力下降到初始值或正常状态的那段时间,叫做松弛时间。这是表征松弛过程的主要参数。

弹性黏塑性体松弛时间 t' 与黏滞度 η 和弹性模量 E 的关系为:

$$t' = \frac{\eta}{E} \tag{2-22}$$

可见沥青混合料的松弛时间主要取决于黏滞度。随着温度的增高与黏滞度的降低,沥青混合料松弛时间也就缩短。

沥青混合料呈现为弹性还是黏塑性,取决于荷载作用时间与应力松弛时间的比值。若荷载作用时间比应力松弛时间短得多,则呈现为弹性体。如果荷载作用时间远大于应力松弛时间,则材料呈现弹—黏—塑性。荷载作用时间相同的情况下,沥青混合料的性质,既可能是弹性体,也可能是黏塑性体,视温度的高低而定。沥青混合料在冬季低温时具有很高的黏滞度,因而应力松弛时间大大超过荷载作用时间。在此情况下,沥青混合料就呈现为弹性体,具有弹性体的变形特性,夏季高温时,沥青混合料的黏滞度迅速降低,因此,应力松弛时间也就大大缩短,与荷载作用时间接近或比它短得多,因此,会产生较大的塑性变形。

由此可见,沥青混合料的应力—应变特性,不仅与荷载大小和作用时间有关,而且与材料的温度有关。

考虑到荷载作用时间和温度对沥青混合料应力—应变特性的影响,范德普(Vander Poel)提出用劲度模量(简称劲度)作为表征弹—黏塑材料的性质指标。所谓劲度模量,就是材料在给定的荷载作用时间和温度条件下应力与总应变的比值。即:

$$S_{t,T} = \left(\frac{\sigma}{\varepsilon}\right)_{t,T} \tag{2-23}$$

式中:$S_{t,T}$——劲度模量;MPa;

σ——施加的应力,MPa;

ε——总应变;

t——荷载作用时间,s;

T——材料的温度,℃。

大量的研究发现,温度和时间是可以相互转化的,也就是说,对于某种沥青材料,高温短时间的劲度可与低温长时间的劲度相等,见图2-12。根据这一特性,经过大量的试验,范德普等人制作了沥青劲度诺谟图。

沥青的劲度可以通过试验,运用范德普(Vander Poel)诺谟图确定。沥青混合料的劲度模量可以根据当地的自然和交通条件,选择恰当的试验温度和加荷时间,用单轴压缩、三轴压缩或小梁试验方法等进行测定,或由沥青劲度进行估算。以上试验研究路面材料的应力—应变特性时,施加的荷载均为静荷载。在进行路面结构分析时,为体现车辆荷载的动态、重复的特性,试验时应施加反复作用的动荷载,以获取动态参数。具体试验方法及参数计算详见《公路沥青路面设计规范》(JTG D50—2017)。

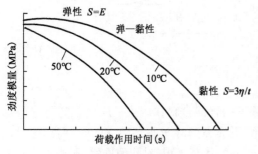

图2-12 沥青劲度模量随荷载作用时间和温度的变化

2.2.3 路面材料的累积变形与疲劳特性

路面结构在整个使用寿命期内,经受着车轮荷载千百万次的重复作用。在这种重复荷载作用下,引起的路面结构破坏极限状态,完全不同于其他结构物在使用期内可能出现的最大极限荷载引起的破坏状态。路面结构在荷载重复作用下,可能出现的破坏极限状态有两类:第一类,若路面材料处于弹塑性工作状态,则重复荷载作用将引起塑性变形的积累,当累积变形超出一定限度时,路面使用功能将下降至允许限度以下,出现破坏极限状态;第二类,路面材料处于弹性工作状态,在重复荷载作用下虽不产生塑性变形,但是结构内部将产生微量损伤,当微量损伤累积达到一定限度时,路面结构发生疲劳断裂,出现破坏极限状态。累积变形与疲劳破坏这两种破坏极限的共同点就是破坏极限的发生不仅同荷载应力的大小有关,而且同荷载作用的次数有关。

水泥混凝土路面从完工到开放使用,即处于弹性工作状态,因此在重复荷载作用下,易出现疲劳破坏。沥青路面在低温环境中,基本上处于弹性工作状态,因此易出现疲劳破坏;而在高温环境中,处于弹塑性工作状态,因此会出现累积变形;在季节性温差很大的地区,沥青路面兼有疲劳破坏和累积变形两种极限状态。无机结合料处治的半刚性路面材料,尽管在早期(1~3个月)处于低塑性的弹塑性状态,但是过了这个期限之后,基本处于弹性状态,因此,在使用期间主要的极限状态是疲劳破坏。以黏土为结合料的碎、砾石路面,由于混合料中的细粒土受大气湿度影响,因此路面结构处于弹塑性状态,塑性变形的累积是极限状态的主要形式。

(1) 累积变形

路面结构在车轮荷载重复作用下因塑性变形累积而产生沉陷或车辙,是路面结构的主要病害。这种永久性的变形是路基、路面各结构层材料塑性变形的综合,它不仅同荷载的大小、作用次数以及路基的性状有关,也受路面各结构层材料变形特性的影响。

①碎、砾石混合料

碎、砾石混合料在重复应力作用下的塑性变形累积规律同细粒土相似,图2-13所示是一种级配良好的混合料的重复加载试验结果。由图可见,当偏应力σ_d低于某一数值时,塑性变形随作用次数增加而增加,且逐渐趋向稳定。重复次数大于10^4次后,达到一平衡状态,平衡

状态的应变量同 σ_d/σ_3 的比值大小有关。当偏应力较大时,塑性变形量随作用次数增加而不断增长,直至破坏。

级配不良、颗粒尺寸单一的混合料,在应力重复作用很多次以后,塑性变形仍有增大趋势。含有细粒过多的混合料,由于混合料密实度降低,变形累积过大,因此均不宜用于修筑路面。

②沥青混合料

沥青混合料在重复应力作用下变形累积过程的研究,可利用单轴压缩试验或重复作用三轴压缩试验来进行。两种试验方法所得的累积应变—时间关系的规律基本一致。

图 2-14 所示为一密实型沥青混合料经受重复三轴试验的结果。由图可以看出塑性应变量随重复作用次数的增加而增加。温度越高,塑性应变累积量越大。大量试验结果表明,在同一温度条件下,控制累积应变量的是加载时间的总和,而不仅是重复作用的次数;加荷频率以及应力循环的间隔时间对累积应变的影响不大。

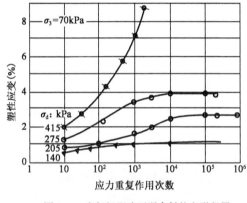

图 2-13　良好级配碎石混合料的变形积累　　图 2-14　密实型沥青混合料的变形积累

影响累积变形的因素,除了温度、施加应力大小以及加荷时间之外,同集料的状况也有关系。有棱角的集料比圆角的集料能获得更高的劲度模量,因此累积变形量较小;密实级配的沥青混合料比开级配沥青混合料的累积变形量小;此外压实的方法、压实的程度对变形累积的规律都有一定影响。

(2) 疲劳特性

对于弹性状态的路面材料承受重复应力作用时,可能在低于静载一次作用下的极限应力值时出现破坏,这种材料强度降低的现象称为疲劳。疲劳的出现,是由于材料微结构的局部不均匀,诱发应力集中而出现微损伤,在应力重复作用下微量损伤逐步累积扩大,最终导致结构破坏,称为疲劳破坏。

出现疲劳破坏的重复应力作用次数称为疲劳寿命;重复应力值的大小称疲劳强度,疲劳强度随重复作用次数的增加而降低。有些材料在重复应力降至一定值之后,经受再多的重复作用次数,也不发生疲劳破坏,即疲劳强度不再下降,趋于稳定值,此稳定值称为疲劳极限。研究疲劳特性的主要目的是探索提高材料的抗疲劳强度,延长路面使用年限,为路面设计提供参数。

①水泥混凝土及无机结合料处治的混合料

此类材料的疲劳性能研究,可通过对小梁试件施加重复应力来进行。将重复弯拉应力 σ_r 与一次加载得出的极限弯拉应力(抗弯拉强度)σ_f 值之比称为应力比。绘制应力比 σ_r/σ_f 与重复作用次数 N_f 的关系曲线,称为疲劳曲线,如图 2-15 所示。

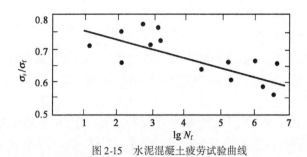

图 2-15 水泥混凝土疲劳试验曲线

由图 2-15 所示的疲劳曲线,可发现如下规律:

a. 随着应力比的增大,出现疲劳破坏的重复作用次数 N_f 降低;

b. 重复应力级位相同时,N_f 的变动幅度较大,表明试验结果离散,但其概率分布基本符合对数正态分布,因此,若要得到可靠的均值必须进行大量的试验;

c. 通过回归分析,可得到描述应力比和作用次数关系的疲劳方程。在半对数坐标纸上,N_f 呈直线形,可用式(2-24)表征:

$$\frac{\sigma_r}{\sigma_f} = \alpha - \beta \lg N_f \tag{2-24}$$

式中:α、β——由试验确定的系数,与混凝土的性质和试验条件有关。

无机结合料处治的混合料,其疲劳特性与水泥混凝土类似,但疲劳方程的系数 α 和 β 值则有所不同,疲劳极限明显比水泥混凝土低。

② 沥青混合料

沥青混合料疲劳特性的室内试验可以用简支小梁弯拉试验或圆柱体间接拉伸试验等方法进行。由于沥青混合料的劲度模量较低,在应力反复加荷过程中,试件的受力状态不断发生变化。为此根据不同的要求有两种试验方法:控制应力试验和控制应变试验。

控制应力试验是在试验过程中保持荷载或应力值始终不变,其应变量的增长速率会不断增加直到断裂;控制应变试验是在试验过程中不断调节所施加的荷载或应力值,使应变量始终保持不变,试验过程中材料劲度模量不断下降,故保持应变量不变所需要的力会不断减小,如图 2-16 所示。

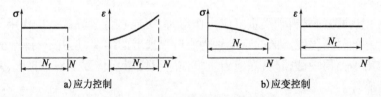

a) 应力控制　　　　　　　　　　b) 应变控制

图 2-16 控制应力和控制应变疲劳试验

控制应力试验,材料的疲劳破坏通常以试件出现断裂为标志。控制应变试验,并不会出现明显的疲劳破坏现象,通常以劲度模量下降到初始模量值的 50% 作为疲劳破坏的标准。在条件相同的试验中,控制应力试验所得到的 σ_r 和疲劳破坏作用次数 N_f,在双对数坐标上呈直线形,即可以用式(2-25)估算材料的疲劳寿命。采用控制应变试验方法,可利用式(2-26)估算材料的疲劳寿命。

$$N_f = A \left(\frac{1}{\sigma_r}\right)^b \tag{2-25}$$

$$N_f = C\left(\frac{1}{\varepsilon_r}\right)^d \tag{2-26}$$

式中：A、C、b、d——试验得到的回归常数，与混合料性质、温度和其他试验条件有关。行驶在路面上的车辆，对路面施加的是轴载和接触压力，不是变形，从这个意义来看，整个路面结构受应力控制。因而对于较厚的沥青面层，基层刚度相对比较小，荷载的重复作用使面层应变增长较快，应采用控制应力试验方法；而对于较薄的沥青面层，它本身不发挥承重层作用，而是随基层共同产生位移，宜采用控制应变试验方法。莫尼史密斯(Monismith)等人提出，厚面层厚度的下限约为15cm，薄面层厚度的上限为5cm，处于两者之间的厚度，根据实际性质可采取其中任何一种方法进行试验。

(3) 曼诺(Miner)定律

在疲劳试验中，为了简化，通常都采用单一不变的应力或应变作为重复加载的基本模式。而实际路面受到的是重力不同的车辆荷载，要把室内单一加荷基本模式得到的疲劳方程应用于路面结构分析，还需解决如何综合不同荷载的疲劳作用问题。

目前，常用曼诺在研究金属疲劳时作出的假定来处理以上的问题：各级荷载作用下材料所出现的疲劳损伤可以线性叠加。假设某一级荷载 P_i 作用 N_i 次后使材料达到疲劳破坏，则该级荷载作用一次相当于消耗了材料疲劳寿命的 $1/N_i$。现有 P_1、P_2、…、P_j 级荷载，分别作用 N_1、N_2、…、N_j 次后，材料均可达到疲劳破坏，而实际上各级荷载的作用次数分别为 n_1、n_2、…、n_j 次，则相应于各级荷载消耗的材料疲劳寿命分别为 n_1/N_1、n_2/N_2、…、n_j/N_j。在各级荷载作用之下，材料的综合疲劳损伤为：

$$D = \sum_{i=1}^{j} \frac{n_i}{N_i} \tag{2-27}$$

疲劳破坏是路面结构损伤的主要现象，路面材料的抗疲劳性能直接关系到路面的使用寿命。提高路面的疲劳性能应该注意从两方面加强配合，一是合理的材料设计，使混合料达到最佳配合比和最大密度，使混合料具有较高的强度；另一方面是合理的结构设计，使得各结构层的层位与厚度达到理想的程度，在车辆荷载作用之下，确保结构层所受到的最大应力和应力比在控制范围以内。

【复习思考题】

2-1 路基工作区及工作区深度的概念是什么，应如何计算？
2-2 如何测量土基的承载能力指标？
2-3 如何获得土基的回弹模量？
2-4 疲劳、疲劳破坏、疲劳寿命、疲劳极限、应力比、曼诺定律的概念是什么？
2-5 沥青混合料的应力应变特性是什么？什么是劲度、蠕变、应力松弛？
2-6 路面结构设计时，材料的参数如何获得？
2-7 沥青混合料疲劳试验有哪些不同的加载方式？应如何选择？

第 3 章 路基设计

【本章内容】

本章主要介绍了路基的构成及典型横断面设计方法、路基病害与防治、路基边坡稳定分析;路基防护与加固以及挡土墙设计。

【学习要求】

掌握路基基本概念、构造要求和路基产生病害的原因与防治措施;掌握路基设计的基本内涵;掌握路基稳定性分析的主要方法:直线法、圆弧法、折线型滑动面的传递系数法;了解浸水地区、地震地区路基稳定性分析方法;了解坡面防护的主要形式;了解软土地基的主要处理方法;掌握挡土墙的类型、适用条件、布置和构造;掌握各种边界条件下的土压力计算、挡土墙稳定性验算;了解轻型挡土墙和其他形式支挡结构的构造。

3.1 路基设计概述

路基是按照路线设计位置和一定技术要求修筑的带状岩土构造物。路基是路面的基础,它与路面共同承受行车荷载和自然环境因素的作用。路基本身的强度与稳定性直接影响路面结构的质量及其使用品质。路基设计的核心是结构物的整体稳定性和抗变形能力。

3.1.1 路基设计的一般要求

路基是路面的基础,是公路工程的重要组成部分,它暴露在大自然中长期承受着路基土的自重和路面结构的重量,同时还承受着由路面传递下来的行车荷载的反复作用,因此路基必须具有足够的强度、稳定性和耐久性。

路面结构层以下(路槽以下)一定范围内的路基称为路床,对于轻、中等及重交通的公路路床厚度为80cm,对特重、极重交通的公路路床厚度为120cm,对于特种轴载的公路,路床厚度需要通过计算路基工作区深度确定。路床又分为上路床(路槽下0~30cm范围内)和下路床(路槽下30~80cm范围或30~120cm范围)。路床以下、地面以上的填土部分称为路堤,其中路床以下70cm范围内为上路堤,上路堤以下的填土部分为下路堤。地面以下的挖方路基称为路堑。

一般路基通常指在良好的地质与水文等条件下,填方高度和挖方深度不超过《公路路基设计规范》(JTG D30—2015)允许范围的路基。通常认为一般路基可以结合当地的地形、地质情况,直接选用典型断面或规范规定,不必进行个别论证和验算。

超过规范规定的高填、深挖路基,以及路线通过特殊土(岩)、不良地质以及特殊气候和水文条件路段的路基属于特殊路基。特殊路基应采取综合地质勘察,查明特殊地质体的性质、成因类型、规模、稳定状况及发展趋势。特殊路基设计所需要的物理力学参数,应结合室内试验和原位测试资料经综合分析确定。

为确保特殊路基具有足够的强度与稳定性,应优选出经济合理的横断面进行个别设计。公路路基是条形带状结构,由于天然地面高低起伏,路基的高度也不相同。路基设计之前,应做好全面调查研究,充分收集沿线地质、水文、地形、地貌、气象、地震等设计资料,贯彻因地制宜、就地取材的原则,执行有关环境保护的政策法规,根据路线平、纵、横设计,精心布置,确定标高,为路面结构提供具有足够宽度的平顺基面。改建公路,还应收集历年路况资料及当地路基的翻浆、崩坍、水毁等病害的防治经验。路基设计,一般宜移挖作填,当出现大量弃方或借方时,应配合农田水利建设和自然环境等进行综合设计。设计时,应根据公路所在地区的自然因素与地质条件,设计完善的排水设施和防护工程,采取经济有效的病害防治措施。陡坡上的填挖结合路基,可根据地形、地质条件,采用护肩、砌石或挡土墙;当山坡高陡或稳定性差、不宜多挖时,可采用旱桥、悬出露台等构造物;在悬崖陡壁地段,如山体岩石整体性好,可采用半山洞式路基。分离式路基应处理好与整体式路基的相互衔接和边坡的防护,设置完善的排水设施,并与自然景观相协调。

山岭、重丘区的路基设计,应根据当地自然条件,特别是工程地质条件,选择适当的路基横断面形式和边坡坡度。在地形陡峻和不良地质地段,不宜破坏天然植被和山体平衡;在狭窄的河谷地段不宜过多侵占河床,可视具体情况设置其他结构物和防护工程。

沿河浸水路段的路基,其边缘高程应不低于路基设计洪水频率的水位加壅水高度、波浪侵袭高度,以及0.5m的安全高度。城市周边地区的公路路基设计洪水频率应结合城市防洪标准,考虑救灾通道、排洪和泄洪需求综合确定。各级公路路基设计洪水频率应符合表3-1的规定。并根据冲刷情况,设置必要的防护设施;废方应妥善处理,以免造成河床堵塞、河流改道或冲毁沿线构造物、农田、房屋等不良后果。

路基设计洪水频率　　　　　　　　　表 3-1

公路等级	高速公路	一级公路	二级公路	三级公路	四级公路
路基设计洪水频率	1/100	1/100	1/50	1/25	按具体情况确定

注:区域内唯一通道的公路路基设计洪水频率可采用高一个等级公路的标准。

路基设计及施工中还应注意以下问题:

(1)原地面处理。路基填筑前应清除地表的杂草、树木及腐殖质土,对处于路基工作区范围内的原地基应充分碾压(或挖除后再分层回填碾压),达到要求的压实度。对地面有横坡处,土质应做成台阶形,石质应凿毛,以防止路堤下滑。

(2)路基填料。路基填料一般应采用砂砾等粗颗粒透水性好的土或塑性指数和含水率符合规范的土,不使用淤泥、沼泽土、冻土、有机土、含草皮土、含生活垃圾及腐殖质的土。液限大于50%、塑性指数大于26的土,一般不宜作为路基填土。路基填料的强度应满足承载比的要求。

(3)路基压实。路基施工时,应严格按现行《公路路基施工技术规范》(JTG F10—2006)要求进行压实,并应通过试验路段来确定不同机具压实不同填料的最佳含水率、适宜的松铺厚度和相应的碾压遍数、最佳的机械配套和施工组织,还要有一定素质的施工队伍来具体施工。

(4)特殊地基处理。软土地基具有极大的破坏性,但从广义上讲,只要外在荷载在土基上有可能出现有害的过大变形和强度不够等问题时,我们都应该视为软基而认真对待,并进行必要的处理。一般按处理的部位可分为地基处理和路基处理。

(5)完善排水设施。为了保持路基能经常处于干燥、坚固和稳定状态,对影响路基稳定的地面水应予以拦截,并排除到路基范围之外,防止漫流、聚集和下渗。同时,对于影响路基稳定的地下水,应予以截断、疏干、降低水位,并引导到路基范围以外,使全线的沟渠、管道、桥涵构成完整的排水体系。

为了确保路基在外界因素作用下,有足够的强度与稳定性,不产生异常的变形,在路基的整体结构中还必须有完善的各项附属设施。包括路基排水、路基防护与加固,以及与路基工程直接相关的设施,如弃土堆、取土坑、护坡道、碎落台、堆料坪及错车道等。

3.1.2　路基的病害与防治措施

(1)路基的病害类型及成因

路基在土体自重、行车荷载和各种自然因素的作用下,整体或其部分会产生变形,过大的变形会造成土体位移,危及路基的整体和稳定性,导致路基产生各种破坏。

路基的病害主要有以下几种:

①路基沉陷

路基沉陷是指路基表面在垂直方向产生较大的变形,路基的沉陷有两种情况,一是路基本身的压缩沉降;二是由于路基下部天然地基承载力不足,在路基自重的作用下引起沉陷或向两侧挤出而造成。

影响路基沉陷的因素有路基填料选择不当、填筑方法不合理、压实度不足、在路基堤身内部形成过湿的夹层等,在荷载和水温综合作用下,引起路基沉陷。也可能天然地基有软土、泥沼或不密实的松土存在,路基填筑前未经处理或处理不当,在路基自重作用下,地基下沉或向两侧挤出,引起路基下陷。

②边坡滑塌

路基边坡滑塌是最常见的路基病害,根据边坡土质类别、破坏原因和规模的不同,可分为溜方与滑坡两种情况。溜方是由于少量土体沿土质边坡向下移动所形成,主要是由于边坡过陡、流动水冲刷边坡或施工不当而引起。滑坡是一部分土体在重力作用下沿某一滑动面滑动,主要是由于土体的稳定性不足所引起的。

路基边坡坡度过陡、边坡坡脚被冲刷淘空、填土层次安排不当是路堤边坡发生滑坡的主要原因。路堑边坡滑坡的主要原因是边坡高度和坡度与天然岩土层次的性质不相适应。黏性土层和蓄水的砂石层交替分层蕴藏,特别是有倾向于路堑方向的斜坡层理存在时,就容易造成滑坡。

③碎落和崩塌

碎落和崩落是指路堑边坡风化岩层表面,在大气温度与湿度的交替作用,以及雨水冲刷作用之下,表面岩石从坡面上剥落下来,向下滚落。大块岩石脱离坡面沿边坡滚落称为崩塌。

④路基沿山坡滑动

在较陡的山坡填筑路基,若路基底部被水浸湿,形成滑动面,坡脚又未进行必要的支撑,在路基自重和行车荷载作用下,整个路基沿倾斜的地面向下滑动,路基整体失去稳定。

⑤冻胀和翻浆

季节性冰冻地区,由于路基土质不良和排水不畅,造成冬季冻胀、春季翻浆等病害。

⑥不良地质和水文条件造成的路基破坏

公路通过不良地质条件(如泥石流、溶洞等)和较大自然灾害(如大暴雨)地区,均可能导致路基大规模破坏。

(2)路基病害防治措施

为提高路基的稳定性,防止各种病害的发生,应采取有效措施加以预防。

①正确设计路基横断面。

②选择良好的路基用土填筑路基,必要时对路基上层填土作稳定处理。

③采取正确的填筑方法,充分压实路基,保证达到规定的压实度。

④适当提高路基,防止水分从侧面渗入或从地下水位上升进入路基工作区范围。

⑤正确进行排水设计(包括地面排水、地下排水、路面结构排水以及地基的特殊排水)。

⑥必要时设置隔离层隔离毛细水上升,设置隔温层减少路基冰冻深度和水分累积,设置砂垫层以疏干土基。

⑦采取边坡加固、修筑挡土结构物、土体加筋等防护措施,以提高其整体稳定性。

⑧对湿软地基或不良地基进行加固处理。

3.1.3 路基的典型横断面及其设计要点

通常根据公路路线设计确定的路基高程与天然地面高程是不同的,路基设计高程低于天然地面高程时,需进行挖掘;路基设计高程高于天然地面高程时,需进行填筑。由于填挖情况的不同,路基横断面的典型形式,可归纳为路堤、路堑和填挖结合三种类型。路堤是指全部用岩土填筑而成的路基,路堑是指全部在天然地面下开挖而成的路基,此两者是路基的基本类型。当天然地面横坡大,且路基较宽,需要一侧开挖而另一侧填筑时,为填挖结合路基,也称为半填半挖路基。在丘陵或山区公路上,填挖结合是路基横断面的主要形式。

另外,路基横断面还分为整体式和分离式。整体式路基是指上行线与下行线连为一体的路基,地形条件允许时应是首选的形式。分离式路基是指上行线与下行线之间有一定地表间隔的路基,地形较陡、路基较宽时,为了减小对自然的破坏,避免高填方或深挖方及由此产生的高大边坡,可将路基设计成分离式的路基。

路基横断面形式应与沿线自然环境相协调,避免因深挖、高填对其造成不良影响。根据公路等级、技术标准,结合当地地形、地质、水文、填挖等情况选用。高速公路、一级公路宜采用浅挖、低填、缓边坡的路基断面形式。

（1）路堤

图3-1所示为路堤的几种常见横断面形式。路堤按填土高度的不同,可分为矮路堤、一般路堤和高路堤。

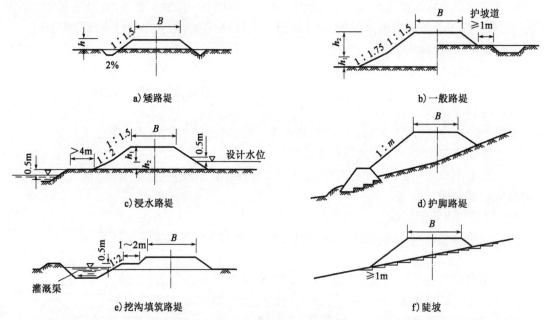

图3-1 路堤常用断面形式

一般填土高度小于$1.0 \sim 1.5 \mathrm{m}$的路堤,称为矮路堤;填土高度在$1.5 \sim 18 \mathrm{m}$范围内的土路堤或$1.5 \sim 20 \mathrm{m}$范围内的石质路堤,称为一般路堤;填土高度大于$18 \mathrm{m}$的土质路堤或大于$20 \mathrm{m}$的石质路堤,称为高路堤。另外,根据路基所处的条件和加固类型的不同,还有浸水路堤、护脚路堤及挖沟填筑路堤等形式。为保证路基的强度和稳定性,路基两侧均应设边沟。

矮路堤[图3-1a)]常在平坦地区取土困难时选用。平坦地区地势低,水文条件较差,易受地面水和地下水的影响,设计时应注意满足最小填土高度的要求。力求不低于使路基处于干燥或中湿状态的临界高度。

矮路堤的填土高度通常接近或小于路基工作区的深度,因此,除填方路堤本身要满足规定的施工要求外,天然地面以下也应按规定进行压实,达到规定的压实度,必要时对不良的地表进行换土或加固处理,改善路基水文状况,提高地基的承载能力。

填方高度$h = 2 \sim 3 \mathrm{m}$时,填方数量较少,全部或部分填方可以在路基两侧取土,可将路基两侧设置的取土坑与排水沟渠结合。为保护填方坡脚不受流水侵害,保证边坡稳定,可在坡脚与沟渠之间预留 1~2m 甚至大于 4m 宽度的护坡道[图 3-1e)]。地面横坡较陡时,为防止填方路堤沿山坡向下滑动,应将天然地面挖成台阶[图 3-1f)],或设置石砌护脚路堤[图 3-1d)]。

高路堤的填方数量大,占地多,为使路基稳定和横断面经济合理,需进行个别设计。高路堤和浸水路堤的边坡可采用上陡下缓的折线形式[图 3-1b)、c)]或台阶形式,或在边坡中部设置 1~2m 宽的护坡道。为防止水流侵蚀和冲刷坡面,高路堤和浸水路堤的边坡,须采取适当的坡面防护和加固措施,如种草、铺草皮、加铺土工格栅和砌石等。

(2)路堑

图 3-2 所示是路堑的几种常见横断面形式,有全挖路基、台口式路基及半山洞路基。

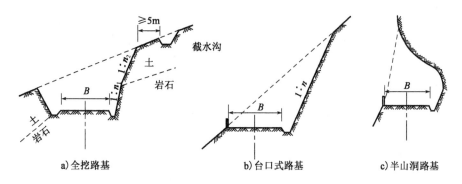

图 3-2 路堑常用横断面形式

路堑破坏了原地层的天然平衡状态,其稳定性主要取决于地质与水文条件,以及边坡深度和边坡坡度。水文和地质条件不良时,边坡稳定性较低,路基的病害较多。所以路堑设计,需要根据水文和地质条件,选择合适的边坡形式和边坡坡度,必要时设计防护加固构造物。

挖方边坡可视高度和岩土层情况设置成直线、折线或台阶形式。挖方边坡的坡脚处必须设置边沟,以汇集和排除路基范围内的地表径流。路堑的上方应设置截水沟[图 3-2a)],以拦截和排除流向路基的地表径流。挖方弃土可堆放在路堑的下方。边坡坡面易风化时,在坡脚处设置 0.5~1.0m 的碎落台,防止碎落的土石直接进入边沟,阻碍边沟排水;坡面可采用防护措施,防止边坡因降雨等造成的破坏。

陡峻山坡上的半路堑,路中线宜向内侧移动,尽量采用台口式路基[图 3-2b)],避免路基外侧的少量填方。遇有整体性的坚硬岩层,为节省石方工程,可采用半山洞路基[图 3-2c)]。

挖方路基处的地下水文状况不良时,可能导致路面的破坏,所以对路面以下 0~30cm 或 0~80cm 的天然地基,要压实至规定的压实度,必要时还应翻挖,重新分层填筑、换土或进行加固处理,采取加铺隔离层,设置必要的排水设施。

深路堑成巷道式,受排水、通风、日照影响,病害多于路堤,行车视野受限,景观环境有所降低,施工也较困难。所以,尽量少采用很深的长路堑。必须采用长、深路堑时,要兼顾日照、积雪、通风等,确定合理的路线走向,尽可能选用大半径平竖曲线及缓和的纵、横坡度等技术措施。技术等级高的公路,还必须进行平面、纵断面线形的组合设计,使公路景观与周围环境协调,以改善路堑段的行车条件。

(3)填挖结合路基

图 3-3 所示是填挖结合路基的几种常见横断面形式。

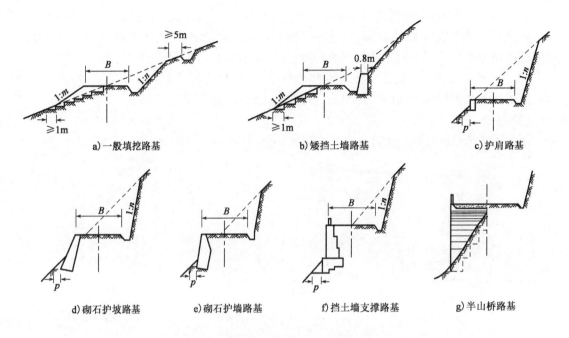

图 3-3 填挖结合路基的几种常用横断面形式

位于山坡上的路基,通常取路中心的高程接近原地面的高程,以便减少土石方数量,保持土石方数量横向平衡,形成填挖结合路基。若处理得当,路基稳定可靠,是比较经济的断面形式。

填挖结合路基兼有路堤和路堑两者的特点,上述对路堤和路堑的要求均应满足。填方部分的原地面横坡陡于1:5时,土质地表应挖台阶[图3-3a)、b)],石质地表应凿毛;填方部分的局部路段,如遇原地面的短缺口,可采用砌石护肩[图3-3c)]。如果填方量较大,也可就近利用废石方,砌筑护坡或护墙[图3-3d)、e)],墙面可采用1:0.5坡度或更陡,石砌护坡和护墙承受一定的侧向压力,相当于简易式挡土墙,应埋至一定深度,基底具有足够的稳定性。有时填方部分需要设置路肩(或路堤)式挡土墙[图3-3f)],确保路基稳定,进一步压缩用地宽度。如果填方部分悬空,而纵向又有适当的基岩时,则可以沿路基纵向建成填挖结合的半山桥路基[图3-3g)]。挖方部分应设边沟,并酌情判断是否设置截水沟[图3-3a)]。挖方边坡如果较陡,坡面岩土稳定性不良,应设置上方挡土墙[图3-3b)],以支撑边坡防止边坡向下滑动。如果坡面为易风化松散的岩土,在风吹、日晒、雨淋及温差循环变化的作用下,坡面将产生碎落现象,边坡应进行防护,同时也可以在挖方坡脚处设置不少于1.0m的碎落台,防止碎落的土石堵塞边沟或落入行车道。从路基稳定性需要,较陡山坡的路基宁挖勿填或多挖少填;在陡峭山坡上,尤其是沿溪线,为减少石方的开挖数量,避免大量的废方阻塞溪流,有时又需要少挖多填。因此,挖填结合的路基,在选定路线和线形设计时,应进行路线平、纵、横综合设计,择优确定断面形式。

上述三类典型路基横断面形式各具特点,分别在一定条件下使用。由于地形、地质、水文等自然条件差异很大,且路基位置、横断面尺寸及要求等,亦应服从于路线、路面及沿线结构物的要求,所以路基横断面类型的选择,必须因地制宜综合设计。

3.2 路基的横断面设计及路基的附属设施

3.2.1 路基的横断面设计

(1)路基宽度

路基宽度为行车道路面与两侧路肩之和。高速公路、一级公路会设有中央带、路缘带、变速车道、爬坡车道等,均应包括在路基宽度范围内。各级公路路基宽度按《公路工程技术标准》(JTG B01—2014)的规定进行设计,见图3-4及表3-2~表3-6。

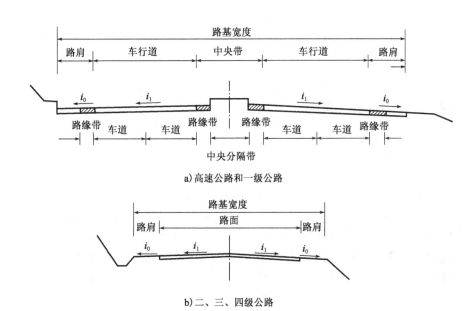

图3-4 公路路基宽度

车 道 宽 度　　　　　　　　　表3-2

设计速度(km/h)	120	100	80	60	40	30	20
车道宽度(m)	3.75	3.75	3.75	3.50	3.50	3.25	3.00

各级公路车道数　　　　　　　　　表3-3

公路等级	高速、一级公路	二级公路	三级公路	四级公路
车道数	≥4	2	2	2(1)

注:四级公路应采用双车道,交通量小或困难路段可采用单车道。

左侧路缘带宽度　　　　　　　　　表3-4

设计速度(km/h)	120	100	80	60
左侧路缘带宽度(m)	0.75	0.75	0.50	0.50

路肩宽度　　　　　　　　　　　　　表 3-5

公路等级(功能)		高速公路			一级公路(干线功能)	
设计速度(km/h)		120	100	80	100	80
右侧硬路肩宽度(m)	一般值	3.00(2.50)	3.00(2.50)	3.00(2.50)	3.00(2.50)	3.00(2.50)
	最小值	1.50	1.50	1.50	1.50	1.50
土路肩宽度(m)	一般值	0.75	0.75	0.75	0.75	0.75
	最小值	0.75	0.75	0.75	0.75	0.75
公路等级(功能)		一级公路(集散功能)和二级公路		一级公路(集散功能)和二级公路		
设计速度(km/h)		80	60	40	30	20
右侧硬路肩宽度(m)	一般值	1.50	0.75	—	—	—
	最小值	0.75	0.25			
土路肩宽度(m)	一般值	0.75	0.75	0.75	0.50	0.25(双车道)
	最小值	0.50	0.50			0.50(单车道)

注:1. 正常情况下,应采用"一般值";在设爬坡车道、变速车道及超车道路段,受地形、地物等条件限制路段及多车道公路特大桥,可论证采用"最小值"。
2. 高速公路和作为干线的一级公路以通过小客车为主时,右侧硬路肩宽度可采用括号内数值。

分离式断面高速公路和一级公路左侧路肩宽度　　　　　　表 3-6

设计速度(km/h)	120	100	80	60
左侧硬路肩宽度(m)	1.25	1.00	0.75	0.75
左侧土路肩宽度(m)	0.75	0.75	0.75	0.50

路基占用土地是公路通过农田或用地受限制地区时的突出问题。建路占地必须综合规划、统筹兼顾、讲究经济效益,使农业与交通相互促进。公路建设应尽可能利用非农业用地、少占农田。高速公路局部路段可选用高架道路、以桥代路。山坡路基应尽量使填挖平衡,扩大和改善林业用地,保护林区牧地、防止水土流失、维护生态平衡、减少高填深挖、利用植物防护、绿化与美化路基,严防因修筑路基而使路基附近地段遭受损害。路基宽,对行车有利,但土方工程量大,对自然环境破坏严重,工程造价也高。所有这些,在路基设计与施工过程中亦应予以综合考虑。

(2)路基高度

路基高度是指路堤的填筑高度和路堑的开挖深度,是路基设计高程和原地面高程之差。新建公路的路基设计高程为路基边缘高程;在设置超高、加宽地段,则为设置超高、加宽前的路基边缘高程;改建公路的路基设计高程可与新建公路相同,也可采用路中线高程;设有中央分隔带的高速公路、一级公路,其路基设计高程为中央分隔带右侧边缘高程。

由于原地面沿横断面方向往往是倾斜的,因此在路基宽度范围内,两侧的高差常有差别。路基高度是指路基中心线处设计高程与原地面高程之差。而路基两侧边坡的高度是指填方坡脚或挖方坡顶与路基边缘的相对高差。所以路基高度有中心高度与边坡高度之分。

路基的填挖高度是在路线纵断面设计时,综合考虑路线纵坡要求、路基稳定性和工程经济等因素确定的。从路基的强度和稳定性要求出发,路基上部土层应处于干燥或中湿状态,路基高度应根据临界高度并结合公路沿线具体条件和排水及防护措施确定路堤的最小填土高度。

高路堤和深路堑的土石方数量大、占地多、施工困难、边坡稳定性差、行车不利,应尽量避免使用,不得已而一定要用时应进行个别设计。

为保证路基稳定,应尽量满足路基临界高度的要求,若路基高度矮,低于按地下水位或地面水位计算的临界高度,可视为矮路堤。矮路堤通常处于行车荷载应力作用区范围内,同时经受着地面和地下水不利水温状况的影响。有时为了增强路基路面的综合强度与稳定性,需要另外增加投资加强路面结构或增设地下排水设施。究竟如何合理确定路基的高度,需要进行综合比较后择优取用。

(3) 路基边坡

公路路基的边坡坡度,可用边坡高度 H 与边坡宽度 b 之比值表示,通常用 $1:n$(路堑)或 $1:m$(路堤)表示,称为边坡坡率,如图 3-5 所示。

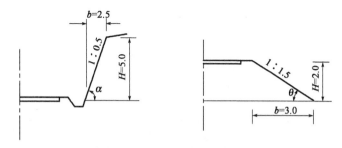

图 3-5 路基边坡坡度示意图(尺寸单位:m)

路基边坡坡度的大小,取决于边坡的土质、岩石的性质及水文地质条件等自然因素和边坡的高度。在陡坡或填挖较大的路段,边坡稳定不仅影响到土石方工程量和施工的难易,而且是路基整体稳定性的关键。因此,确定边坡坡度对于路基的稳定性和工程的经济合理性至关重要,是路基设计的重要任务。一般路基的边坡坡度可根据多年工程实践经验和设计规范推荐的数值采用,特殊路基的边坡坡度宜通过边坡稳定性验算确定。

① 路堤边坡

路堤边坡坡率可根据填料种类、边坡高度和工程地质条件确定。当地质条件良好,边坡高度不大于 20m 时,边坡坡率不宜陡于表 3-7 所列的规定值。

路堤边坡坡度表   表 3-7

填料种类	边坡坡度	
	上部高度($H\leqslant 8m$)	下部高度($H\leqslant 12m$)
细粒土	1:1.5	1:1.75
粗粒土	1:1.5	1:1.7
巨粒土	1:1.3	1:1.5

路堤边坡高度超过 20m 时,边坡形式宜采用阶梯形,边坡坡度应按稳定性分析计算确定,并应进行工点设计。浸水路堤在设计水位下的边坡坡度不宜陡于 1:1.75。

当公路沿线有大量天然石料或路堑开挖的废石方时,可用以填筑路堤。填石路堤边坡坡度一般可用 1:1,边坡坡面应选用大于 25cm 的不易风化的石块进行台阶式码砌,码砌厚度为 1~2m。填石路堤高度不宜超过 20m。易风化岩石及软质岩石用做填料时,应按土质路堤边坡设计。

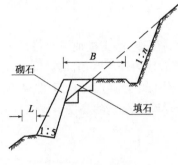

图3-6 砌石路基

陡坡上的路基填方可采用当地不易风化的开山片石砌筑（图3-6）。砌石顶宽不小于0.8m，基底面以1:5的坡度向路基内侧倾斜，砌石高度不宜超过15m。砌石的襟边宽度L按表3-8确定，砌石的内外坡度依砌石高度按表3-9确定。

为提高砌石的稳固性，砌石顶部0.5m高度范围内应采用M5水泥砂浆砌筑。砌石路基每隔15~20m设一道伸缩缝。

在地震地区，应参照《公路工程抗震规范》(JTG B02—2013)的有关规定，对于高速公路和一级公路的路堤，边坡高度大于表3-10的规定时，应放缓边坡坡度。

襟边宽度(L)　　　　　　　　　　　　　　　表3-8

地基地质情况	襟边宽度L(m)	地基地质情况	襟边宽度L(m)	地基地质情况	襟边宽度L(m)
弱风化的硬质岩石	0.2~0.6	强风化岩石或软质岩石	0.6~1.5	密实的粗粒土	1.0~2.0

砌石边坡坡率　　　　　　　　　　　　　　　表3-9

序 号	砌石高度(m)	内坡坡率	外坡坡率
1	≤5	1:0.3	1:0.5
2	≤10	1:0.5	1:0.67
3	≤15	1:0.6	1:0.75

路堤边坡高度限制值(单位:m)　　　　　　　　表3-10

填　料	基 本 烈 度	
	8	9
岩块和细粒土(粉性土和有机质土除外)	15	10
粗粒土(细砂、极细砂除外)	6	3

②路堑边坡

路堑是在天然地面以下人工开挖出来的路基结构物，设计路堑边坡时，首先应从地貌和地质构造上判断其整体稳定性。在遇到工程地质或水文地质条件不良的地层时，应尽量使路线避绕它，而对于稳定的地层，则应考虑开挖后，是否会由于减少支承、坡面风化加剧而引起失稳。

影响路堑边坡稳定的因素较为复杂，除了路堑深度和坡体土质的性质之外，地质构造特征、岩石的风化和破碎程度、土层的成因类型、地面水和地下水的影响、气候条件等都会影响路堑边坡的稳定性，在边坡设计时，必须全面考虑各种影响因素，综合确定路堑边坡坡度。

土质(包括粗粒土)路堑边坡设计，应根据工程地质与水文地质条件、边坡高度、排水措施、施工方法，并结合路线附近自然稳定边坡和人工边坡的调查及力学分析综合确定。当边坡高度不大于20m时，边坡坡率不宜陡于表3-11的规定值，土的密实程度按表3-12确定。

土质路堑边坡坡率　　　　表3-11

土的类别		边坡坡率
黏土、粉质黏土、塑性指数大于3的粉土		1:1
中密以上的中砂、粗砂、砂砾		1:1.5
卵石土、碎石土、圆砾土、角砾土	胶结和密实	1:0.75
	中密	1:1

注：黄土、红黏土、高液限土、膨胀土等特殊土挖方边坡按《公路路基设计规范》(JTG D30—2015)确定。

土的密实程度划分　　　　表3-12

分　级	试坑开挖情况
较松	铁锹很容易铲入土中，试坑坑壁容易坍塌
中密	天然坡面不易直立，试坑坑壁有掉块现象，部分需用镐开挖
密实	试坑坑壁稳定，开挖困难，土块用手使力才能破碎，从坑壁取出大颗粒处能保持凹面形状
胶结	细粒土密实度很高，粗颗粒之间呈弱胶结，试坑用镐开挖很困难，天然坡面可以陡立

岩石路堑边坡坡度应对照相似工程的成功经验，根据岩石特性、地质构造、岩石的风化破碎程度、边坡高度、地下水及地面水等因素，综合分析确定。一般情况下，当边坡高度不大于30m时，无外倾软弱结构面的岩石路堑边坡可参照表3-13~表3-15确定。

对于有外倾软弱结构面的岩质边坡、坡顶附近有较大荷载的边坡、边坡高度超过表3-9规定范围的边坡，其坡率应按有关规定通过稳定性分析计算确定。

岩质路堑边坡坡率　　　　表3-13

边坡岩体类型	风化程度	边坡坡率	
		$H < 15m$	$15m \leq H < 30m$
Ⅰ类	未风化、微风化	1:0.1~1:0.3	1:0.1~1:0.3
	弱风化	1:0.1~1:0.3	1:0.3~1:0.5
Ⅱ类	未风化、微风化	1:0.1~1:0.3	1:0.3~1:0.5
	弱风化	1:0.3~1:0.5	1:0.5~1:0.75
Ⅲ类	未风化、微风化	1:0.3~1:0.5	
	弱风化	1:0.5~1:0.75	
Ⅳ类	弱风化	1:0.5~1:1	
	强风化	1:0.75~1:1	

注：1. 有可靠的资料和经验时，可不受本表限制。
2. Ⅳ类强风化包括各类风化程度的极软岩。

岩质边坡的岩体分类　　　　表3-14

边坡岩体类型	岩体完整程度	结构面结合程度	结构面产状	直立边坡自稳能力
Ⅰ	完整	结构面结合良好或一般	外倾结构面或外倾不同结构面的组合线倾角大于75°或小于35°	30m高边坡长期稳定，偶有掉块
Ⅱ	完整	结构面结合良好或一般	外倾结构面或外倾不同结构面的组合线倾角35°~75°	15m高的边坡稳定，15~30m高的边坡欠稳定

续上表

边坡岩体类型	岩体完整程度	结构面结合程度	结构面产状	直立边坡自稳能力
Ⅱ	完整	结构面结合差	外倾结构面或外倾不同结构面的组合线倾角大于75°或小于35°	15m高的边坡稳定,15~30m高的边坡欠稳定
Ⅱ	较完整	结构面结合良好或一般或差	外倾结构面或外倾不同结构面的组合线倾角小于35°,有内倾结构面	边坡出现局部塌落
Ⅲ	完整	结构面结合差	外倾结构面或外倾不同结构面的组合线倾角35°~75°	8m高的边坡稳定,15m高的边坡欠稳定
Ⅲ	较完整	结构面结合良好或一般	外倾结构面或外倾不同结构面的组合线倾角35°~75°	8m高的边坡稳定,15m高的边坡欠稳定
Ⅲ	较完整	结构面结合差	外倾结构面或外倾不同结构面的组合线倾角大于75°或小于35°	8m高的边坡稳定,15m高的边坡欠稳定
Ⅲ	较完整（碎裂镶嵌）	结构面结合良好或一般	结构面无明显规律	8m高的边坡稳定,15m高的边坡欠稳定
Ⅳ	较完整	结构面结合差或很差	外倾结构面以层面为主,倾角多为35°~75°	8m高的边坡不稳定
Ⅳ	不完整（散体、碎裂）	碎块间结合很差		8m高的边坡不稳定

注:1. 边坡岩体分类中未含由软弱结构面控制的边坡和倾倒崩塌型破坏的边坡。
2. Ⅰ类岩体为软岩、较软岩时,应降为Ⅱ类岩体。
3. 当地下水发育时,Ⅱ、Ⅲ类岩体可视具体情况降低一档。
4. 强风化岩和极软岩可划为Ⅳ类岩体。
5. 表中外倾结构面系指倾向与坡向的夹角小于30°的结构面。

岩体完整程度划分 表3-15

岩体完整程度	结构面发育程度	结构类型	完整性系数 K_V
完整	结构面1~2组,以构造节理或层面为主,密闭型	巨块状整体结构	>0.75
较完整	结构面2~3组,以构造节理或层面为主,裂隙多呈密闭型,部分为微张型,少有充填物	块状结构、层状结构、镶嵌碎裂结构	0.35~0.75
不完整	结构面大于3组,在断层附近受构造作用影响较大,裂隙以张开型为主,多有充填物,厚度较大	碎裂状结构、散体结构	<0.35

注:1. 完整性系数 $K_V = \left(\dfrac{V_R}{V_P}\right)^2$,$V_R$-弹性纵波在岩体中的传播速度;$V_P$-弹性纵波在岩块中的传播速度。
2. 镶嵌碎裂结构为碎裂结构中碎块较大且相互咬合、稳定性相对较好的一种结构。

由于地表岩层和自然条件,以及路基构造要求与形式变化极大,岩石路堑边坡坡率难以定性,表3-13所列数值为一般条件下的经验数值,运用时应结合当地的工程地质和水文条件,参考当地现有自然稳定的山坡和人工成型稳定的山坡,加以对比选用。必要时应进行个别设计和稳定性验算,采用排水和护坡与加固等技术措施。

对高速公路、一级公路,当挖方为软质、风化岩层及土质边坡时,可根据坡面稳定状况和碎落情况设置挡土墙或矮墙或进行坡面防护,并应考虑绿化与工程措施相结合。容易产生碎落的风化破碎岩石、软质岩石、砾(碎)石等地段的挖方路基,应在边沟外侧设置碎落台。碎落台高度与路肩齐平,宽度不宜小于1m,高速公路、一级公路边坡高度超过12m时,碎落台宽度不宜小于2m。

在地震地区的岩石路堑边坡坡率应参考《公路工程抗震规范》(JTG B02—2013)规定。当岩石路堑边坡高度超过10m时,边坡坡率应按表3-16采用。

高度超过10m的岩石路堑边坡的坡率　　　　　表3-16

岩石种类	基本烈度	
	8	9
风化岩石	1:0.6~1:1.5	1:0.75~1:1.5
一般岩石	1:0.1~1:0.5	1:0.2~1:0.6
坚石	1:0.1~直立	1:0.1~直立

3.2.2 路基的附属设施

除排水及防护与加固工程外,与一般路基工程有关的附属设施有取土坑、弃土堆、护坡道、碎落台、堆料坪、错车道及护栏等。设置这些附属设施是确保路基的强度、稳定性和行车安全的有效措施。这些附属设施也是路基的组成部分,是路基设计的内容之一,正确合理地设置附属设施是十分重要的。

(1)取土坑与弃土堆

路基土石方的挖填平衡,是公路路线设计的基本原则之一,但往往难以做到完全平衡。土石方数量经过合理调配后,不可避免地在全线还会出现借方和弃方(又称废方)。路基土石方的借或弃,首先要合理选择地点,即确定取土坑或弃土堆的位置。选点时要兼顾土质、数量、用地及运输条件等因素,还必须结合沿线区域规划、因地制宜、综合考虑,维护自然平衡,防止水土流失,做到借之有利、弃之无害。借弃所形成的取土坑或弃土堆,要求尽量结合当地地形,力争得以充分利用,并注意外形规整,弃堆稳固。对高等级公路或位于城郊附近的干线公路,尤应注意。

平坦地区,如果用土量较少,可以沿路两侧设置取土坑,与路基排水和农田灌溉相结合。路旁取土坑,大致如图3-7所示,深度约1.0m或稍大一些,宽度依用土数量和用地允许而定。为防止坑内积水危害路基,当堤顶与坑底高差不足2.0m时,在路基坡脚与坑之间需设宽度不小于1.0m的护坡平台,坑底设纵横排水坡及相应设施。

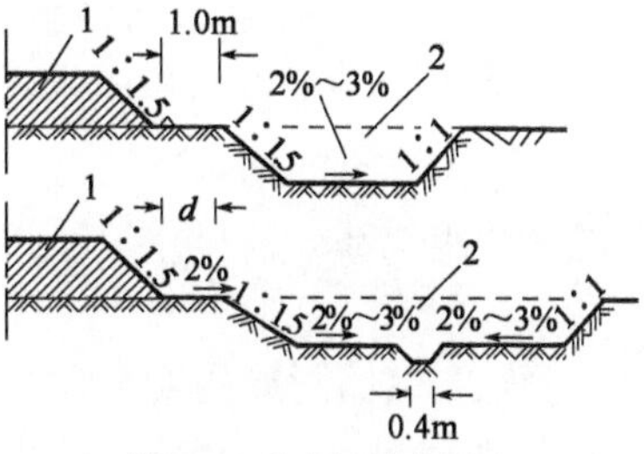

河水淹没地段的桥头引道近旁,一般不设取土坑,如

图3-7 取土坑示意图
1-路堤;2-取土坑

设取土坑要距河流中水位边界10m以外,并与导治结构物位置相适应。此类取土坑要求水流畅通,不得长期积水危及路基或构造物的稳定。

路基开挖的废方,应尽量加以利用,如用以加宽路基或加固路堤,填补坑洞或路旁洼地,亦可兼顾农田水利或基建等所需,不得任意倾倒,做到变废为用,弃而不乱,并采取必要的防护。

废方一般选择路旁低洼地,就近弃堆。当地面横坡缓于1:5时,弃土堆可设在路堑两侧,地面较陡时,宜设在路基下方。沿河路基爆破后的废石方,往往难以远运,条件许可时可以部分占用河道,但要注意河道压缩后,壅水不致危及上游路基及附近农田等。

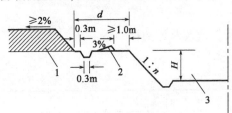

图3-8 弃土堆示意图
1-弃土堆;2-平台与三角土块;3-路堑

图3-8所示为路旁弃土堆一例,要求堆弃整平,顶面具有适当横坡,并设平台、三角土块及排水沟,宽度d与地面土质有关,最少3.0m,最大可按路堑深度加5.0m,即$d \geq H + 5.0m$。积砂或积雪地段的弃土堆,宜有利于防砂防雪,可设在迎风面一侧,并具有足够距离。弃土堆一般可堆成梯形横断面,边坡不应陡于1:1.5,并应与周围环境相协调。

(2)护坡道与碎落台

护坡道加宽了边坡横向距离,减小了边坡平均坡度,是保护路基边坡稳定性的措施之一。护坡道宽度最少为1.0m,护坡道越宽,越有利于边坡稳定,但宽度大,则工程数量亦随之增加。因此,设计时要兼顾边坡稳定性与经济合理性。通常护坡道宽度d,视边坡高度h而定,$h \geq 3.0m$时,$d = 1.0m$;$h = 3.0 \sim 6.0m$时,$d = 2.0m$;$h = 6.0 \sim 12.0m$时,$d = 2.0 \sim 4.0m$。

护坡道一般设在挖方坡脚处,边坡较高时亦可设在边坡上方及挖方边坡的变坡处。浸水路基的护坡道,可设在浸水线以上的边坡上。

碎落台设于土质或石质挖方边坡坡脚处,主要供零星土石碎块下落时临时堆积,以保护边沟不致阻塞,亦有护坡道的作用。碎落台宽度一般为1.0~1.5m,如兼顾护坡作用,可适当放宽。高速公路、一级公路边坡高度超过12m时,碎落台宽度不宜小于2m。碎落台上的堆积物应定期清理。

(3)堆料坪与错车道

路面养护用矿质材料,可就近选择路旁合适地点堆置备用。亦可在路肩外缘设堆料坪,其面积可结合地形与材料数量而定,例如每隔50~100m设一个堆料坪,长约5~8m,宽2m。高级路面或采用机械化养护的路段,可以不设堆料坪,另设集中备用料场,以维护公路外形的视觉平顺和景观优美。

单车道公路,由于双向行车会车和相互避让的需要,通常应每隔200~500m设置错车道一处。按规定错车道的长度不得短于30m,两端各有长度为10m的出入过渡段,中间10m供停车用。单车道的路基宽度为4.5m,而错车道地段的路基宽度为6.5m。错车道是单车道路基的一个组成部分,应与路基同时设计与施工。

(4)护栏

护栏是公路附属的安全设施。不封闭的各级公路,当路堤高度大于或等于6m,以及急弯、陡峻山坡、桥头引道等危险路段应设置护栏。设置护栏路段的路基,一侧应加宽0.5m,以保持设置护栏后的路肩宽度。护栏分墙式和柱式两种。重力式挡土墙、砌石、填石路基应采用墙式护栏；其他情况可设置柱式护栏。墙式护栏应采用浆砌片（块）石或混凝土块砌筑，宽40cm，高出路肩50~60cm，每段长200cm，净间距200cm。墙式护栏应用M7.5水泥砂浆砌筑并抹面，外涂白色。墙式护栏的内侧为路肩边缘，外侧距路基边缘应为10cm。

柱式护栏中心距内侧路肩边缘应为20cm，距外侧路基边缘应为30cm。柱式护栏宜采用钢筋混凝土制作，直径为15~20cm，高出路肩70~80cm，埋深约70cm。柱式护栏中心距，在平曲线路段为200cm，直线路段为300cm。柱式护栏应用涂料标出红白相间的条纹或加反光材料标识。

高速公路、一级公路，当设置防撞护栏、防撞墙或护索时，其设置要求按《公路交通安全设施设计规范》（JTG D81—2017）规定处理。

3.3 路基边坡稳定性分析

路基边坡的稳定性是公路工程建设最普遍关注的问题之一。路基边坡的稳定直接关系着工程的施工及运营安全，对高填、深挖、地震区及不良地质区必须进行边坡稳定分析，确定稳定且经济的横断面，必要时应采取有效措施进行支挡和加固。

3.3.1 边坡的稳定性分析

（1）边坡破坏

路基边坡滑坍是公路上常见的一种破坏现象，铁路、港口、水坝、河堤等构筑物也时常发生边坡滑坍。例如，在岩质或土质山坡上开挖路堑，有可能因为自然平衡条件被破坏或边坡过陡，使坡体沿某一滑动面滑动，沿河路堤也可能由于水流冲刷而出现填方土体沿某一滑动面滑动等。因此，对于较高的路堑和路堤（尤以浸水情况下的桥头引道或沙滩路堤）要作稳定性分析与验算。

根据土力学原理，路基边坡滑坍是由于边坡土体的剪应力超过其抗剪强度所产生的剪切破坏。因此，凡是使土体剪应力增加或抗剪强度降低的因素都可引起边坡滑坍。

①边坡土质。土的抗剪强度首先决定于土的性质，土质不同则抗剪强度也不同。对路堑边坡来说，除与土或岩石的性质有关以外，还与岩石的风化破碎程度和产状有关。

②水的影响。水是影响边坡稳定的主要因素，边坡的破坏或多或少与水的活动有关，土体的含水率增加，既降低了土的抗剪强度，又增加了土内破坏面上的剪应力。在浸水情况下还有水的浮力和水压力作用，使边坡处于不稳定状态。

③边坡形状。边坡的高度、坡度等直接关系到土的稳定性。高大、陡直的边坡，稳定条件差，易发生滑坍。

④荷载增加。重型超载汽车作用下会使边坡内的剪应力增加，从而降低边坡的稳定性。

⑤地震及其他震动荷载（爆破等）的影响。

（2）边坡稳定性的力学分析法

目前用于边坡稳定性分析与验算的方法，归纳起来有力学分析法、工程地质法、图解法及有限元法等。

力学分析法又称极限平衡法，采用力学平衡原理进行分析计算。假定边坡沿某一滑动面滑动,根据破裂面(图3-9)的不同有直线法和圆弧法两种。直线法假设破裂面为平面,适合于砂土、砂性土,即 φ 值大、c 值较小的土;圆弧法假设破裂面为圆弧形,适合于黏性土,即 φ 值小、c 值较大的土。

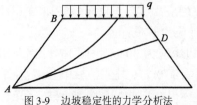

图3-9 边坡稳定性的力学分析法

①力学分析法基本假设

a. 破裂面以上的不稳定土体作为刚体沿破裂面作整体滑动,不考虑其内部的应力分布和局部变形;

b. 土的极限平衡状态仅在破裂面上达到;

c. 最危险滑动面位置通过试算来确定。

②计算参数

a. 土体计算参数的确定

对于路堑或天然土坡稳定分析需要原状土的重度 γ、内摩擦角 φ 及黏聚力 c;对填土路堤稳定分析需要压实后土的重度、内摩擦角及黏聚力,但压实情况应与现场压实相同。

在进行边坡稳定性分析时,如果边坡由多层土体组成,所采用的参数 c、φ、γ 的数值应根据稳定性分析方法确定,对于直线法和圆弧法可通过合理的分段,直接采用不同土层的参数,亦可采用式(3-1)加权平均求得:

$$c = \frac{\sum_{i=1}^{n} c_i h_i}{H}$$

$$\tan\varphi = \frac{\sum_{i=1}^{n} h_i \tan\varphi_i}{H} \quad (3\text{-}1)$$

$$\gamma = \frac{\sum_{i=1}^{n} \gamma_i h_i}{H}$$

式中:c_i——第 i 层土层的黏聚力,kPa;

φ_i——第 i 层土层的内摩阻角,°;

γ_i——第 i 层土层的重度,kN/m³;

h_i——第 i 层土层的厚度,m;

H——边坡的高度,$H = \sum_{i=1}^{n} h_i$,m。

b. 边坡取值

边坡稳定性验算时,对于折线形或阶梯形边坡,一般可取平均值,或取坡角点和坡顶点的连线(图3-10)。

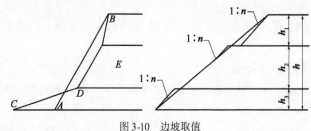

图3-10 边坡取值

c. 荷载当量高度

路基除承受自重作用外,同时承受行车荷载作用。在边坡稳定性验算时,需要按车辆最不利情况排列,并将车辆的设计荷载换算成当量土柱高(即以相等压力的土层厚度来代替荷载),又称当量高度或换算高度,以 h_0 来表示。当量高度用式(3-2)计算:

$$h_0 = \frac{NQ}{LB\gamma} \quad (3-2)$$

式中:h_0——当量高度,m;

N——横向分布的车辆数;

Q——每一车辆重量,kN;

L——车辆前后轮胎(或拖拉机履带)着地长度,m;

B——横向分布的车辆轮胎(或履带)最外缘之间总距,m;

γ——土的重度,kN/m³。

其中,$B = Nb + (N-1)d$;b 为每一车辆的轮胎(或履带)外缘之间的距离;d 为相邻两车轮胎(或履带)之间的净距离,如 d 为相邻两车辆车身之间的净距,则 b 可近似地取为车身之宽。

关于荷载分布宽度,可以分布在行车道范围,亦可认为路肩有可能停放车辆(最不利的情况),则分布在整个路基宽度(包括路面、路肩的宽度)。

③直线滑动面的验算法

a. 填方边坡

如图 3-11 所示土楔体沿破裂面 AD 滑动。

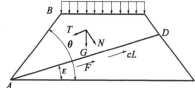

图 3-11 直线法分析填方边坡稳定性

下滑力:

$$T = G\sin\omega \quad (3-3)$$

抗滑力:

$$F = cL + N\tan\varphi = cL + G\cos\omega\tan\varphi \quad (3-4)$$

式中:G——下滑土体重,包括换算成土柱高的车辆荷载,kN;

ω——破裂面对于水平面的倾斜角,°;

φ——土体内摩擦角,°;

c——边坡单位长度黏聚力,kPa;

L——破裂面的长度,m。

其中,c、φ、γ 值均须通过试验确定。

为使土体稳定,在破裂面上需有一定的安全系数 k:

$$k = \frac{F}{T} = \frac{G\cos\omega\tan\varphi + cL}{G\sin\omega} \quad (3-5)$$

通过坡脚点 A,可有任意个滑动面,滑动面的位置不同,k 值亦不同,边坡稳定与否的判断依据,应是安全系数的最小值 k_{min} 及与其相应的最危险滑动面的倾角 ω_0。

式(3-5)表明,k 值是 ω 值的函数,为此可选择 3~5 个滑动面,计算并绘制 k 与 ω 的关系曲线,如图 3-12 所示,即可确定 k_{min} 及其相应 ω_0,当 k_{min} 值符合规定,路基边坡为稳定,否则,应重新设计路基横断面,直到符合要求为止。

若 $k=1$ 时,土体处于极限平衡状态;
若 $k>1$ 时,土体处于稳定状态;
若 $k<1$ 时,土体处于不稳定状态。

考虑到滑动面的近似假定,c、φ 土工试验取值的局限性及气候环境因素,为保证边坡稳定性有足够安全储备,k_{min} 应大于 1.25,同时 k_{min} 不宜过大,以免造成工程不经济。

b. 纯净的均质砂类土路堑边坡

对于均质砂、砾类土的路堑,边坡稳定性验算是通过求临界破裂角 ω 来确定承受最大应力的最危险破裂面。

路堑边坡,如图 3-13 所示无车载(坡顶),其重量 G 容易求得,故可求其稳定时临界角 ω。

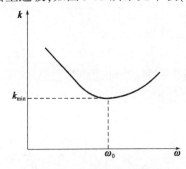

图 3-12 k 与 ω 的关系曲线

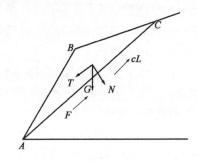

图 3-13 路堑边坡受力图

其安全系数 k 为:

$$k = \frac{F}{T} = \frac{G\cos\omega\tan\varphi + cL}{G\sin\omega} = (f + a_0)\cot\omega + a_0\cot(\theta - \omega) \tag{3-6}$$

式中,$f = \tan\varphi$,$a_0 = \dfrac{2L}{rh}$,其余同前。

当 k 最小时,此时破裂面倾角为 ω_0 值。

$$\frac{dk}{d\omega} = -(f + a_0)\csc^2\omega + a_0\csc^2(\theta - \omega) = 0$$

化简后:

$$\cot\omega_0 = \cot\theta + \sqrt{\frac{a_0}{f + a_0}}\csc\theta \tag{3-7}$$

其中 ω_0 应符合:$\omega_0 \leq \theta$(此限度为纯净砂 $c=0$,即 $a_0 = \dfrac{2c}{\gamma h} = 0$ 时)

将 ω_0 代入式(3-6),得最小稳定系数:

$$k_{min} = (2a_0 + f)\cot\theta + 2\sqrt{a_0(f + a_0)}\csc\theta \tag{3-8}$$

④圆弧滑动面的验算法

Peeteson 在 1916 年提出条分法,后经 W. Fellinius 补充成为一个完善的方法,并一直沿用至今。下面以自重作用下的简单土坡为例,说明圆弧法验算土坡稳定性的计算步骤。

算例:

a. 如图 3-14 所示通过坡脚 A 任意选定一个可能的圆弧滑动面 AD,它的半径为 R。把圆弧以上的滑动土体 ABD 分成若干个竖向土条,每条宽一般为 2~4m(或 8~10 个)。

b. 假定土条间无侧向作用力(即简单条分法,也叫瑞典条分法),计算每一个土条的重量 G_i,把它引到圆弧中点上并分解为法向分力 N_i 和切向分力 T_i:

$$N_i = G_i\cos\alpha_i, \quad T_i = G_i\sin\alpha_i$$

式中:α_i——第 i 土条圆弧中点法线与铅直线夹角。

c. 以 O 点为中心,计算圆弧面上各力对 O 点的滑动力矩:

$$M_h = R\sum T_i = R\sum G_i \cdot \sin\alpha_i \tag{3-9}$$

应注意:T_i 的作用与它所在的位置有关,当它的方向与滑动方向相反时,应取负值,即过 O 点作垂线,右侧土条重提供滑动力(+),左侧土条重提供抗滑力(-)。

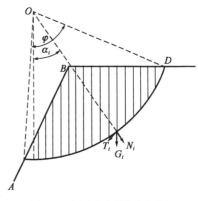

图 3-14 圆弧法边坡稳定性分析

以 O 点为中心,计算圆弧面上各力对 O 点的抗滑力矩:

$$M_k = R(\tan\varphi\sum G_i\cos\alpha_i + cL) \tag{3-10}$$

计算稳定安全系数 k:

$$k = \frac{M_k}{M_h} = \frac{\tan\varphi\sum G_i\cos\alpha_i + cL}{\sum G_i\sin\alpha_i} \tag{3-11}$$

绘若干个滑动圆弧,分别求出每一个 k 值,从中求出 $k_{\min}$,由 $k_{\min}$ 判断是否稳定($k_{\min}$ 应该在 1.25~1.5 之间)。

该法由于不考虑土条间的作用力影响,所得的稳定系数偏低,亦即偏于保守,一般情况下,偏低 10%~20% 以内,但此方法计算简单,故得到广泛应用。

d. 圆心的确定。

用条分法验算土质边坡稳定性时,圆心位置通常在一条辅助线上,此辅助线的确定方法有 4.5H 法、36°线法等。

4.5H 法一[图 3-15a)]:由坡脚 E 向下引竖线,在竖线上截取高度 $H = h + h_0$(边坡高度 h 及荷载换算土柱高度 h_0)得 F 点。自 F 点向右引水平线,在水平线上截取 4.5H,得 M 点。连接边坡坡脚 E 和顶点 S,求得 SE 的斜度 $i_0 = 1/m$,据此值查表 3-17 得 β_1 和 β_2 值。由 E 点作与 SE 成 β_1 角的直线,再由 S 点作与水平线成 β_2 角的直线,两线相交得 I 点。连接 I 和 M 两点即得圆心辅助线

4.5H 法二[图 3-15b)]:若不考虑荷载换算土层高度 h_0,则方法可以简化,即 $H = h$,斜度 i_0 按边坡脚、坡顶的连线 AB 与水平线的夹角来计算,β_1 和 β_2 值仍由 i_0 按表 3-17 查得。由坡脚 A 向下引竖线,在竖线上截取高度 $H = h$(边坡高度)得 F 点,其他步骤同 4.5H 法一。

36°线法一[图 3-15c)]。由荷载换算土柱高顶点作与水平线成 36°角的线 EF,即得圆心辅助线。

36°线法二[图 3-15d)]。由坡顶处作与水平线成 36°角的线 EF,即为圆心辅助线。

辅助线确定后,将各个可能滑弧的两端点连成直线,并在该直线上作中垂线与辅助线相交,所得交点即为各可能滑弧的圆心,或在辅助线上试标出一系列可能的圆弧圆心 O_1、O_2、O_3 等,由圆心画通过坡脚的圆弧,判断其是否为可能滑动面。如不合适调整圆心位置,再作弧,直到认为所绘滑动圆弧为最不利时为止。

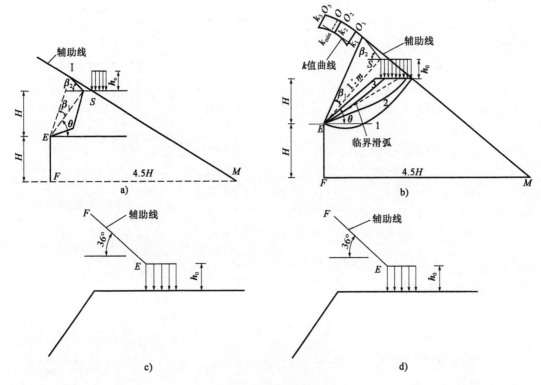

图 3-15 确定圆心辅助线

辅助线角值表 表 3-17

边坡坡度	β_1	β_2	边坡坡度	β_1	β_2
1:0.5	29°	40°	1:3.0	25°	35°
1:1.0	28°	37°	1:4.0	25°	36°
1:1.5	26°	35°	1:5.0	25°	37°
1:2.0	25°	35°			

上述四种确定圆心辅助线方法的计算结果相差不大,均可采用。为求解方便,一般用36°线法。但4.5H法比较精确,且求出的稳定系数 k 值最小,故常用于分析重要边坡的稳定性。

(3) 边坡稳定性分析的工程地质法

对自然山坡和已有的人工边坡进行稳定性分析,通过工程地质条件对比,按条件相似的稳定边坡值,作为路堑边坡设计的依据,这就是工程地质法。

采用工程地质法对路堑边坡进行比拟设计,关键是通过认真、详细的调查和勘测,如实反映路段的地层、土质和水文地质状况,据以进行对比。按地质性质的不同,一般可分为两种类型,即土质路堑和岩石路堑。对土质路堑,应着重调查土的成分和类型、组织结构、密实程度、地下水埋藏情况以及土的成因、类型及生成时代等;对岩石路堑,应着重调查岩性、结构面、岩石的风化破碎程度、地下水等。

路堑设计主要是确定边坡的形状和坡度。路堑横断面的边坡形式,一般可采用下列几种(图3-16)。

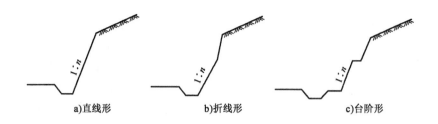

图 3-16 路堑边坡形式

① 直线形

当工程地质和水文地质条件较好、土质均匀,且边坡高度不大时,可以采用直线边坡。

② 折线形

当边坡较高或由多层土组成,而上部土层的稳定性较下部好时,采用上陡下缓的折线形。若上部为覆盖层,且其稳定性较下部差时,则采用上缓下陡的折线形。折线形边坡在变坡点处容易出现坡面的冲刷破坏,在降水量大的地区,应采用适当的防护措施,或者改用直线形或台阶形边坡。

③ 台阶形

当边坡由多层土质组成且高度较高(超过 15~20m)时,可在边坡中部或土层变换分界处,设置宽度不小于 1.0m 的平台,使边坡成为台阶形,设置平台可以增加边坡的稳定性,减少坡面冲刷。

3.3.2 浸水路堤稳定性分析

(1) 浸水路堤的特点

① 浸水路堤水位升降的影响

建筑在桥头引道、河滩及河流沿岸受到季节性或长期浸水的路堤,称为浸水路堤。浸水路堤除承受着普通路堤所承受的外力和自重外,还要承受水的浮力、静水压力和渗透动水压力的作用。当水位上升时,水从边坡的一侧或两侧渗入路堤内,当水位降落时,水又从堤身向外渗出,由于土体内的水位升降速度比堤外水位的涨落慢,所以在堤外水位升高时,堤内水位的比降曲线(浸润曲线)成凹形,相反堤外水位下降时,浸润曲线呈凸形,经一定时间后,才与外面水位齐平,如图 3-17 所示。

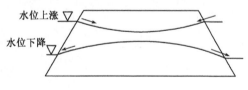

图 3-17 浸水路堤内浸润曲线

当水位上涨时,由于土体内的渗透浸润曲线比边坡外面的水位为低,土体除承受垂直向上的浮力外,土粒还受到指向土体内部的动水压力作用,增加了路堤的稳定性。当水位下降时,土体内部的水向外流出,其动水压力的方向则指向土体外侧,严重破坏路堤边坡的稳定性,并可能产生边坡凸起和滑坡现象。堤外水位下降的速度越大,边坡的稳定性越差。另外,渗透水流能带走路堤内细小的土粒,从而引起路堤变形。

在河滩路堤或桥头引道处,路堤上游与下游的水位有时并不一致,可能产生横穿路堤的渗透水流,由水位高的一侧向水位低的一侧渗透,并产生动水压力,该渗透水流足以使土粒移动,一部分土粒被水流带走,水位低的一侧稳定性显著降低。因此,即使上下游水位相差不大,也需予以考虑,如图3-18所示。

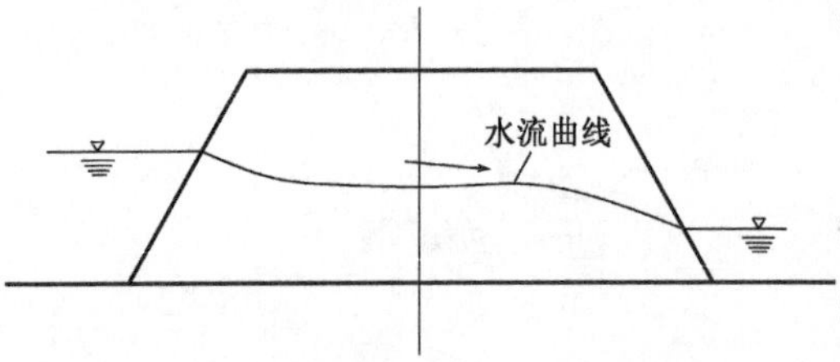

②路堤填料对边坡稳定的影响

浸水路堤的稳定性还与路堤填料的透水性质有关。以黏性土填筑的路堤达到最佳密实度后,透水性很弱,堤外水位变化对之无影响;以砂砾石土填筑的路堤,由于空隙大,透水性强,浸水后强度变化不大,堤身内水可自由渗出,产生的渗透动水压力很小。这两种土对于边坡稳定性影响一般都不大。

图3-18 路堤两侧水位不同时浸润曲线

属于中等透水性的土如亚砂土、亚黏土等作路堤填料,在水位降落时,对边坡稳定性影响较大,需考虑动水压力。因此,浸水路堤填料最好用渗水性强的材料,如石质坚硬不易风化的块石、片石、碎石、卵石及砂砾等;或采用黏性土,但必须在最佳含水率下充分压实,并应严格掌握压实标准,重黏土及对浸水易崩解、溶解或风化的岩石如页岩、泥灰岩等应禁止使用。

(2)渗透动水压力的计算

凡用黏性土填筑的浸水路堤(不包括渗透性极小的纯黏土),必须进行渗透动水压力的计算。渗透动水压力用式(3-12)计算,如图3-19所示。

$$D = I\Omega_B \gamma_0 \tag{3-12}$$

式中:I——渗流水力坡降(取用浸润曲线的平均坡降);

Ω_B——浸润曲线与滑动面之间的土体面积,m^2;

γ_0——水的重度,为计算方便,γ_0取 $10kN/m^3$。

渗透动水压力作用在形心处,方向与浸润曲线平行。

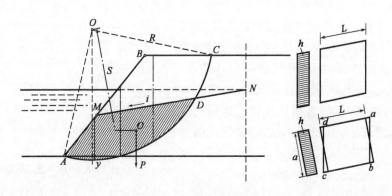

图3-19 动水压力计算图

(3)浸水路堤边坡稳定性验算

浸水路堤的稳定性验算,应假定路堤处于最不利的情况。其破坏一般发生在最高洪水位骤然降落的时候,验算方法通常采用圆弧法,与普通路堤边坡稳定性验算基本相同。其验算公式为:

$$k = \frac{M_k}{M_h} = \frac{(f_C \sum N_C + f_B \sum N_B + c_C L_C + c_B L_B)R}{(\sum T_C + \sum T_B)R + \sum D_n S_n}$$
$$= \frac{f_C \sum N_C + f_B \sum N_B + c_C L_C + c_B L_B}{\sum T_C + \sum T_B + \sum D_n S_n / R} \tag{3-13}$$

由于渗透动水压力一般较小,为了简化计算,则分母第三项可用 D 代替,即:

$$k = \frac{f_C \sum N_C + f_B \sum N_B + c_C L_C + c_B L_B}{\sum T_C + \sum T_B + D} \tag{3-14}$$

式中:k——稳定系数;

M_k——抵抗力矩,kN·m;

M_h——滑动力矩,kN·m;

$f_C \sum N_C$——浸润线以上部分沿验算滑动面的内摩擦力,kN;

$f_B \sum N_B$——浸润线以下部分沿验算滑动面的内摩擦力,kN;

$c_C L_C$——浸润线以上部分沿验算滑动面的黏聚力,kN;

c_C——浸润线以上部分单位黏聚力,kPa;

L_C——浸润线以上部分弧长,m;

$c_B L_B$——浸润线以下部分沿验算滑动面的黏聚力,kN;

c_B——饱和时单位黏聚力,kPa;

L_B——浸润部分弧长,m;

$\sum T_C$——浸润线以上部分沿验算滑动面的下滑力,kN;

$\sum T_B$——浸润线以下部分沿验算滑动面的下滑力,kN;

D——渗透动水压力,kN;

D_n——分段动水压力,kN;

S_n——分段动水压力作用线距圆心的垂直距离,m。

为简化起见,可将路堤分为浸水及干燥两部分进行计算,在毛细上升部分,可列入干燥部分计算。当 $k_1 \geq 1.25 \sim 1.50$ 时,认为该边坡稳定。

3.3.3 陡坡路堤稳定性分析

(1)陡坡路堤的滑动形式

在地面横坡坡度陡于 1:2.5 的山坡上填筑路堤和半路堤,因下滑力较大,填土有时会产生沿山坡下滑的现象,严重威胁道路畅通和行车安全。在设计这类路基时,不仅需验算边坡稳定,还要验算路堤整体的滑动稳定性。当不能保证稳定时,应采取一定的稳定或加固措施。

陡坡路堤的滑动一般有以下几种形式,如图 3-20 所示。

①基底为岩层或稳定山坡,但因地面横坡较大,路堤可能沿基底接触面产生滑动;

②基底为不稳定的山坡覆盖层,下卧基岩岩面又为陡坡,路堤可能随同基底覆盖层沿倾斜基岩滑动;

③当基底为较厚的软土层时,路堤连同其下的软弱土层沿软弱层中某一最弱的圆弧滑动面滑动;

④当陡坡岩层倾向与山坡一致时,路堤连同其下的岩层沿某一最弱的结构面滑动。

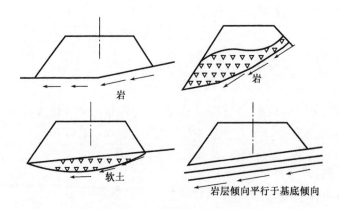

图 3-20 陡坡路堤的破坏形式

陡坡路堤可能的滑动,通常按横断面方向考虑,但实际上有时也会出现纵向滑动情况。设计时必须慎重研究路线位置与地形地质构造的关系。

(2) 验算方法

本节所介绍的方法限于路堤沿已知直线或折线滑动面滑动的情况。当滑动面为圆弧状时,可根据具体情况,参照条分法进行计算。

①单坡坡面的稳定性验算

当基底为单一坡面,如图 3-21 所示,其滑动面为一平面时,稳定系数用式(3-15)计算:

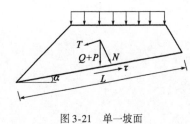

图 3-21 单一坡面

$$k = \frac{(Q+P)\cos\alpha\tan\varphi + cL}{(Q+P)\sin\alpha} \tag{3-15}$$

式中:P——路堤顶面的换算土柱荷载,kN;

Q——对于以基底接触面为滑动面者,等于路堤自重;对于以基底以下软弱面为滑动面者,等于路堤连同其下不稳定土体的自重,kN;

α——滑动面对水平面的倾斜角,°;

φ——滑动面上软弱土体的内摩擦角,°;

c——滑动面上软弱土体的单位黏聚力,kPa;

L——滑动面的全长,m。

②多坡滑动面的稳定性验算

当地面是由几个坡度组成的折线时,如图 3-22 所示,首先按地面变坡点将土体垂直分成若干土块,自上而下分别计算各土体的下滑力,最后根据最后一块土体的剩余下滑力的正负值确定其稳定性。

$$E_n = T_n + E_{n-1}\cos(\alpha_{n-1} - \alpha_n) - \frac{1}{k}\{[N_n + E_{n-1}\sin(\alpha_{n-1} - \alpha_n)]\tan\varphi_n + c_n L_n\} \tag{3-16}$$

$$T_n = (Q_n + P_n)\sin\alpha_n \tag{3-17}$$

$$N_n = (Q_n + P_n)\cos\alpha_n \tag{3-18}$$

式中:E_n——第 n 个条块的剩余下滑力,负值可不计,kN;

T_n——第 n 个条块的自重 Q_n 与荷载 P_n 的切向下滑力,kN;

N_n——第 n 个条块的自重 Q_n 与荷载 P_n 的法向分力,kN;

α_n——第 n 个条块滑动面的倾斜角,°;

φ_n——第 n 个条块滑动面上软弱土层的内摩擦角,°;

c_n——第 n 个条块滑动面上软弱土层的单位黏聚力,kPa;

L_n——第 n 个条块滑动线长度,m;

E_{n-1}——上一个第 $n-1$ 条块传递而来的剩余下滑力,kN;

α_{n-1}——上一个第 $n-1$ 条块滑动面的倾斜角,°;

k——给定的稳定系数。

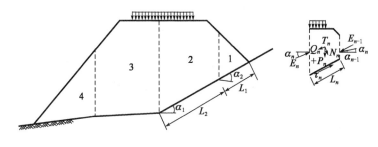

图3-22 折线滑动面

稳定性验算时,从第1块开始,逐块进行。

当最后一块的剩余下滑力小于或等于零时,认为稳定;大于零时,则不稳定,必须采取稳定或加固措施。

3.3.4 地震地区的边坡稳定性分析

(1)地震作用

作用于计算土体重心处的地震力按式(3-19)、式(3-20)计算:

水平地震力

$$E_{hsi} = \frac{C_i C_z A_h \psi_j G_{si}}{g} \tag{3-19}$$

竖向地震作用

$$E_{vsi} = \frac{C_i C_z A_v G_{si}}{g} \tag{3-20}$$

$$\psi_j = \begin{cases} 1.0 & (H \leqslant 20\text{m}) \\ 1.1 + \dfrac{0.6}{H-20}(h_i - 20) & (H > 20\text{m}) \end{cases}$$

式中:E_{hsi}——作用于路基计算土体重心处的水平地震力,kN;

E_{vsi}——作用于路基计算土体重心处的竖向地震作用力,kN;

C_i——抗震重要性修正系数,高速公路或一级公路抗震重点工程取1.7,高速公路或一级公路的一般工程、二级公路的抗震重点工程取 1.3;二级公路的一般工程、三级公路抗震重点工程取 1.0,三级公路的一般工程、四级公路抗震重点工程取 0.6;

C_z——综合影响系数,取 0.25;

ψ_j——水平地震作用沿路堤边坡高速增大系数,按式(3-21)取值;

$$\psi_j = \begin{cases} 1.0 & (H \leq 20\text{m}) \\ 1.1 + \dfrac{0.6}{H-20}(h_i - 20) & (H > 20\text{m}) \end{cases} \quad (3\text{-}21)$$

G_{si}——路基计算第 i 条土体重力,kN;

A_h、A_v——路基所处地区的水平及竖向设计基本地震动峰值加速度,根据表3-18确定,作用方向取不利于稳定的方向,计算时向上取负,向下取正;

h_i——路基计算第 i 条土体的高度,m;

H——路基边坡高度,m。

地震基本烈度和设计基本地震动峰值加速度对应表　　　　表 3-18

地震基本烈度	6	7		8		9
水平向	≥0.05g	0.10g	0.15g	0.20g	0.30g	≥0.40g
竖向	0	0		0.10g	0.17g	0.25g

(2)稳定性验算

土质路基抗震稳定系数 k_c 应根据图 3-23,按式(3-22)计算。

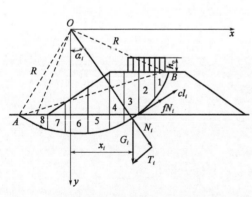

图 3-23　圆弧滑动法计算示意图

$$k_c = \dfrac{\sum_{i=1}^{n}\{cb\sec\theta + [(G_{si} + E_{vsi})\cos\theta - E_{hsi}\sin\theta]\tan\varphi\}}{\sum_{i=1}^{m}[(G_{si} + E_{vsi})\sin\theta + M_h/r]} \quad (3\text{-}22)$$

式中:k_c——抗震稳定系数;

r——圆弧半径,m;

b——滑动体条块宽度,m;

θ——条块底面中点切线与水平线的夹角,°;

M_h——F_n 对圆心的力矩,kN·m;

c——土石填料在地震作用下的黏聚力,kPa;

φ——土石填料在地震作用下的内摩擦角,°。

3.3.5　软土地基上的路堤稳定性分析

软土是由天然含水率大、空隙比大、压缩性高、承载能力低的淤泥沉积物及少量腐殖质所组成的土,主要有淤泥、淤泥质土及泥炭。软土按其成因可分为四大类:海滨沉积、湖泊沉积、河滩沉积和谷地沉积;按其沉积环境的不同又可分为九种类型,详见表3-19。

软土分类　　　　　　　　　　　　表3-19

类 型		厚度(m)	特 征	分布概况
海滨沉积	滨海相	60~200	面积广,厚度大,常夹有砂层,极疏松,透水性较强,易于压缩固结	沿海地区
	三角洲相	5~60	分选性差,结构不稳定,粉砂薄层多,有交错层理,不规则尖灭层及透镜体	
	泻湖相	2~60	颗粒极细,空隙比大,强度低,常夹有薄层泥炭	
	溺谷相		颗粒极细,空隙比大,结构疏松,含水率高,分布范围较窄	
湖泊沉积	湖相	5~25	粉土颗粒占主要成分,层理均匀清晰,泥炭层多是透镜体状,但分布不多,表层多有小于5m的硬壳	洞庭湖、太湖、鄱阳湖、洪泽湖周边,古云梦泽边缘地带
河滩沉积	河床相 河漫滩相 牛轭湖相	<20	成层情况不均匀,以淤泥及软黏土为主,含砂与泥炭夹层	长江中下游、珠江下游及河口、淮河平原、松辽平原
谷地沉积	谷地相	<10	呈片状、带状分布,靠山浅、谷中心深,谷底有较大的横向坡度,颗粒由山前到谷中心逐渐变细	西南、南方山区或丘陵区

由于软土地基具有天然含水率高、天然空隙比大、压缩性高、抗剪强度低、固结系数小、固结时间长、灵敏度高、扰动性大、透水性差、明显的结构性和流变性、土层层状分布复杂、各层之间物理力学性质相差大等特点,填土后受压容易产生侧向滑动,或有较大沉降,从而导致路基的破坏,要求采取适当的措施进行加固。地基加固方案应根据软土厚度和性质、路堤高度、路基稳定与工后沉降控制标准、施工机具、材料、环境等条件及工期要求,进行技术经济比较,依据先简后繁、就地取材的原则,综合分析后确定。对于软土性质差、地基条件复杂或工期紧、填料缺乏或有特殊要求的软土地基,宜采用综合处理措施。

软土地基路堤的稳定验算可采用瑞典圆弧法中的有效固结应力法和改进总强度法,有条件时可采用简化Bishop法和Janbu法。

3.4 路基防护与加固

3.4.1 防护概述

(1)路基防护和加固的目的与意义

路基是暴露在大自然中的线性构造物,长期受到风吹、日晒、雨淋等各种自然因素的作用,必将发生不同的变形和破坏,若不及时加以防护,会引起严重的病害。例如,路基浸水后湿度增大,土的强度降低;岩性差的岩体会在水温变化条件下加剧风化;沿河路堤在水流冲刷、浸蚀作用下易遭到破坏;湿软地基承载力不足容易导致路基沉陷等。因此为保证路基的稳定性,防患于未然,除做好路基排水外,还必须做好路基防护与加固设计。

防护与加固工程是路基工程的一个组成部分,除专门用来支挡路基的结构物外,一般防护工程承受外力的能力很小,有的则完全不能承受外力的作用。因此,要求路基边坡本身基本稳定,否则不但路基得不到防护,而且连防护工程也会遭到破坏。

随着公路等级的提高,为维护正常的汽车运输,减少公路病害,确保行车安全,以及保持公路与自然环境协调,做好路基的防护与加固,更具有重要意义。

(2) 防护与加固工程的分类

路基的防护与加固设施主要有:边坡坡面防护、沿河路堤堤岸冲刷防护与加固以及湿软地基的加固三大类。

本节主要介绍坡面防护与冲刷防护,湿软地基加固的内容详见3.6节。

①坡面防护

坡面防护主要是保护路基边坡表面免受雨水冲刷,调节路基的水温状况,减缓温、湿变化的影响,防止和延缓软弱岩土表面的风化、碎裂、剥蚀演变进程,从而保护路基边坡的整体稳定性,在一定程度上还可兼顾道路美化和协调自然环境。坡面防护设施不承受外力作用,要求坡面岩土必须整体稳定牢固。简易防护的边坡高度与坡度不宜过大,土质边坡坡度一般不陡于$1:1 \sim 1:1.25$。地面水的径流速度以不超过2.0m/s为宜。

常用的坡面防护设施有植物防护(种草、铺草皮、植树等)、骨架植物防护和工程防护(喷护、挂网喷护、干砌片石护坡、浆砌片石护坡和护面墙等)。

②冲刷防护

冲刷防护主要用于防止水流对沿河滨海路堤、河滩路堤及水泽区路堤(亦包括桥头引道)、路基边旁的防护堤岸等冲刷与淘刷。冲刷防护主要是针对水流的破坏作用,考虑河流特性、水流性质、河道地貌、地质等因素而设置,起防水治害和加固堤岸的双重功效。

常用的冲刷防护加固设施有直接和间接两类。直接防护包括植物防护和石砌防护与加固两种,常用的有植树、铺石、抛石或石笼等。间接防护主要指设置导治结构物,如丁坝、顺坝、防洪堤、拦水坝等,必要时可疏浚河床、改变河道。

③湿软地基加固

湿软地基的承载能力差,填筑路基前必须予以加固,以防路基沉陷、滑移或产生其他病害。湿软地基加固规模大,造价高,应注意方案比较,研究技术和经济方面的可行性,力求从简,尽量就地取材。常用的处理方法有换填土、碾压夯实、排水固结、振动挤密、化学加固五类。

3.4.2 边坡防护

(1) 植物防护

植物防护亦称有"生命"的防护,其方法有种草、铺草皮和植树三种。采用植物覆盖对坡面进行防护,可以减缓地面水流速度、调节边坡土的温湿状况,以及美化路容、协调环境。同时植物的根深入土中后,在一定程度上对表土起到了稳定固结的作用。它对于坡高不大、边坡比较平缓的土质坡面是一种简易有效的防护措施。

①种草

种草适宜于边坡坡度不陡于$1:1$、不浸水或短期浸水但地面径流速度不大于0.6m/s的土质边坡。草的品种应选用适应当地的土质和气候条件,最好是根系发达、叶茎低矮、多年生长的草种,适宜几种草籽混种。不宜种草的坡面,可以铺 5~10cm 厚的种植土层,土层应与原坡面结合稳固。

②铺草皮

铺草皮可用于较高较陡的边坡。当坡面冲刷比较严重,边坡较陡,径流速度大于 0.6m/s,最大速度达 1.8m/s 时,应根据具体条件(坡度与流速等),分别采用平铺(平行于坡面)、水平叠置、垂直坡面或与坡面成一定角度的倾斜叠置草皮,还可采用片石砌成方格或拱式边框,方格或框内再铺草皮,如图 3-24 所示。

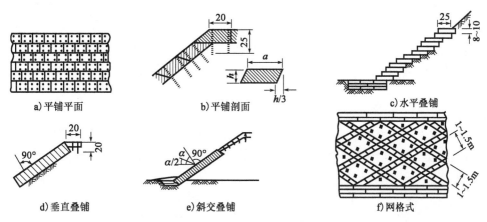

图 3-24 草皮防护示意图(尺寸单位:cm)

铺草皮需预先备料,草皮可就近培育,切成整齐块状,然后移铺到坡面上。铺时应自下而上,并用竹木小桩将草皮钉在坡面上,使之稳固。

③植树

植树主要用于堤岸边的河滩上,用来降低流速,促使泥沙淤泥,防止水流直接冲刷路堤。若多排林带与水流方向斜交,还可起挑流作用,改变水流方向。沙漠与雪害地区,防护林带可起阻沙防雪作用。

植树位置与宽度,应根据防护要求、水流速度及当地自然条件而定。树种的选择应适合于当地的土质、气候条件,能迅速生长,且根系发达、枝叶茂密,用于冲刷防护的树种宜选用生长很快的杨柳类或不怕水淹的灌木类。

(2)矿料防护

矿料防护属无机物防护,以防护石质路堑边坡为主。对于无法采用植物防护的岩石边坡,可以采用砂石、水泥、石灰等矿质材料进行坡面防护。主要有抹面、喷浆、勾缝、灌浆,以及石砌护坡和护面墙等形式。

①抹面

抹面防护适用于易风化而表面比较完整、尚未剥落的岩石边坡。常用的抹面材料有石灰炉渣混合浆、三合土或四合土等,其中石灰为胶结料,要求精选,炉渣颗粒宜细。抹面厚度视材料及坡面状况而定,一般为 2~10cm。操作前,应清理坡面风化层、浮土与松动碎块,填坑补洞,洒水润湿。抹面后应拍浆、抹平和养生。为防止热胀冷缩产生不规则开裂,应每隔 5~10m 设置伸缩缝,缝宽 1~2cm,缝内用沥青麻筋或油毛毡填塞。

②喷浆

喷浆防护适用于易风化和坡面不平的岩石挖方边坡,浆层厚度一般为 5~10cm。喷浆的水泥用量较大,可用于重点工程地段。根据实践经验,比较经济的砂浆是用水泥、石灰、河砂及水 4 种原材料按 1:1:6:3 配合组成。喷浆前后的处治与抹面相同。对坡面较陡或易风化的坡面,可以在喷浆前先铺设加筋材料,加筋材料可以用铁丝网或土工格栅,喷浆坡面应设置泄水孔。

③勾缝

勾缝防护适用于岩层比较坚硬,且裂缝多而细的路堑岩石边坡,为防止水分浸入岩层内造成病害,可用砂浆勾缝。

④灌浆

灌浆防护适用于岩层坚硬,但裂缝较深和较宽的岩石边坡,为防止水分浸入岩层内造成病害,可用砂浆灌浆,借助砂浆的胶结力,使坡面表层成为防水的整体。

⑤砌石

砌石防护包括石砌护坡和护面墙。

石砌护坡:为防止地面水流或河水冲刷,可采用片石护面,用于风化岩质路堑或土质路堤边坡的坡面防护,亦可用于浸水路堤及排水沟渠的冲刷防护。片石护坡如图 3-25 所示。

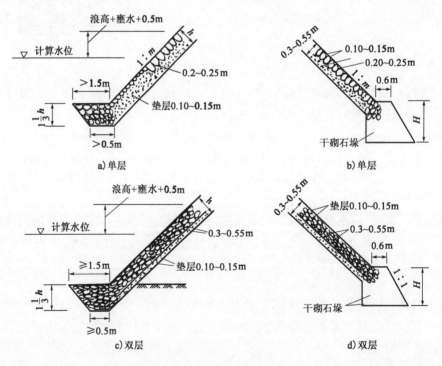

图 3-25 片石护坡示意图

石砌护坡有干砌和浆砌两种。干砌片石的主要作用是防止水流冲刷边坡,要求被防护的边坡自身基本稳定。干砌片石可做成单层,亦可做成双层,片石下面应设置垫层,起平整作用。干砌片石要用砂浆勾缝,以防水分浸入,并提高整体强度。浆砌片石护坡常用于防护流速较大(4~5m/s)的沿河路堤,亦可与护面墙等综合使用,以防护不同岩层和不同位置的边坡。其厚度一般为 20~50cm，基础要求稳固，应深入水流冲刷线以下，同时对基础应加设防护措施。

护面墙是一种浆砌片石覆盖层，常用于严重风化破碎的岩石挖方边坡。护面墙除自重外不承受其他荷重，亦不承受墙背土压力，因此护面墙防护的边坡必须稳定。护面墙的构造与布置，如图3-26所示。墙高与厚度及路堑边坡的关系，参见表3-20。

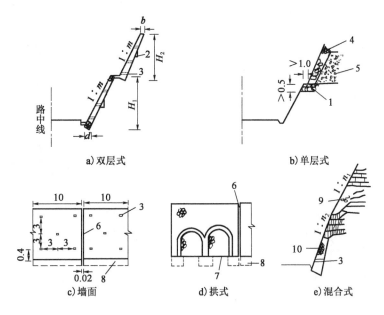

图3-26 护面墙示意图(尺寸单位：m)

1-平台；2-耳墙；3-泄水孔；4-封顶；5-松散夹层；6-伸缩缝；7-软地基；8-基础；9-支补墙；10-护面墙

护面墙的厚度 表3-20

护面墙高度 H(m)	路堑边坡坡度	护面墙厚度(m)	
		顶宽 b	底宽 d
≤2	1:0.5	0.40	0.40
≤6	陡于1:0.5	0.40	0.40+0.10H
6 < H ≤ 10	1:0.5~1:0.75	0.40	0.40+0.05H
10 < H < 15	1:0.75~1:1	0.40	0.40+0.05H

护面墙高度一般不超过10m，可以分级，中间设平台，墙背可设耳墙，纵向每隔10~15m设一条伸缩缝，墙身应预留泄水孔，基础要求稳固，顶部应封闭。墙基软弱地段，可用拱形结构跨过。为避免坡面开挖后形成凹陷，应以石砌圬工填塞平整，称之为支补墙。具体要求与尺寸，可参考《公路路基设计手册》。

3.4.3 冲刷防护

为了防止水流直接危害沿河、滨海路堤边坡和坡脚，必须采取一定的防止冲刷措施。防止冲刷的措施有直接防护与间接防护两种。根据河流情况、水流性质及岸坡具体受冲刷情况，可单独使用一种，亦可两种同时使用综合治理。

(1) 直接防护

直接防护的措施有植物防护、砌石防护、抛石与石笼，以及必要时设置的支挡（驳岸等）。

其中植物防护和砌石防护与前述坡面防护基本相同,但堤岸的防冲刷原因是洪水急流,水位变迁不定,水流速度较大,因此其相应的要求更高。

①抛石防护

抛石防护主要用于防护直接受水流冲刷的边坡和坡脚,对于季节性浸水和长期浸水的情况均适用。盛产石料地区,当水流速度大于3.0m/s,植物与砌石防护无效时,可采用抛石防护。

抛石防护类似于在坡脚处设置护脚,亦称抛石垛,如图3-27所示。抛石垛的边坡坡度不应大于浸水后的天然休止角,边坡率m_1一般为1.5~2.0,m_2为1.25~2.0;石料粒径视水深与流速而定,一般为15~50cm。

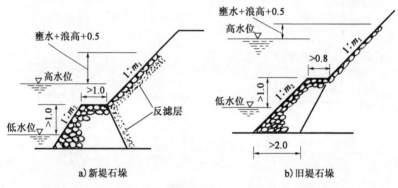

图3-27 抛石防护示意图(尺寸单位:m)

②石笼防护

当水流速度达到或超过5.0m/s时,可改用石笼防护。石笼用铁丝编织成框架,内填石料,设在坡脚处,以防急流和大风浪破坏堤岸,亦可用来加固河床,防止淘刷。铁丝框架可以做成圆柱形或箱形,如图3-28a)和图3-28b)所示。笼内填石的粒径最小不小于4.0cm,一般为5~20cm,外层用大且棱角突出的石料,内层可用较小石块填充。石笼用于防止冲刷淘底时,在坡脚处的排列应平铺并与坡脚线垂直,且堤岸一端固定,另一端可不固定,淘刷后可以向下沉落贴于底面。用于防止堤岸边坡冲刷时,则垒码平铺成梯形,如图3-28c)和图3-28d)所示。单个石笼的大小,以不被相应速度的水流冲动为宜,铺设时须用碎(砾)石垫层铺平底层,各角可用铁棒固定于基底。

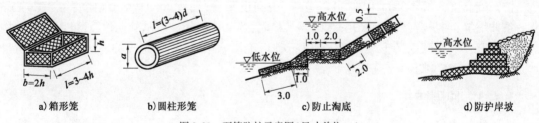

图3-28 石笼防护示意图(尺寸单位:m)

(2)间接防护

设计导治构造物可以改变水流方向,消除和减缓水流对堤岸的直接破坏,同时可以使堤岸近旁缓慢淤积,彻底消除水流对局部堤岸的损害。设导治构造物的间接防护措施主要是设坝,按其与河道的相对位置,一般可分为丁坝、顺坝及格坝几种。

①丁坝

丁坝的作用是导流和挑流,把水流挑离河岸,改善水流状况,间接保护路基。丁坝由坝头、坝身和坝根三部分组成,其断面为梯形。丁坝所受的外力较小,其断面尺寸主要依据构造要求、施工条件和使用要求等因素确定。丁坝的轴线与水流方向的关系不同,分为垂直式、下挑式和上挑式三种,如图3-29所示。

图3-29 不同布置形式的丁坝及冲淤情况示意图

丁坝的布置,要慎重考虑对岸的情况,如对岸为农田、住房、土堤时,宜多导少挑;若对岸为岩石,要注意被挑过去的水流,在对岸折回后对下游的冲刷。

②顺坝及格坝

顺坝的作用是导流,调整水流方向、改善流态,基本上不改变原有水流的流态。当河床断面窄小,不允许过多侵占或地质条件不宜修筑丁坝时,可以采用顺坝。布置顺坝前,必须先有一个合理的导治线,顺坝与上下游河岸的衔接必须协调,坝的起点应选在水流匀顺的过渡地段,以免强烈冲刷,终点可与河岸连在一块。顺坝的构造与丁坝相似,分为坝头、坝身和坝根三部分,坝身断面形状为梯形,结构要求大体与丁坝相同。

格坝在平面上成网格状,设于顺坝与堤岸之间,防止高水位时水流溢出冲刷坝内岸坡和坡脚,并促进格间的淤积。格坝常与顺坝联合使用,其布置形式如图3-30所示。

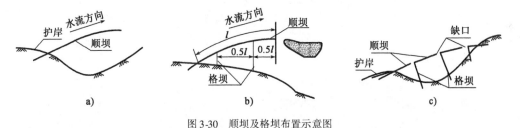

图3-30 顺坝及格坝布置示意图

导治结构物的布置是工程成败的关键。布置合理能收到预期的效果,布置不当会事倍功半。关键在于合理设计导治线,符合预定的河岸线要求,亦取决于选择导治水位,不致出现冲刷的情况。

3.5 挡土墙设计

3.5.1 挡土墙的类型和适用条件

(1)挡土墙的用途

挡土墙是一种能够抵抗侧向土压力,用来支撑天然边坡或人工边坡,保持土体稳定的建筑物。它被广泛应用于公路、铁路、水利及其他土建工程中。挡土墙各部分名称如图3-31a)所示。靠回填土(或山体)一侧为墙背,外露临空一侧为墙面(也称墙胸),墙底与墙面交线为墙趾,墙底与墙背的交线为墙踵,墙背与垂线的交角为墙背倾角 α。

在公路工程中,挡土墙的用途可归纳如下:

①在路堑地段,若开挖后的路堑边坡不能自行稳定,可在坡脚处设置挡土墙,以支撑边坡,降低挖方边坡高度,减少挖方数量,避免山体失稳坍滑[图3-31a)]。

②在地面横坡较陡,填筑路基难以稳定,或征地、拆迁费用高的填方路段,可在路肩或填方边坡的适当位置设置挡土墙,以收缩坡脚,减少填方数量[图3-31b)]或减少拆迁和占地面积[图3-31c)],保证路堤稳定性。

③对于沿河路基,为避免沿河路基挤压河床,防止水流冲刷路基,可在沿河一侧路基设置挡土墙[图3-31d)]。

④在某些挖方路段,原地面有较厚的覆盖层或滑坡,可在路堑边坡上方设置挡土墙,防止山坡覆盖层下滑[图3-31e)]和抵抗滑坡[图3-31f)]。

⑤其他还有设置于隧道洞口的洞口挡墙和设置于桥头的桥头挡墙(即桥台)等。

在路基设计中,是否需要设置挡土墙,应通过与其他可能的技术方案进行技术、经济比较来确定。

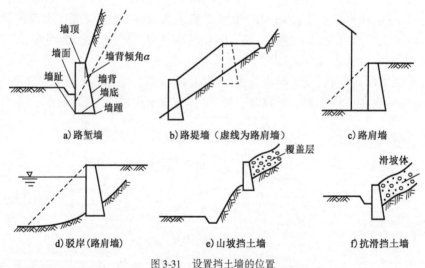

图3-31 设置挡土墙的位置

注:图中虚线表示不设挡土墙时的路基边坡

(2)挡土墙的类型

挡土墙可按墙所处的位置、墙身材料及其结构形式等进行分类。

①按挡土墙位置分类

挡土墙按其所处位置可分为:路堑墙、路堤墙、路肩墙和山坡墙等类型,如图3-31所示。

②按墙体材料分类

挡土墙按其所用材料可分为:石砌挡土墙、砖砌挡土墙、混凝土挡土墙、钢筋混凝土挡土墙和加筋土挡土墙等类型。

③按墙的结构形式分类

挡土墙按其结构形式可分为:重力式、衡重式、半重力式、悬臂式、扶壁式、锚杆式、柱板式、石笼式挡土墙等类型。其中,重力式、衡重式多用石砌。半重力式用混凝土浇筑,视需要也可在受拉区加少量钢筋,以节省圬工。其他类型多用钢筋混凝土就地制作或预制拼装。

④按支挡机理分类

挡土墙按支挡机理的不同,可分为外部支挡系统、内部稳定系统和杂交系统。外部支挡系统利用墙体的重量和刚度来抵挡土体的滑动和倾覆,例如重力式、悬臂式等挡土墙。内部稳定系统是对可能滑动的土体内部进行加筋,利用筋带与填料之间的摩阻及加筋单元的被动土的抗力维持土体的稳定,例如加筋挡土墙。杂交系统则是上述两种的组合,例如加筋的笼式挡土墙。

(3)挡土墙的特点与适用范围

不同挡土墙具有不同的特点和适用范围,如表3-21所示。

各类型挡土墙主要特点与适用范围　　　　　表3-21

类型	特　点	结 构 示 意 图	适 用 范 围
重力式	1. 构造简单,断面尺寸较大,墙身较重; 2. 依靠墙身自重抵抗土压力的作用; 3. 形式简单,取材容易,施工简单; 4. 对地基承载力要求较高		1. 盛产石料地区; 2. 墙高在12.0m以下,地基良好,非地震区和沿河受水冲刷时,可采用干砌,干砌高度不宜超过6.0m;其他情况,宜用浆砌。 3. 缺乏石料地区可用混凝土砌筑
衡重式	1. 利用衡重台上部填土的重力作用,增加墙身稳定,节约断面尺寸; 2. 墙面陡直,下墙墙背仰斜,可降低墙高,减少基础开挖,但对地基承载力要求高		1. 盛产石料地区; 2. 适用于山区、地面横坡陡峻的路肩墙、路堑墙、路堤墙,并兼有拦挡坠石作用
锚杆式	1. 由立柱、挡板和锚杆三部分组成,靠锚固在稳定地层中的锚杆的抗拔力保证土体的稳定; 2. 断面尺寸小,节省材料;立柱、挡板可预制安装,施工速度快; 3. 对地基的适应性强		1. 缺乏石料地区; 2. 可采用肋柱式或板壁式单级或多级墙。每级墙高不宜大于8.0m; 3. 应备有钻岩机、压浆机等设备。 4. 较宜用于路堑墙,亦可用于抗滑挡土墙
锚定板式	1. 靠稳定地层中锚定板前的被动土抗力保证土体的稳定; 2. 其他同锚杆式挡墙		1. 适合于缺少石料地区的路堤墙、路肩墙,但不应建筑于滑坡、坍塌、软土及膨胀土地区; 2. 可采用肋柱式或板壁式,墙高不宜大于10.0m

续上表

类型	特点	结构示意图	适用范围
柱板式	1. 由立柱、底梁、挡板、底板和基座组成，借助底板上的土重保持墙的稳定； 2. 基础开挖较悬臂式和扶壁式少； 3. 断面尺寸小，节省材料；可预制拼装，快速施工		1. 高墙； 2. 较适宜于路堑墙，特别适用于支挡土质路堑高边坡或处治边坡坍滑
钢筋混凝土悬臂式	1. 由立壁、墙趾板和墙踵板3个悬臂组成，断面尺寸较小；由墙体自重及踵板上土的重力保持墙的稳定； 2. 墙高时，立壁下部的弯矩大，消耗钢筋多，不经济； 3. 对地基的适应性强		1. 缺乏石料地区； 2. 普通高度的路肩墙，墙高不宜超过5.0m； 3. 地基情况可以差些
钢筋混凝土扶壁式	沿悬臂式挡土墙的墙长，隔一定距离加一道扶壁，使立壁与墙踵板连接起来，以承受更大的弯矩，其余同悬臂式		1. 在挡墙较高时较悬臂式经济，其余同悬臂式； 2. 墙高不宜超过15.0m
加筋土挡土墙	1. 由筋条、墙面板和填土三部分组成，借筋带与填料之间的摩擦力及加筋单元的被动土抗力保持墙身稳定； 2. 施工简便，造型美观； 3. 对地基的适应性强，占地少		1. 缺乏石料地区； 2. 适用于石质土、砂性土、黄土地区修建较高的路肩墙或路堤墙
石笼式挡土墙	石笼式挡土墙又称格宾挡墙，属于重力式块石结构，是将抗腐耐磨的低碳镀锌丝或镀锌铝合金丝编织成双绞六边形网孔的网片，根据设计要求组装成蜂巢网箱，装入片块石等填充材料，并采用同质的镀锌丝或镀锌铝合金丝以一定方式绑扎连接，形成挡土墙结构。具有整体性好、柔韧性好、透水性好、适应变形能力强、抗冲刷能力强、绿化、景观效果好等特点		1. 用于地下水较多的土质、风化破碎岩石路段； 2. 在环境、气候条件比较差的地方使用

3.5.2 挡土墙土压力计算

(1) 作用在挡土墙上的力系

作用在挡土墙上的力系，按其作用性质分为主要力系、附加力系和特殊力。

主要力系是经常作用于挡土墙的各种力。如图3-32所示，它包括：

① 挡土墙自重 G 及位于墙上的衡载；

② 墙后土体的主动土压力 E_a（包括作用在墙后填料破裂棱体上的荷载，简称超载）；

③ 基底的法向力 N 和摩擦力 T；

④ 墙前土体的被动土压力 E_p。

对于浸水挡土墙而言，主要力系中还应包括常水位时的静水压力和浮力。

附加力系是指季节性地作用于挡土墙的各种力。例如洪水时的静水压力和浮力、动水压力、波浪冲击力以及冻胀压力等。

特殊力是偶然出现的力。例如地震力、施工荷载、水流漂浮物的撞击力等。

在一般地区，挡土墙设计仅考虑主要力系，在浸水地区还应考虑附加力，而在地震区则应考虑地震对挡土墙的影响。各种力的取舍，应根据挡土墙所处的具体工程条件，按最不利组合作为设计的依据。

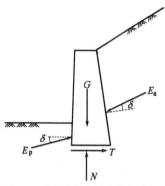

图3-32 作用在挡土墙上的主要力系

(2) 一般条件下的库仑(Coulomb)主动土压力计算

土压力是挡土墙承受的主要荷载。挡土墙的位移情况不同，会产生不同性质的土压力（图3-33）。当挡土墙向外移动（位移或倾覆）时，土压力随之减少，直到墙后土体沿破裂面下滑而处于极限平衡状态，此时作用于墙背的土压力称为主动土压力；当墙向土体挤压移动，土压力随之增大，土体被推移向上滑动处于极限平衡状态，此时土体对墙的抗力称为被动土压力；墙处于原来位置不动时，土压力介于两者之间，称为静止土压力。采用哪种性质的土压力作为挡土墙设计荷载，要根据挡土墙的具体情况而定。

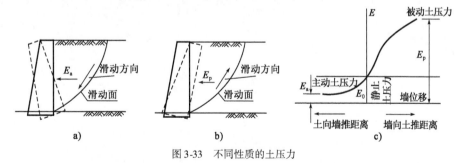

图3-33 不同性质的土压力

路基挡土墙一般都可能有向外的位移或倾覆。因此，应按墙背土体达到主动极限平衡状态进行设计，且设计时按照规定取用安全系数值，以保证墙背土体的稳定。墙趾前的被动土压力 E_p，对于挡土墙一般埋深的情形，一般均不计，以使设计偏于安全。

主动土压力计算的理论和方法，在土力学中已有专门论述，这里仅结合路基挡土墙的设计，介绍库仑土压力的计算方法和具体应用。

①库仑理论的基本假设

a. 当挡土墙向前滑移时(图3-34),墙后土体将形成一个沿墙背 AB 和破裂平面 BC 向下滑动的破裂棱体 ABC(或称土楔),此时土楔处于主动平衡状态。

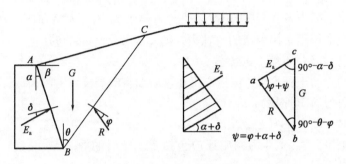

图3-34 库仑主动土压力计算

b. 墙后土体为均质松散颗粒,粒间仅有摩阻力而无黏聚力存在。挡土墙和土楔都是无压缩或拉伸变形的刚体。

c. 土楔开始形成时,土楔在自重 G 与墙背反力 E_a(土压力)、破裂面反力 R 的作用下保持静力平衡,故土体处于极限平衡状态。由于土楔与墙背和破裂面间有摩阻力,故 E_a 和 R 分别与各自的作用面的法线成 δ 角(墙背与土体间摩阻角,简称外摩阻角)和 φ 角(土的内摩阻角)。

②各种边界条件下的库仑主动土压力计算

根据上述假定,即可推导出不同边界条件下,挡土墙土压力的计算公式。现以破裂面交于路基内边坡的边界条件为例,介绍库仑理论计算土压力的原理。

图3-34中 AB 为挡土墙的墙背,BC 为破裂面,BC 与铅垂线的夹角 θ 为破裂角,ABC 为破裂棱体。棱体上作用着3个力,即破裂棱体自重 G、主动土压力的反力 E_a 和破裂面上的反力 R。E_a 的方向与墙背法线成 δ 角,且偏于阻止棱体下滑的方向;R 的方向与破裂面法线成 φ 角,且偏于阻止棱体下滑的方向,根据力平衡原理,G、E_a 和 R 构成一矢量三角形 abc。取挡土墙长度为1m计算,从作用于破裂棱体上的平衡力三角形 abc,按正弦定理可得:

$$E_a = \frac{\sin(90° - \theta - \varphi)}{\sin(\theta + \psi)} \cdot G = \frac{\cos(\theta + \varphi)}{\sin(\theta + \psi)} \cdot G \tag{3-23}$$

式中:$\psi = \varphi + \alpha + \delta$

由于:

$$G = \frac{1}{2}\gamma \cdot \overline{AB} \cdot \overline{BC} \cdot \sin(\alpha + \theta)$$

而

$$AB = H\sec\alpha$$

$$BC = \frac{\sin(90° - \alpha + \beta)}{\sin(90° - \alpha - \beta)} \cdot AB = H \cdot \sec\alpha \cdot \frac{\cos(\alpha - \beta)}{\cos(\theta + \beta)}$$

所以

$$G = \frac{1}{2}\gamma H^2 \cdot \sec^2\alpha \cdot \frac{\cos(\alpha - \beta)\sin(\alpha + \theta)}{\cos(\theta + \beta)} \tag{3-24}$$

将式(3-24)代入式(3-23),得:

$$E_a = \frac{1}{2}\gamma H^2 \sec^2\alpha \cdot \frac{\cos(\alpha-\beta)\cdot\sin(\alpha+\theta)}{\cos(\theta+\beta)} \cdot \frac{\cos(\theta+\varphi)}{\sin(\theta+\psi)} \tag{3-25}$$

令

$$A = \frac{1}{2}H^2 \cdot \sec^2\alpha \cdot \cos(\alpha-\beta)$$

则

$$E_a = \gamma A \cdot \frac{\sin(\theta+\alpha)\cdot\cos(\theta+\varphi)}{\cos(\theta+\beta)\cdot\sin(\theta+\psi)} \tag{3-26}$$

当参数 γ、δ、φ、α、β 固定时，E_a 随破裂面的位置而变化，即 E_a 是破裂角 θ 的函数。为求最大土压力 E_a，首先要求得对应于最大土压力的破裂角 θ。令 $dE_a/d\theta = 0$，得：

$$\gamma A\left[\frac{\cos(\theta+\varphi)}{\sin(\theta+\psi)}\cdot\frac{\cos(\theta+\beta)\cos(\theta+\alpha)+\sin(\theta+\beta)\cdot\sin(\theta+\alpha)}{\cos^2(\theta+\beta)}-\right.$$
$$\left.\frac{\sin(\theta+\alpha)}{\cos(\theta+\beta)}\cdot\frac{\sin(\theta+\psi)\cdot\sin(\theta+\varphi)+\cos(\theta+\psi)\cdot\cos(\theta+\varphi)}{\sin^2(\theta+\psi)}\right]=0$$

整理化简后得

$$P\tan^2\theta + Q\cdot\tan\theta + R = 0$$

$$\tan\theta = \frac{-Q\pm\sqrt{Q^2-4PR}}{2P} \tag{3-27}$$

式中：$P = \cos\alpha\cdot\sin\beta\cdot\cos(\psi-\varphi) - \sin\varphi\cdot\cos\psi\cdot\cos(\alpha-\beta)$

$Q = \cos(\alpha-\beta)\cdot\cos(\psi+\varphi) - \cos(\psi-\varphi)\cdot\cos(\alpha+\delta)$

$R = \cos\varphi\cdot\sin\psi\cdot\cos(\alpha-\beta) - \sin\alpha\cdot\cos(\psi-\varphi)\cdot\cos\beta$

将由式(3-27)求得的 θ 值代入式(3-26)，即可求得最大主动土压力 E_a 值，即：

$$E_a = \frac{1}{2}\gamma H^2 K_a = \frac{1}{2}\gamma H^2 \frac{\cos^2(\varphi-\alpha)}{\cos^2\alpha\cdot\cos(\alpha+\delta)\left[1+\sqrt{\frac{\sin(\varphi+\delta)\cdot\sin(\varphi-\beta)}{\cos(\alpha+\delta)\cdot\cos(\alpha-\beta)}}\right]^2} \tag{3-28}$$

式中：E_a——主动土压力，作用在力三角形形心处，kPa；

γ——墙后填土的重度，kN/m^3；

φ——填土的内摩擦角，°；

δ——墙背与填土间的摩擦角，°；

β——墙后填土表面的倾角，°；

α——墙背倾斜角，俯斜墙背 α 为正，仰斜墙背 α 为负，°；

H——挡土墙高度，m；

K_a——主动土压力系数。

土压力的水平和垂直分力分别为：

$$\begin{aligned}E_x &= E_a\cdot\cos(\alpha+\delta)\\ E_y &= E_a\cdot\sin(\alpha+\delta)\end{aligned} \tag{3-29}$$

当破裂面交于路基表面时，按照荷载横向分布与破裂棱体相对位置的不同，土压力的计算有 3 种图式：即局部荷载位于破裂棱体上、全部荷载位于破裂棱体上和破裂棱体上无荷载。图 3-35 为破裂面交于外边坡上的情况。各种情况下的土压力计算公式均可用上述方法推导，应用时可参考《公路路基设计手册》。

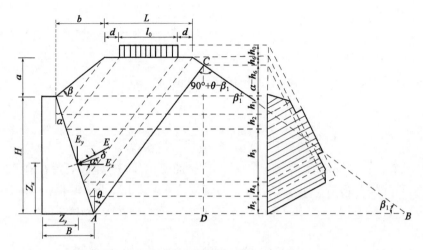

图 3-35 破裂面交于外边坡上

在计算某一边界条件下的挡土墙土压力 E_a 时,先要求出破裂角 θ,即首先确定产生最大土压力的破裂面。这一破裂面将按哪一种边界条件出现,事先并不知道,因此必须试算。计算时可先假定破裂面交于路基的位置(一般是先假定交于荷载中部),按此图式选择相应的计算公式算出 θ 角,再与原假定的破裂面位置(边界条件)相比较,看是否相符。如与假定不符,根据计算的 θ 角重新假定破裂面位置,按相应的公式重复上述计算,直至相符为止。最后根据此破裂角计算最大主动土压力。在个别情况下,可能出现验证与假定不符,改变图式后仍然不符,此时可假定破裂面交于两种边界条件的分界点(例如交于荷载边缘)来计算破裂角。

③大俯角墙背的主动土压力计算

在挡土墙设计中,往往会遇到俯斜墙背很缓,即墙背倾角 α 很大的情况,如折线形挡土墙上墙墙背,衡重式挡土墙的上墙假想墙背[图 3-36a)]。当墙后土体达到主动极限平衡状态时,破裂棱体并不沿墙背或假想墙背 CA 滑动,而是沿着土体的另一裂面 CD 滑动,CD 即称为第二破裂面,α_i 和 θ_i 为相应的破裂角,而远离墙的破裂面 CF 称为第一破裂面。这时,挡土墙承受着作用于第二破裂面上的土压力 E_a,E_a 是 α_i 和 θ_i 的函数。而 E_x 是 E_a 的水平分力,因此可以列出以下函数关系:

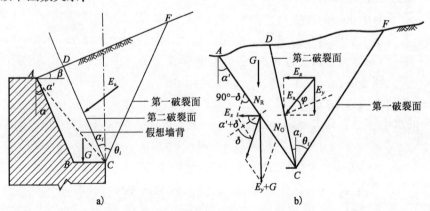

图 3-36 出现第二破裂面的土压力计算

$$E_x = f(\alpha_i, \theta_i) \tag{3-30}$$

为了确定最不利的破裂角 α_i 和 θ_i 及相应的主动土压力值,可以求解下列偏微分方程组:

$$\left.\begin{array}{l}\dfrac{\partial E_x}{\partial \alpha_i}=0\\[2mm]\dfrac{\partial E_x}{\partial \theta_i}=0\end{array}\right\} \tag{3-31}$$

并满足下列条件:

$$\left.\begin{array}{l}\dfrac{\partial^2 E_x}{\partial \alpha_i^2}<0\\[2mm]\dfrac{\partial^2 E_x}{\partial \theta_i^2}<0\\[2mm]\dfrac{\partial^2 E_x}{\partial \alpha_i^2}\cdot\dfrac{\partial^2 E_x}{\partial \theta_i^2}-\left(\dfrac{\partial^2 E_x}{\partial \alpha_i\cdot\partial \theta_i}\right)^2>0\end{array}\right\} \tag{3-32}$$

出现第二破裂面的条件是:

a. 墙背或假想墙背的倾角 α 或 α' 大于第二破裂面倾角 α_i;

b. 在墙背或假想墙背上产生的抗滑力 N_R 大于其下滑力 N_S,使破裂棱体不会沿墙背或假想墙背下滑。

第二个条件的另一个表达方式为:作用于墙背或假想墙背上的土压力对墙背法线的倾角 δ' 小于或等于墙背摩擦角 δ。

为避免土压力过大,俯斜式挡土墙很少采用平缓式背坡,故不易出现第二破裂面。衡重式的上墙或悬臂式挡土墙,因系假想墙背,$\delta=\varphi$,只要满足第一个条件,即出现第二破裂面,设计时应首先加以判别,然后再用相应的公式计算土压力。其做法是先拟定两组破裂面,按相应公式算出 θ_i,以确定第一破裂面的位置;如与假定相符,再按与此边界条件相对应的公式计算 α_i;如 $\alpha_i>\alpha'$,表明不会出现第二破裂面,应按一般库仑公式计算土压力;如 $\alpha_i<\alpha'$,表明有第二破裂面出现,应按出现第二破裂面的库仑公式计算土压力。表 3-22 列出了两种边界条件下出现第二破裂面的土压力计算公式,表中及其他边界条件下的第二破裂面土压力计算公式的推导可参考《公路路基设计手册》。

第二破裂面土压力计算公式表　　　　　　表 3-22

类型	路堤墙、路堑墙	路肩墙
边界条件	第一破裂面交于边坡	第一破裂面交于荷载内
计算简图		

续上表

类型	路堤墙、路堑墙	路肩墙
破裂角计算公式	$\theta_i = \frac{1}{2}(90° - \varphi) + \frac{1}{2}(\varepsilon - \beta)$ $\alpha_i = \frac{1}{2}(90° - \varphi) - \frac{1}{2}(\varepsilon - \beta)$ $\varepsilon = \sin^{-1}\frac{\sin\beta}{\sin\varphi}$	$\alpha_i = \theta_i = 45° - \frac{\varphi}{2}$
土压力及土压力系数计算公式	$E_1 = \frac{1}{2}\gamma H_1^2 K$ $E_{1x} = E_1 \cos(\alpha_i + \varphi)$ $E_{1y} = E_1 \sin(\alpha_i + \varphi)$ $K = \dfrac{\cos^2(\varphi - \alpha_i)}{\cos^2\alpha_i \cos(\alpha_i + \varphi)\left[1 + \sqrt{\dfrac{\sin 2\varphi \sin(\varphi - \beta)}{\cos(\alpha_i + \varphi)\cos(\alpha_i - \beta)}}\right]^2}$ $H_1' = H_1 \dfrac{1 + \tan\alpha_i' \tan\beta}{1 + \tan\alpha_i' \tan\beta} \quad Z_{1x} = \frac{1}{3}H_1'$	$E_1 = \frac{1}{2}\gamma H_1^2 K K_1$ $E_{1x} = E_1 \cos(\alpha_i + \varphi)$ $E_{1y} = E_1 \sin(\alpha_i + \varphi)$ $K = \dfrac{\tan^2\left(45° - \dfrac{\varphi}{2}\right)}{\cos\left(45° + \dfrac{\varphi}{2}\right)}$ $K_1 = 1 + \dfrac{2h_0}{H_1} \quad Z_{1x} = \dfrac{H_1}{3} + \dfrac{h_0}{3K_1}$

④黏性土土压力计算

库仑理论只考虑不具有黏聚力的砂性土的土压力问题。若墙背填料为黏性土,则土粒间不仅有摩阻力存在,而且还有黏聚力。显然,这与库仑理论假定是不相符合的,然而迄今为止尚无一种切合实际的有效方法进行黏性土的土压力计算。因此仍只能采用以库仑理论为基础计算黏性土主动土压力的近似方法——等效内摩阻角法和力多边形法。

a. 等效内摩阻角法

这种方法是将内摩阻角 φ 与单位黏聚力 c,换算成较实有 φ 值大的"等效内摩阻角" φ_D 来代替,然后按砂类土的公式计算土压力。

φ_D 值可以按换算前后土的抗剪强度相等或土压力相等的原则来计算,一般是把黏性土的内摩阻角值增大 5°~10°,或取等效内摩阻角 φ_D 为 30°~35°。

由于影响土压力数值的因素是多方面的,包括墙高、墙型、墙后填料的表面以及荷载的情况等,不可能用上述方法为之确定一个固定的换算关系或固定的换算值。用上述方法换算的内摩阻角,只与某一特定的墙高相适应,一般对于矮墙偏于安全,对于高墙则偏于危险。因此在设计高墙时,应按墙高酌情降低 φ_D 值。最好按实测的 c、φ 值,用力多边形法计算黏性土的主动土压力。

b. 力多边形法(数解法)

如图 3-37 所示,当挡土墙向外有足够位移时,黏性土层顶部将出现拉应力,使土层产生竖向裂缝,裂缝从表面向下延伸到拉应力趋于零处。裂缝深度 h_c 可按式(3-33)计算:

$$h_c = \frac{2c}{\gamma}\tan\left(45° + \frac{\varphi}{2}\right) \tag{3-33}$$

式中:c——填料的单位黏聚力,kPa。

在垂直裂缝区 h_c 范围内,竖直面上的侧压力等于零,因此在此范围内不计土压力。

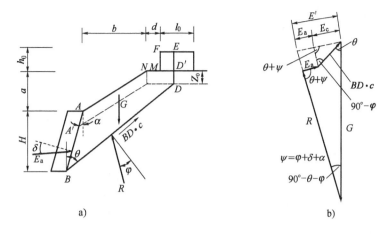

图 3-37 黏性土主动土压力计算

根据库仑理论,假设破裂面为一平面,沿破裂面上土的抗剪强度由土的内摩阻力 $\sigma \cdot \tan\varphi$ 和黏聚力 c 组成。墙背和土之间的黏聚力 c',由于影响因素很多,为简化计算,偏于安全,可忽略不计。

现以路堤墙后破裂面交于荷载内的情况为例,介绍力多边形法计算黏性土压力公式的推导过程。

图 3-37 为路堤式挡土墙,填土表面有局部荷载,裂缝深度假定从荷载作用面以下产生。BD 为破裂面,破裂棱体为 $ABDEFMN$。在主动极限平衡状态下,棱体在自重 G、墙背反力 E_a、破裂面反力 R 和破裂面黏聚力 $\overline{BD} \cdot c$ 四个力的作用下保持静力平衡,这 4 个力构成力矢量多边形[图 3-37b)]。从力多边形可知,作用于墙背的主动土压力为:

$$E_a = E' - E_c \tag{3-34}$$

式中:E'——当 $c = 0$ 时的土压力,根据下式得:

$$E' = \frac{\cos(\theta + \varphi)}{\sin(\theta + \psi)} \cdot G$$

G——棱体 $ABDEFMN$ 的自重,在图 3-37a)所示边界条件下:

$$G = \gamma \cdot (A_0 \tan\theta - B_0)$$

其中:

$$A_0 = \frac{1}{2}(H + a)^2 - \frac{1}{2}h_c^2 + h_0(H + a - h_c)$$

$$B_0 = \frac{1}{2}ab + (b + d)h_0 + \frac{H}{2}(H + 2a + 2h_0)\tan\alpha$$

将 G 代入 E' 式得:

$$\begin{aligned} E' &= \gamma(A_0 \tan\theta - B_0)\frac{\cos(\theta + \varphi)}{\sin(\theta + \psi)} \\ &= \gamma A_0 (\tan\theta + \tan\psi)\frac{\cos(\theta + \varphi)}{\sin(\theta + \psi)} - \gamma A_0 \tan\psi \frac{\cos(\theta + \varphi)}{\sin(\theta + \psi)} - \gamma B_0 \frac{\cos(\theta + \varphi)}{\sin(\theta + \psi)} \\ &= \frac{\gamma A_0}{\cos\psi} \cdot \frac{\cos(\theta + \varphi)}{\cos\theta} - \gamma(A_0 \tan\psi + B_0)\frac{\cos(\theta + \varphi)}{\sin(\theta + \psi)} \end{aligned} \tag{3-35}$$

式(3-34)中的 E_c 是由于黏聚力 $\overline{BD} \cdot c$ 的作用而减少的土压力,从图3-37b)可得:

$$E_c = \frac{\overline{BD} \cdot c\cos\varphi}{\sin(\theta+\psi)} = \frac{c(H+a-h_c)\cos\varphi}{\cos\theta\sin(\theta+\psi)} \quad (3\text{-}36)$$

令:

$$\frac{dE_a}{d\theta} = \frac{dE'}{d\theta} - \frac{dE_c}{d\theta} = 0$$

得:

$$\frac{dE_a}{d\theta} = -\frac{\gamma A_0}{\cos\psi} \cdot \frac{\sin\varphi}{\cos^2\theta} + \frac{\gamma(A_0\tan\psi + B_0)\cos(\varphi-\psi)}{\sin^2(\theta+\psi)} +$$

$$c(H+a-h_c)\cos\varphi \frac{\cos\theta\cos(\theta+\varphi) - \sin\theta\sin(\theta+\psi)}{\cos^2\theta\sin^2(\theta+\psi)} = 0$$

整理化简即可得到破裂角 θ 的计算公式:

$$\tan\theta = -\tan\psi \pm \sqrt{\sec^2\psi - D} \quad (3\text{-}37)$$

式中: $D = \dfrac{A_0\sin(\varphi-\psi) - B_0\cos(\varphi-\psi)}{\cos\psi\left[A_0\sin\varphi + \dfrac{c}{\gamma}(H+a-h_c)\cos\varphi\right]}$。

将 θ 代入 E_a 的表达式,即可求得主动土压力 E_a。

各种边界条件下的黏性土压力计算公式,可参见《公路路基设计手册》。

⑤折线形墙背的土压力计算

凸形墙背的挡土墙和衡重式挡土墙,其墙背不是一个平面而是折面,称为折线形墙背。对于这类墙背,以墙背转折点或衡重台为界,分成上墙与下墙,分别按库仑方法计算上下墙的主动土压力,然后取两者的矢量和作为全墙的土压力。

计算上墙土压力时,不考虑下墙的影响,凸形墙背上墙按俯斜墙背计算其土压力。衡重式挡土墙的上墙,由于衡重台的存在,通常将墙顶内缘与衡重台外缘的连线作为假想墙背,假想墙背与实际墙背间的土楔假设与实际墙背一起移动。计算土压力时先按墙背倾角 α 或假想墙背倾角 α' 是否大于第二破裂面倾角 α_i,判断是否出现第二破裂面,如出现第二破裂面,按第二破裂面的主动土压力公式计算作用于上墙的土压力,如不出现第二破裂面,以实际墙背或假想墙背为边界条件,按一般直线墙背库仑主动土压力计算。

下墙土压力计算较复杂,目前有多种简化的计算方法,下面介绍常用的两种计算方法。

a. 延长墙背法

如图3-38所示,在上墙土压力算出后,延长下墙墙背交于填土表面 C,以 $B'C$ 为假想墙背,根据延长墙背的边界条件,用相应的库仑公式计算土压力,并绘出墙背土压力分布图,从中截取下墙 BB' 部分的应力图作为下墙的土压力。将上下墙两部分的应力图叠加,即为全墙土压力。

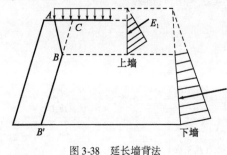

图3-38 延长墙背法

延长墙背法存在着一定的误差。第一,虽然考虑了在延长墙背与实际墙背上土压力方向不同而引起的垂直分力差,但忽略了延长墙背与实际墙背间的土楔及荷载重,两者虽能相互补偿,但未能相抵消。第二,绘制土压力应力图形时,假定上墙破裂面与下墙破裂面平行,但多数情况下两者是不平行的,由此存在计算下墙土压力所引起的误差。由于以上误差一般偏于安全,且计算简便,此法至今仍被广泛采用。

b. 力多边形法

在墙背土体处于极限平衡条件下,作用于破裂棱体上的力系,应构成闭合的力矢量多边形。在算得上墙土压力 E_1 后,就可绘出下墙任一破裂棱体的力多边形。利用力多边形来推求下墙土压力,这种方法叫力多边形法。

现以路堤挡土墙下墙破裂面交于荷载范围内(图3-39)的边界条件为例,介绍力多边形法计算下墙土压力的公式推导过程。

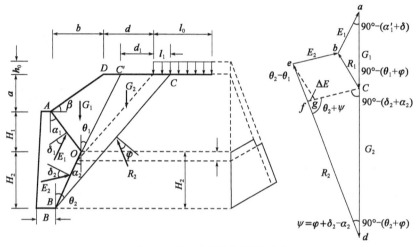

图 3-39 力多边形法求下墙土压力

在极限平衡条件下,破裂棱体 $AOBCD$ 的力多边形为 $abed$,其中 abc 为上墙破裂棱体 $AOC'D$ 的力平衡三角形,$bedc$ 为下墙破裂棱体 $C'OBC$ 的力平衡多边形。图中 $eg//bc$, $cf//be$, $gf = \Delta E$。在 $\triangle cfd$ 中,由正弦定理可得:

$$E_2 + \Delta E = G_2 \frac{\sin(90° - \theta_2 - \varphi)}{\sin(\theta_2 + \psi)}$$

$$E_2 = G_2 \frac{\cos(\theta_2 + \varphi)}{\sin(\theta_2 + \psi)} - \Delta E \tag{3-38}$$

其中:

$$\psi = \varphi + \delta_2 - \alpha_2$$

挡土墙下部破裂棱体重量 G_2 为:

$$G_2 = \gamma \cdot S_{COBC} = \gamma(A_0 \cdot \tan\theta_2 - B_0)$$

式中:

$$A_0 = \frac{1}{2}(H_2 + H_1 + a + 2h_0)(H_2 + H_1 + a)$$

$$B_0 = \frac{1}{2}(H_2 + 2H_1 + 2a + 2h_0)H_2 \cdot \tan\alpha_2 + \frac{1}{2}(a + H_1)^2 \tan\theta_1 + (d + b - H_1\tan\alpha_1)h_0$$

在 $\triangle efg$ 中,有:

$$\Delta E = R_1 \frac{\sin(\theta_2 - \theta_1)}{\sin[180° - (\theta_2 + \psi)]} = R_1 \frac{\sin(\theta_2 - \theta_1)}{\sin(\theta_2 + \psi)} \tag{3-39}$$

在 $\triangle abc$ 中，上墙土压力已求出，则：

$$R_1 = E_1 \frac{\sin[90° - (\alpha_1 + \delta_1)]}{\sin[90° - (\theta_1 + \varphi)]} = E_1 \frac{\cos(\alpha_1 + \delta_1)}{\cos(\theta_1 + \varphi)} \tag{3-40}$$

将 G_2 及 ΔE 代入式(3-38)，得：

$$E_2 = \gamma(A_0 \cdot \tan\theta_2 - B_0)\frac{\cos(\theta_2 + \varphi)}{\sin(\theta_2 + \psi)} - R_1 \frac{\sin(\theta_2 - \theta_1)}{\sin(\theta_2 + \psi)} \tag{3-41}$$

由式(3-41)可知，下墙土压力 E_2 是破 G 裂角 θ_2 的函数。因此，为求得 E_2 最大值，可令 $\frac{dE_2}{d\theta_2} = 0$，得：

$$\tan\theta_2 = -\tan\psi \pm \sqrt{(\tan\psi + \cos\varphi)\left(\tan\psi + \frac{B_0}{A_0}\right) - \frac{R_i \sin(\psi + \theta_1)}{A_0 \gamma \sin\varphi \cos\psi}} \tag{3-42}$$

把求得的破裂角 θ_2 代入式(3-41)，即可求得下墙土压力 E_2。

在作用于下墙的土压力图形(图 3-39)中，可近似假定 $\theta_1 \approx \theta_2$，即：

$$\frac{h_1}{H_2} = \frac{d_1}{l_1 + d_1}$$

则：

$$h_1 = \frac{d_1}{l_1 + d_1}H_2 = \frac{d + b - H_1\tan\alpha_1 - (H_1 + a)\tan\theta_1}{(H_2 + H_1 + a)\tan\theta_2 - H_2\tan\alpha_2 - (H_1 + a)\tan\theta_1}H_2$$

土压力作用点为：

$$\left.\begin{array}{l} Z_{2x} = \dfrac{H_2^3 + 3H_2^2(H_1 + a + h_0) - 3h_0 h_1(2H_1 - h_1)}{3[H_2^2 + 2H_2(H_1 + a) + 2h_0(H_2 - h_1)]} \\ Z_{2y} = B + Z_{2x}\tan\alpha_2 \end{array}\right\} \tag{3-43}$$

其他边界条件下折线形墙背下墙土压力的力多边形计算公式，可参考《公路路基设计手册》。

(3) 车辆荷载的换算及计算参数

①车辆荷载的换算

a. 墙高近似计算的方法

车辆荷载作用在挡土墙墙背填土上所引起的附加土体侧压力，可按下式换算成等代均布土层厚度计算：

$$h_0 = \frac{q}{\gamma} \tag{3-44a}$$

式中：γ——墙背填料的重度，kN/m^3；

q——车辆荷载附加荷载强度，墙高小于 2m，取 $20kN/m^2$；墙高大于 10m，取 $10kN/m^2$；墙高在 2~10m 之内时，附加荷载强度用直线内插法计算。

作用于墙顶或墙后填土上的人群荷载强度规定为 $3kN/m^2$；作用于挡墙栏杆顶的水平推力

采用0.75kN/m;作用于栏杆扶手上的竖向力采用1kN/m。

b. 车辆荷载换算方法

作用于墙后破裂棱体上的车辆荷载,在土体中产生附加的竖向应力,从而产生附加的侧向压力。考虑到这种影响,可将车辆荷载近似地按均布荷载考虑,换算成重度与墙后填料相同的均布土层,其换算厚度 h_0 为:

$$h_0 = \frac{\sum Q}{\gamma B_0 L} \tag{3-44b}$$

式中:γ——墙后填料的重度,kN/m³;

$\sum Q$——布置在 $B_0 \times L$ 面积内的车轮总重,kN;横向布置:当为路肩墙时,车轮后轮外缘靠墙顶内缘布置;若为路堤墙,车辆后轮中心距路基边缘0.5m;当多车道加载时,应按规定折减;

B_0——破裂棱体的宽度,m,对于路提墙,为破裂棱体范围内的路基宽;

L——挡土墙的计算长度,m,可按式(3-45)计算,如图3-40所示。

$$L = L_0 + (H + 2a)\tan 30° \tag{3-45}$$

式中:L_0——标准汽车前后轴距加一个轮胎的着地长度,取13m;

H——挡土墙高度,m;

a——挡土墙顶面以上的填土高度,m。

当挡土墙分段长度小于13m时,L 取分段长度,并在该长度内按不利情况布置轮重。

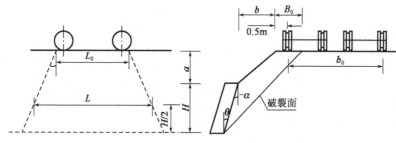

图3-40 车辆荷载换算

②计算参数

a. 墙后填料的内摩擦角及重度

设计挡土墙时,应按实际情况由试验并考虑一定的安全度后确定墙后填料的内摩擦角及重度,无条件时可参考表3-23选用。

填料的内摩擦角或综合内摩擦角及重度参考值　　　　表3-23

填料种类		综合内摩擦角 φ(°)	计算内摩擦角 φ(°)	重度 γ(kN/m³)
黏性土	墙高 $H \leq 6$m	35~40	—	17~18
	墙高 $H > 6$m	30~35	—	
碎石、不易风化的块石		—	45~50	18~19
大卵石、碎石类土、不易风化的岩石碎块		—	40~45	18~19
小卵石、砾石、粗砂、石屑		—	35~40	18~19
中砂、细砂、砂质土		—	30~35	17~18

注:填料重度可根据实测资料作适当修正,计算水位以下的填料重度采用浮重度。

b. 墙背摩擦角

墙背摩擦角的大小与墙背的粗糙程度(越粗糙越大)、墙后填料的内摩擦角和墙后排水条件(排水条件越好越大)等有关,设计时可按表3-24选用。

墙背摩擦角参考值　　　　　　　　　表3-24

挡土墙墙背性质	墙后排水情况	墙背摩擦角 $\delta(°)$
墙背光滑	不良	$(0 \sim 1/3)\varphi$
片、块石砌体,粗糙	良好	$(1/3 \sim 1/2)\varphi$
干砌片、块石,很粗糙	良好	$(1/2 \sim 2/3)\varphi$
第二破裂面,无滑动	良好	φ

3.5.3　重力式挡土墙的设计

(1)重力式挡土墙的构造

常用的重力式挡土墙,一般由墙身、基础、排水设施和伸缩缝等几部分构成。

①墙身

a.墙身断面形式及其特点

根据墙背的倾斜方向,墙身断面形式可分为仰斜、垂直、俯斜、凸形折线式和衡重式几种,如图3-41所示。

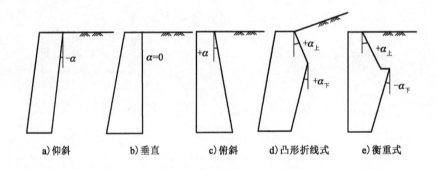

图3-41　重力式挡土墙的断面形式

在其他条件相同时,仰斜墙背所承受的土压力比俯斜墙背小,故其墙身断面亦较俯斜墙背经济。同时,由于仰斜墙背的倾斜方向与开挖面边坡方向一致,故开挖量和回填量均比俯斜墙背小。然而,由于仰斜式挡土墙的基础外移,当墙趾处地面横坡较陡时,会使墙身增高,断面增大。因此,仰斜式挡土墙适用于作路堑墙及墙趾处地面平坦的路堤墙或路肩墙。

俯斜墙背所承受的土压力较大,在地面横坡陡峻时,俯斜式挡土墙可用陡直的墙面,以减少墙高。俯斜墙背亦可做成台阶形,以增加墙背与填料间的摩阻力。

垂直墙背的特点介于仰斜和俯斜墙背之间。

若将仰斜式挡土墙的上部墙背改为俯斜,即构成凸形折线式。与仰斜式比较,其上部尺寸有所减少,故断面亦较节省。多用于路堑墙,也可用于路肩墙。

若在凸形折线式的上下墙之间增设一平台,并采用陡直墙面,即为衡重式断面。在其他条件相同时,衡重式的断面积比俯斜式小而比仰斜式大,但其基底应力较大,故对地基承载力要求相对较高。

b. 墙身断面尺寸

墙背坡度:俯斜式墙背坡度一般为 $1:0.15 \sim 1:0.4(\alpha = +8°32' \sim +21°48')$。仰斜式不宜缓于 $1:0.3(\alpha \leqslant -16°42')$,以免施工困难。衡重式上墙背为 $1:0.25 \sim 1:0.45(\alpha_{上} = +14°02' \sim +24°14')$,下墙背在 $1:0.25(\alpha_{下} = -14°02')$ 左右,上下墙高比一般采用 $2:3$。

墙面:墙面一般为平面,其坡度除应与墙背坡度相协调外,还应密切结合墙趾处的地面横坡合理选择。地面横坡较陡时,为减少墙高,宜采用垂直墙面或仰斜 $1:0.05 \sim 1:0.20$,地面横坡较缓时,可放得更缓些,但不宜缓于 $1:0.4$,以免过分增加墙高。

墙顶:墙顶最小宽度,当墙身为混凝土浇筑时不应小于 $0.4m$,浆砌挡土墙不宜小于 $0.5m$,干砌不宜小于 $0.6m$。浆砌路肩墙墙顶一般宜采用粗料石或低强度等级混凝土做成顶帽,顶帽厚约 $0.4m$。如不做顶帽或为路堑墙或路堤墙,墙顶应以较大块石砌筑,并用砂浆勾缝,或用 M5 砂浆抹平顶面,砂浆厚约 $2cm$。干砌挡土墙墙顶 $0.5m$ 高度内,用 M5 砂浆砌筑,以增加墙身稳定性。

护栏:为保证交通安全,在地形险峻地段,或过高过长的路肩墙,需在墙顶设置护栏。为保持路肩宽度,护栏内侧边缘距路面边缘的距离,高速公路、一级公路(干线功能)不小于 $0.75m$,一级公路(集散功能)和二级公路不小于 $0.5m$,三、四级公路不小于 $0.5m$。

②基础

在实际工程中,挡土墙的破坏在多数情况下都是由于地基不良和基础处理不当引起的。因此,基础设计是挡土墙设计的重要内容,必须予以充分重视。

a. 基础形式

大多数挡土墙直接砌筑在天然地基上(图 3-42)。当地基承载力不足且墙趾处地形平坦时,为减小基底应力和增加抗倾覆稳定性,常采用扩大基础[图 3-42a)、b)];当地面陡峻而地基为完整坚实的岩石时,为节省圬工和基础开挖数量,可采用台阶基础[图 3-42c)];如局部地基软弱,挖基困难或需跨越沟涧时,可采用拱形基础[图 3-42d)]跨过。

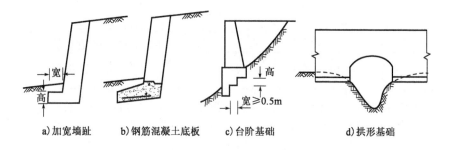

图 3-42 挡土墙的基础形式

扩大基础是将墙趾或墙踵部分加宽成台阶,也可同时将两侧加宽,以增大承压面积,减小基底应力。台阶的宽度视基底应力需要减小的程度和加宽后的合力偏心距大小而定,一般不宜小于 $0.2m$。台阶高度按加宽部分的抗剪、抗弯和基础材料的扩散角(刚性角)要求确定。高宽比可采用 $3:2$ 或 $2:1$。

当基底应力超出地基容许承载力过多时,基底需加宽的数值较大,台阶高度亦随之增加。为减少台阶高度,基础可改为钢筋混凝土底板。底板高度根据剪应力和主拉应力的要求确定。

台阶基础,每一台阶的宽度需要根据地形和地质条件而定,高宽比不宜大于2:1。最下一个台阶的底宽应满足偏心距的有关规定,一般不宜小于1.5~2.0m。其余台阶的宽度不宜小于0.5m,高度一般约为1.0m。

b. 基础埋置深度

为保证挡土墙的稳定性,必须根据下列要求,将基础埋入地面以下适当深度:

应保证基底土层的容许承载力大于基底可能出现的最大应力。不同深度的土层具有不同的承载力。基底应力分布因基础埋置深度不同而有所差异,埋入土中的基础,基底应力分布比置于地面的均匀。所以,将基础置于具有足够承载力的土层上,以避免地基产生剪切破坏,保证基础稳定;应保证基础不受冲刷。在墙前地基受水冲刷地段,如未采取专门的防冲刷措施,应将基础埋到冲刷线以下,以免基底和墙趾前的土层被水淘蚀;在季节性冰冻地区,应将基础埋置到冰冻线以下,以防止地基因冻融而破坏。

对于上述要求,公路工程的一般规定是:

a. 设置在土质地基上的挡土墙,基底埋置深度一般应在天然地面以下至少1.0m;受水冲刷时应在冲刷线以下至少1.0m;受冻胀影响时,冻结深度小于或等于1.0m时,基底应在冻结线以下不少于0.25m,且最小埋深不小于1.0m,当冻深超过1.0m时,基础最小埋置深度不应小于1.25m,但基底应夯填一定厚度的砂砾或碎石垫层,垫层底面亦应位于冻结线以下不少于0.25m,防止冻害。路堑挡土墙基底在路肩以下不应小于1.0m,并低于边沟砌体底面不小于0.2m。

b. 设置在石质地基上的挡土墙,应清除表面风化层,当风化层厚,难于全部清除时,可根据地基风化程度及其容许承载力,将基底埋入风化层中。基础嵌入岩层的深度,可参照表3-25确定。墙趾前地面横坡较陡时,基底埋深必须满足墙趾前的安全襟边宽度L,以防止地基剪切破坏。

挡土墙基础嵌入岩石地基深度襟边宽度　　　　　表3-25

岩层种类	基础埋深h(m)	襟边宽度L(m)	示意图
硬质岩石	0.6	1.50	
软质岩石	1.0	2.0	
土层	≥1.0	2.50	

当挡土墙位于地质不良地段,地基内可能出现滑动面时,应进行地基抗滑稳定性验算,将基底埋置在滑动面以下,或采取其他措施,防止挡土墙滑动。

③排水设施

挡土墙设计一般都以天然地基容许承载力和自然状态下的墙背土体的土压力为依据。如排水不良,地基和墙背土体将由于水分增加而改变原来的状态,导致地基承载力降低和土压力增加。同时,土体内水分过多时,将产生静水压力;在冰冻地区,还将产生冻胀压力;对黏性土,水分增加时将产生膨胀压力。显然,当附加的压力过大以致超出设计计算土压力,或地基承载力过分降低以致低于基底应力时,挡土墙的稳定性和强度难以保证。因此,设置有效排水设施对保证挡土墙稳定性和强度具有重要的意义。

挡土墙常用的排水设施可分为地面排水和墙身排水两部分。

地面排水主要是防止地表水渗入墙背土体或地基。主要措施包括：在墙后地面设置排水沟、夯实地表松土，必要时采取封闭处理；对路堑挡土墙墙趾前的边沟予以铺砌加固等。

墙身排水主要是为了迅速排除墙后土体内积水。其方法是在浆砌挡土墙墙身的适当高度处设置一排或数排泄水孔（图3-43），泄水孔尺寸一般为 5cm×10cm，10cm×10cm，15cm×20cm 矩形孔，或直径为 5~10cm 的圆形孔。泄水孔间距一般为 2~3m，干旱地区可适当增大，渗水量大时可适当加密。上下排泄水孔交错布置。为保证顺利泄水和避免墙外水流倒灌，泄水孔应向外侧倾斜，最下一排泄水孔出口应高出地面或边沟、排水沟及积水地区的常水位 0.3m。为防止水分渗入地基，最下一排的底部需铺设 30cm 厚的黏土隔水层。泄水孔的进水口附近应设置粗粒料反滤层，以免孔道阻塞。当墙后填土透水性差或可能发生冻胀时，应在最低一排泄水孔至墙顶以下 0.5m 高度范围内铺设砂卵石排水层[图3-43c)]。

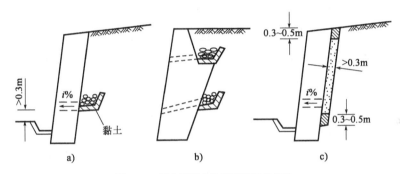

图3-43 挡土墙排水孔及反滤层的构造

④沉降缝与伸缩缝

为防止墙身因地基不均匀沉降而引起断裂，需根据地基地质条件和墙高、墙身断面变化情况，设置沉降缝。为防止墙身因圬工砌体硬化收缩，或温度变化所产生的温度应力引起开裂，需设置伸缩缝。

设计时，一般将沉降缝和伸缩缝合并设置，统称为伸缩缝。沿路线方向每隔 10~15m 设一道，缝宽 2~3cm，缝内可用胶泥填塞，但在渗水量大、填料容易流失或冻害严重地区，宜用沥青麻筋或涂以沥青的木板等具有弹性的材料，沿内、外、顶三方填塞，填深不宜小于 15cm。当墙背为填石且冻害不严重时可不填缝。

干砌挡土墙，缝的两侧应选用平整石料砌筑，使之成垂直通缝。

(2) 挡土墙的布置

挡土墙的布置，通常在路基横断面图和墙趾纵断面上进行。布置前，应实地核对路基横断面（不足时应补测），测绘墙趾处的纵断面图，收集墙趾处的地质和水文等资料。

①挡土墙的位置

路堑墙，大多设在边沟旁。山坡挡土墙，应考虑设在基础可靠处。墙的高度，应保证在设置墙后墙顶以上边坡的稳定。

若路堤墙与路肩墙的墙高或截面圬工数量相近、基础情况相仿时，作路肩挡土墙较为有利。采用路肩挡土墙、路堤挡土墙或砌石路基，应结合具体条件考虑，必要时应作技术经济比较后确定。

当墙身位于弧形地段时，受力情况与平行路基的直线挡土墙不同，受力后沿墙延长切线方向产生张力，容易出现竖向裂缝，宜缩短伸缩缝间距或采取其他措施。

沿河挡土墙要结合河流的水文、地质情况及河道工程来布置，注意设墙后仍保持水流顺畅，不致挤压河道，引起局部冲刷。

②纵向布置

挡土墙的纵向布置，在墙趾纵断面图上进行，并绘成挡土墙正面图(图3-44)，布置的内容为：

a. 确定挡土墙的起讫点或墙长，选择挡土墙与路基或其他结构物的连接方式。路肩式挡土墙若不能嵌入挖方，而是与路堤相连接，则应在衔接处做好锥坡。

b. 按地基及地形情况进行分段，确定沉降缝及伸缩缝的位置。

c. 布置各段挡土墙的基础。墙趾处地面有纵坡时，挡土墙的基底宜做成不大于5%的纵坡。但地基为岩石时，为减少开挖，可在纵向做成台阶，台阶的尺寸随地形变动，但其高宽比不宜大于1:2。

d. 确定泄水孔的位置，包括数量、间距和尺寸等。

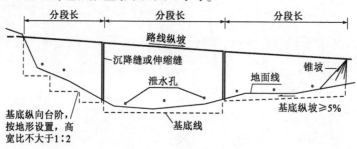

图3-44 挡土墙正面图

在纵向布置图上应注明各特征断面的桩号、墙顶、基础顶面、基底、冲刷线、冰冻线、常水位或设计洪水位的高程等。

③绘制横断面图

绘制起讫点、墙高最大处、墙身断面和基础形式变异处以及其他必需桩号的挡土墙横断面图。图上按计算结果绘制墙身断面，确定基础形式和埋置深度，布置排水设备，指定墙背填料的类别等。

④平面布置

个别复杂的挡土墙，例如高、长的沿河曲线挡土墙或需要在图纸上研究挡土墙平面位置的复杂挡土墙，除了横纵向布置外，还应作平面布置。

绘制平面图，图中标示挡土墙与路线的平面位置、地貌和地物(特别是与挡土墙有干扰的建筑物)等情况。沿河挡土墙还应绘出河道及水流方向，其他防护、加固工程等。

上述布置图组成了挡土墙设计图的主要部分。此外，在设计图上还应说明：

a. 采用标准图的编号；

b. 选用挡土墙设计参数的依据；

c. 所需的工程材料数量；

d. 其他有关材料及施工的要求和注意事项等。

(3) 重力式挡土墙的结构设计与验算

挡土墙的设计计算应采用以极限状态设计的分项系数法为主的设计方法。极限状态分项系数法中的设计极限状态分为构件承载能力极限状态和正常使用极限状态。

这种方法不再采用均质弹性体的假定，而是承认结构在临近破坏时处于弹塑性工作阶段，以结构物在各种荷载组合情况下均不得达到其极限状态为前提,同时具有足够的安全储备。

挡土墙构件承载能力极限状态设计可采用下列表达式:

$$\gamma_0 S \leqslant R(\cdot)$$

$$R(\cdot) = R\left(\frac{R_k}{\gamma_f}, \alpha_d\right)$$

式中:γ_0——结构重要性系数,取值方法如下:当墙高不大于5m时,高速公路、一级公路结构重要性系数取1.0;二级及二级以下公路结构重要性系数取0.95;当墙高大于5m时,高速公路、一级公路结构重要性系数取1.05;二级及二级以下公路结构重要性系数取1.0;

S——作用(或荷载)效应的组合设计值;

$R(\cdot)$——挡土墙的结构抗力函数;

R_k——抗力材料的强度标准值;

γ_f——结构材料、岩土性能的分项系数;

α_d——结构或结构构件几何参数的设计值,当无可靠数据时,可采用几何参数标准值。

①施加于挡土墙上的作用及其组合

施加于挡土墙上的作用及其组合见表3-26、表3-27。

施加于挡土墙上的作用(或荷载) 表3-26

作用(或荷载)分类		作用(或荷载)名称
永久作用(或荷载)		挡土墙结构重力
		填土(包括基础襟边以上土)重力
		填土侧压力
		墙顶以上的有效永久荷载
		墙顶与第二破裂面之间的有效荷载
		计算水位的浮力及静水压力
		预加力
		混凝土收缩与徐变
		基础变位影响力
可变作用(或荷载)	基本可变作用(或荷载)	车辆荷载引起的土侧压力
		人群荷载、人群荷载引起的土侧压力
	其他可变作用(或荷载)	水位退落时的动水压力
		流水压力
		波浪压力
		冻胀压力和冰压力
		温度影响力
	施工荷载	与挡土墙施工有关的临时荷载
偶然作用(或荷载)		地震作用力
		滑坡、泥石流作用力
		作用于墙顶护栏上的车辆撞击力

常用作用(或荷载)组合   表3-27

组合	作用(或荷载)名称
Ⅰ	挡土墙结构重力、墙顶以上的有效永久荷载、填土(包括基础襟边以上土)重力、填土侧压力及其他永久荷载组合
Ⅱ	组合Ⅰ与基本可变作用(或荷载)组合
Ⅲ	组合Ⅱ与其他可变作用(或荷载)、偶然作用(或荷载)组合

注:1. 洪水与地震力不同时考虑。
　　2. 冻胀力、冰压力与流水压力或波浪压力不同时考虑。
　　3. 车辆荷载与地震力不同时考虑。

②挡土墙的破坏形式

重力式挡土墙的破坏形式:

a. 由于基础滑动而造成的破坏;

b. 由于绕墙趾转动所引起的倾覆;

c. 因基础产生过大或不均匀的沉陷而引起的墙身倾斜;

d. 因墙身材料强度不足而产生的墙身剪切破坏;

e. 沿通过墙踵的某一滑动圆弧的浅层剪切破坏和沿基底下某一深度(如通过软土下卧层底面)的滑弧的深层剪切破坏。

为避免挡土墙发生上述破坏,保证其具有足够的整体稳定性和强度,设计挡土墙时,一般均应验算沿基底的滑动稳定性、绕墙趾转动的倾覆稳定性,基底应力和偏心距,以及墙身断面的强度,如地基有软弱下卧层存在,还需验算沿基底下某一可能滑动面滑动的稳定性。

③挡土墙的验算

a. 抗滑稳定性验算

为保证挡土墙抗滑稳定性,应验算其在土压力及其他外力作用下,基底摩阻力抵抗挡土墙滑移的能力。如图3-45所示,用式(3-46)验算。

$$(0.9G + \gamma_{Q1}E_y)\mu + 0.9G\tan\alpha_0 \geq \gamma_{Q1}E_x \quad (3-46)$$

式中:G——挡土墙自重,kN;

E_x、E_y——墙背主动土压力的水平与垂直分力,kN;

α_0——基底倾斜角,°;

μ——基底摩擦系数,可通过现场试验确定,无试验资料时,可参考表3-28的经验数据;

γ_{Q1}——主动土压力分项系数,当组合为Ⅰ、Ⅱ时,$\gamma_{Q1}=1.4$;当组合为Ⅲ时,$\gamma_{Q1}=1.3$。

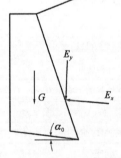

图3-45　挡土墙的抗滑动稳定性

基底摩擦系数μ的参考值   表3-28

地基土分类	μ	地基土分类	μ
软塑黏土	0.25	碎石类土	0.5
硬塑黏土	0.3	软质岩石	0.4~0.6
砂类土、黏砂土、半干硬黏土	0.3~0.4	硬质岩石	0.6~0.7
砂类土	0.4		

b. 抗倾覆稳定性验算

为保证挡土墙抗倾覆稳定性,须验算它抵抗墙身绕墙趾向外转动倾覆的能力,如图 3-46 所示,用式(3-47)验算。

$$0.9GZ_G + \gamma_{Q1}(E_y Z_x - E_x Z_y) > 0 \tag{3-47}$$

式中:Z_G——墙身、基础及其上的土重合力重心到墙趾的水平距离,m;

Z_x——土压力垂直分力作用点到墙趾的水平距离,m;

Z_y——土压力水平分力作用点到墙趾的水平距离,m。

在验算挡土墙的稳定性时,一般均未计墙前土层对墙面所产生的被动土压力。验算结果如不满足以上要求,则表明抗滑稳定性或抗倾覆稳定性不够,应改变墙身断面尺寸重新计算。

c. 基底应力及合力偏心距验算

为了保证挡土墙基底应力不超过地基承载力,应进行基底应力验算;同时,为了避免挡土墙不均匀沉陷,应控制作用于挡土墙基底的合力偏心距,如图 3-47 所示。

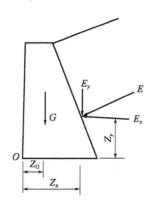

图 3-46 挡土墙的抗倾覆稳定性

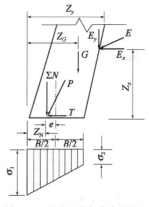

图 3-47 基底应力与合力偏心矩

a) 基础底面的压应力

轴心荷载作用时:

$$p = \frac{\sum N}{A} \tag{3-48}$$

式中:p——基底平均压应力,kPa;

A——基础底面每延米的面积,即基础宽度,$B \times 1.0$,m²;

$\sum N$——每延米作用于基底的总竖向力设计值,kN。

$$\sum N = G\gamma_G + \gamma_{Q1} E_y$$

其中:E_y——墙背主动土压力(含附加荷载引起)的垂直分力,kN。

偏心荷载作用时,作用于基底的合力偏心距 e 为:

$$e = \frac{B}{2} - Z_N \tag{3-49}$$

式中:$Z_N = \dfrac{\sum M_y - \sum M_0}{\sum N} = \dfrac{GZ_G + E_y Z_y - E_x Z_x}{G + E_y}$。

当 $|e| \leq \dfrac{B}{6}$ 时

$$\left.\begin{aligned}\dfrac{\sigma_1}{\sigma_2} &= \dfrac{\sum N}{A} \pm \dfrac{\sum M}{W} = \dfrac{\sum N}{A}\left(1 \pm \dfrac{6e}{B}\right) \\ p_{\max} &= \dfrac{\sum N}{A}\left(1 + \dfrac{6e}{B}\right) \\ p_{\min} &= \dfrac{\sum N}{A}\left(1 - \dfrac{6e}{B}\right)\end{aligned}\right\} \qquad (3\text{-}50)$$

式中：$p_{\max}$、$p_{\min}$——基底边缘最大、最小压应力设计值，kN；

M——作用于基底形心的弯矩设计值，按表 3-29 采用，kN·m；

B——基础宽度，m；

W——基底截面的抵抗矩，$W = B^2/6$。

基底弯矩值计算表　　　　　　　　　　表 3-29

荷载组合	作用于基底形心的弯矩设计值
Ⅰ	$M = 1.4 M_E + 1.2 M_G$
Ⅱ	$M = 1.4 M_{E1} + 1.2 M_G$
Ⅲ	$M = 1.3 M_E + 1.2 M_G + 1.05 M_W + 1.1 M_f + 1.2 M_P$

注：M_E-由填土恒载土压力所引起的弯矩；M_G-由墙身及基础自重和基础上的土重引起的弯矩；M_{E1}-由填土及汽车活载引起的弯矩；M_W-由静水压力引起的弯矩；M_P-由地震土压力引起的弯矩；M_f-由浮力引起的弯矩。

对岩石地基，当 $|e| > \dfrac{B}{6}$ 时，基础一侧产生拉应力，而地基不能承受拉力，因此应力重新分布如图 3-48 所示。

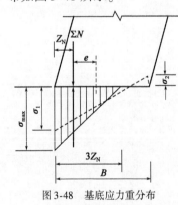

图 3-48　基底应力重分布

$$\sum N = \dfrac{1}{2}\sigma_{\max} \times 3Z_N$$

即：

$$\left.\begin{aligned} p_{\max} &= \sigma_{\max} = \dfrac{2\sum N}{3 Z_N} \\ p_{\min} &= 0 \end{aligned}\right\} \qquad (3\text{-}51)$$

式中：$\sum N = G\gamma_G + \gamma_{Q1} E_y$

$Z_N = \dfrac{B}{2} - e \qquad \left(e \leq \dfrac{B}{2}\right)$

b) 基底合力偏心距

基底合力偏心距应满足表 3-30 的要求。

基底合力偏心距　　　　　　　　　　表 3-30

地基条件	合力偏心距	地基条件	合力偏心距
非岩石地基	$e_0 \leq B/6$	软土、松砂、一般黏土	$e_0 \leq B/6$
较差的岩石地基	$e_0 \leq B/5$	紧密细砂、黏土	$e_0 \leq B/5$
紧密的岩石地基	$e_0 \leq B/4$	中密碎、砾石、中砂	$e_0 \leq B/4$

c) 地基承载力抗力值

地基应力的设计值应满足地基承载力的抗力值要求,即满足式(3-52)、式(3-53)的要求。
当轴向荷载作用时:
$$P \leqslant f \tag{3-52}$$
式中:P——同式(3-50);
f——地基承载力抗力值,kPa。
当偏心荷载作用时:
$$P \leqslant 1.2f \tag{3-53}$$

地基承载力抗力值的规定:当挡土墙的基础宽度大于3m,或埋置深度大于0.5m时,除岩石地基外,地基承载力抗力值按下式计算:

$$f = f_k + k_1 \gamma_1 (b-3) + k_2 \gamma_2 (h-0.5) \tag{3-54}$$

式中:f——地基承载力抗力值,kPa;
f_k——地基承载力标准值,kPa;
k_1、k_2——承载力修正系数,见表3-31;
γ_1——基底下持力层上土的天然重度,kN/m³,如在水面以下且不透水者,应采用浮重度;
γ_2——基础底面以下各土层的加权平均重度,水面以下用有效浮重度,kN/m³;
b——基础底面宽度小于3m时取3m,大于6m时取6m;
h——基础底面的埋置深度,m,从天然地面算起;有水流冲刷时,从一般冲刷线算起。

承载力修正系数　　　　　　　　　　　表3-31

土 的 类 别		k_1	k_2
淤泥和淤泥质土	$f_k < 50\text{kPa}$	0	1.0
	$f_k \geqslant 50\text{kPa}$	0	1.0
人工填土 e 或 $I_L \geqslant 0.85$		0	1.1
红黏土	含水比 >0.8	0	1.2
	含水比 ≤0.8	0.15	1.4
e 或 I_L 均小于0.85的黏质土		0.3	1.6
粉砂、细砂(不包括很湿与饱和时的稍密状态)		2.0	3.0
中砂、粗砂、砾砂和碎石土		3.0	4.4

注:1. 强风化岩石,可参照相应土的承载力取值。
2. I_L 为含水比。
3. e 为空隙比。

当不满足式(3-54)的计算条件或计算出的结果 $f < 1.1f_k$ 时,可按 $f = 1.1f_k$ 直接确定地基承载力抗力值。

f 值可以根据不同荷载组合予以提高,提高系数 K 按表3-32取值。

提高系数 K　　　　　　　　　　　表3-32

荷 载 组 合	提高系数 K	荷 载 组 合	提高系数 K
主要组合	1.0	偶然组合	1.5
附加组合	1.3		

当偏心距 e 小于或等于0.333倍基础底面宽度时,可根据土的抗剪强度指标确定地基承载力抗力值。

d. 墙身截面强度验算

为了保证墙身具有足够的强度,应根据挡土墙横断面情况选择 1~2 个控制断面进行验算,如墙身底部、1/2 墙高处、上下墙(凸形及衡重式墙)交界处等(图 3-49)。

根据《公路圬工桥涵设计规范》(JTG D61—2005)的规定,当构件采用分项安全系数的极限状态设计时,荷载效应不利组合的设计值,应小于或等于结构抗力效应的设计值。

强度计算,见图 3-50。

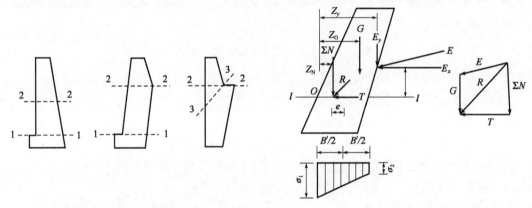

图 3-49 验算断面的选择　　　图 3-50 墙身截面法向应力验算

$$N_j \leqslant \frac{\alpha_k A R_k}{\gamma_k} \tag{3-55}$$

按每延米墙长计算:

$$N_j = \gamma_0 (\gamma_G N_G + \gamma_{Q1} N_{Q1} + \sum \gamma_{Qi} \psi_{Ci} N_{Qi}) \tag{3-56}$$

以上式中:N_j——设计轴向力,kN;

γ_0——重要性系数;

ψ_{Ci}——荷载组合系数,见表 3-33;

N_G——恒载(自重及襟边以上土重)引起的轴向力,kN;

N_{Q1}——主动土压力引起的轴向力,kN;

$N_{Qi}(i=2~6)$——被动土压力、水浮力、静水压力、动水压力、地震力引起的轴向力,kN;

γ_k——抗力分项系数,按表 3-34 选用;

R_k——材料极限抗压强度,kPa;

A——挡土墙构件的计算截面积,m²;

α_k——轴向力偏心影响系数。

$$\alpha_k = \frac{1 - 256\left(\frac{e_0}{B}\right)^8}{1 + 12\left(\frac{e_0}{B}\right)^2}$$

挡土墙墙身或基础为纯圬工截面时,其偏心距应小于表 3-35 的要求。

荷载的综合效应组合系数 表3-33

荷载组合	ψ_{Ci}	荷载组合	ψ_{Ci}
Ⅰ、Ⅱ	1.0	施工荷载	0.7
Ⅲ	0.8		

抗力分项系数 表3-34

圬工种类	受力情况	
	受压	受弯、剪、拉
石料	1.85	2.31
片石砌体、片石混凝土砌体	2.31	2.31
块石砌体、粗料石砌体、混凝土预制块砌体	1.92	2.31
混凝土	1.54	2.31

圬工挡土墙截面上轴向力合力偏心距的限值 表3-35

荷载组合	容许偏心距	荷载组合	容许偏心距
Ⅰ、Ⅱ	$0.25B$	施工荷载	$0.33B$
Ⅲ	$0.30B$		

稳定计算:

$$N_j \leqslant \frac{\psi_k \alpha_k A R_k}{\gamma_k} \qquad (3-57)$$

式中:ψ_k——弯曲平面内的纵向翘曲系数,按下式计算:

$$\psi_k = \frac{1}{1 + \alpha_s \beta_s (\beta_s - 3) [1 + 16(e_0/B)]}$$

β_s——$2H/B$,H 为墙有效高度(视下端固定,上端自由),m;

B——墙的宽度,m;

α_s——系数,查表3-36。

α_s 值 表3-36

砌体砂浆强度等级	α_s	砌体砂浆强度等级	α_s
≥M5	0.002	M1	0.004
M2.5	0.0025	混凝土	0.002

④增加挡土墙稳定性的措施

增加抗滑稳定性的方法包括采用倾斜基底、采用凸榫基础和采用人工基础。

a.采用倾斜基底(图3-51)

采用向内倾斜的基底,可以增加抗滑力和减小滑动力,从而增加抗滑稳定性,这是增加挡土墙抗滑稳定性的常用方法。采用倾斜基底时,基底倾角 α_0 越大,对抗滑稳定性越有利,但应考虑挡土墙连同地基土体一起滑动的可能性,因此对地基倾斜度应加以控制。对土质地基,不陡于 1:5($\alpha_0 \leqslant 11°19'$);对岩石地基,不陡于 1:3($\alpha_0 \leqslant 16°42'$)。

此外,在验算沿基底的抗滑稳定性的同时,还应验算通过墙踵的地基水平面(图3-51中的

I—I 水平面)的滑动稳定性。

b. 采用凸榫基础(图 3-52)

在挡土墙底部设置凸榫的作用是利用榫前被动土压力,增加其抗滑力,从而增加挡土墙的抗滑稳定性。

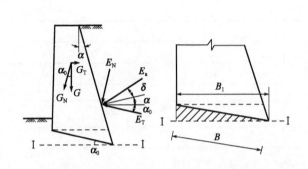

图 3-51 采用倾斜基底增加挡土墙抗滑稳定性

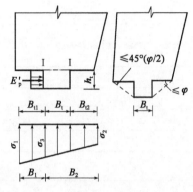

图 3-52 凸榫基础

为了增加榫前被动阻力,应使榫前土楔不超过墙趾。同时,为防止因设凸榫而增加墙背的主动土压力,应使凸榫后缘与墙踵的连线与水平线的夹角不超过土体内摩阻角 φ。因此应将整个凸榫置于通过墙趾并与水平线成 $45°-\dfrac{\varphi}{2}$ 角线和通过墙踵并与水平线成 φ 角线所形成的三角形范围内。

榫前的被动土压力,按朗金(Rankine)理论计算:

$$e_p = \gamma h_t \tan^2\left(45°+\dfrac{\varphi}{2}\right) \approx \dfrac{1}{2}(\sigma_1+\sigma_3)\tan^2\left(45°+\dfrac{\varphi}{2}\right) \tag{3-58}$$

实际生产中,考虑到结构安全的需要,e_p 可取上式的 1/3。

则:

$$E'_p = e_p \times h_T \tag{3-59}$$

凸榫的宽度和高度的计算可参考有关文献。

c. 采用人工基础

采用换土的办法,增加墙底与地基之间的摩阻系数,从而加大抗滑力,增加挡土墙的抗滑稳定性。

增加抗倾覆稳定性的方法包括展宽墙趾、改变墙面及墙背坡度、改变墙身断面形式等,其原理为加大稳定力矩和减小倾覆力矩。

a) 展宽墙趾

展宽墙趾的作用是增大抗倾覆力的力臂,从而增加其抗倾覆稳定性,是增加挡土墙抗倾覆稳定性的常用方法。但是,当墙趾前地面较陡时,墙趾加宽过多,将导致墙高和圬工体积显著增加。

b) 改变墙面及墙背坡度

改陡墙背坡度可减小土压力[图 3-53b)],改缓墙面可加大抗倾覆力的力臂[图 3-53a)]。

但是,若墙趾前地面较陡,必须注意对墙高的影响。

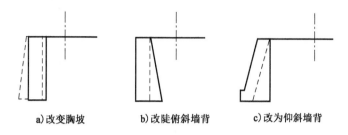

图 3-53　改变胸坡及背坡

c)改变墙身断面形式

不同的墙身断面形式具有不同的稳定性,就抗倾覆而言,衡重式优于仰斜式,仰斜式又优于俯斜式。设计时可根据地基和地面横坡情况选择适当的墙身断面形式,以增加挡土墙的抗倾覆稳定性。

提高地基承载力或减小基底应力的方法包括采用人工基础或采用扩大基础等。

（a）采用人工基础

通过换土或人工加固地基的办法来扩散地基应力提高地基承载力。

（b）采用扩大基础

扩大基础的目的是加大承压面积,以减小基底应力。

3.5.4　重力式挡土墙设计示例

本算例采用极限状态法进行设计。

(1)设计资料

某一级公路设置仰斜重力式路肩挡土墙,如图 3-54、图 3-55 所示。其中,墙高 $H=6.30\text{m}$,墙面和墙背坡度均为 $1:0.25(\alpha=14.04°)$;基底倾斜度 $\tan\alpha_0=1:5(\alpha_0=11.31°)$;墙身和基础用 M5 砂浆砌筑片石 MU50;墙背填料为砂类土,基础持力层为密实砂类土;基础顶面距天然地面 0.8m。有关墙背填料、地基土和砌体物理力学参数见表 3-37。

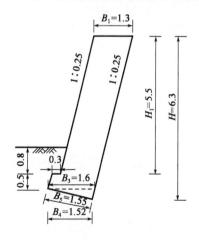

图 3-54　挡土墙截面图(尺寸单位:m)

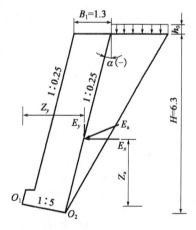

图 3-55　挡土墙自重及力臂计算示意图(尺寸单位:m)

物理力学参数 表3-37

填料	重度 $\gamma(kN/m^3)$	19	M5浆砌片石 MU50	圬工重度 $\gamma(kN/m^3)$	23
	内摩擦角 $\varphi(°)$	35		抗压强度 $f_{cd}(kPa)$	710
	墙背摩擦角 δ	$\varphi/2$		轴心抗拉强度 $f_{td}(kPa)$	48
地基	重度 $\gamma(kN/m^3)$	21		弯曲抗拉强度 $f_{tmd}(kPa)$	72
	容许承载力 $[\sigma](kPa)$	400		直接抗剪强度 $f_{vd}(kPa)$	120
基底摩擦系数		0.4		地基土内摩擦系数	0.8

(2) 土压力计算

按式(3-44a)计算,墙身高度为6.3m的附加荷载强度为 $q=14.63 kN/m^2$,则等代均布土层厚度为:

$$h_0 = \frac{q}{\gamma} = \frac{14.63}{19} = 0.77(m)$$

采用库仑土压力理论计算墙后填土和车辆荷载引起的主动土压力,计算图式如图3-57所示。

由边界条件系数确定图式(图3-56)可得:

破裂棱体断面面积 S 为:

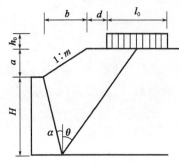

图3-56 边界条件系数确定图式

$$S = \frac{1}{2}(a+H)^2(\tan\theta+\tan\alpha) - \frac{1}{2}(b+a\tan\alpha)\alpha + [(\alpha+H)\tan\theta + H\tan\alpha - b - d]h_0$$

$$= \frac{1}{2}(a+H+2h_0)(a+H)\tan\theta - \frac{1}{2}ab - (b+d)h_0 + \frac{1}{2}(H+2a+2h_0)\tan\alpha$$

令

$$A_0 = \frac{1}{2}(a+H+2h_0)(a+H)$$

$$B_0 = \frac{1}{2}ab + (b+d)h_0 - \frac{1}{2}H(H+2a+2h_0) = \tan\alpha$$

可确定边界条件系数(破裂面交会于荷载中部)为:

$$A_0 = \frac{1}{2}(a+H+2h_0)(a+H) = \frac{1}{2} \times (6.30+2\times0.77)\times 6.30 = 24.77$$

$$B_0 = \frac{1}{2}ab + (b+d)h_0 - \frac{1}{2}H(H+2a+2h_0)\tan\alpha$$

$$= -\frac{1}{2}\times 6.30 \times (6.30+2\times0.77)\times(-0.25) = 6.19$$

其中: $\alpha=0, d=0, b=0$

破裂面倾角为:

$$\tan\theta = -\tan\psi + \sqrt{(\cot\varphi+\tan\psi)(\tan\psi+B_0/A_0)}$$

$$= -\tan 38.46° + \sqrt{(\cot 35°+\tan 38.46°)\times(\tan 38.46°+6.19/24.77)} = 0.7291$$

$$\theta = 36.10°$$

其中:

$$\psi = \varphi+\alpha+\delta = 35°-14.04°+17.5° = 38.46°$$

主动土压力系数为:

$$K = \frac{\cos(\theta+\varphi)}{\sin(\theta+\psi)}(\tan\theta + \tan\alpha) = \frac{\cos(36.10°+35°)}{\sin(36.10°+38.46°)} \times (\tan 36.10° - 0.25) = 0.161$$

作用于墙背的主动土压力为:

$$E_a = \frac{1}{2}\gamma KH(H+2h_0) = \frac{1}{2} \times 19 \times 0.161 \times 6.30 \times (6.30 + 2 \times 0.77) = 75.55(\text{kN})$$

土压力的水平分力和竖向分力分别为:

$$E_x = E_a\cos(\alpha+\delta) = 75.55 \times \cos(-14.04°+17.5°) = 75.41(\text{kN})$$

$$E_y = E_a\sin(\alpha+\delta) = 75.55 \times \sin(-14.04°+17.5°) = 4.56(\text{kN})$$

水平土压力作用点至墙趾的力臂:

$$Z_x = \frac{H(H+3h_0)}{3(H+2h_0)} = \frac{6.30 \times (6.30+3\times 0.77)}{3 \times (6.30+2\times 0.77)} = 2.31(\text{m})$$

竖向土压力作用点至墙趾的力臂:

$$Z_y = B_4 - Z_x\tan\alpha = 1.52 - 2.31 \times (-0.25) = 2.10(\text{m})$$

(3)挡土墙自重及力臂计算

将挡土墙截面划分为三部分,如图 3-57 虚线所示,截面各部分对应的墙体重力及对墙趾(O_1)的力臂:

$G_1 = \gamma_k B_1 H_1 = 23 \times 1.3 \times 5.5 = 164.45(\text{kN})$

$Z_1 = 0.3 + 0.5 \times 0.25 + (5.5 \times 0.25 + 1.3)/2 = 1.76(\text{m})$

$G_2 = 23 \times 1.6 \times 0.5 = 18.4(\text{kN})$

$Z_2 = 0.5 \times 0.25/2 + 1.6/2 = 0.86(\text{m})$

$G_3 = 23 \times 1.6 \times 0.30 \times 1/2 = 5.52(\text{kN})$

$Z_3 = \frac{2}{3} \times (1.6 + 1.52) = 2.08(\text{m})$

墙体总重及对墙趾(O_1)的力臂:

$G = G_1 + G_2 + G_3 = 164.45 + 18.40 + 5.52 = 188.37(\text{kN})$

$Z_G = (G_1Z_1 + G_2Z_2 + G_3Z_3)/G$

$\quad = (164.45 \times 1.76 + 18.4 \times 0.86 + 5.52 \times 2.08)/188.37$

$\quad = 1.68(\text{m})$

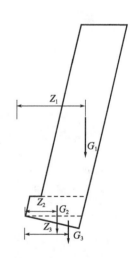

图 3-57 挡土墙自重及重心计算示意图

(4)抗滑稳定验算

①沿基底平面滑动的稳定性验算。

滑动稳定应满足下式要求:

$$[1.1G + \gamma_{Q1}(E_y + E_x\tan\alpha_0)]\mu + (1.1G + \gamma_{Q1}E_y)\tan\alpha_0 - \gamma_{Q1}E_x > 0$$

由于土压力的作用效应增大对挡土墙结构起不利作用,故 $\gamma_{Q1} = 1.4$,则有:

$[1.1 \times 188.37 + 1.4 \times (4.56 + 75.41 \times 0.2)] \times 0.4 +$

$\quad (1.1 \times 188.37 + 1.4 \times 4.56) \times 0.2 - 1.4 \times 75.41 = 32.30(\text{kN}) > 0$

抗滑稳定性满足要求。

②沿墙踵水平面滑动的稳定性验算(图 3-58)计入倾斜基底与水平滑动面之间的土楔的重力 ΔG。

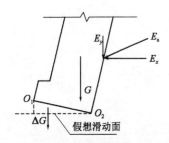

图 3-58 沿墙踵水平滑动的稳定性验算图式

$$\Delta G = \frac{1}{2} \times 1.52 \times 0.30 \times 21 = 4.79(\text{kN})$$

滑动稳定方程：

$$(1.1G + \gamma_{Q1}E_y)\mu_n - \gamma_{Q1}E_x$$
$$= [1.1 \times (188.37 + 4.79) + 1.4 \times 4.56] \times 0.8 - 1.4 \times 75.41 = 69.51(\text{kN}) > 0$$

沿墙踵水平面的抗滑稳定性满足要求。

（5）抗倾覆稳定验算

抗倾覆稳定应满足下式要求：

$$0.8GZ_G + \gamma_{Q1}(E_yZ_y - E_xE_x) > 0$$

即：

$$0.8 \times 188.37 \times 1.68 + 1.4 \times (4.56 \times 2.10 - 75.41 \times 2.31) = 22.70(\text{kN} \cdot \text{m}) > 0$$

抗倾覆稳定性满足要求。

（6）偏心距及地基承载力验算

① 荷载效应标准组合

按表 3-34，取荷载综合效应组合系数 $\psi_{ZL} = 1.0$。作用于基底中心处的力矩组合：

$$M_d = G \times \left(Z_G - \frac{B_4}{2}\right) + E_y\left(Z_y - \frac{B_4}{2}\right) - E_x\left(Z_x + \frac{0.30}{2}\right)$$
$$= 188.37 \times (1.68 - 0.76) + 4.56 \times (2.10 - 0.76) - 75.41 \times (2.31 + 0.15)$$
$$= -6.10(\text{kN} \cdot \text{m})$$

作用于倾斜基底的轴向力组合：

$$N_d = (G + E_y)\cos\alpha_0 + E_x\sin\alpha_0$$
$$= (188.37 + 4.56) \times \cos 11.31° + 75.41 \times \sin 11.31° = 203.97(\text{kN})$$

② 合力偏心距验算

对于倾斜基底，其合力偏心距为：

$$e_0 = \left|\frac{M_d}{N_d}\right| = \left|\frac{-6.10}{203.97}\right| = 0.03(\text{m}) < \frac{B_5}{6} = \frac{1.55}{6} = 0.26(\text{m})$$

合力偏心距满足要求。

③ 基底应力验算

基础埋深（算至墙趾点）为：

$$h_D = 0.8 + 0.5 = 1.30(\text{m}) > 1.0(\text{m})$$

因为 $h_D < 3.0\text{m}$，基础宽度 $B_5 < 2.0\text{m}$，所以不对地基承载力特征值进行修正，即 $f'_a = f_a$。对于荷载组合 II，地基承载力特征值提高系数 $K = 1.0$，因此，$f'_a = f_a = 400\text{kPa}$。基底应力计算图式如图 3-59 所示。

基底应力：

$$\sigma_{\max} = \frac{N_d}{B_5}\left(1 + \frac{6e_0}{B_5}\right) = \frac{203.97}{1.55} \times \left(1 + \frac{6 \times 0.03}{1.55}\right) = 146.88(\text{kPa}) < f'_a = 400(\text{kPa})$$

$$\sigma_{\min} = \frac{N_d}{B_5}\left(1 - \frac{6e_0}{B_5}\right) = \frac{203.97}{1.55} \times \left(1 - \frac{6 \times 0.03}{1.55}\right) = 116.31(\text{kPa}) > 0$$

基底应力满足要求。

(7)墙身截面验算

取基顶截面(即Ⅰ—Ⅰ截面)为验算截面,如图3-60所示。

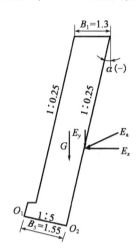
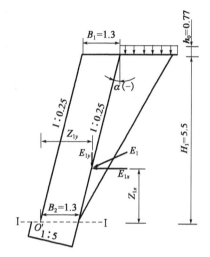

图3-59 挡土墙基底应力验算
图式(尺寸单位:m)

图3-60 基顶截面(Ⅰ—Ⅰ截面)土压力
计算图式(尺寸单位:m)

①土压力计算

由前面的主动土压力计算结果可知:$K = 0.161, h_0 = 0.77(\text{m})$

Ⅰ—Ⅰ截面宽度 $B_s = B_2 = 1.30(\text{m})$,Ⅰ—Ⅰ截面处的计算墙高 $H_1 = 5.5(\text{m})$。

土压力为:

$$E_1 = \frac{1}{2}\gamma K H_1 (H_1 + 2h_0) = \frac{1}{2} \times 19 \times 0.161 \times 5.5 \times (5.5 + 2 \times 0.77) = 59.22(\text{kN})$$

土压力的水平分力和竖向分力分别为:

$$E_{1x} = E_1 \cos(\alpha + \delta) = 59.22 \times \cos(-14.04° + 17.5°) = 59.11(\text{kN})$$
$$E_{1y} = E_1 \sin(\alpha + \delta) = 59.22 \times \sin(-14.04° + 17.5°) = 3.57(\text{kN})$$

水平土压力的作用点至Ⅰ—Ⅰ截面趾点(O_1)的力臂:

$$Z_{1x} = \frac{H_1(H_1 + 3h_0)}{3(H_1 + 2h_0)} = \frac{5.5 \times (5.5 + 3 \times 0.77)}{3 \times (5.5 + 2 \times 0.77)} = 2.03(\text{m})$$

竖向土压力的作用点至Ⅰ—Ⅰ截面趾点(O_1)的力臂:

$$Z_{1y} = B_s - Z_x \times \tan\alpha = 1.30 - 2.03 \times \tan(-14.04°) = 1.81(\text{m})$$

②合力偏心距验算

作用于Ⅰ—Ⅰ截面的轴向力的合力:

$$N_k = G_1 + E_{1y} = 164.45 + 3.57 = 168.02(\text{kN})$$

墙身自重 G_1 对Ⅰ—Ⅰ截面趾点(O_1)的力臂:

$$Z_s = (B_s - H_1 \tan\alpha)/2 = (1.30 + 5.5 \times 0.25)/2 = 1.34(\text{m})$$

作用于Ⅰ—Ⅰ截面形心的总力矩:

$$M_k = G_1(Z_s - 0.3 - B_s/2) + E_{1y}(Z_{1y} - B_s/2) - E_{1x}Z_{1x}$$
$$= 164.45 \times (1.34 - 1.3/2) + 3.57 \times (1.81 - 1.3/2) - 59.11 \times 2.03 = -2.38(\text{kN} \cdot \text{m})$$

截面上的轴向力合力偏心距：
$$e_0' = \left|\frac{M_k}{N_k}\right| = \left|\frac{-2.38}{168.02}\right| = 0.014(\text{m})$$

由表 3-36，可得圬工结构合力偏心距容许限值为：
$$[e_0'] = 0.25B_s = 0.25 \times 1.3 = 0.33(\text{m})$$

因，$e_0' < [e_0']$，故合力偏心距满足要求。

③截面强度验算

挡土墙墙身受压时，截面强度应满足下式要求：
$$\gamma_0 N_d \leq \frac{a_k A R_a}{\gamma_f}$$

由公路等级可知，结构重要系数 $\gamma_0 = 1.05$，由表 3-35 可知，材料抗力分项系数 $\gamma_f = 2.31$。

$$\alpha_k = \frac{1-256\left(\frac{e_0'}{B_s}\right)^8}{1+12\left(\frac{e_0'}{B_s}\right)^2} = \frac{1-256\times\left(\frac{0.014}{1.3}\right)^8}{1+12\times\left(\frac{0.014}{1.3}\right)^2} = 1.0$$

$$A = 1 \times B_s = 1.3(\text{m}^2)$$

则：
$$\frac{a_k A R_a}{\gamma_f} = \frac{1.0 \times 1.3 \times 710}{2.31} = 399.56(\text{kN})$$

作用于 I—I 截面上的轴向力组合设计值为：
$$N_d = \psi_{ZL}(\gamma_G G_1 + \gamma_{Q1} E_y) = 1.0 \times (1.2 \times 164.45 + 1.4 \times 3.57) = 202.34(\text{kN})$$

其中，根据表 3-34，取综合效应组合系数 $\psi_{ZL} = 1.0$，并按表 3-27，取荷载分项系数 $\gamma_G = 1.2$，$\gamma_{Q1} = 1.4$。

因 $\gamma_0 N_d = 1.05 \times 202.34 = 212.46(\text{kN}) < 399.46(\text{kN})$，故截面强度满足要求。

④截面稳定性验算

挡土墙墙身偏心受压时，稳定性应满足下式要求：
$$\gamma_0 N_d \leq \frac{\psi_k a_k R_a}{\gamma_f}$$

$$B_s = 2H_1/B_s = 2 \times 5.5/1.3 = 8.46$$

$$\psi_k = \frac{1}{1+a_s\beta_s(\beta_s-3)\left[1+16\left(\frac{e_0'}{B_s}\right)^2\right]}$$

$$= \frac{1}{1+0.002\times 8.46\times(8.46-3)\times\left[1+16\times\left(\frac{0.014}{1.3}\right)^2\right]} = 0.92$$

其中，由表 3-37 查得，$a_s = 0.002$。

则：
$$\frac{\psi_k a_k A R_a}{\gamma_f} = \frac{0.92 \times 1.0 \times 1.3 \times 710}{2.31} = 367.60(\text{kN})$$

因：

$$\gamma_0 N_d = 1.05 \times 202.34 = 212.46(\text{kN}) < 367.60(\text{kN})$$

故截面稳定性满足要求。

3.5.5 浸水及地震地区挡土墙设计

(1)浸水地区挡土墙设计

设置于河滩路堤、沿河路基等处的挡土墙,由于受到经常性或季节性浸水的影响,故称为浸水挡土墙。设计时应考虑水对挡土墙的影响:土压力因填料受浮力影响而降低;除作用于一般挡土墙的力系外,尚有动水压力及静水压力的作用。

由于上述两因素的影响,挡土墙的抗滑动与抗倾覆稳定性降低。

①浸水挡土墙的土压力计算

由于墙后填料浸水部分的土压力因浮力的作用而减小,因此,作用于整个墙背的总土压力E_b亦将相应降低。

a. 填料为砂性土。

计算时考虑如下因素(假设):浸水前后内摩阻角不变;破裂面为一平面,由于浸水后破裂面位置的变动对计算土压力的影响不大,因而不考虑浸水的影响;浸水部分填料重度采用浮重度。

在此情况下,浸水挡土墙墙背土压力E_b可采用不浸水时的土压力E_a扣除计算水位以下因浮力影响而减小的土压力ΔE_b(图3-61),即:

$$E_b = E_a - \Delta E_b \tag{3-60}$$

$$\Delta E_b = \frac{1}{2}(\gamma - \gamma_f) H_b^2 \cdot K_a \tag{3-61}$$

$$\gamma_f = \frac{\gamma_0 - \gamma_w}{1 + \varepsilon_0} \tag{3-62}$$

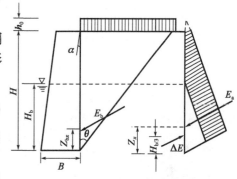

图3-61 砂性土的浸水土压力

式中:E_a——未浸水的主动土压力,kPa;

ΔE_b——浸水部分因浮力影响而减小的土压力,kPa;

γ、γ_f——填料的天然重度及浮重度(水中重度),kN/m³;

H_b——浸水部分墙高,m;

K_a——土压力系数;

γ_w、γ_0——水及固体土粒的重度,一般$\gamma_w = 9.8$kN/m³;对于γ_0,砂土可取26.6kN/m³,砾石、卵石取26.5~28.0kN/m³;

ε_0——填料的孔隙比。

土压力E_b的水平分力E_{bx}和垂直分力E_{by}分别为:

$$E_{bx} = E_b \cos(\alpha + \delta)$$

$$E_{by} = E_b \sin(\alpha + \delta)$$

其相应的作用点位置为:

$$\left.\begin{array}{c}Z_{bx} = \dfrac{E_a Z_x - \Delta E_b \left(\dfrac{H_b}{3}\right)}{E_a - \Delta E_b} \\ Z_{by} = B - Z_{bx}\tan\alpha\end{array}\right\} \tag{3-63}$$

b. 填料为黏性土。

由于黏性土浸水后，其内摩阻角 φ 值显著降低，因此将填土上下两部分视为不同性质的土层，分别计算其土压力，如图 3-62 所示。计算时先求出计算水位以上填土的土压力 E_1，然后将上层填土重量作为荷载，计算浸水部分的土压力 E_2。E_1 与 E_2 的矢量和即为全墙土压力。

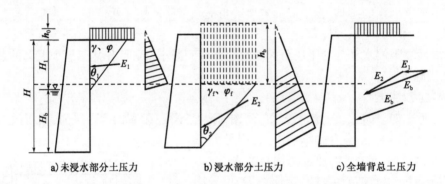

a) 未浸水部分土压力　　b) 浸水部分土压力　　c) 全墙背总土压力

图 3-62　黏性土的浸水土压力

在计算浸水部分的土压力 E_2 时，先按浮重度 γ_f 将上部土层及超载换算为均布土层作为超载。均布土层厚 h_b 为：

$$h_b = \frac{\gamma(h_0 + H_1)}{\gamma_f} = \frac{\gamma}{\gamma_f}(h_0 + H - H_b) \tag{3-64}$$

② 静水压力、动水压力和上浮力

a. 静水压力。

如图 3-63 所示，作用于墙面的静水压力 P'_1 为：

$$P'_1 = \frac{1}{2}\gamma_w H_b'^2 \frac{1}{\cos\alpha'} \tag{3-65}$$

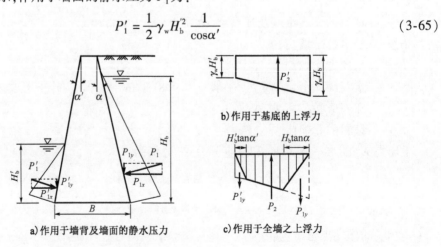

a) 作用于墙背及墙面的静水压力　　b) 作用于基底的上浮力　　c) 作用于全墙之上浮力

图 3-63　静水压力及上浮力

其水平分力与垂直分力分别为：

$$P'_{1x} = \frac{1}{2}\gamma_w H_b^{'2}$$

$$P'_{1y} = \frac{1}{2}\gamma_w H_b^{'2}\tan\alpha'$$

墙背静水压力 P_1 为：

$$P_1 = \frac{1}{2}\gamma_w H_b^2 \frac{1}{\cos\alpha} \tag{3-66}$$

其水平分力与垂直分力分别为：

$$P_{1x} = \frac{1}{2}\gamma_w H_b^2$$

$$P_{1y} = \frac{1}{2}\gamma_w H_b^2\tan\alpha$$

当计算动水压力时，$H_b - H'_b$ 段之静水压力已为动水压力所代替，则墙背静水压力 P_{1x} 为：

$$P_{1x} = \frac{1}{2}\gamma_w(2H_b H'_b - H_b^{'2}) \tag{3-67}$$

b. 上浮力 P_2。

如图 3-63 所示，作用于基底的上浮力 P'_2 为：

$$P'_2 = \frac{1}{2}\gamma_w(H_b + H'_b)B \cdot C \tag{3-68}$$

式中：B——基底宽度，m；

C——上浮力折减系数，表示基底面渗水程度对上浮力的影响，根据墙基底面水的渗透情况而定，如表 3-38 所示。

上浮力折减系数 C 值   表 3-38

墙基底面水的渗透情况	C
透水的地基	1.0
不能肯定是否透水的地基	1.0
岩石地基，在基底与岩石间浇注混凝土，认为相对不透水时	0.5

墙身受到的上浮力 P_2 是基底上浮力 P'_2 与作用于墙面和墙背上的垂直静水压力之差。即：

$$P_2 = P'_2 - P'_{1y} - P_{1y} = \frac{1}{2}\gamma_w[(H_b + H'_b) \cdot B \cdot C - (H_b^{'2}\tan\alpha' + H_b^2\tan\alpha)] \tag{3-69}$$

对于常年浸水的挡土墙，上述静水压力和上浮力在计算时应视作主要荷载组合中的作用力；而对于季节性浸水的挡土墙，则当作附加组合中的作用力。

c. 动水压力 P_3。

当墙后为弱透水性填料时，由于墙外水位急骤下降，在填料内部将产生渗流，由此而引起动水压力 P_3，其大小按下式计算：

$$P_3 = I_j \Omega \gamma_w \tag{3-70}$$

式中：I_j——降水曲线的平均坡度（图 3-64）；

Ω——产生动水压力的浸水面积，即图中阴影部分，可近似地取梯形 $abcd$ 面积。

$$\Omega = \frac{1}{2}(H_b^2 - H_b'^2)(\tan\theta + \tan\alpha) \tag{3-71}$$

动水压力 P_3 的作用点为 Ω 面积的重心,其方向平行于 I_j。

对于透水性材料,动水压力一般很小,可忽略不计。

③浸水挡土墙的稳定性验算

作用于浸水挡土墙上的力系如图 3-65 所示。

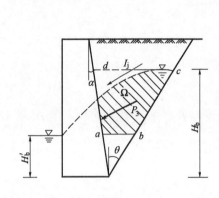

图 3-64 动水压力

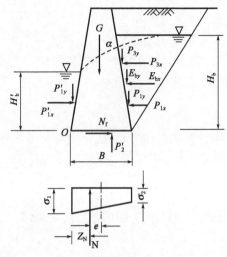

图 3-65 作用在浸水挡土墙上的力系

浸水挡土墙的稳定性验算与一般地区挡土墙的稳定性验算相同,只是验算时注意考虑浸水挡土墙的受力特点,并将静水压力、动水压力及上浮力计入即可。

由于浸水对墙身及填料产生不同的影响,挡土墙的稳定性直接与水位的高低有关。最高水位也并不是在所有情况下都是最不利水位。浸水挡土墙设计应以最不利水位为依据,所谓最不利水位是指抗滑稳定系数和抗倾覆稳定系数同时出现最小值,或其中一个出现最小值时的水位。为了寻求最不利水位,必须作反复试算。为减少工作量,可采用优选法(0.618 法)试算。

下面介绍用优选法求最小稳定系数和最不利水位的步骤。

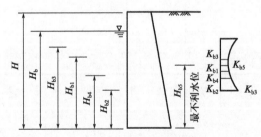

图 3-66 计算最不利水位

如图 3-66 所示,设浸水挡土墙的高度为 H,试算水位均从挡土墙基底算起。

a. 求算 H_{b1} 处的稳定系数 K_{b1},$H_{b1}=0.618H_b$;

b. 求算与 H_{b1} 对称的 H_{b2} 处的 K_{b2},$H_{b2}=0.382H_b$;

c. 比较 K_{b1} 和 K_{b2},若 $K_{b2}>K_{b1}$,舍去 $0\sim H_{b2}$,求算剩余段中与 H_{b1} 对称的 H_{b3} 处的 K_{b3}。$H_{b3}=H_{b2}+H_b-H_{b1}=0.764H_b$;

d. 比较 K_{b1} 和 R_{b3},若 $K_{b3}>K_{b1}$,再求算新剩余段中与 H_{b1} 对称的 H_{b4} 处的 K_{b4}。$H_{b4}=H_{b2}+H_{b3}-H_{b1}=0.528H_b$;

e. 再比较 K_{b1} 和 K_{b4},若 $K_{b4}>K_{b1}$,再求 H_{b5} 之 K_{b5};

如此试算三五次,并将各试算水位的稳定系数 K_{b1},K_{b2}……绘成 $K-H_b$ 曲线。从曲线上找到 K_{min}(此例为 K_{b5}),则其相应的水位(H_{b5})即为最不利水位。

至于基底应力,它随水位的降低而增大,而在枯水位时接近或达到最大,故在浸水挡土墙基底应力验算时,通常以枯水位作为验算水位。

(2)地震地区挡土墙设计

在下列情况下,挡土墙应进行抗震强度和稳定性验算:设计裂度8度或8度以上地区;设计裂度7度但地基为软弱黏土或可液化土层,或地震时可能发生大规模滑坡、崩坍地段。验算时,考虑破裂棱体和挡土墙分别承受地震力的作用,将地震荷载与恒载组合;在浸水地区,还需考虑常年水位的浮力,不考虑季节性浸水的影响;其他外力,包括车辆荷载的作用均不考虑。

验算方法,一般仍采用以静力理论为基础的库仑法,与一般挡土墙的区别在于计算土压力时需考虑重力加速度的影响和水平地震力的作用。

①水平地震力的计算

在挡土墙设计中,一般只考虑水平地震力,竖向地震力因影响很小,可略去不计。挡土墙第 i 截面以上墙身重心处的水平地震作用可用下式计算:

$$E_{ih} = \frac{C_1 C_Z A_h \psi_i G_i}{g} \tag{3-72}$$

式中:E_{ih}——第 i 截面以上墙身重心处的水平地震作用,kN;

C_1——抗震重要性修正系数,见表3-39;

C_Z——综合影响系数,重力式挡土墙取0.25,轻型挡土墙取0.3;

A_h——水平向设计基本地震动峰值加速度;

G_i——第 i 截面以上墙身圬工的重力,kN;

ψ_i——水平地震作用沿墙高的分布系数,按式(3-73)计算取值;

$$\psi_i = \begin{cases} \dfrac{1}{3}\dfrac{h_i}{H} + 1.0 & (0 \leq h_i \leq 0.6H) \\ \dfrac{3}{2}\dfrac{h_i}{H} + 0.3 & (0.6H \leq h_i \leq H) \end{cases} \tag{3-73}$$

h_i——挡土墙墙趾至第 i 截面的高度。

抗震重要性修正系数 C_1 表3-39

公 路 等 级	构筑物重要程度	抗震重要性修正系数
高速公路、一级公路	抗震重点工程	1.7
	一般工程	1.3
二级公路	抗震重点工程	1.3
	一般工程	1.0
三级公路	抗震重点工程	1.0
	一般工程	0.8
四级公路	抗震重点工程	0.8

②地震作用下的土压力计算

已知地震力与重力合力的大小与方向,假定在地震作用下土的内摩阻角 φ 及其与墙背的摩阻角 δ 不变,则墙后破裂棱体的平衡力系及力多边形 abb_1c(或力三角形 abc)如图3-67所示。从图中可以看出,当用 $\gamma_s = \gamma/\cos\theta_s$、$\delta_s = \delta + \theta_s$ 和 $\varphi_s = \varphi - \theta_s$ 取代 γ、δ 和 φ 值时,地震作用下的力三角 abc 与图 3-67 中一般情况下的力三角形 abc 完全相似,因此可以直接采用一般库仑土压力公式来计算地震土压力。

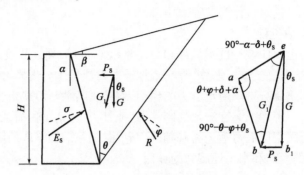

图 3-67 地震作用下的主动土压力

例如,当填土表面与水平面成 β 角时,由图 3-67 及式(3-28)可知,地震土压力应为:

$$E_s = \frac{1}{2}\frac{\gamma}{\cos\theta_s}H^2 K_s$$

$$= \frac{1}{2}\frac{\gamma}{\cos\theta_s}H^2 \frac{\cos^2(\varphi-\theta_s-\alpha)}{\cos^2\alpha\cos(\alpha+\delta+\theta_s)\left[1+\sqrt{\frac{\sin(\varphi+\delta)\cdot\sin(\varphi-\theta_s-\beta)}{\cos(\alpha+\delta+\theta_s)\cos(\alpha+\beta)}}\right]^2} \quad (3\text{-}74)$$

各种边界条件下的地震土压力均可用 γ_s、δ_s、φ_s 取代 γ、δ、φ,而按一般求解公式求算。但必须指出,这种方法仅是利用原有公式来求解的计算过程,而地震土压力 E_s 的作用方向仍应按实际墙背摩阻角 δ 决定,在计算 E_x 和 E_y 时,采用 δ 而不用 δ_s。

对于地震荷载作用下的路肩挡土墙,也可用下面的简化公式计算:

$$E_a' = (1 + 3C_Z K_H \tan\varphi) E_a \quad (3\text{-}75)$$

式中: E_a——一般非地震地区的挡土墙主动土压力。

③地震条件下挡土墙的稳定性验算及防震措施

对地震地区挡土墙,应先按一般条件进行设计,然后再考虑地震荷载作用进行抗震验算。验算项目及方法与一般地区挡土墙相同。

一般防震措施:

a.挡土墙宜采用浆砌片石、混凝土或钢筋混凝土修筑。当采用干砌片(块)石时,墙高须加以限制:设计基本地震动峰值加速度大于或等于 $0.2g$ 时,干砌片石挡土墙的高度一般不应超过5m;大于或等于 $0.4g$ 时,一般不超过3m,高速公路、一级公路不应使用干砌片石挡土墙。

b.浆砌片石挡土墙所用砂浆标号应按非地震地区的要求提高一级采用。

c.建于软弱黏土层和可液化土层地基上的挡土墙,可视具体情况采取换土、扩大基础、桩基等地基处理措施。

d.墙体应以垂直通缝分段,每段长度不宜超过15m,地基变化或地面高程突变处,也应设置通缝。

e.尽可能采用重心低的墙身断面形式。

f.墙后填料应尽量用片、碎石或砂性土分层填筑并夯实,并做好排水设施。

3.5.6 加筋土挡土墙设计

加筋土挡土墙分为有面板加筋土挡土墙和无面板加筋土挡土墙。无面板加筋土挡土墙是近年来发展起来的新型加筋支护结构,属于柔性结构,能很好地适应地基变形,通过反包式土工格栅的加筋锚固作用,约束土体的侧向变形,保证路基的稳定。无面板加筋土挡土墙应用于公路工程的运营使用年限尚不长,其耐久性尚需进一步工程验证。有面板加筋土挡土墙系由填土、填土中布置的筋带(或筋网)和墙面板三部分组成,如图3-68所示。它利用加筋与土体的摩擦作用,改善土体的变形条件,提高土体的工程性能,从而达到稳定土体的目的。

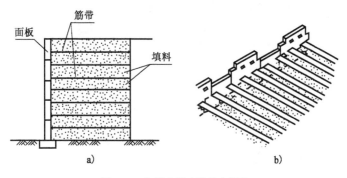

图3-68 加筋土挡土墙基本构造

加筋土挡土墙具有以下特点:①组成加筋土挡土墙的面板和筋带可以预先制作,使施工简便、快速、节省劳动力;②加筋土挡土墙是柔性结构物,能够适应地基的轻微变形和具有较强的抗震能力;③节约占地,造型美观;④造价比较低,与石砌重力式挡土墙相比,加筋土挡土墙的造价可节约20%以上。

(1)加筋土的基本工作原理

加筋土的基本原理是借助于土中的拉筋而提高填土的抗剪强度,从而保证土体平衡,通常用摩擦加筋原理解释。该原理认为,加筋土挡土墙面板由筋带拉住,面板承受的土压力企图将筋带从土中拉出,而筋带材料被土压住,筋带与土之间产生的摩阻力阻止筋带被拔出,因此,只要筋带具有足够的抗拉强度并与土产生足够的摩擦而不滑动,加筋土挡土墙即可保持稳定。

加筋和土之间的摩阻力传递如图3-69所示。

设土的水平推力在加筋带中引起的拉力沿筋带长度呈非均匀分布,则分析长为 dl,宽为 b 的微分段加筋带的局部平衡,可得到该微分段加筋与土体之间的摩阻力传递为:

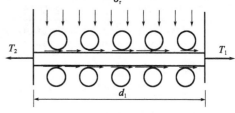

图3-69 加筋同土粒间的摩阻作用

$$dT = T_2 - T_1 = 2bN \cdot f^* dl \tag{3-76}$$

式中:N——垂直作用于加筋带的法向力,包括土重和法向力;

f^*——筋带与土之间的摩擦系数。

从式(3-79)可知,若 $dT < 2bNf^* dl$,加筋与土之间就不会产生相互滑动。因此,在只产生摩擦力而不产生滑移的条件下,加筋改良提高了土的力学特性,通过加筋和土之间的摩阻力传递作用,使加筋土挡土墙成为能够支承外力和自重的结构体。

(2)加筋体的材料与构造

①加筋体横断面

加筋体的横断面形式如图3-70所示。一般情况下宜用矩形[图3-70a)];斜坡地段由于地形条件限制可采用倒梯形断面[图3-70b)];在宽敞的填方地段亦可用正梯形断面[图3-70c)]。

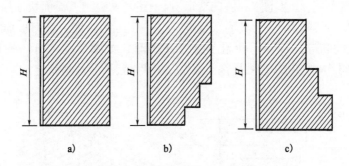

图 3-70 加筋体横断面形式

②填料

填料是加筋体的主体材料,对填料的基本要求是：

a. 易于填筑与压实；

b. 能与加筋产生足够摩擦力；

c. 水稳性好；

d. 满足化学和电化学标准。

加筋土挡土墙填料的压实标准如表3-40所示。

加筋土挡土墙填料压实度要求 表3-40

填 土 范 围	路槽底面以下深度（cm）	压实度(%)	
		高速公路、一级公路	二级公路、三级公路、四级公路
距面板1.0m以外	0～80	≥96	≥94
	80以下	>94	>93
距面板1.0m以内	全部墙高	≥93	≥92

注：1. 表列压实度按《公路土工试验规程》(JTG E40—2007)重型击实试验标准确定。
    2. 特殊干旱及潮湿地区可减少2%～3%。

③筋带

筋带的作用是承受垂直荷载和水平拉力,并与填料产生摩擦力。因此,筋带材料必须具有以下特性：

a. 抗拉能力强,延伸率小,蠕变小,不易产生脆性破坏；

b. 与填料之间具有足够的摩擦力；

c. 耐腐蚀和耐久性好；

d. 具有一定的柔性,加工容易,接长及与墙面板的连接简单；

e. 施工简便。

国内以采用聚丙烯土工带、钢塑复合带和钢筋混凝土带为主,国外广泛使用镀锌钢带。对于高速公路和一级公路应用钢带或钢筋混凝土带。

④墙面板

墙面板的作用是防止填土侧向挤出和传递土压力,以及便于拉筋固定布设和保证填料、拉筋与墙面构成具有一定形状的整体。墙面板不仅要有一定的强度,而且要有足够的刚度,以抵抗预期的冲击和振动。墙面板的设计应满足坚固、美观及运输与安装方便的要求。

国内常用混凝土或钢筋混凝土面板类型有十字形、槽形、六角形、L形、矩形等。

⑤基础

加筋土挡土墙的基础一般情况下只在墙面板下设置宽0.3~0.5m,厚度为0.25~0.4m的条形基础(图3-71),宜用现浇混凝土或片(块)石砌筑。当地基为土质时,应铺设一层0.1~0.15m厚的砂砾垫层,如果地基土质较差,承载力不能满足要求,应进行地基处理,如采用换填、土质改良以及补强等措施。

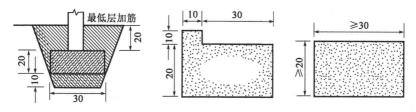

图3-71 混凝土基础形式(尺寸单位:cm)

加筋土挡土墙的基础埋置深度,对于一般土质地基不小于0.6m,当设置在岩石上时应清除表面风化层,当风化层较厚难以全部清除时,亦可采用土质地基的埋置深度。

有面板加筋土挡土墙墙面宜采用钢筋混凝土预制件,厚度不应小于80mm。墙面的平面线形可采用直线、折线和曲线,相邻墙面间的内夹角不宜小于70°。墙面应设置混凝土基础,其宽度不应小于0.40m,厚度不应小于0.20m,基础埋置深度不应小于0.60m。基底不宜设置纵坡,可做成水平或结合地形做成台阶形。

拉筋材料宜采用土工格栅、复合土工带或钢筋混凝土板带。当采用土工格栅作拉筋时,尚应符合现行《公路土工合成材料应用技术规范》(JTG/T D32—2012)的有关规定。

在满足抗拔稳定条件下,拉筋长度应符合下列规定:

a.墙高大于3.0m时,拉筋长度不应小于0.8倍墙高,且不小于5m。当采用不等长的拉筋时,同长度拉筋的墙段高度不应小于3.0m。相邻不等长拉筋的长度差不宜小于1.0m;

b.墙高小于3.0m时,拉筋长度不应小于3.0m,且应采用等长拉筋;

c.采用预制钢筋混凝土带时,每节长度不宜大于2.0m。

有面板加筋土挡土墙筋带与面板的连接应坚固可靠,并与筋带有相同的耐腐蚀性能。双面加筋土挡土墙的筋带应错开铺设,避免重叠。

有面板加筋土挡土墙宜采用渗水性良好的中粗砂、砂砾或碎石填筑,填料与筋材直接接触部分不应含有尖锐棱角的块体,填料最大粒径不应大于100mm。

对危害加筋土挡土墙稳定的地表水或地下水,应设置完善的防排水设施。当加筋区填筑细粒土时,墙面板内侧应设置宽度不小于0.30m的反滤层。冰冻地区加筋体应采取防冻胀措施。斜坡上的加筋体应设宽度不小于1.0m的护脚,加筋体面板基础埋置深度应从护脚顶面算起。

加筋土挡土墙顶面,宜设置混凝土或钢筋混凝土帽石。多级加筋土挡土墙的平台顶部应设不小于2%的排水横坡,并用厚度不小于0.15m的C15混凝土板防护;当采用细粒填料时,上级墙的面板基础下应设置宽度不小于1.0m、厚度不小于0.50m的砂砾或灰土垫层。

无面板加筋土挡土墙高度大于10m时,应设置多级加筋挡土墙;当挡土墙基础受水流影响可能产生冲刷时,洪水位以下浸水墙体应采用重力式挡土墙;土工格栅宜采用高密度聚乙烯(HDPE)土工格栅、聚酯(PET)焊接土工格栅;土工格栅加筋层间距、筋材长度、加筋坡面坡率等应通过外部稳定性和内部稳定性计算确定。

反包式土工格栅筋材应采用统一的水平回折返包长度,其长度应大于式(3-77)的计算值,且不宜小于2m。坡面保护应采用抗老化的筋材。

$$L_0 = \frac{D\sigma_{hi}}{2(c + \gamma h_i \tan\delta)} \tag{3-77}$$

式中:L_0——计算筋层的水平回折包裹长度,m;

D——拉筋的上、下层间距,m;

σ_{hi}——水平土压应力,kPa;

c——拉筋与填料之间的黏聚力,kPa;

δ——拉筋与填料之间的内摩擦角,填料为砂类土时取$(0.5 \sim 0.8)\varphi$;

γ——筋体的填料重度,kN/m^3;

h_i——墙顶(路肩挡土墙包括墙顶以上填土高度)距第i层墙面板中心高度,m。

3.6 特殊路基设计

3.6.1 特殊路基概述

特殊路基包括特殊岩土路基、不良地质地段路基,以及受水、气候等自然因素影响强烈、需要作特殊设计的路基。特殊岩土包括软土、红黏土、高液限土、膨胀土、黄土、盐渍土、多年冻土、沙漠等,不良地质包括滑坡、崩塌、岩堆、泥石流、岩溶、采空区等,特殊条件下路基是指受水或气候等自然因素影响剧烈的路基,包括雪害、涎流冰、滨海、水库地段路基和季节冻土地区路基。

路线通过特殊土(岩)、不良地质以及特殊气候和水文条件路段时,设计条件已超出一般路基的设计条件,特殊路基设计所需要的物理力学参数,应结合室内试验和原位测试资料经综合分析确定,并且在特殊路基设计前应做好工程地质选线工作,路线应绕避规模大、性质复杂、处理困难的不良地质和特殊土(岩)地段,并避免高填深挖路基。

(1)特殊路基设计应考虑气候环境、水和地质等因素对路基长期性能的影响,对可能造成的路基病害,应遵循预防为主、防治结合的原则,通过综合技术经济比较,因地制宜,采取有效的工程处理措施,保证路基稳定。分期整治时,应保证在各种因素的变化过程中不降低路基的安全度。高速公路、一级公路特殊路基宜采用动态设计。

(2)不同的特殊岩土、不良地质及特殊气候条件,岩土的工程性质差异很大,影响路基长期性能的主要因素、路基病害类型及对公路危害程度也不相同。同时,由于特殊岩土受环境影响很大,尤其对水环境影响敏感,室内试验很难反映其实际工程性质,进行特殊岩土力学性质的原位测试工作尤为重要。因此,在路基设计时,需要针对这些地质体的特殊性开展综合地质勘察工作，查明特殊地质体的性质、成因类型、规模、稳定状况、发展趋势及对公路危害程度，为路基设计提供可靠的地质依据。

（3）气候环境、水和地质等因素对特殊路基长期性能的影响大，如果采取的工程措施不当，易产生较为严重的路基病害。因此，特殊路基设计要与路基病害防治相结合，遵循预防为主、防治结合的原则，做好路基结构、填料选择、地基处理、防排水及防护等综合设计，控制环境（如水、温度、湿度等）变化对路基的影响，防治路基病害。对于已有病害处理，要进行多方案技术经济比较，因地制宜，采取有效的工程处理措施，力求根治，不留隐患。

这里仅对最常见的软土路基进行介绍，其他类型请参考相关的书籍及规范。

3.6.2 软土路基

（1）软土地基加固

软土地基加固是公路施工过程中极为重要的手段。加固后的地基应具有足够的承载能力，以保持稳定。通常处理方法有：换填土层法、碾压夯实法、排水固结法、挤密法、化学加固等五类。

①换填土层法

将路基下一定深度范围内的湿软土层挖除，换填强度大、稳定性好的材料，压实后再进行下一步施工。

②碾压夯实法

使用压实功能大的机械或设备对路基进行分层压实，以此提高路基的强度和压实度，减少路基沉降。

③排水固结法

利用预压的荷载作用，将湿软地基中饱和的水挤压排除，提高土基的强度和抗剪切性能。

④挤密法

在湿软地基成孔后，灌入石灰、砂、碎石等材料，捣实而成桩体，桩体将软土挤进并形成复合地基，从而达到湿软地基加固的目的。

⑤化学加固

在压力作用下将化学溶液或胶结材料灌注或搅拌混合到湿软地基中，使软基强度提高。

（2）软土路基设计应遵循原则

①应调查收集沿线的地形、地貌、工程地质、水文地质、气象、地震等资料，按《公路工程地质勘察规范》（JTG C20—2011）的有关规定，采用适宜的勘探方法进行综合勘探试验和现场原位测试，并进行统计与分析，合理确定软土物理力学性质指标。

②软土地基上路堤稳定系数应符合表3-41的要求。当计算的稳定系数小于表3-41规定值时，应针对稳定性进行地基处理设计。

稳定安全系数容许值 表3-41

指　　标	固结应力法		改进总强度法		简化 Bishop 法、Janbu 法
	不考虑固结	考虑固结	不考虑固结	考虑固结	
直接快剪指标	1.1	1.2	—	—	—
静力触探、十字板剪切指标	—	—	1.2	1.3	—
三轴有效剪切指标	—	—	—	—	1.4

注：当需要考虑地震力时，表列稳定安全系数减小0.1。

(3)路基工后沉降应符合要求

路基工后沉降应符合表3-42的要求。当不满足表3-42的要求时,应针对沉降进行处治设计。

容许工后沉降(m)　　　　　　　　　　　表3-42

公 路 等 级	工 程 位 置		
	桥台与路堤相邻处	涵洞、箱涵、通道处	一般公路
高速公路、一级公路	≤0.01	≤0.20	≤0.30
作为干线公路的二级公路	≤0.20	≤0.30	≤0.50

(4)软土路基地基沉降计算应符合要求

①对用于计算沉降的压缩层,其底面应在附加应力与有效自重应力之比不大于0.15处。

②行车荷载对沉降的影响,对于高路堤可忽略不计。

③主固结沉降 S_c 应采用分层总和法计算。

总沉降 S 宜采用沉降系数 m_s 与主固结沉降按式(3-78)计算:

$$S = m_s S_c \tag{3-78}$$

式中:m_s——沉降系数,与地基条件、荷载强度、加荷速率等因素有关;其范围值为1.1~1.7,应根据现场沉降监测资料确定,也可按式(3-79)估算。

$$m_s = 0.123\gamma^{0.7}(\theta H^{0.2} + \upsilon H) + Y \tag{3-79}$$

式中:θ——地基处理类型系数,地基用塑料排水板处理时取0.95~1.1,用粉体搅拌桩处理时取0.85;一般预压时取0.90;

H——路堤中心高度,m;

γ——填料重度,kN/m³;

υ——加载速率修正系数,加载速率在20~70mm/d之间时,取0.025;采用分期加载,速率小于20mm/d时取0.005;采用快速加载,速率大于70mm/d时取0.05;

Y——地质因素修正系数,满足软土层不排水抗剪强度小于25kPa、软土层的厚度大于5m、硬壳层厚度小于2.5m三个条件时,$Y=0$,其他情况下可取 $Y=-0.1$。

总沉降也可由瞬时沉降 S_d、主固结沉降 S_c 及次固结沉降 S_s 之和计算,即:

$$S = S_d + S_c + S_s \tag{3-80}$$

任意时刻地基的沉降量,考虑主固结随时间的变化过程,按式(3-81)计算:

$$S_t = (m_s - 1 + U_t)S_c \text{ 或 } S_t = S_d + S_c U_t + S_s \tag{3-81}$$

式中:U_t——地基平均固结度,采用太沙基一维固结理论解计算;对砂井、塑料排水板等竖向排水体处理的地基,固结度按巴隆给出的太沙基—伦杜立克固结理论轴对称条件固结方程在等应变条件下的解计算。

(5)地基稳定性计算应符合要求

①软土地基路堤的稳定验算可采用瑞典圆弧滑动法中的有效固结应力法或改进总强度法,有条件时也可采用简化Bishop法或Janbu法。

②验算时应按施工期和营运期的荷载分别计算稳定系数。施工期的荷载只考虑路堤自重,营运期的荷载应包括路堤自重、路面的增重及行车荷载。

(6)地基加固方案比选应符合要求

①应根据软土的性质和厚度、路堤高度、路基稳定与工后沉降控制标准、施工机具、材料、环境等条件及工期要求,进行技术经济比较,依据先简后繁、就地取材的原则,综合分析并确定软土地基加固处理方案。

②对软土性质差、地基条件复杂或工期紧填料缺乏或有特殊要求的软土地基,宜采用综合处理措施。

(7)地基浅层处理设计应符合要求

①软土地基上路堤底部宜设置排水垫层,厚度宜为0.5m,铺设宽度应为路堤底宽且两侧各外加0.5~1.0m,当垫层兼有排淤作用时,其厚度尚应适当加大。

②对浅层厚度小的软土地基可采用砂、砂砾、碎石等粒状材料进行换填处理。

③路堤可采用粉煤灰、土工泡沫塑料、泡沫轻质土等轻质材料填筑。

④路堤加筋应采用强度高、变形小、耐老化的土工合成材料做路堤的加筋材料。

⑤反压护道可在路堤的一侧或两侧设置,其高度不宜超过路堤高度的1/2,其宽度应通过稳定性计算确定。

(8)排水固结法处理地基设计应符合要求

①排水固结法处理可采用砂垫层预压、袋装砂井或塑料排水板顶压、真空预压或真空联合堆载预压。

②根据软土性质、筑路材料与施工工艺可选用袋装砂井或塑料排水板或其他材料作为竖向排水体,竖向排水体宜按等边三角形布置,其长度由路堤稳定性和沉降要求确定;软土层较薄时,宜贯穿软土层。预压期不宜小于6个月。

③预压期和预压高度应根据要求的工后沉降量或地基固结度确定,预压期内地基应完成的沉降量不得小于路面设计使用年限末的沉降量与容许工后沉降之差;必要时,预压期末地基的固结度尚应满足路堤稳定性的要求。

④真空联合堆载预压可用于高填方路段和桥头路段的软土地基处理。真空预压时,应在地基中设置砂井或塑料排水板等竖向排水体,并设置砂垫层和垫层中的排水管。真空预压密封膜下的真空度不应小于70kPa。当表层存在良好的透气层或处理范围内存在水源补给充足的透水层时,应采取切断透气层和透水层的措施。

(9)粒料桩处理地基设计应符合要求

①振冲粒料桩可用于加固十字板抗剪强度大于15kPa的地基土;沉管粒料桩可用于加固十字板抗剪强度大于20kPa的地基土。

②粒料桩可采用砂、砂砾、碎石等材料,桩料不应使用单一尺寸的粒料,且桩料的含泥量不得超过5%。

③粒料桩的直径、桩长及间距应经稳定验算和沉降验算确定,相邻桩净距不应大于4倍桩径。

④粒料桩复合地基的路堤整体抗剪稳定系数计算时,复合地基内滑动面上的抗剪强度可采用复合地基抗剪强度τ_{ps},并按式(3-82)计算。

$$\tau_{ps} = \eta\tau_p + (1-\eta)\tau_s \tag{3-82}$$

式中:η——桩土面积置换率;

τ_p——桩体抗剪强度,kPa;

τ_s——地基土抗剪强度,kPa。

⑤粒料桩桩长范围内地基的沉降 S_z 应按式(3-83)计算。

$$S_Z = \mu_s S \qquad (3-83)$$

其中:

$$\mu_s = \frac{1}{1+\eta(n-1)}$$

式中:μ_s——桩间土应力折减系数;

n——桩土应力比,宜经试验确定;无资料时,n 可取 2~5,当桩底土质好,桩间土质差时取高值,否则取低值;

S——粒料桩桩长范围内原地基的沉降。

(10)加固土桩处理地基设计应符合要求

①深层拌和法可用于加固十字板抗剪强度不小于 10kPa 的软土地基。采用粉喷桩法时,深度不宜超过 12m;采用喷浆法时深度不宜超过 20m。

②加固土桩的直径、桩长及间距应经稳定验算确定并应满足工后沉降的要求。相邻桩的净距不应大于 4 倍桩径。

③加固土桩复合地基的路堤整体抗剪稳定系数计算时,复合地基内滑动面上的抗剪强度应采用复合地基抗剪强度 τ_{ps},并按式(3-82)计算。

④加固土桩的抗剪强度以 90d 龄期的强度为标准强度,可按钻取试验路段的原状试件测得无侧限抗压强度 q_u 的一半计算;也可按设计配合比由室内制备的加固土试件测得的 90d 无侧限抗压强度 q_u 乘以折减系数 0.30 求得。

⑤加固土桩复合地基的沉降量应按复合地基加固区的沉降量 S_1 和加固区下卧层的沉降量 S_2 两部分来计算。加固区的沉降量 S_1 宜采用复合压缩模量法计算;下卧层的沉降量 S_2 可按现行《建筑地基基础设计规范》(GB 50007—2011)的有关规定计算。

⑥复合压缩模量 E_{ps} 应按式(3-84)计算。

$$E_{ps} = \eta E_p + (1-\eta)E_s \qquad (3-84)$$

式中:E_p——桩体压缩模量,MPa;

E_s——土体压缩模量,MPa。

(11)水泥粉煤灰碎石桩(CFG 桩)处理地基设计应符合要求

①CFG 桩可用于加固十字板抗剪强度不小于 20kPa 的软土地基。

②CFG 桩的粗集料可采用碎石或砾石,泵送混合料时砾石最大粒径不宜大于 25mm,碎石最大粒径不宜大于 20mm;振动沉管灌注混合料时粗集料最大粒径不宜大于 50mm。可掺入砂、石屑等细集料改善级配。水泥宜用 32.5 级普通硅酸盐水泥。粉煤灰宜采用Ⅱ级或Ⅲ级粉煤灰。

③CFG 桩料的配合比应根据施工要求的坍落度和桩体的设计强度确定。桩体的设计强度应取 28d 无侧限抗压强度。

④CFG 桩桩体强度宜为 5~20MPa,设计强度应满足路堤沉降与稳定的要求。用于结构物下的 CFG 桩,设计强度应满足承载力的要求。

⑤CFG 桩直径、桩长及间距应根据设计对承载力和变形的要求、土质条件、设备能力等确定;桩端应设置在强度高的土层上,最大桩长不宜大于 30m,桩距宜取 4~5 倍桩径。

⑥CFG桩垫层厚度宜取0.3~0.5m;当桩径大或桩距大时,垫层厚度宜取高值。垫层材料宜用中砂、粗砂、级配砂砾或碎石等最大粒径不宜大于30mm。

(12)强夯与强夯置换处理地基设计应符合要求

①饱和粉土、夹有粉砂的饱和软黏土地基或在夯坑中回填片块石、碎砾石、卵石等粒料进行置换处理时,可采用强夯法处理。

②强夯置换处理深度应由土质条件决定,除厚层饱和粉土外,宜穿透软土层,达到较硬土层上。置换深度不宜超过7m。

③强夯或强夯置换处理地基,应在施工现场选择有代表性的路段进行试夯,验证其适用性和处理效果。

④强夯法的有效加固深度 d 应根据现场试夯或当地经验确定,也可按式(3-85)估算。

$$d = \alpha \sqrt{mh} \qquad (3-85)$$

式中:m——夯锤质量,t;

h——夯锤落距,m;

α——修正系数,与土质条件、地下水位、夯击能大小、夯锤底面积等因素有关,其值范围为0.34~0.80,应根据现场试夯结果确定。

⑤强夯点的夯击次数,应按现场试夯得到的夯击次数和夯沉量的关系曲线确定,最后两击的平均夯沉量应满足表3-43的要求,且夯坑周围地面不应发生过大的隆起,也不应因夯坑过深而发生提锤困难。

强夯法最后两击的平均夯沉量 表3-43

单击夯击能 E(kN·m)	最后两击的平均夯沉量(mm)	单击夯击能 E(kN·m)	最后两击的平均夯沉量(mm)
$E < 2000$	≤50	$4000 < E ≤ 4000$	≤200
$2000 < E ≤ 4000$	≤100		

⑥强夯置换夯点的夯击次数应通过现场试夯确定。置换桩底应穿透软土层,且达到设计置换深度;每次夯沉量不应因夯坑过深而发生提锤困难,累计夯沉量宜为设计桩长的1.5~2.0倍;最后两击的平均夯沉量应满足表3-43中的规定。

⑦夯点可采用正方形或等边三角形布置,间距宜为5~7m。

⑧置换桩间距应根据荷载大小和原土的承载力选定,当满堂布置时可取夯锤直径的2~3倍,对独立基础或条形基础可取夯锤直径的1.5~2倍。桩的计算直径可取夯锤直径的1.1~1.2倍。

⑨置换桩顶应铺设垫层,厚度不应小于0.5m。垫层材料可与桩体材料相同,粒径不宜大于100mm。

⑩强夯置换法复合地基的沉降与稳定计算时,桩土应力比取值:黏性土地基可取2~4,粉土和砂土地基可取1.5~3.0。

(13)刚性桩复合地基设计应符合要求

①刚性桩可用于深厚软土地基上荷载较大、变形要求较严格的高路堤段、桥头或通道与路堤衔接段,以及拓宽路堤段。

②刚性桩桩顶宜设桩帽,并铺设柔性土工合成材料加筋体垫层。

③刚性桩的平面布置可采用正方形或正三角形排列。刚性桩的直径、桩长、间距应经稳

定、沉降验算后确定,桩间距不宜大于5倍桩径。

④刚性桩桩帽可采用圆柱体、台体或倒锥台体,桩帽平面尺寸宜为1.0～1.5m,厚度宜为0.3～0.4m。

⑤刚性桩处理地基的最终沉降量计算,可不考虑桩间土压缩变形对沉降的影响,应采用单向压缩分层总和法按式(3-86)计算。

$$S = \psi_p \sum_{j=1}^{m} \sum_{i=1}^{n_j} \frac{\sigma_{j,i} \Delta h_{j,i}}{E_{sj,i}} \tag{3-86}$$

式中:S——桩基最终沉降,m;

m——桩端平面以下压缩层内土层分层的数目;

$E_{sj,i}$——桩端平面下第j层土第i个分层在自重应力至自重应力加附加应力作用段的压缩模量,kPa;

n_j——桩端平面下第j层土的计算分层数;

$\Delta h_{j,i}$——桩端平面下第j层土第i个分层的厚度,m;

$\sigma_{j,i}$——桩端平面下第j层土第i个分层的竖向附加应力,kPa,可按现行《建筑地基基础设计规范》(GB 50007—2011)的附录R计算;

ψ_p——桩基沉降计算经验系数,应根据当地的工程实测资料统计对比确定。

⑥刚性桩处理地基的稳定性采用圆弧滑动面法验算,滑动面上的抗剪强度采用桩土复合抗剪强度,按式(3-82)计算。其中桩体抗剪强度可取28d无侧限抗压强度的1/2。

软土地基上路堤横断面设计应考虑地基沉降、路堤顶面凹陷、顶宽和底宽收缩以及边坡变缓等因素。

沉降与稳定监测设计应符合下列要求:软土地基填方较高的路堤和桥头路堤应进行沉降与稳定监测设计,其设计内容应包括监测路段与代表性监测断面、沉降与侧向位移监测点位置、检测仪器选型与布设、监测方法、检测频率等。必要时,应进行软土地基深部位移监测。

路堤填土速率应满足下列要求:填筑时间不应小于地基抗剪强度增长需要的固结时间。路堤中心沉降每昼夜不得大于10～15mm,边桩位移每昼夜不得大于5mm。

软土地基上路堤宜结合工程实际选择代表性的地段提前修筑试验路段。路面铺筑必须待沉降稳定后进行,在等载条件下推算的工后沉降量小于设计容许值,且连续两个月监测的沉降量,每月不超过5mm,方可卸载开挖路槽、开始路面铺筑。

【复习思考题】

3-1 路基设计的要求是什么?

3-2 路基病害的主要类型是什么?原因是什么?

3-3 保证路基稳定的措施是什么?

3-4 路基典型横断面有哪些类型?

3-5 路基宽度、路基高度的规定是什么?

3-6 路基的设计内容有哪些?什么是一般路基?什么是高填深挖路基?什么是矮路基?

3-7 为什么要进行路基边坡稳定性验算？常用的验算方法有哪些？用直线、折线、圆弧滑动面法如何分析边坡稳定性？

3-8 简述边坡防护的种类与使用条件。

3-9 简述挡土墙的分类及挡土墙所受的力系。

3-10 简述出现第二破裂面的条件。

3-11 挡土墙验算的内容是什么？如何验算？

3-12 简述加强挡土墙稳定性的措施。

3-13 浸水地区、地震地区挡土墙验算有何不同？

3-14 湿软地基加固的方法有哪些？

3-15 某挖方边坡，已知 $\varphi=22°$，$c=16.7\text{kPa}$，$\gamma=18.46\text{kN/m}^3$，$H=5.0\text{m}$，现拟采用 1:0.5 的边坡，试验算其稳定性。

3-16 某挖方边坡，已知 $\varphi=22°$，$c=16.7\text{kPa}$，$\gamma=18.46\text{kN/m}^3$，$H=5.0\text{m}$，现拟采用 1:0.5 的边坡，试验算其稳定性。

3-17 某挡土墙高 $H=6\text{m}$，墙顶宽度 $B=0.7\text{m}$，墙底宽度 $B'=2.5\text{m}$；墙背直立（$\alpha=0$）填土表面水平（$\beta=0$），墙背光滑（$\delta=0$），用毛石和水泥砂浆砌筑；砌体重度为 22kN/m^3；填土内摩擦角 $\varphi=40°$，填土黏聚力 $c=0$，填土重度为 19kN/m^3，基底摩擦系数为 0.5，地基承载力抗力值为 $f=180\text{kPa}$，试验算该挡土墙抗滑稳定性、抗倾覆稳定性和地基承载力。

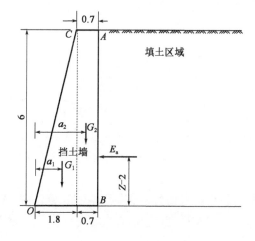

题 3-17 图　（尺寸单位：m）

第4章 路面基层

【本章内容】

本章主要介绍了粒料类基层的类型、特点,无机结合料稳定材料:石灰稳定类、水泥稳定类、工业废渣稳定基层的强度形成机理、强度影响因素及其收缩特性。

【学习要求】

通过本章学习,了解各类基层材料的特点,掌握其应用场合;掌握级配碎石和无机结合料稳定材料的物理力学特性;掌握石灰稳定类、水泥稳定类材料的强度形成机理、影响强度的因素;了解其他类型基层材料。

4.1 概 述

路面基层主要承受由路面面层传来的车辆荷载的垂直力,并将其扩散到下面的结构层和土基中,因此应具有足够的强度和刚度,并应具有良好的扩散应力的能力。基层遭受大气因素的影响虽然比面层小,但是仍然有可能经受地下水和通过面层渗入雨水的浸湿,所以基层结构也应具有足够的水稳定性。基层表面虽不直接供车辆行驶,但仍然要求有较好的平整度,这是保证面层平整度的基本条件。

修筑基层的材料主要有各种结合料(如石灰、水泥或沥青等)稳定土、集料、贫水泥混凝土、天然砂砾、各种碎石、砾石、片石、块石或圆石,各种工业废渣(如煤渣、粉煤灰、矿渣、石灰渣等)和土、砂、石所组成的混合料等。

在交通、环境条件确定的情况下,同样满足使用年限要求的路面结构设计可也有显著差异,相应的,其造价差别也很大。根据其材料差异可将其分为四类:无机结合料稳定类、粒料类、沥青结合料类和水泥混凝土类基层。这四类基层材料的厚度应满足表 4-1 的要求。

基层、底基层材料适用的交通等级和层位　　　　表 4-1

类　　型	材　料　类　型	适用交通荷载等级和层位
无机结合料稳定类	水泥稳定级配碎石或砾石、水泥粉煤灰稳定级配碎石或砾石、石灰粉煤灰稳定级配碎石或砾石	各交通荷载等级的基层和底基层
	水泥稳定未筛分碎石或砾石、石灰粉煤灰稳定未筛分碎石或砾石、石灰稳定未筛分碎石或砾石	轻交通荷载等级的基层、各交通荷载等级的底基层
	水泥稳定土、石灰稳定土、石灰粉煤灰稳定土	轻交通荷载等级的基层、各交通荷载等级的底基层
粒料类	级配碎石	重及重以下交通荷载等级的基层、各交通荷载等级的底基层
	级配砾石、未筛分碎石、天然砂砾、填隙碎石	中等和轻交通荷载等级的基层、各交通荷载等级的底基层
沥青结合料类	密级配沥青碎石、半开级配沥青碎石、开级配沥青碎石	极重、特重和重交通荷载等级的基层
	沥青贯入碎石	重及重以下交通荷载等级的基层
水泥混凝土	水泥混凝土或贫混凝土	极重、特重交通荷载等级的基层

4.2　粒料类基层

粒料类基层的材料类型一般包括级配碎石、级配砾石、未筛分碎石、天然砂砾和填隙碎石等。

碎石是指在采石场通过开采、破碎和筛分后生产的具有棱角的集料;砾石是指岩石经过自然风化、流水冲刷、搬运等作用形成的无棱角或棱角不明显的石料。对于筑路材料而言,由于碎石能提供较大摩阻力,并且风化程度低,因此具有优良的性能;但是与砾石相比较,由于其需要破碎加工,增加了使用成本。

碎石、砾石类结构层是用粗、细碎(砾)石、黏土(或不含黏土)按照嵌挤原则或级配原则铺筑而成的结构层。嵌挤型的碎石结构层包括泥结碎石、泥灰结碎石、水结碎石和填隙碎石等;级配型碎(砾)石结构层包括级配碎石、级配砾石、符合级配要求的天然砂砾,部分砾石经轧制掺配而成的级配碎砾石等。

泥结碎石、泥灰结碎石是用黏土或黏土加石灰与碎石掺配在一起而形成的路面结构层;水结碎石是用不同粒径的碎石从大到小分层铺筑,然后洒水碾压后形成的路面结构层;填隙碎石则是用单一尺寸的粗碎石做主集料,用石屑做填隙料而形成的路面结构层;级配碎石是将不同规格碎石按一定比例混合而成的符合规定级配要求的一种路面结构层;级配砾石则是粗、中、小砾石和砂各按占一定比例混合,且符合规定级配要求的一种路面结构层。

级配碎石适用于重及其以下交通荷载等级的基层、各交通荷载等级的底基层;级配砾石、未筛分碎石、天然砂砾、填隙碎石适用于中等和轻交通荷载等级的基层、各交通荷载等级的底基层。除满足基层和底基层的一般使用要求以外,粒料类基层还应具有足够的抗永久变形能力。

4.2.1 碎(砾)石基层的强度特性

碎石、砾石路面结构强度形成的特点是:

矿料颗粒之间的连结强度,一般都要比矿料颗粒本身的强度小得多;外力作用下,颗粒之间易产生滑动和位移,使其失去承载能力而遭致破坏。

因此,这种松散材料组成的路面结构强度,起决定作用的是颗粒之间的连结强度。其抗剪强度可用库仑公式表示,材料的黏聚力和内摩阻角构成了路面材料的结构强度。

(1) 纯碎石材料

纯碎石材料抗剪强度主要取决于剪切面上的法向应力和材料内摩阻角。纯碎石粒料摩阻角的大小主要取决于石料的强度、形状、尺寸、均匀性、表面粗糙度以及施工时的压实程度等。当石料强度高、形状接近正立方体、有棱角、尺寸均匀、表面粗糙、压实度高时则内摩阻力就大。

(2) 土—碎(砾)石混合料

这类材料含土少时,按嵌挤原则形成强度;当含土量较多时,则按密实原则形成强度。图4-1表示土—碎(砾)石混合料的三种物理状态。

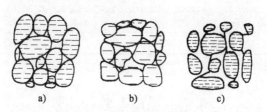

图4-1 土—碎(砾)石混合料三种物理状态

第一种[图4-1a)]:不含或含很少细料(指0.075mm以下的颗粒)的混合料,它的强度和稳定性通过颗粒之间摩阻力获得。

第二种[图4-1b)]:含有足够的细料来填充颗粒间空隙的混合料,它仍然能够通过颗粒接触而获得强度,同时具有较大的黏聚力,其抗剪强度、密实度有所提高,但透水性低,施工时较第一种情况易压实。

第三种[图4-1c)]:含有大量细料,而粗颗粒之间的接触很少,集料仅仅是"浮"在细料之中,因此黏聚力大而内摩擦角小。这类混合料施工时易压实,但其密实度较低,易冰冻,难于透水,强度和稳定性受含水率影响很大。

对于土—砾石混合料,通过其不同细料含量时的密实度和CBR的试验可知,随压实功增加,压实度和CBR值均增加,而且都存在一个相应的最佳细料含量。

同时,细料含量对碎石集料CBR的影响一般比砾石的影响小。对于同一颗粒级配,由有棱角颗粒组成混合料的CBR值通常也比圆滑颗粒混合料的CBR值稍大。

另外,只有在已知粒径级配的情况下,密实度才可以作为衡量强度和稳定性的依据。细料含量偏多的混合料,其强度和稳定性大大低于细料含量偏低的混合料,其原因见图4-1c),强度和稳定性受结合料的影响很大,而在图4-1a)所示的情况下,强度和稳定性受结合料的影响很小,大部分取决于粗颗粒之间的接触情况。

室内试验和工程实践都表明,集料为碎石时,由于颗粒嵌挤作用的增强,其强度和稳定性较圆滑砾石集料好,渗透系数亦高,更易排水。此外,细料的物理性质,如塑性指数等,对混合料的强度和稳定性也有很大影响,塑性指数越小,强度越高。

4.2.2 填隙碎石基层

填隙碎石基层是用单一尺寸的粗碎石作骨料,形成嵌锁作用,用石屑(缺乏石屑可添加细砾砂或粗砂等细集料,但其技术性能不如石屑)填满碎石间的孔隙,增加密实度和稳定性,这种结构称为填隙碎石。

填隙碎石的压实厚度,可取碎石最大粒径的1.5~2.0倍。用作基层时,碎石的最大粒径不超过53mm;用作底基层时,碎石的最大粒径不超过63mm。粗碎石可以用具有一定强度的各种岩石或漂石轧制,也可以用稳定的矿渣轧制。粗碎石的压碎值用做基层时不大于26%,用做底基层时不大于30%。各材料颗粒组成应符合规范要求。

用单一尺寸的粗碎石和石屑组成的填隙碎石可用干法施工,也可以用湿法施工。干法施工特别适宜干旱缺水地区。

4.2.3 级配砾(碎)石基层

级配砾(碎)石基层,是由各种集料(砾石、碎石)和土,按最佳级配原理修筑而成的路面基层。由于级配砾(碎)石结构密实,其强度是由摩阻力和黏聚力构成,具有一定的水稳性和力学强度。

级配砾(碎)石路面所用材料,主要为天然砾石或较软的碎石。其形状以接近立方体或圆球形为佳,石料强度应不低于Ⅳ级。表4-2所示为级配混合料的推荐级配范围。

级配砾(碎)石推荐级配范围　　　　表4-2

编号	通过下列筛孔(mm)的质量百分率(%)									小于0.6mm细料性质		使用条件
	37.5~63	31.5	19	16	9.5	4.75	2.36	0.6	0.075	液限	塑性指数	
1	—	100	—	60~80	40~60	30~50	20~35	15~25	7~12	≤35	8~14	潮湿或有黏性土地区
2	—	100	—	70~90	50~70	40~60	25~40	20~32	8~15	≤35	8~12	干旱半干旱或缺乏黏性土地区
3	100	—	55~85	—	35~70	25~60	15~45	10~20	5~10	≤25	≤4	潮湿路段
4	—	90~100	60~75	40~60	20~50	12~25	5~12	≤25	≤6	潮湿路段		
5	100	—	<50	—	<30	<25	<15	<8	≤3	≤25	≤4	中湿或干燥路段
6	—	—	<65	—	<45	<35	<25	<15	≤5	≤25	≤6	

注:1、2号做面层;3、4号做基层;5、6号做垫层。

级配砾(碎)石路面厚度,一般为 8~16cm,当厚度大于 16cm 时应分两层铺筑,下层厚度为总厚度的 0.6 倍,上层为总厚度的 0.4 倍。如基层和面层为同样类型的材料,其总厚度在 16cm 以下时,可分两层摊铺,一次碾压。

级配砾(碎)石基层应密实稳定,为防止出现冻胀和湿软,应注意控制小于 0.6mm 细料的含量和塑性指数。在中湿和潮湿路段,用作沥青路面的基层时,应在级配砾石中掺石灰,细料含量可适当增加,掺入石灰剂量为细料含量的 8%~12%。在级配砾石中掺石灰修筑基层,主要是为了提高基层的强度和水稳定性。

用有级配的砂砾铺筑的垫层称为级配砂砾垫层,其级配要求颗粒尺寸在 4.75~31.5mm 之间,其中 19~31.5mm 含量不少于 50%。

若采用天然砂砾修筑基层,可以就地取材,且施工简易,造价低廉。天然砂砾含土少,水稳定性好,宜作为路面的底基层或垫层。天然砂砾基层所用的砂砾材料,虽无严格要求,但为了保证其干稳性及便于稳定成型,对于颗粒组成应予适当控制。综合各地初步使用经验,其颗粒组成中,大于 20mm 的粗集料要占 40% 以上,最大粒径不宜大于压实厚度的 0.7 倍,并不得大于 100mm,小于 0.5mm 的细料含量应小于 15%,细料塑性指数不得大于 4。由于天然砂砾基层的颗粒组成不是最佳级配,且缺乏黏结料,故其整体性较差,强度不高。为了提高其整体性和强度,可根据交通量和公路线形(如弯道、陡坡)情况,在其表面嵌入碎石或铺碎石过渡层。

优质级配碎石基层广泛用于柔性路面的基层和底基层,优质级配碎石基层的强度主要来源于碎石本身强度及碎石颗粒之间的嵌挤力。因此,对于碎石基层应保证高质量的碎石,以及获得高密度的良好级配和良好的施工压实手段。

我国相关规程在总结国内外经验及使用情况的基础上,规定高速公路和一级公路路面级配碎石集料压碎值应不大于 25%。研究表明,集料中粒径小于 0.5mm 的细料含量及其塑性指数对级配碎石的力学性质有明显的影响。因此,综合考虑结构强度和结构层排水因素,建议液限应小于 25%,同时规定小于 0.5mm 的细料应无塑性,如特殊情况下难以做到,则塑性指数应小于 4%。

级配是影响级配碎石强度与刚度的重要因素。一般来说,密实的级配易于获得高密度,从而使级配碎石获得高的 CBR 值和回弹模量。用于高等级公路基层或用于半刚性基层和沥青面层之间的最佳级配优质级配碎石,其级配应获得最大密实度,并具有较好的透水性。表 4-3 为我国规范及美国 ASTM 推荐的几种典型级配。G_{30}、G_{40}、G_{50} 级配分别为最大粒径为 30mm、40mm、50mm 时,按最大密实度原理推导出的级配。

几种优质级配碎石推荐级配 表 4-3

级配	通过下列筛孔(mm)的百分率(%)										
	37.5	31.5	29	26.5	19	16	9.5	4.75	2.36	0.6	0.075
JTG D50—2006 规定				100		92.5	70	40	28	15	2.5
ASTM(细)						100	77	60	24		10
ASTM(中)	100		94		80		59	43	16		5
ASTM(粗)	100		88		60		40	25	7		0
G_{30}				100	93	84	63	46	31	16	6
G_{40}		100	95	88	82	74	55	41	30	14	5
G_{50}	100	91	86	80	75	68	50	37	25	13	5

用于基层、底基层级配碎石的 CBR 值应符合表 4-4 的要求。

级配碎石 CBR 值　　　　表 4-4

结 构 层	公 路 等 级	极重、特重交通	重 交 通	中等、轻交通
基层	高速公路、一级公路	≥200	≥180	≥160
	二级及二级以下公路	≥160	≥140	≥120
底基层	高速公路、一级公路	≥120	≥100	≥80
	二级及二级以下公路	≥100	≥80	≥60

回弹模量是表征级配碎石刚度的重要指标及设计参数。一般来说,级配碎石的回弹模量明显低于半刚性基层材料,然而与半刚性材料不同的是,级配碎石材料具有较显著的非线性。这种非线性特性使其在刚度较大的下卧层上,表现出较大的回弹模量,从而亦具有足够的抵抗应力和变形的能力,最终使得级配碎石作为上基层不仅具有减缓半刚性基层沥青路面反射裂缝的作用,同时也具有较好的抗疲劳能力。级配碎石弹性模量随应力状态而变化的非线性特性表明,处于半刚性基层上的级配碎石上基层和处于土基上的级配碎石底基层,由于所处的应力状态不同,它们的弹性模量也不同。表 4-5 是级配碎石分别用于上基层及底基层时,常规路面结构碎石层所处的应力状态及模量取值的建议范围。

不同层位级配碎石受力状态及模量取值建议范围　　　　表 4-5

结构层位	最小主应力 σ_3 (MPa)	最大主应力 σ_1 (MPa)	应力不变量 θ ($\sigma_1 + 2\sigma_3$) (MPa)	回弹模量 E (MPa)
级配碎石上基层①	20~120	120~600	250~800	350~550
级配碎石底基层②	受拉	30~120	30~120	150~250

注:①路面结构为 5~20cm 沥青面层 + 10~15cm 碎石上基层 + 40~50cm 半刚性基层 + 土基。
　②路面结构为 5~20cm 沥青面层 + 20~40cm 半刚性基层 + 20cm 碎石底基层 + 土基。

路面结构计算时,粒料层的回弹模量应采用粒料模量乘以湿度调整系数后得到,湿度调整系数可在 1.6~2.0 范围内选取。粒料回弹模量应在最佳含水率和与压实度要求相应的干密度条件下通过室内重复加载三轴压缩试验测定,并取回弹模量试验结果的均值;当参照典型数值确定时,对于级配碎石基层可取 200~400MPa,经湿度调整后可取 300~700MPa;对于级配碎石底基层可取 180~250MPa,经湿度调整后可取 190~440MPa。

4.3　无机结合料稳定类基层

在粉碎的或原状松散的土中掺入一定量的无机结合料(包括水泥、石灰或工业废渣等)和水,经拌和得到的混合料在一定条件下压实与养生后,其抗压强度符合规定要求的材料称为无机结合料稳定材料,以此修筑的路面称为无机结合料稳定路面。

无机结合料稳定路面具有稳定性好、抗冻性能强、自成板体等优点,但其耐磨性较差,因此无机结合料稳定材料广泛应用于路面结构的基层和底基层。无机结合料稳定材料种类较多,例如石灰土、水泥土、水泥砂砾、石灰粉煤灰碎石等。其物理、力学性质各有特点,使用时应根据结构要求、掺加剂和原材料的供应情况以及施工条件进行技术、经济综合比较后选定。

由于无机结合料稳定材料的刚度介于柔性路面材料和刚性路面材料之间,常称为半刚性材料。以此修筑的基层(底基层)亦称为半刚性基层(底基层)。按其混合料结构状态,半刚性基层(底基层)可分为骨架密实型、骨架空隙型、悬浮密实型和均匀密实型四种结构类型。高速公路、一级公路的基层或上基层宜选用骨架密实型混合料。二级及二级以下公路的基层和各级公路的底基层可采用悬浮密实型混合料。均匀密实型混合料适用于高速公路、一级公路的底基层,二级及二级以下公路的基层。骨架空隙型混合料具有较高的空隙率,适用于有路面内部排水要求的基层。

4.3.1 无机结合料稳定材料的收缩特性

(1)干缩特性

无机结合料稳定材料经拌和压实后,由于水分挥发和混合料内部的水化作用,混合料中的水分会不断减少。由此发生的毛细管作用、吸附作用、分子间的引力作用、材料矿物晶体或凝胶体间层间水的作用和碳化收缩作用等会引起石灰、水泥稳定类材料的体积收缩。

描述材料干缩特性的指标主要有干缩应变、失水量、失水率、干缩量、干缩系数和平均干缩系数。

干缩应变(ε_d)是指水分损失引起的试件单位长度的收缩量($\times 10^{-6}$):

$$\varepsilon_d = \frac{\Delta l}{l} \tag{4-1}$$

式中:Δl——含水量损失 Δw 时,试件的整体收缩量;

l——试件的长度。

失水量是指试件失去水分的质量(g);

失水率是指试件单位质量的失水量(%);

干缩量是水分损失时试件的收缩量(10^{-3}mm);

干缩系数是指某失水量时,试件单位失水率的干缩应变($\times 10^{-6}$);

平均干缩系数(α_d)指的是某失水量时,试件的干缩应变 ε_d 与试件的失水率 Δw 之比($\times 10^{-6}$):

$$\alpha_d = \frac{\varepsilon_d}{\Delta w} \tag{4-2}$$

无机结合料稳定材料的干缩特性(最大干缩应变和平均干缩系数的大小)与结合料的类型、剂量、被稳定材料的类别、粒料含量、小于 0.6mm 的细颗粒含量、试件含水率和龄期等有关。

对于稳定粒料类,石灰、水泥稳定类材料干缩特性的大小次序为:石灰稳定类 > 水泥稳定类 > 石灰粉煤灰稳定类;对于稳定细粒土,石灰、水泥稳定类材料收缩性的大小排列为:石灰土 > 水泥土和水泥石灰土 > 石灰粉煤灰土。

(2)温缩特性

无机结合料稳定材料由固相(组成其空间骨架的原材料颗粒和其间的胶结物)、液相(存在于固相表面与空隙中的水和水溶液)和气相(存在于空隙中的气体)组成,所以,其外观胀缩是三相的不同温度收缩综合效应的结果。一般气相大部分与大气贯通,在综合效应中影响较小,通常可以忽略。原材料中砂粒以上颗粒的温度收缩系数较小,粉粒以下的颗粒温度收缩系数较大。

石灰、水泥稳定类材料温度收缩性的大小与结合料类型和剂量、被稳定材料的类别、粒料含量、龄期等有关。试验表明，不同材料的收缩性能具有如下关系：石灰土砂砾的收缩性＞悬浮式石灰粉煤灰粒料的收缩性＞密实式石灰粉煤灰粒料和水泥砂砾的收缩性。

石灰、水泥稳定类基层一般在高温季节修建，成型初期基层内部含水率大，且尚未被沥青面层封闭，基层内部的水分蒸发会引起由表及里的干燥收缩。同时，环境温度也存在昼夜温差。因此，修建初期基层同时受到干燥收缩和温度收缩的综合作用，须注意养生。经过一定龄期的养生，且铺筑沥青面层后，石灰、水泥稳定类基层内相对湿度略有增大，材料的含水率趋于平衡，这时基层的变形以温度收缩为主。

(3) 开裂的防治措施

考虑无机结合料稳定材料干缩特性和温缩特性的特点，为减少无机结合料稳定路面的开裂现象，可采取以下措施：

①选用骨架密实型半刚性基层，严格控制细料含量、结合料剂量和含水率。

②半刚性基层沥青路面，基层的裂缝会反射到面层，即产生反射裂缝。为防止反射裂缝的发生，常采取以下措施：严格控制压实质量标准，尽可能达到最大压实度，适当增加沥青层的厚度，在半刚性基层上设置沥青碎石或级配碎石等柔性基层；设置沥青应力吸收膜、应力吸收层或铺设经实践证明有效的土工合成材料等。

③温缩的最不利情况是材料处于最佳含水率附近，且温度在 $-10\sim0℃$，因此应在气温降至 $0℃$ 前一周完成施工，以防产生严重温缩。

④干缩的最不利情况发生在稳定土成型初期，因此要重视初期养护，保证稳定土处于潮湿状态。

⑤稳定土施工结束后应及早铺面层，使含水率不发生大的变化，减轻干缩裂缝。

⑥尽量增加粗颗粒含量，不仅能够提高结构强度和稳定性，而且具有很好的抗裂性。

4.3.2 石灰稳定类基层

在粉碎或原状松散的土（包括各种粗、中、细粒土）中掺入适量的石灰和水，经拌和、压实及养生后得到的混合料，当其抗压强度符合规定要求时，称为石灰稳定土。石灰稳定土根据混合料中所用的原材料不同，可分为石灰土、石灰碎石和石灰砂砾等。

石灰稳定土具有较高的抗压强度、一定的抗弯强度和抗冻性，也有较好的稳定性，但干缩性和温缩性较大。

(1) 石灰稳定土强度形成原理

石灰稳定土的强度形成，主要是石灰与细粒土相互作用的结果。石灰掺入土中加水拌和后，产生一系列的化学反应和物理化学作用，使原来土的性能发生根本的变化。初期主要表现为土的结团、塑性降低、最佳含水率增大以及最大干密度减小等，后期主要表现为结晶结构的形成，从而提高其板体性、强度和稳定性。强度的形成过程中，石灰与土之间的相互作用表现为以下几个方面：

①离子交换作用

石灰是一种强电解质，在土中加入石灰和水后，石灰在水溶液中电离出钙离子（Ca^{2+}）和氢氧根离子（OH^-）。而土的微小颗粒具有一定的胶体性质，它们一般都带有负电荷，表面吸附着一定数量的钠(Na^+)、氢(H^+)、钾(K^+)等阳离子。石灰掺入土中加水拌和后，钙离子与土中的钠、氢、钾离子产生离子交换作用，原来的钠(钾)土变成钙土，土粒之间更为接近，增强了土粒之间的黏结力。而且，土粒吸附钙离子的结合水膜厚度更薄，受外来水分的影响减弱，水稳定性得到提高。

②结晶作用

在石灰土中只有一部分熟石灰($Ca(OH)_2$)进行离子交换作用，而绝大部分饱和的熟石灰自行结晶。熟石灰与水作用生成熟石灰结晶网格，其化学反应式为：

$$Ca(OH)_2 + nH_2O \rightarrow Ca(OH)_2 \cdot nH_2O$$

这种晶体能够互相结合，并与土粒结合起来成为共晶体。但由于结晶过程时间较长，所以结晶作用主要形成石灰土的后期强度。

③火山灰作用

熟石灰的游离钙离子与土中的活性氧化硅(SiO_2)和氧化铝(Al_2O_3)作用生成含水的硅酸钙和铝酸钙的化学反应就是火山灰作用，其反应式为：

$$xCa(OH)_2 + SiO_2 + nH_2O \rightarrow xCaO \cdot SiO_2 \cdot (n+1)H_2O$$
$$xCa(OH)_2 + Al_2O_3 + nH_2O \rightarrow xCaO \cdot Al_2O_3 \cdot (n+1)H_2O$$

上述所形成的熟石灰结晶网格和含水的硅酸钙和铝酸钙结晶都是胶凝物质，具有水硬性并能在固、液两相环境下发生硬化。这些胶凝物质在土微粒团外围形成一层稳定的保护膜，填充颗粒空隙，减少了颗粒间的空隙与透水性，同时提高了密实度。火山灰作用是石灰土获得强度和水稳定性的基本原因之一，但这种作用比较缓慢，是后期强度增长的主要原因。

④碳酸化作用

碳酸化作用就是熟石灰与二氧化碳相互作用生成碳酸钙($CaCO_3$)的过程，其化学反应式为：

$$Ca(OH)_2 + CO_2 \rightarrow CaCO_3 + H_2O$$

碳酸钙是坚硬的结晶体，和其他复杂盐类把土粒胶结起来，从而大大提高了土的强度和整体性。

(2)影响石灰土结构强度的因素

影响石灰土强度的主要因素有土质、灰质（CaO + MgO 含量）、石灰剂量、含水率、密实度、养生条件（温度和湿度）以及龄期等。

①土质

各种土都可以用石灰来稳定，其中黏性土稳定的效果比较显著。但对于高液限黏土，不但不易粉碎和拌和，影响稳定效果，而且易形成缩裂。采用黏性较低的低液限土时虽拌和容易，但难以碾压成型，稳定的效果也较差，一般采用塑性指数 15~20 的黏质土比较合适。硫酸盐类含量超过 0.8% 或有机质含量超过 10% 的土，对强度有显著影响，不宜用石灰稳定。

②灰质

石灰应选择消石灰粉或生石灰粉，质量应符合Ⅲ级以上。在同等石灰剂量下，质量好（CaO + MgO 含量高）的石灰，稳定效果好。如采用质量差或存放时间过长的石灰，为了满足石灰土的技术要求，需适当增加石灰剂量。用磨细的生石灰稳定土，其效果优于消石灰。

③石灰剂量

石灰剂量是指石灰干质量占干土质量的百分率。石灰剂量对石灰土强度影响显著，石灰剂量较低时,石灰主要起稳定作用,使土的塑性、膨胀性、吸水率降低,具有一定的水稳性。随着石灰剂量的增加,强度和稳定性提高,但剂量超过一定范围时,过多的石灰在混合料中以自由灰的形式存在,石灰土的强度反而降低。实践中常用的最佳石灰剂量范围,对于黏性土及粉性土为8%~14%;对砂性土为9%~16%。准确的石灰剂量应根据结构层的技术要求进行混合料的组成设计来确定。

④含水率

水是石灰土的重要组成部分。它促使石灰土发生一系列物理化学变化,形成强度。适量的水既便于土的粉碎、拌和与压实,又利于养生。石灰土中的含水率以达到最佳含水率为好。不同土质的石灰土有不同的最佳含水率,需通过标准击实试验确定,并用以控制施工中的实际加水量。

⑤密实度

石灰土的强度随密实度的增加而增长。实践证明,石灰土的密实度每增减1%,强度约增减4%左右。而且密实石灰土的抗冻性、水稳定性也好,缩裂现象也会减少。

⑥龄期

石灰土的强度具有随龄期增加而增长的特点。一般石灰土的初期强度较低,前期(1~2个月)增长速率较后期快。石灰土强度与龄期关系可大致表示为:

$$R_t = R_1 t^\beta \tag{4-3}$$

式中:R_1——1个月龄期抗压强度,MPa;

R_t——t个月龄期抗压强度,MPa;

β——系数,为0.1~0.5。

⑦养生条件

石灰土的养生条件主要指温度与湿度。养生条件不同,其强度也有差异。当温度高时,物理化学反应速度快、硬化快,强度增长也快,见图4-2。反之强度增长慢,负温条件下甚至不增长。适当的湿度可为石灰土的结晶作用和火山灰作用提供必要的结晶水,但过大的湿度会影响生成物的胶凝结晶硬化,过小的湿度不能满足化学反应和结晶所需的水分,均会影响石灰土强度的形成。

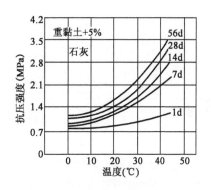

图4-2 养生温度对石灰稳定土抗压强度的影响

(3)材料要求及混合料组成设计

①材料要求

a. 土的要求。土块要经过粉碎,塑性指数为15~20的黏性土以及含有一定数量黏性土的中粒土与粗粒土均可用石灰稳定,但塑性指数大于15的黏性土更适宜于用石灰和水泥综合稳定。用石灰稳定无塑性的级配砂砾、级配碎石和未筛分碎石时,应添加15%的黏性土。塑性指数偏大的黏性土,应加强粉碎,粉碎后土块的最大尺寸不应大于15mm。可以采用两次拌和法,第一次加部分石灰拌和后,闷放1~2d,再加入其余的石灰,进行第二次拌和。

b. 石灰。质量应为Ⅲ级以上,其技术指标应符合表4-6的规定。施工过程中应尽量缩短石灰的存放时间。如需在野外长时间堆放,应覆盖防潮。

Ⅲ级石灰的技术指标 表4-6

技 术 指 标		材 料 种 类			
		钙质生石灰	镁质生石灰	钙质消石灰	镁质消石灰
有效氧化钙加氧化镁(%)		≥70	≥65	≥55	≥50
未消解残渣①(%)		≤17	≤20	—	—
含水率(%)		—	—	≤4	≤4
细度	0.71mm 筛余(%)	—	—	≤1	≤1
	0.125mm 筛余(%)	—	—	20	20
钙镁石灰的分类界限,氧化镁含量(%)		≤5	>5	≤4	>4

注:①4.75mm 孔筛的筛余。

c. 集料。石灰稳定集料用于基层时,最大粒径不应大于37.5mm;用于底基层时,最大粒径不应大于53mm。不含黏性土的砂砾、级配碎石和未筛分碎石用石灰稳定时,应采用石灰土稳定,石灰土与集料的质量比宜为1:4,集料应具有良好的级配。

d. 水。凡是饮用水(含牲畜饮用水)均可用于石灰土的施工。

②混合料组成设计

石灰稳定类材料的组成设计应根据表4-7的强度标准,通过试验选取最适宜于稳定的土,确定必需的或最佳的石灰剂量和混合料的最佳含水率,在需要改善混合料的物理力学性能时,还应确定掺加料的比例。

石灰稳定类材料的压实度及7d无侧限抗压强度 表4-7

材 料	结构层	公 路 等 级	极重、特重交通	重交通	中等、轻交通
石灰稳定类	基层	二级及二级以下公路	—	—	≥0.8①
	底基层	高速公路、一级公路	—	—	≥0.8
		二级及二级以下公路	—	—	0.5~0.7②

注:①在低塑性土(塑性指数小于7)地区,石灰稳定砂砾和碎石的7d龄期无侧限抗压强度大于0.5MPa。
②低限用于塑性指数小于7的黏土,高限用于塑性指数大于或等于7的黏土。

石灰稳定土混合料设计步骤:

a. 选择一种土样,根据经验或规范推荐,制作不同石灰剂量的稳定土混合料;

b. 用重型击实法确定不同剂量稳定土的最佳含水率及最大干密度;

c. 按最佳含水率和工地预期的压实度制作试件,在规定条件下进行7d无侧限抗压强度试验,其平均抗压强度应符合式(4-4)的要求。

$$\overline{R} \geqslant \frac{R_\mathrm{d}}{1 - Z_\mathrm{a} \cdot C_\mathrm{v}} \tag{4-4}$$

式中:R_d——设计抗压强度,MPa;

C_v——试验结果的偏差系数(小);

Z_a——随保证率(或置信度)而变的系数,重交通道路保证率取95%,Z_a = 1.645,其他保证率90%,Z_a = 1.282。

工地实际使用的石灰剂量,可增加0.5%~1.0%。

4.3.3 水泥稳定类基层

在粉碎的或原状松散的土中,掺入适量的水泥和水,按照一定的技术要求,经拌和摊铺,在最佳含水率条件下压实及养护成型,其抗压强度符合规定要求时,称为水泥稳定材料,以此修建的路面基层称水泥稳定类基层。当用水泥稳定细粒土(砂性土、粉性土或黏性土)时,简称水泥土。

水泥是水硬性结合料,绝大多数的土类(高塑性黏土和有机质较多的土除外)都可以用水泥来稳定,改善其物理力学性质以适应各种不同的气候条件与水文地质条件。水泥稳定类基层具有良好的整体性、足够的力学强度、抗水性和耐冻性,其水稳定性和抗冻性都优于石灰稳定类材料。水泥稳定土的初期强度较高,且强度随龄期增长,它的力学强度还可以根据需要进行调整,可以在各级公路上用做基层或底基层。但是,水泥土易因干缩和温缩而产生裂缝,且抗冲刷能力差,因此,水泥土禁止用做二级和二级以上路面的基层,也不宜用做水泥混凝土面板的基层,只能用做底基层。

(1) 水泥稳定土强度形成原理

在利用水泥稳定土的过程中,水泥、土和水之间发生了多种非常复杂的作用,从而使土的性能发生了明显的变化。

① 水泥的水化作用

在水泥稳定土中,首先发生的是水泥自身的水化反应,从而产生出具有胶结能力的水化产物,这是水泥稳定土强度的主要来源。水泥水化过程的反应简式如下:

硅酸三钙　　　　　　　$2C_3S + 6H_2O \rightarrow C_3S_2H_3 + 3CH$

硅酸二钙　　　　　　　$2C_2S + 4H_2O \rightarrow C_3S_2H_3 + 1CH$

铝酸三钙　　　　　　　$2C_3A + 6H_2O \rightarrow C_3AH_6$

铁铝酸四钙　　　　　　$C_4AF + 7H_2O \rightarrow C_4AFH_7$

水化产物在土的孔隙中相互交织搭接,将土颗粒包覆连接起来,使土逐渐丧失了原有的塑性等性质,并且随着水化产物的增加,混合料强度也逐渐增加。但水泥稳定土中水泥的水化与水泥混凝土中水泥的水化还有所不同。这是因为:土具有非常高的比表面积和亲水性;水泥稳定土中的水泥含量较少;土对水泥的水化产物具有强烈的吸附性;在一些土中常存在酸性介质环境。由于这些特点,在水泥稳定土中,水泥的水化硬化条件较混凝土中差得多;特别是由于黏土矿物对水化产物中的 $Ca(OH)_2$ 具有极强的吸附和吸收作用,使溶液中的碱度降低,从而影响了水泥水化产物的稳定性;水化硅酸钙中的 C/S 会逐渐降低析出 $Ca(OH)_2$,从而使水化产物的结构和性能发生变化,进而影响到混合料的性能。因此在选用水泥时,在其他条件相同时,应优先选用硅酸盐水泥,必要时还应对水泥稳定土进行"补钙",以提高混合料中的碱度。

② 离子交换作用

水泥水化后产生大量的 $Ca(OH)_2$,因此在水泥土中也发生与石灰土相似的离子交换作用。

③ 化学激发作用

土的矿物组成基本上都属于硅铝酸盐,其中含有大量的硅氧四面体和铝氧八面体。在通常情况下,这些矿物具有比较高的稳定性,但当黏土颗粒周围介质的 pH 值增加到一定程度时,黏土矿物中的部分 SiO_2 和 Al_2O_3 的活性将被激发出来,与溶液中的 Ca^{2+} 进行反应,生成新的矿物,这些矿物主要是硅酸钙和铝酸钙系列,如 $4CaO \cdot 5SiO_2 \cdot 5H_2O$、$4CaO \cdot Al_2O_3 \cdot 19H_2O$、$3CaO \cdot Al_2O_3 \cdot 16H_2O$、$CaO \cdot Al_2O_3 \cdot 10H_2O$ 等。与石灰土和火山灰反应类似,这些矿物的组成和结构与水泥的水化产物都有很多类似之处,并且同样具有胶凝能力。这些胶结物质包裹着黏土颗粒表面,与水泥的水化产物一起,将黏土颗粒凝结成一个整体。因此,氢氧化钙对黏土矿物的激发作用,可进一步提高水泥稳定土的强度和水稳定性。

④碳酸化作用

水泥水化生成的$Ca(OH)_2$,除了可与黏土矿物发生化学反应外,还可以进一步与空气中的CO_2发生碳酸化反应并生成碳酸钙晶体。其反应式为:

$$Ca(OH)_2 + CO_2 \rightarrow CaCO_3 + H_2O$$

碳酸钙生成过程中会产生体积膨胀,也可以对土的基体起到填充和加固的作用,只是这种作用较弱,反应过程也较慢。

由此可以看出,水泥稳定土的强度是水泥石的骨架作用与氢氧化钙的物理化学反应共同作用的结果。物理化学作用使土粒形成稳定的团粒结构,而水泥石则把这些团粒包覆和连接成坚固的土粒团。所以,在拌制水泥土时会出现水泥浆包裹土团粒,而在土团粒内部却没有水泥的现象。只有在长时间的扩散作用下,土团内部才会渗入水泥水解物。

(2)影响强度的主要因素

①土质

土的类别和性质是影响水泥稳定土强度的重要因素,各类砂砾土、砂土、粉土和黏土均可利用水泥进行稳定,但稳定的效果并不相同。试验和生产实践表明,用水泥稳定级配良好的碎(砾)石效果最好,不但强度较高,而且水泥用量少,其次是砂土,再次是粉土和黏土。有机质含量较高的土、硫酸盐含量超过0.25%的土及重黏土(难于粉碎和拌和),不宜单独用水泥稳定。

②水泥的成分和剂量

试验研究表明,水泥的矿物成分和分散度对稳定效果影响显著。对于同一种土,一般情况下硅酸盐水泥的稳定效果优于铝酸盐水泥。当水泥硬化条件相似、矿物成分相同时,随着水泥分散度的增加,其活性程度和硬化能力也有所增大,从而水泥土的强度也大大提高。

水泥土的强度随水泥剂量的增加而增长。但过多的水泥用量,虽可获得强度的增加,在经济上却不一定合理,在效果上也不一定显著,而且容易出现开裂现象。试验和研究证明,3%~6%的水泥剂量较为合适。

③含水率

含水率对水泥稳定土强度的影响很大,当含水率不足时,水泥不能在混合料中完全水化和水解,发挥不了水泥对土的固结和稳定作用,从而影响强度的形成。同时,含水率小、达不到最佳的含水率也将严重影响水泥稳定土的压实。因此,控制最佳含水率的同时,也要满足水泥完全水化和水解的需要。水泥正常水化所需的水量约为水泥重的20%,对于砂性土,完全水化达到最高强度的含水率较最佳密度的含水率小,而对于黏性土则相反。

④施工工艺

水泥、土和水拌和得越均匀,且在最佳含水率下压实得越充分,其强度和稳定性就越高。水泥土从开始加水拌和到完成压实的时间(称延迟时间)要尽可能短,一般不应超过3~4h。若时间过长,则水泥会出现凝结,碾压时不但达不到规定的压实度,而且会破坏已结硬水泥的胶凝作用,反而使水泥稳定土强度下降(图4-3)。在水泥终凝时间达不到规定要求时,可以使用一定剂量的缓凝剂,其品种和数量可由试验确定。

水泥稳定土需湿法养生,以满足水泥水化形成强度的需要。养生温度越高,强度增长得越快(图4-4),因此,要保证水泥稳定土养生的温度和湿度条件。

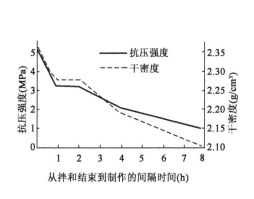

图4-3 延续时间对水泥砂砾的强度和干密度影响

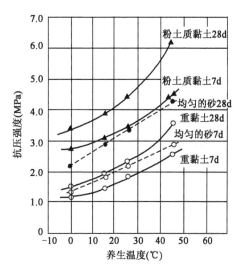

图4-4 养生温度对水泥稳定土抗压强度的影响

(3)混合料组成设计

不同结构状态的水泥稳定类材料,用作基层和底基层时,其集料的颗粒组成范围并不相同。

①悬浮密实型水泥稳定类基层集料的最大粒径不大于31.5mm,用作底基层时,集料的最大粒径不大于37.5mm,集料级配范围宜符合表4-8的要求。

悬浮密实型水泥稳定类集料级配　　　　表4-8

层 位	通过下列方孔筛(mm)的质量百分率(%)							
	37.5	31.5	19.0	9.50	4.75	2.36	0.6	0.075
基层		100	90~100	60~80	29~49	15~32	6~20	0~5
底基层	100	93~100	75~90	50~70	29~50	15~35	6~20	0~5

②骨架密实型水泥稳定类基层集料的最大粒径不大于31.5mm,集料级配范围宜符合表4-9的要求。

骨架密实型水泥稳定类集料级配　　　　表4-9

层位	通过下列方孔筛(mm)的质量百分率(%)						
	31.5	19.0	9.50	4.75	2.36	0.6	0.075
基层	100	68~86	38~58	22~32	16~28	8~15	0~3

③水泥稳定类材料的水泥剂量一般为3%~5.5%,当达不到表4-10中的强度要求时,应调整级配,水泥的最大剂量不应超过6%。

④对含泥量大的砂、砂砾宜掺入一定石灰进行综合稳定。当水泥用量占结合料总质量的30%以上时,应按水泥稳定类进行设计,否则按石灰稳定类设计。

水泥稳定类材料的 7d 无侧限抗压强度　　　　表 4-10

材料	结构层	公路等级	极重、特重交通	重交通	中等、轻交通
水泥稳定类	基层	高速公路、一级公路	5.0~7.0	4.0~6.0	3.0~5.0
		二级及二级以下公路	4.0~6.0	3.0~5.0	2.0~4.0
	底基层	高速公路、一级公路	3.0~5.0	2.5~4.5	2.0~4.0
		二级及二级以下公路	2.5~4.5	2.0~4.0	1.0~3.0

水泥稳定土混合料组成设计内容和步骤与石灰稳定土基本相同。

4.3.4 工业废渣稳定基层

由一定数量的无机结合料和工业废渣与其他集料或土相配合,加入适量的水,经拌和、压实及养生后得到的混合料,当其抗压强度符合规定的要求时,称为无机结合料稳定工业废渣,以此修筑的路面基层称为无机结合料稳定工业废渣基层,简称工业废渣基层。

常用的工业废渣有:火力发电厂的粉煤灰和煤渣,钢铁厂的高炉矿渣和钢渣,化肥厂的电石渣,石灰窑的下脚料,以及符合条件的各种金属、非金属尾矿渣等。这些废渣均可以用石灰、水泥等加以稳定,可显著提高其物理力学性能。

工业废渣稳定基层具有良好的板体性,强度高、稳定性好、收缩性小,且具有缓凝性,强度随龄期逐渐增加,能够适应各种气候环境和水文地质条件,同时又利用了工业废料,"变废为宝",具有显著的经济效益和社会效益,因此近年来修筑的高等级公路常选用该种材料作为基层或底基层。但是,考虑到粉煤灰具有易扬尘、溶于水后污染地下水的缺点,因此在施工时也要做好相应的防护措施。

(1)工业废渣基层强度形成机理

粉煤灰、煤渣、钢渣、电石渣、煤矸石等工业废渣中都含有较多的氧化硅、氧化钙或氧化铝等活性物质。加入石灰后,在水环境下石灰一方面是作为胶结材料,另一方面是作为激发剂——废渣中的活性氧化硅和氧化铝在石灰与水作用形成的饱和 $Ca(OH)_2$ 溶液中发生火山灰反应,生成具有胶凝作用的水化硅酸钙和水化铝酸钙,从而把颗粒胶凝在一起,随着水化物的不断产生而结晶硬化。因此,用石灰、粉煤灰稳定砂性土等低塑性土的效果要比单纯的石灰好得多。

(2)材料要求及混合料设计

①材料要求

a.石灰与水泥

石灰等级宜高于Ⅲ级,技术指标应符合表 4-5 的要求。施工过程中应尽量缩短石灰的存放时间,如果存放时间较长,应采取覆盖封存措施,妥善保管。有效钙含量在 20% 以上的等外石灰、贝壳石灰、珊瑚石灰、电石渣等,当其混合料的强度通过试验符合表 4-11 中的标准时,可以应用。

水泥宜用普通硅酸盐水泥、矿渣硅酸盐水泥、火山灰质硅酸盐水泥,水泥的终凝时间宜在 6 小时以上,早强、快硬及变潮变质的水泥不应使用,宜使用强度等级较低的水泥。

无机结合料稳定工业废渣 7d 无侧限抗压强度 表 4-11

材料	结构层	公路等级	极重、特重交通	重交通	中等、轻交通
水泥粉煤灰稳定类	基层	高速公路、一级公路	4.0~5.0	3.5~4.5	3.0~4.0
		二级及二级以下公路	3.5~4.5	3.0~4.0	2.5~3.5
	底基层	高速公路、一级公路	2.5~3.5	2.0~3.0	1.5~2.5
		二级及二级以下公路	2.0~3.0	1.5~2.5	1.0~2.0
石灰粉煤灰稳定类	基层	高速公路、一级公路	≥1.1	≥1.0	≥0.9
		二级及二级以下公路	≥0.9	≥0.8	≥0.7
	底基层	高速公路、一级公路	≥0.8	≥0.7	≥0.6
		二级及二级以下公路	≥0.7	≥0.6	≥0.5

b. 粉煤灰。

粉煤灰的质量好坏直接影响混合料的质量,因此用于石灰工业废渣的粉煤灰,应符合以下要求:粉煤灰中氧化硅(SiO_2)、氧化铝(Al_2O_3)和氧化铁(Fe_2O_3)的总含量应大于70%,烧失量不宜大于20%;比表面积宜大于 $2500cm^2/g$ 或 0.075mm 筛孔通过率应大于70%。干粉煤灰和湿粉煤灰均可用于石灰工业废渣稳定土,但湿粉煤灰的含水率不宜超过35%。

c. 煤渣。

煤渣的烧失率不宜大于20%,其最大粒径不应大于30mm,颗粒组成宜有一定的级配,且不宜含有杂质。

d. 土。

保留工业废渣、石灰工业废渣,稳定土宜采用塑性指数 12~20 的黏性土(亚黏土)。土块的最大尺寸不应大于15mm。有机质含量超过10%的土不宜选用。用石灰、粉煤灰稳定中粒土和粗粒土效果更好。不宜用含有机质的土。

e. 集料。

碎石或砾石的压碎值应符合下列要求:对于基层,高速公路和一级公路集料的压碎值应不大于30%,二级公路、二级以下公路集料的压碎值应不大于35%;对于底基层,高速公路和一级公路集料的压碎值应不大于35%,二级和二级以下公路集料的压碎值应不大于40%。颗粒最大粒径,高速公路和一级公路不大于31.5mm,二级和二级以下公路不大于37.5mm。

f. 级配。

不同结构状态的工业废渣稳定类材料,用作基层和底基层时,其集料的颗粒组成范围并不相同。

a) 骨架密实型石灰粉煤灰稳定类基层集料的最大粒径不大于31.5mm,集料级配范围宜符合表 4-12 的要求。

骨架密实型石灰粉煤灰稳定类集料级配 表 4-12

层 位	通过下列方孔筛(mm)的质量百分率(%)								
	31.5	26.5	19.0	9.50	4.75	2.36	1.18	0.6	0.075
基层	100	95~100	48~68	24~34	11~21	6~16	2~12	0~6	0~3

b) 悬浮密实型石灰粉煤灰稳定碎石基层、底基层,集料的最大粒径分别不大于31.5mm、37.5mm,其级配范围宜符合表 4-13 的要求。

悬浮密实型石灰粉煤灰稳定碎石的集料级配　　表 4-13

层位	通过下列方孔筛(mm)的质量百分率(%)								
	37.5	31.5	19.0	9.50	4.75	2.36	1.18	0.6	0.075
基层		100	88~98	55~75	30~50	16~36	10~25	4~18	0~5
底基层	100	94~100	79~92	51~72	30~50	16~36	10~25	4~18	0~5

c) 悬浮密实型石灰粉煤灰稳定砂砾基层、底基层,砂砾的级配范围宜符合表 4-14 的要求。

悬浮密实型石灰粉煤灰稳定砂砾的集料级配　　表 4-14

层位	通过下列方孔筛(mm)的质量百分率(%)								
	37.5	31.5	19.0	9.50	4.75	2.36	1.18	0.6	0.075
基层		100	85~98	55~75	39~59	27~47	17~35	10~25	0~10
底基层	100	85~100	65~89	50~72	35~55	25~45	17~35	10~27	0~15

d) 水泥粉煤灰稳定级配碎石或砾石的推荐级配范围见表 4-15。

水泥粉煤灰稳定级配碎石或砾石的推荐级配范围(%)　　表 4-15

筛孔尺寸(mm)	高速公路和一级公路				二级及二级以下公路			
	稳定碎石		稳定砾石		稳定碎石		稳定砾石	
	CF-A-1S	CF-A-2S	CF-A-1L	CF-A-2L	CF-B-1S	CF-B-2S	CF-B-1L	CF-B-2L
37.5	—	—	—	—	100	—	100	—
31.5	100	—	100	—	100~90	100	100~90	100
26.5	95~90	100	95~91	100	93~80	100~90	94~81	100~90
19	84~72	88~79	85~76	89~82	81~64	86~70	83~67	87~73
16	79~65	82~70	80~69	84~73	75~57	79~62	78~61	82~65
13.2	72~57	76~61	75~62	78~65	69~50	72~54	73~54	75~58
9.5	65~47	64~49	65~51	67~53	60~40	62~42	64~45	66~47
4.75	40~30	40~30	45~35	45~35	45~25	45~25	50~30	50~30
2.36	28~19	28~19	33~22	33~22	31~16	31~16	36~19	36~19
1.18	20~12	20~12	24~13	24~13	22~11	22~11	26~12	26~12
0.6	14~8	14~8	18~8	18~8	15~7	15~	19~8	19~8
0.3	10~5	10~5	13~5	13~5	—	—	—	—
0.15	7~3	7~3	10~3	10~3	—	—	—	—
0.075	5~2	5~2	7~2	7~2	5~2	5~2	7~2	7~2

g. 中冰冻、重冰冻区的高速公路、一级公路采用石灰粉煤灰稳定类材料做基层时,应进行抗冻性能检验。

抗冻性能采用 28d 龄期的试件经 -18~18℃ 的 5 次冻融循环后的残留抗压强度与 28d 龄期的抗压强度(MPa)之比进行评价,其指标应符合表 4-16 的要求。

石灰粉煤灰稳定类材料抗冻性能技术要求　　表 4-16

气候分区	重冻区	中冻区
残留抗压强度比(%)	≥70	≥65

可在石灰粉煤灰稳定类材料中掺入水泥或其他早强剂,以提高其早期强度或抗冻性能,掺入剂量通过试验确定。

②工业废渣混合料设计

混合料组成设计内容包括：根据表4-11规定的7d无侧限抗压强度标准,通过试验选取适宜于稳定的土(或集料),确定石灰(或水泥)与粉煤灰或煤渣的比例,确定石灰(或水泥)粉煤灰或石灰(或水泥)煤渣等与土(或集料)的质量比,确定混合料的最佳含水率与最大干密度等。工业废渣混合料的设计方法和步骤与石灰稳定土基本相同。

(3)石灰粉煤灰基层

石灰粉煤灰(简称二灰)基层是用石灰和粉煤灰按一定配比,加水拌和、摊铺、碾压及养生而成型的基层。其混合料的配比组成,可根据当地的实践经验参照下面配比选用。

采用石灰粉煤灰土做基层或底基层时,石灰与粉煤灰的比,常用1:2～1:4(对于粉土,以1:2为合适)。石灰粉煤灰与细粒土的比宜为30:70;与级配中粒土或粗粒土的比宜为20:80～15:85。

为防止裂缝,采用石灰与粉煤灰的配比为1:3～1:4,集料含量以80%～85%为最佳,既可抗干缩又可抗温缩。许多地区在修筑高速公路、一级公路时选用这种基层和底基层,既减少了因基层反射裂缝而引起的面层开裂问题,还减轻了沥青路面的车辙现象。

石灰粉煤灰混合料设计内容如下：

首先按推荐的配合比,在二灰碎石层施工前10～15d进行现场试配,按照《公路工程无机结合料稳定材料试验规程》(JTG E51—2009)的规定进行试验。试验时,推荐二灰掺量作为中间值,上下各浮动5%,以此三档掺量分别制作试件,然后按规定进行击实试验和强度试验。经过现场试验,推荐的配合比7d无侧限抗压强度达不到规定要求时,需要经批准后予以调整,但二灰掺量一般应大于15%。

(4)石灰煤渣类基层

石灰煤渣(简称二渣)基层是用石灰和煤渣按一定配合比,加水拌和、摊铺、碾压、养生而成型的基层。二渣中如掺入一定量的粗骨料便称三渣;若掺入一定量的土,称为石灰煤渣土。混合料的配合比可根据当地气候、水文地质条件、公路等级及实践经验参照如下配比选用：

采用石灰煤渣做基层或底基层时,石灰与煤渣的比例可用20:80～15:85。

采用石灰煤渣土做基层或底基层时(土为细粒土),石灰与煤渣的比例可用1:1～1:4,但混合料中的石灰不应少于10%,石灰煤渣与土的比例可用1:1～1:4。

采用石灰煤渣粒料做基层或底基层时,石灰:煤渣:粒料可用(7～9):(26～33):(58～67)。

为了提高石灰煤渣和石灰煤渣土的早期强度,可外加1%～2%的水泥。

石灰煤渣、石灰煤渣土和三渣皆具有水硬性,物理力学性质基本上与石灰土相似,但其强度与水稳定性都比石灰土好。石灰煤渣的28d强度可达1.5～3.0MPa,并随龄期而增长。初期强度增长慢,且有一定的塑性,达到一定龄期后,处于弹性工作状态,成板体、具有较大的刚性。研究表明,当采用石灰煤渣粒料时,抗缩裂能力有所改善。

【复习思考题】

4-1　粒料类基层的强度是怎样形成的？

4-2　土—碎(砾)石混合料有哪三种状态？各有什么特点？

4-3　什么是无机结合料稳定路面基层？它有哪几种类型？其主要优点和缺点各是什么？

4-4　石灰土和水泥土的强度形成原理是什么？它们对土的类型和性质有何不同要求？石灰和水泥剂量应如何确定？

4-5　什么是工业废渣基层？常用的有哪些？有何特点？

4-6　不同基层材料适用于哪些交通等级的公路？

第 5 章
荷载作用与交通分析

【本章内容】
本章主要介绍交通荷载的分类、荷载对路面的作用特点和轴载换算原则与方法。

【学习要求】
通过本章学习,掌握交通荷载的类型和作用特点、标准轴载及轴载换算原则,掌握不同路面结构对应的轴载换算方法。

5.1 荷 载 作 用

路面结构主要为汽车服务,汽车荷载分担到每个车轴上,传递给轮胎,再由轮胎传递到路面结构。轮胎对路面的反复作用是造成路基路面结构损伤的主要原因。分析行车荷载的特性及其对路面的作用,可为路面结构设计奠定基础。

(1)车辆的种类

不同用途和不同规范对车辆的分类有所差异。对道路上通行的汽车车辆进行分类,主要用于交通量分析和轴载的分析与计算。《公路工程技术标准》(JTG B01—2014)中对交通量折算的规定为:

小客车——少于或等于19座的客车和载质量小于或等于2t的货车;

中型车——多于 19 座的客车和载质量大于 2t 且小于或等于 7t 的货车；
大型车——载质量大于 7t 且小于或等于 20t 的货车；
拖挂车——载质量大于 20t 的货车。

另外根据交通运输部的《收费公路车辆通行费车型分类》(JT/T 489—2003)，汽车按照座位数或核定的额定载质量运输分为 5 类(表 5-1)进行收费，货车按实测重量计重收费。

收费公路车辆通行费车型分类　　　　　　　　　　表 5-1

类　别	车型及规格	
	客车	货车
第 1 类	≤7 座	≤2t
第 2 类	8～19 座	2～5t(含 5t)
第 3 类	20～39 座	5～10t(含 10t)
第 4 类	≥40 座	10～15t(含 15t)20ft 集装箱车
第 5 类	…	>15t　40ft 集装箱车

(2) 汽车的轴型及按轴型分类

从路基路面工程角度考虑，车轴每侧的轮胎是作用力的基本单元，因此必须考虑车轴数以及每侧的轮胎数，并以此作为车辆类型的分类依据。

轴重的大小直接关系到路面结构的设计承载力与结构强度，路面结构设计使用的是轴载及其作用次数。我国公路与城市道路路面设计规范中均以 100kN 作为设计标准轴载，标准轴载标记为 BZZ-100，其参数是单轴双轮组轴载为 100kN，单轮传压面当量圆直径(d)为 21.30cm，轮胎接地压强为 0.70MPa，两轮中心距为 $1.5d$。我国公路上行驶的货车轴型总体可分为整体式、半挂式和多挂式三类。现行规范将汽车的轴型分为 7 种，如表 5-2 所示，而汽车按轴型分类见表 5-3。目前汽车货运有向大型重载、多轴多轮、总重量增加方向发展，超载超限运输极为普遍，其导致路面结构的破坏问题在我国日益突出。

轴 型 分 类　　　　　　　　　　表 5-2

轴型编号	轴型说明	轴型编号	轴型说明
1	单轴(每侧单轮胎)	5	双联轴(每侧双轮胎)
2	单轴(每侧双轮胎)	6	三联轴(每侧单轮胎)
3	双联轴(每侧单轮胎)	7	三联轴(每侧双轮胎)
4	双联轴(每侧各一单轮胎、双轮胎)		

(3) 汽车对路面的静态作用

汽车停驻状态时，对道路的作用力为静态作用力，主要是由轮胎传给路面的垂直压力 p。它的大小受以下因素的影响：

①汽车轮胎的内压力 p_i；
②轮胎的刚度和轮胎与路面接触的形态；
③轮载的大小。

车辆按轴型分类   表 5-3

车型类别	说明	主要车型及图示		其他车型
1 类	2 轴 4 轮车辆	11 型车		
2 类	2 轴 6 轮及以上客车	12 型客车		15 型客车
3 类	2 轴 6 轮整体式货车	12 型货车		
4 类	3 轴整体式货车（非双前轴）	15 型	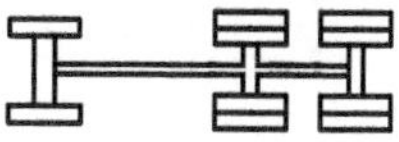	
5 类	4 轴及以上整体式货车（非双前轴）	17 型	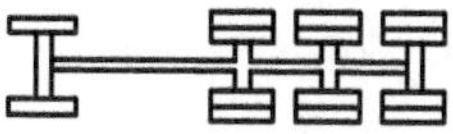	
6 类	双前轴整体式货车	112 型 115 型	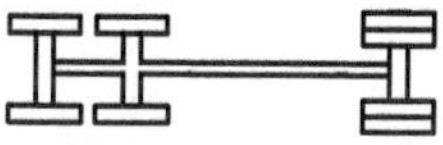	117 型
7 类	4 轴及以下半挂货车（非双前轴）	125 型	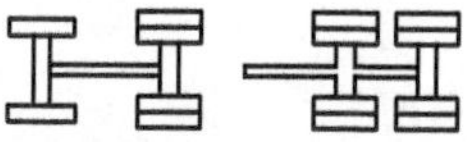	112 型
8 类	5 轴半挂货车（非双前轴）	127 型 155 型	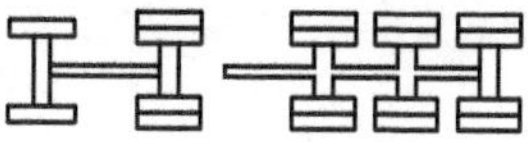	
9 类	6 轴及以下半挂货车（非双前轴）	157 型		
10 类	双前轴半挂式货车	1127 型	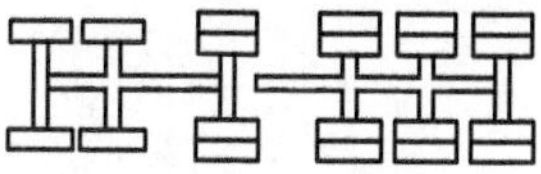	1122 型 1125 型 1155 型 1157 型
11 类	全挂货车	1522 型 1222 型	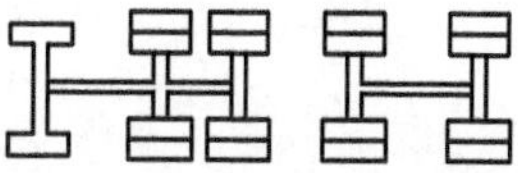	

货车轮胎的标准静内压力 p_i 一般在 0.4~0.9MPa 范围内（即为 4~9 个大气压,货车驾驶员一般以大气压的倍数为单位）,而实测数据显示货车胎压一般超出标准,实际平均范围在 0.7~1.2MPa,从而减少接触面积降低油耗。通常轮胎与路面接触面上的压力 p 略小于内压

力 p_i，为 p_i 的 80%～90%。车辆在行驶过程中，内压力会因温度升高、气体膨胀等因素而有所增加，因此，滚动的车轮接触压力也有所增加，达到 p_i 的 90%～110%。

轮胎与路面接触面假定分布是均匀的，形状如图 5-1 所示，其形状轮廓近似于椭圆形，设计中将车轮荷载简化成当量圆形均布荷载，并采用轮胎的内压力作为接触面压力 p。当量圆的半径 δ 可以按式(5-1)计算：

$$\delta = \sqrt{\frac{P}{\pi p}} \tag{5-1}$$

式中：δ——接触面当量圆半径，m；
P——作用于车轮上的荷载，kN；
p——轮胎接触压力，kPa。

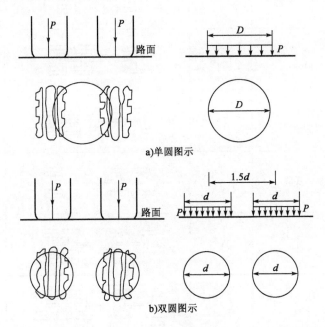

图 5-1 车轮荷载示意图

对于双轮组车轴，轴上共有四轮，若每一侧的双轮用一个圆表示，称为单圆荷载[图 5-1a)]；若用两个圆表示，称为双圆荷载[图 5-1b)]。双圆荷载当量圆的直径 d 和单圆荷载当量圆的直径 D，分别按式(5-2)和式(5-3)计算：

$$d = \sqrt{\frac{4P}{\pi p}} \tag{5-2}$$

$$D = \sqrt{\frac{8P}{\pi p}} = \sqrt{2} d \tag{5-3}$$

例如我国现行的路面设计规范中规定的标准轴载 BZZ-100，轮荷载 $P = 25\text{kN} = (100/4)\text{kN}$，接触压力 $p = 700\text{kPa}$。由此可得相应的当量圆直径分别为 $d_{100} \approx 0.213\text{m}$，$D_{100} \approx 0.302\text{m}$。虽然由于轴单侧的轮胎个数不同，导致使用不同公式而得出不同的接触半径，但只要轴载和接触压力不变，轴上所有轮胎与地面的接触面积总和相同。

(4)行驶车辆对道路的动态影响

行驶状态的汽车除了对路面施加垂直压力作用外,还有水平力和汽车振动产生的动荷载。车轮施加给路面的各种水平力 Q 与垂直压力 p 的关系可以由式(5-4)计算。车轮荷载见图5-2a)。在汽车在静止时,施加垂直向下的静压力;当汽车加速和减速时,向行驶方向的后方或前方施加水平力[图5-2b)、c)];但当汽车需要转向时,为了克服离心力,轮胎向路面施加侧向水平力[图5-2d)]。车轮的水平作用力是沥青路面产生明显局部车辙及其他剪切破坏的主要成因之一;水平作用力在静止与非静止状态转换时明显增大,因此在交叉路口及公共汽车停靠站的路面结构设计中,需考虑水平作用力的影响。

$$Q = P \cdot \mu \tag{5-4}$$

式中:μ——轮胎与路面之间的摩擦系数,它与汽车的行驶速度和路面类型以及潮湿状态有关。

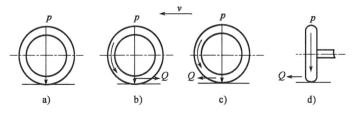

图5-2 车轮荷载示意图

实际情况下当汽车在道路上行驶时,作用在路面上的轮载时而大于静态轮载,时而小于静态轮载,呈波动状态,图5-3所示即为轴载波动的实例。轮载的这种波动,可近似地看作为连续多个正态分布的组合,其变异系数(标准离差与静态轮载之比)主要随下述三个因素而变化:

①行车速度:车速越高,变异系数越大;
②路面的平整度:平整度越差,变异系数越大;
③车辆的振动特性:轮胎的刚度越低,减振装置的效果越好,变异系数越小。

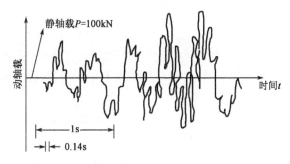

图5-3 轴载波动示意图

正常情况下,变异系数一般小于0.3。

在行驶中,振动轮载的最大峰值与静态轮载之比称为冲击系数或动荷系数,在较平整的路面上,行车速度不超过50km/h时,冲击系数不超过1.30。车速增加或路面平整性不良,则冲击系数还要增大。在设计路面时,尤其是标准高的路面,有时以静态轮载乘以冲击系数作为设计荷载。

行驶的汽车对路面施加的荷载有瞬时性,车轮通过路面上任一点时,路面承受荷载的时间是很短的,只有0.01~0.10s。在这么短的时间内,荷载还未完全传递即卸除了,使得路面结构的变形比静载作用小得多。这种动荷载作用下路面变形量的减小,可以理解为路面结构刚度的相对提高,或者是路面结构强度的相对增大。美国各州公路及运输工作者协会(AASHTO)通过研究,描绘出如图5-4所示的关于车速与路面材料应变的关系曲线。当车速越快,应变量越小,材料的模量相对变大。这种特性通常被称为遇强越强(Stress Harden)的材料特性。

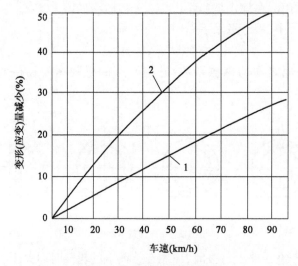

图5-4 车速与路面变形的关系
1-刚性路面,板角挠度和板边应变量随车速的变化;2-柔性路面,表面总弯沉量随车速的变化

汽车荷载对路面的多次重复作用也是一项重要的动态影响。在重复荷载作用下,对于弹性材料,呈现出材料的强度随荷载重复次数的增加而降低的疲劳性质。对于弹塑性材料,将呈现出变形的累积。所以,道路通行的各类轴载的通行数量也是路面设计的重要参数。

5.2 交 通 分 析

路面结构设计要考虑设计使用年限内所有车辆轴载的总和对路面的综合累计损伤作用。这些计算的前提是必须对现有的交通量、轴载组成以及增长规律进行调查和预估。

(1)交通量

交通量是指一定时间间隔内通过某一道路横断面的车辆数,通常以年平均日交通量(AADT)表征,交通量的获得可以利用连续观测资料,也可以先间断观测,获得局部交通量,然后利用当地长期观测所得的时间分布规律,即月分布不均匀系数、日分布不均匀系数和小时分布换算系数等,将临时观测结果按相应的换算系数换算成年平均日交通量。

交通量调查时,将行驶在道路上的车辆分成11类:小型货车、中型货车、大型货车、小型客车、大型客车、拖挂车、小型拖拉机、大中型拖拉机、自行车、人力车和畜力车。其中小型货车、小型客车、拖拉机和非机动车对路面结构损伤作用极其轻微,可忽略不计,这些车辆所占的比例应从总量中扣除,剩下的大型客车与货车的年平均日交通量统称为AADTT(Annual Average Daily Truck Traffic)。各类列入路基路面结构设计统计范围的车辆分类按前述的表5-3中2类至 11 类分级统计。

路面承受的年平均日交通量是逐年变化的,交通量年增长率要依据公路所在地区的经济和交通的发展趋势适当选取。表 5-4 所列为我国 25 条国道 10 年间的交通量观测资料整理出的不同年限内交通量年平均增长率的变化范围,可供参考。选用时,要因地制宜。

交通量年平均增长率 γ 表 5-4

公路等级	设计年限(年)				
	10	15	20	30	40
高速公路	5~9	4~7	4~7	3~6	2~4
一级公路	6~11	4~9	3~9	2~6	2~4
二级公路	5~12	3~8	2~6	2~4	1~3
三级公路	3~24	2~18	2~13	1~8	1~6

注:具体增长率需结合当地经济发展及初始交通量进行选定。

路面结构设计中,通过调查取得每日的交通量后,按式(5-5)计算初始年平均日交通量 N_{w1}:

$$N_{w1} = \text{AADTT}_1 = \frac{\sum_{i=1}^{365} N_i}{365} \tag{5-5}$$

式中:N_{w1}——初始年设计平均日交通量;

N_i——每日实际交通量。

在路面结构设计中,设计年限内累计交通量 N_e 可以按式(5-6)预估:

$$\left. \begin{array}{l} N_e = \dfrac{365 N_{w1} \left[(1+\gamma)^t - 1 \right]}{\gamma} \\ N_e = \dfrac{365 N_t \left[(1+\gamma)^t - 1 \right]}{\gamma (1+\gamma)^{t-1}} \\ N_t = N_{w1} (1+\gamma)^{t-1} \end{array} \right\} \tag{5-6}$$

式中:N_e——设计年限内的累计交通量;

N_{w1}——设计初始年平均日交通量;

N_t——设计末年平均日交通量,$N_t = N_{w1}(1+\gamma)^{t-1}$;

γ——设计年限内交通量年平均增长率;

t——设计年限。

(2)轴载组成

轴载大小不同给路面结构带来的损伤程度也不同。根据实测通过轴载次数(或频率)和相应的轴载,整理成直方图,如图 5-5 所示。图 5-5 所示为实测得到的不同轴载对应出现的频率,该图表明了各级轴载所占的比例,即轴载组成或轴载谱,可用于轴载计算。当调

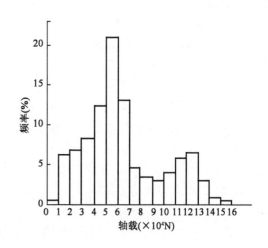

图 5-5 轴载谱

查得到不同车型的组成分布,进而获取每种车型的通过次数,乘以相应的轴载谱百分率,即可推算出所有车辆各级轴载的作用。在美国2002以后的MEPDG(力学经验法)设计和我国研究的一些新型设计中,轴载谱作为新型的设计参数直接代入使用。为了计算的准确性,一般按轮组的不同细分为单轮组的轴载谱和双轮组的轴载谱,而在新型设计中情况更为复杂,一般根据2类至11类车不同轴型在不同轴重区间的百分比,分别分析得出30个以上的轴载谱(10个车类,每车类根据情况分为单轴、双联轴、三联轴及四联轴等)。

(3) 轮迹横向分布

汽车在道路上行驶时,由于道路渠化、车辙病害、风力、路拱横坡、四轮定位不准确等因素,其轮迹总是在横断面中心线附近一定范围内左右摆动,并按一定规律分布在车道横断面上,称为轮迹的横向分布。图5-6所示为单向行驶时一个车道内的轮迹横向分布频率曲线。

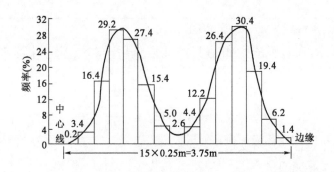

图 5-6 轮迹横向分布频率曲线图

轴载通行次数分布频率曲线中的直方图条带宽为25cm,接近车轮宽度,以条带上受到的车轮作用次数除以车道上受到的作用次数作为该条带的频率,如图5-6所示,在行车道左右两边的对称的车合迹位置,频率曲线出现两个峰值,一般能达到30%左右,而车道边缘处频率很低。在沥青路面上,两个峰值所在的位置一般为车辙沉降最严重的位置。

在路面结构设计中,用横向分布系数 η 来反映轮迹横向分布频率的影响。通常宽度取为两个条带的宽度,即50cm,这时的两个条带频率之和称为轮迹横向分布系数。而水泥路面设计考虑纵缝处的累计轴载次数,因此选择图5-6边缘处数值。

(4) 车辆类型分布系数

在实际道路中,列入路基路面结构设计统计范围的10个车辆类型由于道路等级、地理位置等的不同,车辆类型分布(TTC,即 Truck Traffic Classification)差异非常大,例如城市道路中中大型货车偏少,而公路中货车数量相对比较多。因此,车型类型分布系数即各类型车辆数与AADTT之比是不同的。设计时,车辆类型分布系数可按下列三个水平确定,改建设计采用水平一,新建路面设计可采用水平二或水平三:

水平一,根据交通观测资料分析2类~11类车型所占百分比,得到车辆类型分布系数。

水平二,根据交通历史数据或经验数据按表5-5确定公路TTC分类,采用该TTC分类车辆类型分布系数当地经验值。

水平三,根据交通历史数据或经验数据按表5-5确定公路TTC分类,采用表5-6规定车辆类型分布系数。

公路 TTC 分类标准(%)   表 5-5

TTC 分 类	整体式货车比例	半挂车货车比例
TTC1	<40	>50
TTC2	<40	<50
TTC3	40~70	>20
TTC4	40~70	<20
TTC5	>70	—

注:表中整体式货车为表 5-3 中 3 类~6 类车,半挂车货车为表 5-3 中 7 类~10 类车。

不同 TTC 分类车辆类型分布系数(%)   表 5-6

车辆类型	2类	3类	4类	5类	6类	7类	8类	9类	10类	11类
TTC1	6.4	15.3	1.4	0.0	11.9	3.1	16.3	20.4	25.2	0.0
TTC2	22.0	23.3	2.7	0.0	8.3	7.5	17.1	8.5	10.6	0.0
TTC3	17.8	33.1	3.4	0.0	12.5	4.4	9.1	10.6	8.5	0.7
TTC4	28.9	43.9	5.5	0.0	9.4	2.0	4.6	3.4	2.3	0.1
TTC5	9.9	42.3	14.8	0.0	22.7	2.9	2.3	3.2	2.5	0.2

由于车辆类型分布系数为 2 类~11 类车型所占百分比,每一类的 TTC 的系数总和为 100%。例如,表 5-6 中,TTC1 的各类车分布系数(横向总和)为 100%。

5.3 标准轴载及当量轴次

(1)标准轴载

路面设计时使用累计当量轴次的概念。但路上行驶的车辆类型繁多,轴载、轴距及轮组等都有所差异,所以路基路面结构设计中应选定一种标准轴载(EAL,即 Equivalent Axle Load),把不同类型轴载的作用次数换算为这种标准轴载的作用次数。不同国家由于基本国情不一样,标准轴载的区别相当大。考虑到我国公路汽车运输车辆的现状及发展趋势,我国路面设计以双轮组单轴载 100kN 为标准轴载,以 BZZ-100 表示。标准轴载的计算参数见表 5-7。

标准轴载计算参数   表 5-7

标 准 轴 载	BZZ-100	标 准 轴 载	BZZ-100
标准轴载重 P(kN)	100	单轮传压面当量圆直径 d(cm)	21.30
轮胎接地压强 p(MPa)	0.70	两轮中心距	1.5d

对于以运煤或运输建筑材料等大型载重车为主的公路,应根据实际情况,经论证后单独选用设计计算参数。

(2)当量轴次换算

道路上行驶的汽车轴载与通行次数可以按照等效原则换算为某一标准轴载的当量通行次数。当把路上各种类型车辆的轴载换算为标准轴载时,为使换算前后的轴载对同一种路面结构达到相同的损伤程度,应该遵循两项原则:第一,换算以达到相同的临界状态为标准,即对同一路面结构,甲轴载作用 N_1 次后路面达到预定的临界状态,乙轴载作用使路面达到相同的预定临界状态的作用次数为 N_2,此时甲乙两种轴载作用是等效的,按此等效原则建立两种轴载作用次数之间的换算关系;第二,对某一种相同的交通组成,不论以哪种轴载的标准进行轴载换算,由换算所得轴载作用次数计算的路面厚度是相同的。

我国《公路沥青路面设计规范》(JTG D50—2017)中,当量轴次换算方法,具体地考虑了轴载谱的调查分析,以及每个轴载谱中的车轴数据与标准轴载之间的转换,情况较为复杂;而《公路水泥混凝土路面设计规范》(JTG D40—2011)选用双轮组单轴轴载 100kN 作为标准轴载,换算方法较简单。

①在沥青路面设计中,各类车辆当量设计轴载换算系数可按下列三个水平确定,高速公路和一级公路的改建设计应采用水平一,其他情况可采用水平二或水平三:

水平一,采用称重设备连续采集设计车道上车辆类型、轴型组成和轴重数据。水平一按下列步骤分析各类车辆当量换算系数。

a. 分别统计 2 类~11 类车辆单轴单胎、单轴双胎、双联轴和三联轴的数量,除以各类车辆总量,按式(5-7)计算各类车辆中不同轴型平均轴数。

$$\text{NAPT}_{mi} = \frac{\text{NA}_{mi}}{\text{NT}_{mi}} \tag{5-7}$$

式中:NAPT_{mi}——m 类车辆中 i 种轴型的平均轴数;

NA_{mi}——m 类车辆中 i 种轴型总数;

NT_{mi}——m 类车辆总数;

i——见表 5-2,分别为单轴单胎、单轴双胎、双联轴和三联轴;

m_i——表 5-3 所列 2 类~11 类车。

b. 按式(5-8)计算 2 类~11 类车辆不同轴型在不同轴重区间所占百分比,得到不同轴型的轴重分布系数,即轴载谱。确定轴载谱时,单轴单胎、单轴双胎、双联轴和三联轴应分别间隔 2.5kN、4.5kN、9.0kN 和 13.5kN 划分轴重区间。

$$\text{ALDF}_{mij} = \frac{\text{ND}_{mij}}{\text{NA}_{mi}} \tag{5-8}$$

式中:ALDF_{mij}——m 类车辆中 i 种轴型在 j 级轴重区间的轴重分布系数;

ND_{mij}——m 类车辆中 i 种轴型在 j 级轴重区间的数量;

NA_{mi}——m 类车辆中 i 级轴型的数量;

其他符号意义同式(5-7)。

c. 按式(5-9)计算 2 类~11 类车辆各种轴型在不同轴重区间的当量设计轴载换算系数,计算时取各轴重区间中点值作为该轴重区间代表轴重,按式(5-10)计算各类车辆当量设计轴载换算系数:

$$\text{EALF}_{mij} = c_1 c_2 \left(\frac{P_{mij}}{P_s} \right)^b \tag{5-9}$$

式中:P_s——设计轴载(kN);

P_{mij}——m 类车辆中 i 种轴型在 j 级轴重区间的单轴轴载(kN),对双联轴和三联轴,为平均分配到每根单轴的轴载;

b——换算指数,分析沥青混合料层疲劳和沥青混合料层永久变形时,$b=4$;分析路基永久变形时,$b=5$;分析无机结合料稳定层疲劳时,$b=13$;

c_1——轴组系数,前后轴间距大于 3m 时,分别按单个轴计算;轴间距小于 3m 时,按表 5-8 取值;

c_2——轮组系数,双轮组为 1.0,单轮时取 4.5。

轴组系数取值 表 5-8

设 计 指 标	轮—轴型	c_1 取 值
沥青混合料层层底拉应变、沥青混合料层永久变形量	双联轴	2.1
	三联轴	3.2
路基顶面竖向压应变	双联轴	4.2
	三联轴	8.7
无机结合料稳定层层底拉应力	双联轴	2.6
	三联轴	3.8

$$\mathrm{EALF}_m = \sum_i \left[\mathrm{NAPT}_{mi} \sum_j \left(\mathrm{EALF}_{mij} \times \mathrm{ALDF}_{mij} \right) \right] \tag{5-10}$$

式中:EALF_m——m 类车辆中当量设计轴载换算系数;

NAPT_{mi}——m 类车辆中 i 种轴型的平均轴数,如式(5-7)计算;

ALDF_{mij}——m 类车辆 i 种轴型在 j 级轴重区间的轴重分布系数,如式(5-8)计算;

EALF_{mij}——m 类车辆 i 种轴型在 j 级轴重区间当量设计轴载换算系数,由式(5-9)计算。

水平二和水平三,按式(5-11)确定各类车辆的当量设计轴载换算系数。式(5-11)中非满载车和满载车的比例和当量设计轴载换算系数,水平二时取当地经验值,水平三时取表 5-9 和表 5-10 所列全国经验值。

$$\mathrm{EALF}_m = \mathrm{EALF}_{ml} \times \mathrm{PER}_{ml} + \mathrm{EALF}_{mh} \times \mathrm{PER}_{mh} \tag{5-11}$$

式中:EALF_{ml}——m 类车辆中非满载车的当量设计轴载换算系数;

EALF_{mh}——m 类车辆中满载车的当量设计轴载换算系数;

PER_{ml}——m 类车辆中非满载车所占的百分比;

PER_{mh}——m 类车辆中满载车所占的百分比。

2 类~11 类车辆非满载车与满载车比例 表 5-9

车 型	非满载比例	满 载 比 例
2 类	0.80~0.90	0.10~0.20
3 类	0.85~0.95	0.05~0.15
4 类	0.60~0.70	0.30~0.40
5 类	0.70~0.80	0.20~0.30
6 类	0.50~0.60	0.40~0.50
7 类	0.65~0.75	0.25~0.35
8 类	0.40~0.50	0.50~0.60
9 类	0.55~0.65	0.35~0.45
10 类	0.50~0.60	0.40~0.50
11 类	0.60~0.70	0.30~0.40

2 类～11 类车辆当量设计轴载换算系数　　　　　表 5-10

车　型	沥青混合料层层底拉应变、沥青混合料层永久变形量		无机结合料稳定层层底拉应力		路基顶面竖向压应变	
	非满载车	满载车	非满载车	满载车	非满载车	满载车
2 类	0.8	2.8	0.5	35.5	0.6	2.9
3 类	0.4	4.1	1.3	314.2	0.4	5.6
4 类	0.7	4.2	0.3	137.6	0.9	8.8
5 类	0.6	6.3	0.6	72.9	0.7	12.4
6 类	1.3	7.9	10.2	1505.7	1.6	17.1
7 类	1.4	6.0	7.8	553.0	1.9	11.7
8 类	1.4	6.7	16.4	713.5	1.8	12.5
9 类	1.5	5.1	0.7	204.3	2.8	12.5
10 类	2.4	7.0	37.8	426.8	3.7	13.3
11 类	1.5	12.1	2.5	985.4	1.6	20.8

表 5-9 和表 5-10 中，非满载车和满载车以车辆总重量标准划分，小于或等于车辆总重标准的车辆为非满载车，否则为满载车。车辆总重标准如下：

二轴货车 180kN；

三轴货车 250kN（三轴货车列车 270kN）；

四轴货车 310kN（四轴货车列车 360kN）；

五轴货车列车 430kN；

六轴及六轴以上货车列车 490kN，其中牵引车驱动轴为单轴时为 460kN。

按以上确定的变量轴载换算系数，按式(5-12)计算设计车道初始年平均日当量轴次。

$$N_1 = \text{AADTT} \times \text{DDF} \times \text{LDF} \times \sum_{m=2}^{11}(\text{VCDF}_m \times \text{EALF}_m) \qquad (5\text{-}12)$$

式中：N_1——设计车道年平均日当量轴次，轴次；

　　AADTT——2 轴 6 轮及以上车辆的双向年平均日交通量（辆/d）；

　　DDF——方向系数，无实测数据时可在 0.5～0.6 范围内选取；

　　LDF——车道系数；

　　m——车辆类型编号；

　　VCDF_m——m 类车辆类型分布系数；

　　EALF_m——m 类车辆中当量设计轴载换算系数；

其中车道系数用以描述在同一行驶方向，随着车道数的增加，各类列入路基路面设计统计的车辆行驶在主要设计车道（一般为慢车道）的比例。车道系数可按下列三个水平确定，改建设计应采用水平一，新建路面设计可采用水平二或水平三：

水平一，根据现场交通量观测资料统计设计方向不同车道上车辆的数量，确定车道系数。

水平二，采用当地的经验值。

水平三，采用表 5-11 推荐值。

车 道 系 数　　　　　　　　　　　表 5-11

单向车道数	1	2	3	4
高速公路	—	0.70~0.85	0.45~0.60	0.40~0.50
其他等级道路	1.00	0.50~0.75	0.50~0.75	—

注：交通受非机动车和人的影响严重时取低限，反之取高值。

②水泥混凝土路面设计中，按疲劳断裂设计标准进行结构分析，以100kN单轴—双轮组荷载作为设计轴载。对于极重交通荷载等级的水泥混凝土路面，宜选用货车中占主要份额特重车型的轴载作为设计轴载，不同轴载按等效原则换算为标准轴载作用次数。

交通量可利用当地交通量观测站的统计资料，也可以临时设站进行观测，统计时剔除2轴4轮及以下的客、货运车辆，只统计包括大型客车在内的货车交通量。同时进行各类车辆的轴型调查和轴重测量，或者利用该地区或相似公路已有称重站的车型、轴型和轴重测量的统计资料，获取设计公路的车辆类型、轴型和轴重组成数据，以及最重轴载和货车中占主要份额的特重车型轴载。

车辆按轴型称重和统计时，采用以轴型为基础的轴载当量换算系数计算设计车道使用初期的设计轴载作用次数。计算时随机统计3000辆2轴6轮及以上车辆中单轴、双联轴和三联轴等不同车型出现的单轴次数，并分别称取单轴轴重，统计整理轴载谱，按式(5-13)确定不同轴重级位的设计轴载当量换算系数：

$$k_{p,i} = \left(\frac{P_i}{P_s}\right)^{16} \quad (5\text{-}13)$$

式中：$k_{p,i}$——不同单轴轴重级位 i 的设计轴载当量换算系数；

P_i——单轴级位 i 的轴重，kN；

P_s——设计轴载的轴重，kN。

按单轴轴载谱用式(5-14)计算设计车道使用初期的设计轴载日作用次数：

$$N_s = \text{ADTT} \frac{n}{3000} \sum_i (k_{p,i} \times P_i) \quad (5\text{-}14)$$

式中：N_s——设计车道的设计轴载日作用次数，轴次/车道·日；

ADTT——设计车道的年平均日货车交通量，为初期年平均日货车交通量(双向)与方向分配系数DDT及车道分配系数LDF的成绩(DDT、LDF同前)，辆/车道·日；

n——随机调查3000辆2轴6轮及以上车辆中出现的单轴总轴数；

P_i——单轴轴重级位 i 的频率(以分数计)。

以车辆类型为基础进行各种轴型的轴载称重和统计时，采用车辆当量轴载系数计算设计车道使用初期的设计轴载日作用次数。计算时将2轴6轮及以上车辆分为整车、半挂车和多挂车3大类，每类车再按轴数细分，分别按车型称重后得到单轴轴载谱，按式(5-15)确定各类车辆的设计轴载当量换算系数：

$$k_{p,k} = \sum_i k_{p,i} \cdot P_i \quad (5\text{-}15)$$

式中：$k_{p,k}$——k 类车辆的设计轴载当量换算系数；

P_i——k 类车辆单轴轴重级位 i 的频率(以分数计)。

依据调查所得的车辆类型组成数据，用式(5-16)计算设计车道使用初期设计轴载日作用次数：

$$N_s = \text{ADTT} \times \sum (k_{p,k}, P_k) \quad (5\text{-}16)$$

式中:P_k——k 类车辆的组成比例(以分数计);

其余符号意义同前。

(3)累计当量轴次

在各种经验法与疲劳损害理论设计中,作用次数与使用寿命有着直接的联系。理论上路面病害的发展主要由轴载作用次数的累积数导致,因此,统计当量轴载累计作用次数对路基路面结构设计具有主要作用。

①沥青路面

根据设计车道初始年平均日当量轴次 N_1、设计使用年限等,按式(5-17)计算设计车道上的当量设计轴载累计作用次数 N_e。

$$N_e = \frac{[(1+\gamma)^t - 1] \times 365}{\gamma} N_1 \tag{5-17}$$

式中:N_e——设计使用年限内设计车道上的当量设计轴载累计作用次数,轴次;

t——设计使用年限,年;

γ——设计使用年限内交通量的年平均增长率,%;

N_1——设计车道初始年平均日当量轴次,轴次/日。

②水泥混凝土路面

设计使用年限内设计车道累计的当量轴次用 N_x 表示,按式(5-18)计算。

$$N_x = \frac{365[(1+\gamma)^t - 1]}{\gamma} N_s \cdot \eta \tag{5-18}$$

式中:N_x——设计年限内设计车道上的累计标准轴载作用次数,轴次/车道;

t——设计年限,年;

N_s——使用初期年平均日当量轴次,轴次/日;

γ——设计年限内交通量的年平均增长率,%;

η——轮迹横向分布系数;用水泥混凝土路面使用临界荷位处的车辆轮迹横向分布系数,宜按照表 5-12 选用;公路无分隔时,车道窄宜选高值,车道宽宜选低值。

车辆轮迹横向分布系数　　　　表 5-12

公 路 等 级		纵缝边缘处 η
高速公路、一级公路、收费站		0.17~0.22
二级及二级以下公路	行车道宽>7m	0.34~0.39
	行车道宽≤7m	0.54~0.62

【复习思考题】

5-1 汽车为什么按轴型分类?车辆荷载对路面的作用有哪些?

5-2 什么是标准轴载?我国标准轴载是如何定义的?

5-3 轴载换算的原则是什么？

5-4 水泥路面与沥青路面的轴载换算有何不同？为什么？

5-5 交通量、年平均日交通量、交通量增长率、轴载谱、累计当量轴次、车道系数、方向系数、轮迹横向分布系数的概念是什么？

第6章 沥青路面

【本章内容】

本章主要介绍了沥青路面的基本特性;沥青路面分类、路用性能、气候分区;沥青路面的设计方法,包括路面病害与设计指标、设计理论体系、结构组合设计、厚度设计等;沥青路面国外设计方法等。

【学习要求】

了解沥青路面的基本特性、破坏类型及成因、沥青路面的性能要求;掌握沥青路面的工作特性;掌握沥青路面高低温稳定性、水稳定性、疲劳和耐老化性能的影响因素、研究方法及提高措施;掌握我国沥青路面结构组合设计、厚度设计、改扩建设计方法;了解国外沥青路面的设计方法。

6.1 概 述

6.1.1 沥青路面的基本特性

所谓沥青路面是指由沥青作为结合料黏结矿料修筑面层,与各类基层和垫层所组成的路面结构。

沥青路面以沥青作为结合料黏结矿料,提高了混合料的强度和稳定性,从而提高了路面的使用质量和耐久性。与水泥混凝土路面相比,沥青路面具有表面平整、无接缝、行车舒适、噪声低、施工期短、适于分期修建、养护维修方便等优点。20世纪50年代以来,沥青路面在世界各国获得了广泛的应用。在我国,沥青路面被广泛应用于公路和城市道路,是我国主要的路面结构形式。

沥青路面具有以下良好性能:
(1)足够的力学强度,能承受车辆荷载施加到路面上的各种作用力;
(2)一定的弹性和塑性变形能力,能承受应变而不破坏;
(3)与汽车轮胎的附着力较好,利于安全行车;
(4)减振性好、噪声低;
(5)不扬尘,容易清扫和冲洗;
(6)维修简单,可再生利用。

6.1.2 沥青混合料的路用性能

沥青路面直接承受车辆荷载和大气因素的作用,为了保证车辆行驶时的稳定性及耐久性,沥青路面必须满足路用性能要求。沥青路面路用性能主要包括高温稳定性、低温抗裂性、水稳定性、抗疲劳性能及抗老化性能。

(1)高温稳定性

高温稳定性是指沥青路面在高温及车辆荷载重复作用下抵抗永久变形的能力。高温季节时,沥青路面易因行车荷载的重复作用产生波浪、推移、车辙、泛油、黏轮等病害,为此要求沥青混合料应具有良好的高温稳定性,确保高温时仍具有足够的强度与刚度。

(2)低温抗裂性

低温抗裂性是指沥青路面抵抗低温开裂的能力。降温时沥青混合料会收缩,如果这种收缩受到基层或周围材料的约束,便在材料内部产生拉应力,当拉应力超过沥青混合料的极限强度时面层就会产生开裂。路面开裂后,雨水将由裂缝渗入路面结构,恶化路面的工作状况。因此要求沥青混合料具备良好的低温抗裂性,即要求沥青混合料具有较高的低温强度及变形能力。

(3)耐久性

耐久性是指沥青路面在使用过程中抵抗环境因素及行车荷载反复作用的能力,它包括沥青混合料的抗老化性能、水稳定性、疲劳耐久性、抗滑性能等综合性质。

①抗老化性能

沥青混合料在使用过程中,受到氧气、水汽、紫外线等介质的作用,促使沥青发生诸多复杂的物理化学变化,并逐渐老化或硬化,致使沥青混合料变脆易裂,从而导致沥青路面出现与沥青老化有关的裂缝、麻面等病害,因此要求沥青混合料应具有良好的抗老化性能。

②水稳定性

沥青混合料在水或水汽的作用下,沥青易从集料颗粒的表面剥离,导致集料颗粒松散继而被滚动的车轮带走,在路表形成独立的大小不等的坑槽,即所谓的沥青路面"水损害"。当沥青混合料的压实空隙率较大、沥青路面排水系统不完善时,滞留于路面结构中的水长期浸泡沥青混合料,将加剧沥青路面的"水损害"。因此要求沥青混合料具有良好的水稳定性。

③疲劳耐久性

沥青路面的疲劳开裂是高速公路和一级公路主要的病害之一,它是材料在荷载重复作用下产生不可恢复的强度衰减积累所引起的一种现象。沥青路面的疲劳寿命除了受荷载条件的影响外,还受到材料性质和环境变量的影响。

④抗滑性能

沥青路面应具有足够的抗滑能力,以保证在路面潮湿等不利情况下车辆能够高速安全行驶,且在外界因素作用下其抗滑能力不致很快降低。沥青路面的抗滑性对于保障道路交通安全至关重要,其抗滑性能必须通过合理地选择沥青混合料组成材料、正确的混合料设计与施工来保证。

6.1.3 沥青路面的分类

沥青路面可以按照强度构成原理、施工工艺及技术特性的不同加以分类。

(1)按强度构成原理分类

沥青路面可分为密实型和嵌挤型两大类。

密实型沥青路面要求矿料的级配按最大密实原则设计,其强度和稳定性主要取决于混合料的黏聚力和内摩阻力,按其空隙率的大小可分为闭式和开式两种:闭式混合料中含有较多小于0.5mm和0.075mm的矿料颗粒,空隙率小于6%,混合料致密而耐久;开式混合料中小于0.5mm的矿料颗粒含量较少,空隙率大于6%。

嵌挤型沥青路面要求采用颗粒尺寸比较均一的矿料作为集料,路面的强度和稳定性主要依靠集料颗粒之间相互嵌挤所产生的内摩阻力,而黏聚力则起着次要的作用。按照嵌挤原则修筑的沥青路面,其热稳定性较好,但因空隙率较大,易渗水,因而耐久性较差。

(2)按施工工艺分类

按照施工工艺的不同,沥青路面可分为层铺法、路拌法和厂拌法三类。

层铺法路面是采用分层洒布沥青、分层摊铺矿料和碾压的方法修筑的路面,其主要优点是工艺和设备简便、功效较高、施工进度快、造价较低,但路面成型期较长、需要经过炎热季节行车碾压之后方能成型。用这种方法修筑的沥青路面有沥青表面处治路面和沥青贯入式路面两种。

路拌法路面是用机械将矿料和沥青材料就地拌和、摊铺并碾压而成的沥青面层。此类面层所用的矿料为碎(砾)石者称为路拌沥青碎(砾)石;所用的矿料为土者称为路拌沥青稳定土。与层铺法相比,路拌沥青面层中沥青在矿料中的分布更加均匀,路面的成型期得以缩短。但因路拌法所用的矿料为冷料,需使用黏稠度较低的沥青材料,混合料的强度较低。

厂拌法路面是将规定级配的矿料和沥青在工厂以专用设备加热拌和,然后运至工地摊铺碾压而成的沥青路面。矿料中细料含量少、不含或含少量矿粉、混合料为开级配的(空隙率达10%~15%),称为厂拌沥青碎石;若混合料是按最大密实原则配制的(空隙率在10%以下)称为沥青混凝土。根据混合料铺筑时温度的不同,厂拌法路面又可分为热拌热铺和热拌冷铺两种。厂拌法路面使用较黏稠的沥青材料,且矿料经过精选,因而混合料质量高,使用寿命长,但修建费用也较高。

(3)按沥青路面技术特性分类

根据沥青路面的技术特性,沥青面层可分为沥青混凝土、热拌沥青碎石、乳化沥青碎石、沥青贯入式、沥青表面处治等类型。

沥青混凝土路面是指用沥青混凝土作面层的路面,其面层可由单层、双层或三层沥青混合料组成。

热拌沥青碎石路面是指用热拌沥青碎石混合料作为面层的路面,沥青碎石有时也用作联结层。

乳化沥青碎石适用于三级、四级公路的沥青面层,二级公路养护罩面以及各级公路的调平层。

沥青贯入式路面是指用沥青贯入碎(砾)石作面层的路面。沥青贯入式路面的厚度一般为4~8cm,适用于二级及二级以下公路,也可作为沥青路面的联结层或基层。

沥青表面处治路面是指用沥青和集料按层铺法或拌和法铺筑的沥青路面。沥青表面处治适用于三、四级公路的面层,旧沥青面层上加铺罩面或抗滑层、磨耗层等。

6.2 沥青路面的破坏状态与设计标准

6.2.1 沥青路面的常见病害

沥青路面常见的损坏现象有裂缝、车辙、松散剥落和表面磨光等。

(1)裂缝

裂缝是沥青路面最主要的破损形式。沥青路面出现的裂缝,按其成因不同分为横向裂缝、纵向裂缝和网状裂缝三种类型。

横向裂缝是指垂直于行车方向的裂缝。按其成因不同,横向裂缝又可分为荷载型裂缝与非荷载型裂缝两大类。荷载型裂缝是由于车辆荷载引起的沥青面层拉应力超过其疲劳强度而断裂,一般首先发生在沥青路面结构的底面,逐渐向上扩展至表面。

非荷载型横向裂缝是沥青路面横向裂缝的主要形式。非荷载型裂缝有两种:沥青面层缩裂和基层反射裂缝。沥青面层缩裂多发生在冬季,为低温开裂。基层反射裂缝是指半刚性基层先于沥青面层开裂,在荷载应力与温度应力的共同作用下,在基层开裂处的面层底部产生应力集中而导致面层底部开裂,而后逐渐向上扩张致使裂缝贯穿面层全厚度。非荷载型横向裂缝一般比较规则,每隔一定的距离产生一道裂缝,裂缝间距的大小取决于当地气温及道路结构层材料的抗裂性能。气温高、日温差变化小、面层和基层材料抗裂性能好的路段,间距一般较大,且出现裂缝的时间也较晚。

为防止沥青路面的低温开裂,我国《公路沥青路面设计规范》(JTG D50—2017)规定,季节性冻土地区高速公路和一级公路表面层沥青低温性能宜满足下列指标要求:

①分析连续10年年最低气温平均值,作为路面低温设计温度。路面低温设计温度提高10℃的试验条件下,沥青弯曲梁流变试验蠕变劲度S_t不宜大于300MPa,且蠕变曲线斜率m不宜大于0.30。

②当蠕变劲度S_t在300~600MPa范围内,且蠕变曲线斜率m大于0.30时,增加沥青直接

拉伸试验,其断裂应变不宜小于1%。

③以上都不满足时,采用弯曲梁流变试验和直接拉伸试验确定沥青临界开裂温度,临界开裂温度不宜高于路面低温设计温度。

同时要求,二级及二级以上公路公称最大粒径不大于19.0mm的沥青混合料宜在温度为 $-10℃$、加载速率为50mm/min条件下进行小梁弯曲试验。沥青混合料的破坏应变宜符合表6-1的规定。

沥青混合料低温弯曲试验破坏应变技术要求 表6-1

气候条件与技术指标	相应于下列气候分区所要求的破坏应变($\mu\varepsilon$)								试验方法
年极端最低气温(℃)及气候分区	<-37.0		-37.0~-21.5			-21.5~-9.0		>-9.0	
	1.严冬寒区		2.冬寒区			3.冬冷区		4.冬湿区	
	1-1	2-1	1-2	2-2	3-2	1-3	2-3	1-4 2-4	
普通沥青混合料,不小于	2600		2300			2000			T 0715
改性沥青混合料,不小于	3000		2800			2500			

注:气候分区的确定应符合现行《公路沥青路面施工技术规范》(JTG F40)的有关规定。

纵向裂缝是指平行于行车方向的裂缝,其产生原因有三种:一种情况是沥青面层分幅摊铺时,两幅接茬处未处理好,在车辆荷载与大气因素作用下逐渐开裂;第二种情况是由于路基压实不均匀或由于路基边缘受水浸蚀产生不均匀沉陷而引起;第三种情况是行车轮迹带边缘由高压轮胎反复碾压引起的沥青路面表层疲劳开裂。

网状裂缝主要是由于路面的整体强度不足而引起的,也可能是由于路面出现横向或纵向裂缝后未及时封填,致使水分渗入下层,加剧了路面的破损。沥青在施工期间以及在长期使用过程中的老化也是导致沥青面层形成网裂的原因之一。

(2)车辙

车辙是指沥青路面在行车荷载的反复作用下车轮带处产生的永久变形。车辙主要发生在高温季节,尤其是渠化交通的重交通道路上,可削弱沥青路面的整体强度、影响行车安全,是最严重、危害最大的破坏形式之一。根据车辙形成的起因,可分为失稳型车辙、结构型车辙和磨耗型车辙三种类型。失稳型车辙主要由沥青层材料内部流动、横向位移而引起;结构型车辙由于路面结构的整体永久变形而形成;磨耗型车辙由路表沥青混合料在车轮磨耗和自然因素作用下持续损失而形成。对于我国常用的半刚性基层沥青路面,由于半刚性基层具有较大的刚度,路面的永久变形主要发生在沥青面层中,即为失稳型车辙,对这类车辙主要应从提高沥青面层材料的高温稳定性着手防治。

为保证沥青路面的高温稳定性,我国《公路沥青路面设计规范》(JTG D50—2017)规定,沥青混合料应满足表6-2所示的动稳定度技术要求,并规定了沥青混合料贯入强度要求。

沥青混合料车辙试验动稳定度技术要求(次/mm) 表6-2

气候条件与技术指标	相应于以下气候分区所要求的动稳定度技术要求								
七月平均最高气温(℃)及气候分区	>30				20~30				<20
	1.夏炎热区				2.夏热区				3.夏凉区
	1-1	1-2	1-3	1-4	2-1	2-2	2-3	2-4	3-2
普通沥青混合料,不小于	800		1000		600		800		600

续上表

气候条件与技术指标		相应于以下气候分区所要求的动稳定度技术要求				
改性沥青混合料,不小于		2800	3200	2000	2400	1800
SMA 混合料,不小于	普通沥青	1500				
	改性沥青	3000				
OGFC 混合料,不小于		1500(中等、轻交通荷载等级)、3000(重及以上交通荷载等级)				

注:1. 气候分区的确定应符合现行《公路沥青路面施工技术规范》(JTG F40)的有关规定。
　2. 当其他月份的平均最高气温高于七月时,可使用该月平均最高气温。
　3. 在特殊情况下,对钢桥面铺装、重载车特别多或纵坡较长的长距离上坡路段、厂矿专用道路,可酌情提高动稳定度要求。
　4. 对炎热地区或特重及以上交通荷载等级公路,可根据气候条件和交通状况适当提高试验温度或增加荷载。

(3)松散剥落

松散剥落是指沥青从矿料表面脱落的现象,即在车辆的作用下沥青面层呈现松散状态,乃至矿料从路面剥落形成坑槽。产生松散剥落的原因主要是沥青与矿料之间的黏附性较差,在水或冰冻的作用下,沥青从矿料表面剥离。产生松散剥落的另一种可能性是由于施工中混合料加热温度过高,致使沥青老化失去黏性。

《公路沥青路面设计规范》(JTG D50—2017)规定,沥青混合料应测试浸水马歇尔试验用残留稳定度和冻融劈裂试验残留强度比检验水稳定性。两项指标应符合表6-3的规定。水稳定性不满足要求时,可采取掺入消石灰、水泥、抗剥落剂,或更换集料等措施。

沥青混合料水稳定性技术要求　　　　表6-3

沥青混合料类型		相应于以下年降雨量(mm)的技术要求(%)	
		≥500	<500
浸水马歇尔试验残留稳定度(%)			
普通沥青混合料,不小于		80	75
改性沥青混合料,不小于		85	80
SMA 混合料,不小于	普通沥青	75	
	改性沥青	80	
冻融劈裂试验的残留强度比(%)			
普通沥青混合料,不小于		75	70
改性沥青混合料,不小于		80	75
SMA 混合料,不小于	普通沥青	75	
	改性沥青	80	

(4)表面磨光

沥青路面在使用过程中,在车轮反复滚动摩擦作用下,集料表面逐渐被磨光,有时还伴有沥青的不断上翻,从而导致沥青面层表面光滑,在雨季常会因此而酿成车祸。表面磨光的内在原因是集料质地软弱、缺少棱角,或矿料级配不当、粗集料尺寸偏小、细料偏多,或沥青用量偏多等。

6.2.2 沥青路面的设计标准

我国曾采用路表弯沉作为主导设计控制指标。路表弯沉是路面在垂直荷载作用下产生的垂直变形,这项指标表征路面各层抵抗垂直变形的综合能力。在早期交通荷载轻、交通量小、路面薄且结构单一的背景下,路表弯沉能够较好地反映路面承载能力,控制路基永久变形,作为设计指标是合适的。随着我国路面结构层厚度增加和路面结构组合多样化,路表弯沉作为设计指标的不足逐渐显现。对于不同类型的路面结构,弯沉值大的路面结构并不一定比弯沉值小的使用寿命短或性能差,因而弯沉值无法作为评判不同路面结构性能优劣的依据。

由于路面结构类型的多样性和路面性能影响因素的复杂性,我国现行的《公路沥青路面设计规范》(JTG D50—2017)采用了5个单项设计指标分别控制相应的路面损坏,即:沥青混合料层永久变形量、沥青混合料层层底拉应变、无机结合料稳定层层底拉应力、路基顶面竖向压应变以及季节性冻土地区沥青面层低温开裂指数。

路面结构设计时,目标可靠度和目标可靠指标不应低于表6-4的规定。

目标可靠度和目标可靠指标　　　　　　　　　　　　　　　　表6-4

公路等级	高速公路	一级公路	二级公路	三级公路	四级公路
目标可靠度(%)	95	90	85	80	75
目标可靠指标 β	1.65	1.28	1.04	0.84	0.52

对于新建沥青路面结构,其设计使用年限不应低于表6-5的规定,并根据公路等级、经济、交通荷载等级等因素综合确定。对于改建路面,结构设计可根据工程实际情况选取适宜的设计使用年限。

路面结构设计使用年限(年)　　　　　　　　　　　　　　　　表6-5

公 路 等 级	设计使用年限	公 路 等 级	设计使用年限
高速公路、一级公路	15	三级公路	10
二级公路	12	四级公路	8

路面设计应采用轴重为100kN的单轴—双轮组轴载作为设计轴载,根据路面结构设计使用年限,按第五章的计算方法确定当量设计轴载累计作用次数。

路面结构所承受的交通荷载应按表6-6进行分级。

设计交通荷载等级　　　　　　　　　　　　　　　　　　　　表6-6

设计交通荷载等级	极重	特重	重	中等	轻
设计使用年限内设计车道累计大型客车和货车交通量($\times 10^6$,辆)	>50.0	50.0~19.0	19.0~8.0	8.0~4.0	<4.0

在路面结构设计时,要求路面使用性能设计指标应满足下列要求:

(1)沥青混合料层和无机结合料稳定层的疲劳开裂寿命,均不应小于设计使用年限内当量设计轴载累计作用次数。

(2)沥青混合料层的永久变形量不应大于表6-7所列的容许永久变形量。

沥青混合料层容许永久变形量(mm)　　　　　　　　　　　　表6-7

基 层 类 型	沥青混合料层容许永久变形量	
	高速公路、一级公路	二级、三级公路
无机结合料稳定类基层、水泥混凝土基层和底基层为无机结合料稳定类的沥青混合料基层	12	20
其他基层	10	15

(3)路基顶面竖向压应变不应大于容许值。
(4)季节性冻土地区沥青面层低温开裂指数不宜大于表6-8所列数值。

低温开裂指数要求　　　　　　　　　　　　　　　　　　　　表6-8

公路等级	高速公路、一级公路	二级公路	三、四级公路
低温开裂指数CI,不大于	3	5	7

注:低温开裂指数CI——竣工验收时100m调查单元内横向裂缝条数,贯穿全幅的裂缝按1条计,未贯穿且长度超过一个车道宽度的裂缝按0.5条计,不超过一个车道宽度的裂缝不计入。

此外,高速公路、一级公路以及山岭重丘区二级和三级公路的路面在交工验收时,其抗滑技术指标应满足表6-9的技术要求。

抗滑技术要求　　　　　　　　　　　　　　　　　　　　　　表6-9

年平均降雨量(mm)	交工检测指标值	
	横向力系数 SFC_{60} [①]	构造深度 TD [②] (mm)
>1000	≥55	≥0.55
500~1000	≥50	≥0.50
250~500	≥45	≥0.45

注:①横向力系数 SFC_{60}——用横向力系数测试车,在60km/h±1km/h车速下测定。
②构造深度 TD——用铺砂法测定。

6.3　沥青路面结构组合设计

路面结构层可由面层、基层和必要的功能层组合而成。

路面结构组合设计应针对各种路面结构组合的力学性能、功能特性及其长期性能衰变规律和损坏特点,遵循路基路面综合设计的理念,保证路面结构的安全、耐久和全寿命周期经济合理。在设计使用年限内,路面应不发生由于疲劳导致的结构破坏,面层可进行表面功能修复。

沥青面层直接经受车轮荷载反复作用和各种自然因素影响,并将荷载传递到基层以下结构层。沥青面层应满足功能性和结构性的使用性能要求,可为单层、双层或三层。面层应具有平整、抗车辙、抗疲劳开裂、抗低温开裂和抗水损坏等性能,表面层混合料还应具有抗滑和耐磨损性能,密级配沥青混合料表面层应具有低透水性能。面层的材料类型宜按表6-10选用。

面层材料的交通荷载等级和层位　　　　　　　　　　　　　　表6-10

材料类型	适用交通荷载等级和层位
连续级配沥青混合料	各交通荷载等级的表面层、中面层和下面层
沥青玛蹄脂碎石混合料	极重、特重和重交通荷载等级的表面层、对抗滑有特殊要求的表面层
厂拌热再生沥青混合料	各交通荷载等级的表面层、中面层和下面层
上拌下贯沥青碎石	中等、轻交通荷载等级的面层
沥青表面处治	中等、轻交通荷载等级的表面层

对抗滑、排水或降噪有特殊要求的表面层可采用开级配沥青混合料,表面层下应设置防水层,防水层可采用改性乳化沥青或改性沥青等。

沥青面层在路面结构层中价格最高,一般情况下对沥青面层厚度应有所控制,但也不宜过薄,从压实效果来看,各种类型的沥青层最小压实厚度与它的公称最大粒径值相关,若小于最小厚度,则压实效果不好,易产生车辙或水损坏,不同粒径沥青混合料的层厚应符合表6-11的规定。连续级配沥青混合料和沥青玛蹄脂碎石混合料的结构层厚度不宜小于集料公称最大粒径的2.5倍。开级配沥青混合料的结构层厚度不宜小于集料公称最大粒径的2.0倍。

不同粒径沥青混合料层厚   表6-11

沥青混合料类型	以下集料公称最大粒径沥青混合料的层厚(mm),不小于					
	4.75	9.5	13.2	16.0	19.0	26.5
连续级配沥青混合料	15	25	35	40	50	75
沥青玛蹄脂碎石混合料	—	30	40	50	60	—
开级配沥青混合料	—	20	25	30	—	—

当采用沥青贯入碎石层时,其厚度宜为40~80mm。乳化沥青贯入式路面的厚度不宜超过50mm;上拌下贯式路面的拌和厚度不宜小于25mm。

沥青表面处治可分为单层、双层和三层,单层表面处治厚度宜为10~15mm,双层表面处治厚度宜为10~25mm,三层表面处治厚度宜为25~30mm。

沥青路面的基层承担着沥青面层向下传递的全部负荷,还承受着由于土基水温状况多变而发生的地基支承能力变化的敏感性,使之不致影响沥青面层的正常工作。基层结构是承上启下保证路面结构耐久、稳定的承重结构层,因此要求基层应具有足够的承载能力、抗疲劳开裂性能、足够的耐久性和水稳定性。沥青结合料类和粒料类基层还应具有足够的抗永久变形能力。

当采用无机结合料稳定基层时,可采取下列一种或多种措施减少基层收缩开裂和路面反射裂缝:

(1)选用抗裂性好的无机结合料稳定基层。

(2)增加沥青混合料层厚度,或在无机结合料稳定类基层上设置沥青碎石层或级配碎石层。

(3)在无机结合料稳定类基层上设置改性沥青应力吸收层或敷设土工合成材料。

再生沥青混合料和再生无机结合料稳定材料可用于各交通荷载等级的沥青路面基层,厂拌热再生沥青混合料宜用于极重、特重和重交通荷载等级的基层。无机结合料稳定层与沥青结合料类材料层间可设置级配碎石、半开级配或开级配沥青碎石层。沥青路面不同材料基层厚度宜符合表6-12的规定。

沥青路面的基层和底基层厚度   表6-12

材 料 种 类	集料公称最大粒径(mm)	厚度(mm),不小于
密集配沥青碎石 半开级配沥青碎石 开级配沥青碎石	19.0	50
	26.5	80
	31.5	100
	37.5	120

续上表

材料种类	集料公称最大粒径(mm)	厚度(mm),不小于
沥青贯入碎石	—	40
贫混凝土	31.5	120
无机结合料稳定类	19.0、26.5、31.5、37.5	150
	53.0	180
级配碎石 级配砾石 未筛分碎石、天然砂砾	26.5、31.5、37.5	100
	53.0	120
填隙碎石	37.5	75
	53.0	100
	63.0	120

当采用水泥混凝土作为沥青路面的基层时,水泥混凝土基层应符合现行《公路水泥混凝土路面设计规范》(JTG D40—2011)的相关规定。

路面结构设计时,除面层和基层外,还可设置各种功能层以满足使用需求。

沥青层间应设置黏层。极重、特重和重交通荷载等级路面的黏层宜采用改性乳化沥青、道路石油沥青或改性沥青;中等和轻交通荷载等级路面的黏层可选用乳化沥青;水泥混凝土板与沥青面层间的黏层宜采用改性沥青。

在沥青层与其他材料层间应设置封层,以阻止路面结构内部水下渗。封层可采用单层沥青表面处治或稀浆封层等。当设置改性沥青应力吸收层时,可不再设封层。单层表面处治封层的结合料可采用改性沥青、道路石油沥青或乳化沥青。改性沥青应力吸收层宜采用橡胶沥青。

地下水位高,排水不良的路段,有裂隙水、泉眼等水文条件不良岩石挖方路段,基层为非粒料类材料时,可在基层与路床间设置粒料层。粒料层应与路基边缘或与边沟下渗沟相连接,厚度不宜小于150mm。

粒料类基层和无机结合料稳定类基层顶面宜设置透层,透层沥青应具有良好的渗透性,可采用稀释沥青和乳化沥青等。

季节性冻土地区路面厚度不满足防冻要求时,应按防冻要求增设防冻层。防冻层宜采用粗砂、砂砾和碎石等粒料类材料。

6.4 弹性层状体系理论

由不同材料的结构层及土基组成的沥青路面结构,在荷载作用下其应力应变关系一般呈非线性特性,且应变随应力作用时间而变化,同时应力卸除后常有一部分变形不能恢复。因此,严格地说,沥青路面在力学性质上属于非线性的弹—黏—塑性体。但是考虑到行驶车辆作用的瞬时性(百分之几秒),在路面结构中产生的黏—塑性变形数量很小,所以对于厚度较大、强度较高的高等级路面,将其视作线性弹性体,并应用弹性层状体系理论进行分析计算是较为合适的。

6.4.1 基本假设

弹性层状体系是由若干个弹性层组成,上面各层具有一定厚度,最下一层为弹性半空间体。弹性层状体系及圆柱坐标微元体的受力状态如图 6-1 所示。

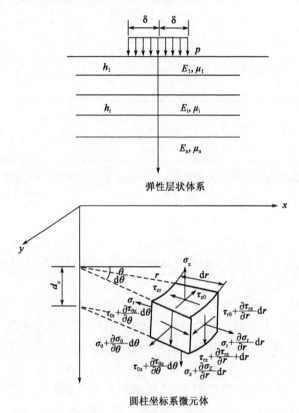

图 6-1 弹性层状体系及圆柱坐标系下的微元体受力图

应用弹性力学方法求解弹性层状体系的应力、应变和位移等分量时,引入如下一些假设:

(1)各结构层是完全弹性的线变形体。所谓完全弹性的,就是当引起变形的外力移去后能完全恢复原状,无残余变形发生。所谓线变形体就是应力、应变之间是直线关系,即符合虎克定律。

(2)各结构层内部是连续的。即不考虑物质的分子结构,忽略结构物质的空隙。基于这一假定,就可以将应力、应变和位移表示成坐标的连续函数。

(3)材料是均质的,各向同性的。即结构层内各点的性质相同,各方向的性质也相同。这样,弹性常数在层内各点、各方向也相同。

(4)路基路面体系的位移是微小的,位移与结构物的尺寸相比,可忽略不计。这样,在建立变形微分方程式时,可略去高次微量,使方程变为线性方程,数学上便于求解。

(5)结构物在受车轮荷载作用以前,初应力为零。不考虑路面自重对应力的影响。路面各层有确定的厚度,在水平方向假定是无限大的。土基在水平和深度方向都假定是无限大的。

(6)在结构物表面作用着有限尺寸的荷载,荷载作用范围以外没有其他荷载作用。路面和土基水平方向无限远处,应力、应变和位移等于零。土基无限深处,应力、应变和位移等于零。

(7)接触条件。假设路面各层之间、路面与土基之间是完全连续的,即在界面处两层的垂直应力、剪应力、垂直位移、水平位移相等。在有些情况下,也可假设各层之间是完全滑动的。这里按完全连续的情况计算各向应力、应变和位移。

6.4.2 解题方法

对弹性层状体系进行受力分析时,将车轮荷载简化为圆形均布荷载(垂直荷载与水平荷载),并在圆柱坐标系中分析各分量。在图 6-1 的圆柱坐标 $(r、\theta、z)$ 中,在弹性层状体系内微分单元体上,应力分量有三个法向应力 σ_r、σ_θ 和 σ_z,及三对剪应力 $\tau_{rz} = \tau_{zr}$、$\tau_{r\theta} = \tau_{\theta r}$、$\tau_{z\theta} = \tau_{\theta z}$。

当层状体系表面作用着轴对称荷载时,各应力、应变和位移分量也对称于对称轴,即它们仅是 r 和 z 的函数,因而 $\tau_{r\theta} = \tau_{\theta r} = 0$,$\tau_{z\theta} = \tau_{\theta z} = 0$,三对剪应力只剩下一对 $\tau_{rz} = \tau_{zr}$。下面以这种轴对称的情形为例,简述弹性层状体系各分量的求解方法。由弹性力学得知,对于以圆柱坐标表示的轴对称课题,不计体积力时,其平衡方程为:

$$\left.\begin{array}{l} \dfrac{\partial \sigma_r}{\partial r} + \dfrac{\partial \tau_{zr}}{\partial z} + \dfrac{\sigma_r - \sigma_\theta}{r} = 0 \\ \dfrac{\partial \sigma_z}{\partial z} + \dfrac{\partial \tau_{rz}}{\partial r} + \dfrac{\tau_{rz}}{r} = 0 \end{array}\right\} \tag{6-1}$$

表示体系内任一点应力—应变关系的物理方程为:

$$\left.\begin{array}{l} \varepsilon_r = \dfrac{1}{E}[\sigma_r - \mu(\sigma_\theta + \sigma_z)] \\ \varepsilon_\theta = \dfrac{1}{E}[\sigma_\theta - \mu(\sigma_z + \sigma_r)] \\ \varepsilon_z = \dfrac{1}{E}[\sigma_z - \mu(\sigma_r + \sigma_\theta)] \\ \gamma_{zr} = \dfrac{2(1+\mu)}{E}\tau_{zr} \end{array}\right\} \tag{6-2}$$

又知轴对称课题的几何方程为:

$$\varepsilon_r = \frac{\partial u}{\partial r}; \quad \varepsilon_\theta = \frac{u}{r}; \quad \varepsilon_z = \frac{\partial \omega}{\partial z}; \quad \gamma_{zr} = \frac{\partial u}{\partial z} + \frac{\partial w}{\partial r} \tag{6-3}$$

变形连续方程为:

$$\left.\begin{array}{l} \nabla^2 \sigma_r - \dfrac{2}{r^2}(\sigma_r - \sigma_\theta) + \dfrac{1}{1+\mu}\dfrac{\partial^2 \Theta}{\partial r^2} = 0 \\ \nabla^2 \sigma_\theta - \dfrac{2}{r^2}(\sigma_r - \sigma_\theta) + \dfrac{1}{1+\mu}\dfrac{1}{r}\dfrac{\partial \Theta}{\partial r} = 0 \\ \nabla^2 \sigma_z + \dfrac{1}{1+\mu}\dfrac{\partial^2 \Theta}{\partial z^2} = 0 \\ \nabla^2 \tau_{zr} - \dfrac{\tau_{zr}}{r^2} + \dfrac{1}{1+\mu}\dfrac{\partial^2 \Theta}{\partial r \partial z} = 0 \end{array}\right\} \tag{6-4}$$

式中:$\nabla^2 = \dfrac{\partial^2}{\partial r^2} + \dfrac{1}{r}\dfrac{\partial}{\partial r} + \dfrac{\partial^2}{\partial z^2}$;$\Theta = \sigma_r + \sigma_\theta + \sigma_z$。

如果引用应力函数 $\varphi = \varphi(r,z)$,并把应力分量表示成:

$$\left.\begin{array}{rl} \sigma_r &= \dfrac{\partial}{\partial z}\left(\mu \nabla^2 \varphi - \dfrac{\partial^2 \varphi}{\partial r^2}\right) \\ \sigma_\theta &= \dfrac{\partial}{\partial z}\left(\mu \nabla^2 \varphi - \dfrac{1}{r}\dfrac{\partial \varphi}{\partial r}\right) \\ \sigma_z &= \dfrac{\partial}{\partial z}\left((2-\mu)\nabla^2 \varphi - \dfrac{\partial^2 \varphi}{\partial z^2}\right) \\ \tau_{zr} &= \tau_{rz} = \dfrac{\partial}{\partial r}\left[(1-\mu)\nabla^2 \varphi - \dfrac{\partial^2 \varphi}{\partial z^2}\right] \end{array}\right\} \quad (6\text{-}5)$$

则将式(6-5)代入式(6-1)及式(6-4)中,式(6-1)的第一个方程自然满足,其余各方程的共同要求是:

$$\nabla^2 \nabla^2 \varphi = 0 \quad (6\text{-}6)$$

如果能从式(6-6)中解得应力函数 φ,代入式(6-5)中即可求得各应力分量。

由式(6-2)、式(6-3)及式(6-5)可得以应力函数表示的位移分量,即:

$$\left.\begin{array}{rl} u &= -\dfrac{1+\mu}{E}\dfrac{\partial^2 \varphi}{\partial r \partial z} \\ \omega &= \dfrac{1+\mu}{E}\left[2(1-\mu)\nabla^2 \varphi - \dfrac{\partial^2 \varphi}{\partial z^2}\right] \end{array}\right\} \quad (6\text{-}7)$$

将解得的应力函数代入式(6-7)可以得到位移分量表达式。

习惯上多采用汉克尔积分变换法求解式(6-6)。由汉克尔变换方法求得其解为:

$$\varphi(r,z) = \int_0^\infty \left[(A+Bz)e^{-\xi z} + (C+Dz)e^{\xi z}\right]\xi J_0(\xi r)\,\mathrm{d}\xi \quad (6\text{-}8)$$

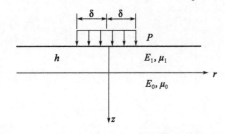

图6-2 双层连续体系单圆均布荷载作用下的计算图示

式中:$J_0(\xi r)$——第一类零阶贝塞尔函数;

$A、B、C、D$——待定系数,由弹性层状体系的层间连续条件和边界条件确定。

将式(6-8)代入式(6-5)和式(6-7)中可得各应力分量和位移分量表达式。对于某种特定的荷载、体系层数与层间连续条件,式中的待定系数就可以确定。例如表面作用圆形均布垂直荷载的双层连续体系(图6-2)荷载中心线表面的垂直位移为:

$$\omega = \dfrac{2(1-\mu_1^2)p\delta}{E_1}\int_0^\infty \dfrac{Le^{-\xi h} - 4\xi h - Me^{2\xi h}}{1 + 4\xi^2 h^2 + ML - Me^{2\xi h} - Le^{-2\xi h}} \times \dfrac{J_1(\xi h)}{\xi}\mathrm{d}\xi \quad (6\text{-}9)$$

式中: $L = \dfrac{(3-4\mu_0) - m(3-4\mu_1)}{3-4\mu_0 + m}$;$M = \dfrac{m(3-4\mu_1)+1}{1-m}$;$m = \dfrac{E_0(1+\mu_1)}{E_1(1+\mu_0)}$

$E_1、\mu_1、E_0、\mu_0$——上层和半空间体的弹性模量与泊松比。

为了使用方便,将式(6-9)改写为:

$$\omega = \dfrac{2p\delta}{E_0}\bar{\omega} \quad (6\text{-}10)$$

式中:$\bar{\omega}$——垂直位移系数,$\bar{\omega} = \dfrac{(1-\mu_1^2)E_0}{E_1}\int_0^\infty \dfrac{Le^{-2\xi h} - 4\xi h - Me^{2\xi h}}{1 + 4\xi^2 h^2 + ML - Me^{2\xi h} - Le^{-2\xi h}}\dfrac{J_1(\xi h)}{\xi}\mathrm{d}\xi。$

弹性三层体系由两个弹性层以及弹性半空间体组成。其分量的求解方法与前述双层体系相似,即将应力函数解——式(6-10)代入应力分量和位移分量公式(6-5)和式(6-7)中,并将层间连续条件和边界条件引入,求得待定系数,从而获得弹性三层体系的各分量表达式。

当弹性层状体系表面作用水平荷载时,属非轴对称课题,其求解较轴对称课题复杂一些。在前述轴对称课题的式(6-1)~式(6-7)中,除物理方程(6-2)外,由于剪应力有三对,所以都变成更为复杂的形式,其求解方法及应力函数表达式也都较为繁琐,但求解步骤和轴对称课题大体相同。

6.5 新建沥青路面的结构厚度计算

6.5.1 设计指标及计算图示

我国公路沥青路面设计时,路面结构力学指标计算采用双圆均布垂直荷载作用下的弹性层状连续体系理论。路面结构验算应根据路面结构组合,参照表6-13选择设计指标。

不同结构组合路面设计指标 表6-13

基层类型	底基层类型	设计指标
无机结合料稳定类	粒料类	无机结合料稳定层层底拉应力、沥青混合料层永久变形量
	无机结合料稳定类	
沥青结合料类	粒料类	沥青混合料层层底拉应变、沥青混合料层永久变形量、路基顶面竖向压应变
	无机结合料稳定类	沥青混合料层永久变形量、无机结合料稳定层层底拉应力
粒料类	粒料类	沥青混合料层层底拉应变、沥青混合料层永久变形量、路基顶面竖向压应变
	无机结合料稳定类	沥青混合料层层底拉应变、沥青混合料层永久变形量、路基顶面竖向压应变
水泥混凝土	—	沥青混合料层永久变形量

注:1.季节性冻土地区应增加沥青面层低温开裂验算和防冻厚度验算。
   2.在沥青混合料层与无机结合料稳定层间设置粒料层时,应验算沥青混合料层疲劳开裂寿命。
   3.水泥混凝土基层应按现行《公路水泥混凝土路面设计规范》(JTG D40—2011)设计。

路面结构验算时,各设计指标应选用表6-14规定的竖向位置处的力学响应,并应按图6-3所示计算点位置,选取 A、B、C 和 D 四点位置计算的最大力学响应量。

各设计指标对应的力学响应及其竖向位置 表6-14

设计指标	力学响应	竖向位置
沥青混合料层层底拉应变	沿行车方向的水平拉应变	沥青混合料层层底
无机结合料稳定层层底拉应力	沿行车方向的水平拉应力	无机结合料稳定层层底
沥青混合料层永久变形量	竖向压应力	沥青混合料层各分层顶面
路基顶面竖向压应变	竖向压应变	路基顶面

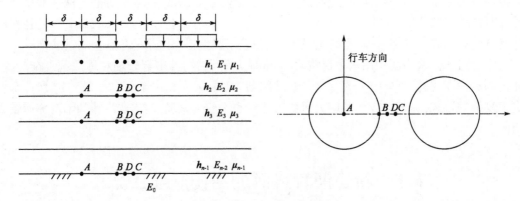

图 6-3 力学响应计算点位置图示

6.5.2 材料和环境参数

路面结构验算时，沥青面层采用 20℃、10Hz 条件下的动态压缩模量，沥青类基层采用 20℃、5Hz 条件下的动态压缩模量，无机结合料稳定层采用经调整系数修正后的弹性模量，粒料层采用经湿度调整的回弹模量，路基采用平衡湿度状态下并考虑干湿与冻融循环作用后的顶面当量回弹模量。

沥青混合料层疲劳开裂寿命、无机结合料稳定层疲劳开裂寿命和路基顶面竖向压应变验算时，应根据所在地区的气温条件、路面结构类型和结构层厚度，按式（6-11）确定温度调整系数。

$$K_{Ti} = A_h A_E \hat{k}_{Ti}^{1+B_h+B_E} \tag{6-11}$$

式中：K_{Ti}——温度调整系数；下标 $i=1$ 对应沥青混合料层疲劳开裂分析，$i=2$ 对应无机结合料稳定层疲劳开裂分析，$i=3$ 对应路基顶面竖向压应变分析；

$\hat{k}_{Ti}$——基准路面结构温度调整系数，按所在地查规范取用；

A_h、B_h、A_E、B_E——与面层、基层厚度和模量有关的函数，计算方法如下：

沥青混合料层疲劳开裂计算时

$$A_E = 0.76 \lambda_E^{0.09} \tag{6-12}$$

$$A_h = 1.14 \lambda_h^{0.17} \tag{6-13}$$

$$B_E = 0.14 \ln\left(\frac{\lambda_E}{20}\right) \tag{6-14}$$

$$B_b = 0.23 \ln\left(\frac{\lambda_h}{0.45}\right) \tag{6-15}$$

无机结合料稳定层疲劳开裂

$$A_E = 0.76 \lambda_E^{0.09} \tag{6-16}$$

$$A_h = 1.14 \lambda_h^{0.17} \tag{6-17}$$

$$B_E = 0.14\ln\frac{\lambda_E}{20} \tag{6-18}$$

$$B_h = 0.23\ln\frac{\lambda_h}{0.45} \tag{6-19}$$

路基顶面竖向压应变

$$A_E = 0.006\lambda_E + 0.89 \tag{6-20}$$

$$A_h = 0.67\lambda_h + 0.70 \tag{6-21}$$

$$B_E = 0.12\ln\frac{\lambda_E}{20} \tag{6-22}$$

$$B_h = 0.38\ln\frac{\lambda_h}{0.45} \tag{6-23}$$

式中：λ_E——面层与基层当量模量之比，按式(6-24)计算。

$$\lambda_E = \frac{E_a^*}{E_b^*} \tag{6-24}$$

λ_h 为面层与基层当量厚度之比，按式(6-25)计算：

$$\lambda_h = \frac{h_a^*}{h_b^*} \tag{6-25}$$

沥青混合料永久变形量验算时，应根据所在地区的气温条件，按式(6-26)选用相应的等效温度。

$$T_{pef} = T_\xi + 0.016h_a \tag{6-26}$$

式中：T_{pef}——沥青混合料层等效温度，℃；

h_a——沥青混合料层厚度，mm；

T_ξ——基准等效温度，按所在地查规范取用。

6.5.3 路面材料设计参数值

路面设计时需用路面结构层的材料参数，这些参数取值精确与否，将直接影响路面结构设计的正确性和合理性。因为不同测试和取值方法会得出不同的数值。路面材料应根据公路等级、交通荷载等级、气候条件、各结构层功能要求和当地材料特性等，在技术经济论证基础上进行设计并确定材料设计参数。

路面结构层材料设计参数的确定可分为下列三个水平：水平一，通过室内试验实测确定；水平二，利用已有经验关系式确定；水平三，参照典型数值确定。高速公路和一级公路的施工图设计阶段宜采用水平一，其他设计阶段可采用水平二或水平三；二级及二级以下公路可采用水平二或水平三。

粒料层材料用于路面基层、底基层时，以回弹模量作为路面结构设计的设计参数，在结构验算时应采用粒料回弹模量乘以湿度调整系数后得到，湿度调整系数可在1.6~2.0范围内选取。粒料回弹模量应取用最佳含水率和与压实度要求相应的干密度条件下的试验值。粒料回弹模量应依据相应的水平确定:水平一,采用重复加载三轴压缩试验测定,取回弹模量试验结果的均值;水平三,按粒料类型和层位参照表6-15确定粒料回弹模量取值。

粒料回弹模量取值范围(MPa) 表6-15

材料类型和层位	最佳含水率和与压实度要求相应的干密度条件下	经湿度调整后
级配碎石基层	200~400	300~700
级配碎石底基层	180~250	190~440
级配砾石基层	150~300	250~600
级配砾石底基层	150~220	160~380
未筛分碎石层	180~220	200~400
天然砂砾层	105~135	130~240

注:材料性能好、级配好或压实度大时取高值,反之取低值。

无机结合料稳定类材料的弯拉强度和弹性模量在水平一条件下,采用中间段法单轴压缩试验测定。弯拉强度和弹性模量的测定应符合现行《公路工程无机结合料稳定材料试验规程》(JTG E51—2009)中 T 0851 的有关规定。测试时水泥稳定类、水泥粉煤灰稳定类测试试件的龄期应为90d,石灰稳定类、石灰粉煤灰稳定类材料试件的龄期应为180d。弯拉强度和弹性模量应取用测试数据的平均值。在水平三条件下,可参照表6-16确定弯拉强度和弹性模量。

无机结合料稳定类材料的弯拉强度和弹性模量取值范围(MPa) 表6-16

材料	弯拉强度	弹性模量
水泥稳定粒料、水泥粉煤灰稳定粒料、石灰粉煤灰稳定粒料	1.5~2.0	18000~28000
	0.9~1.5	14000~20000
水泥稳定土、水泥粉煤灰稳定土、石灰粉煤灰稳定土	0.6~1.0	5000~7000
石灰土	0.3~0.7	3000~5000

注:结合料用量高、材料性能好、级配好或压实度大时取高值,反之取低值。

路面结构验算时,无机结合料稳定类材料弹性模量应乘以结构层模量调整系数0.5。

沥青混合料采用动态压缩模量作为结构设计参数。

水平一条件下,沥青混合料动态压缩模量的测定应符合现行《公路工程沥青及沥青混合料试验规程》(JTG E20—2011)的有关规定,取平均值,试验温度选用20℃,面层沥青混合料加载频率采用10Hz,基层沥青混合料加载频率采用5Hz。

水平二条件下,采用式(6-27)计算确定沥青混合料动态压缩模量,该式适用于采用道路石油沥青和常规级配的沥青混合料。

$$\lg E_a = 4.59 - 0.02f + 2.58G^* - 0.14P_a - 0.041V - 0.03VCA_{DRC} - 2.65 \times 1.1^{\lg G^*} f^{-0.06} - 0.05 \times 1.52^{\lg VCA_{DRC}} f^{-0.21} + 0.0031fP_a + 0.0024V \quad (6-27)$$

式中:E_a——沥青混合料动态压缩模量,MPa;

f——试验频率,Hz;

G^*——60℃、10rad/s下沥青动态剪切复数模量,MPa;

P_a——沥青混合料油石比,%;

V——压实沥青混合料的空隙率，%；

VCA_{DRC}——捣实状态下粗集料的间隙率，%。

水平三条件下，参照表 6-17 确定沥青混合料动态压缩模量。

常用沥青混合料 20℃条件下动态压缩模量取值范围 表 6-17

沥青混合料类型	沥青种类			
	70 号道路石油沥青	90 号道路石油沥青	110 号道路石油沥青	SBS 改性沥青
SMA10、SMA13、SMA16	—	—	—	7500 ~ 12000
AC10、AC25	8000 ~ 12000	7500 ~ 11500	7000 ~ 10500	8500 ~ 12500
AC16、AC20、AC25	9000 ~ 13500	8500 ~ 13000	7500 ~ 12000	9000 ~ 13500
ATB25	7000 ~ 11000	—	—	—

注：1. ATB25 为 5Hz 条件下动态压缩模量，其他沥青混合料为 10Hz 条件下动态压缩模量。
2. 沥青黏度大、级配好或空隙率小时取高值，反之取低值。

各类材料的泊松比应按照表 6-18 确定。

泊 松 比 取 值 表 6-18

材料类别	路基	粒料	无机结合料	密级配沥青混合料	开级配沥青混合料 半开级配沥青混合料
泊松比	0.40	0.35	0.25	0.25	0.40

6.5.4 新建路面结构设计

新建沥青路面结构设计应按图 6-4 所示的流程进行，主要内容包括：

（1）调查分析交通参数，确定交通荷载等级。

（2）根据路基土分类、地下水位高度确定路基干湿类型和湿度状况，确定路基顶面回弹模量及必要的路基改善措施。

（3）根据设计要求，收集所在地区的常用路面结构组合和材料性质要求，分析影响路面结构设计的其他因素，初拟路面结构组合和厚度方案，选取设计指标。

（4）确定各结构层模量等设计参数，并检验粒料的 CBR 值，无机结合料稳定类材料的无侧限抗压强度，沥青低温性能要求，沥青混合料的低温破坏应变、动稳定度、贯入强度和水稳定性等。

（5）收集工程所在地区气温资料，确定各设计指标对应的温度调整系数或等效温度。

（6）采用多层弹性体系理论程序计算各设计指标的力学响应量。

（7）进行路面结构验算，验算结果应符合沥青路面的设计标准，不符合时调整路面结构方案重新验算，直至符合为止。

（8）对通过结构验算的路面结构进行技术经济分析，选定路面结构方案。

（9）计算设计路面结构的验收弯沉值。

在不同的交通荷载等级时，沥青路面结构层厚度组合可参照表 6-19 ~ 表 6-23 选用，也可根据当地工程经验确定。

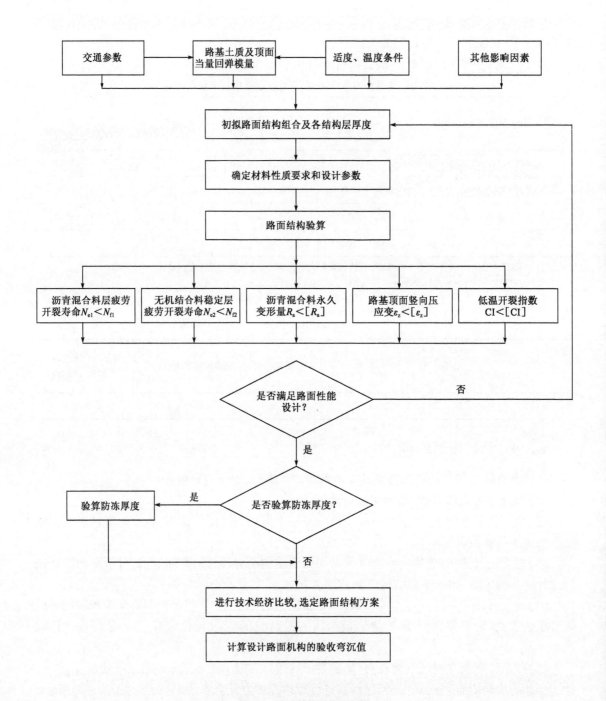

图 6-4 路面结构验算流程图

无机结合料稳定类基层（粒料类底基层）路面厚度范围（mm） 表 6-19

交通荷载等级	极重、特重	重	中等	轻
面层	250~150	250~150	200~100	150~20
基层（无机结合料稳定类）	600~350	550~300	500~250	450~150
底基层（粒料类）	200~150			

无机结合料稳定类基层(无机结合料稳定类底基层)路面厚度范围(mm)   表 6-20

交通荷载等级	极重、特重	重	中等	轻
面层	250~120	250~100	200~100	150~20
基层(无机结合料稳定类)	500~250	450~200	400~150	500~200
底基层(无机结合料稳定类)	200~150			—

粒料类基层(粒料类底基层)路面厚度范围(mm)   表 6-21

交通荷载等级	重	中等	轻
面层	350~200	300~150	200~100
基层(粒料类)	450~350	400~300	350~250
底基层(粒料类)	200~150		

沥青结合料类基层(粒料底基层)路面厚度范围(mm)   表 6-22

交通荷载等级	重	中等	轻
面层	150~120	120~100	80~40
基层(沥青结合料类)	250~200	220~180	200~120
底基层(粒料类)	400~300	400~300	350~250

沥青结合料类基层(无机结合料稳定类底基层)路面厚度范围(mm)   表 6-23

交通荷载等级	极重、特重	重	中等	轻
面层	120~100	120~100	100~80	80~40
基层(沥青结合料类)	180~120	150~100	150~100	100~80
底基层(无机结合料稳定类)	600~300	600~300	550~250	450~200

路面结构沥青面层或基层(含底基层)由两层或两层以上不同材料结构层组成时,应按式(6-28)和式(6-29)分别换算成当量沥青面层和当量基层。对采用沥青结合料类基层的路面,将基层换算至当量沥青面层。超过两层时,重复利用式(6-28)和式(6-29)自上而下逐层换算,简化为由当量沥青面层、当量基层和路基构成的三层路面结构。

$$h_i^* = h_{i1} + h_{i2} \tag{6-28}$$

$$E_i^* = \frac{E_{i1}h_{i1}^3 + E_{i2}h_{i2}^3}{h_{i1} + h_{i2}} + \frac{3}{h_{i1} + h_{i2}} \left(\frac{1}{E_{i1}h_1} + \frac{1}{E_{i2}h_2}\right)^{-1} \tag{6-29}$$

式中:h_i^*、E_i^*——当量层厚度(mm)和模量(MPa),下标 $i = a$ 为沥青面层,$i = b$ 为基层。

沥青混合料层的疲劳开裂寿命应根据路面结构分析得到的沥青混合料层层底拉应变,按式(6-30)计算。

$$N_{f1} = 6.32 \times 10^{15.96-0.29\beta} k_a k_b k_{T1}^{-1} \left(\frac{1}{\varepsilon_a}\right)^{3.97} \left(\frac{1}{E_a}\right)^{1.58} (VFA)^{2.72} \tag{6-30}$$

式中:N_{f1}——沥青混合料层疲劳开裂寿命,轴次;

β——目标可靠指标,根据公路等级按表 6-4 取值;

k_a——季节性冻土地区调整系数,按表 6-24 采用内插法确定;

k_b——疲劳加载模式系数,按式(6-31)计算。

$$k_b = \left[\frac{1 + 0.3E_a^{0.43}(VFA)^{-0.85}e^{0.024h_a - 5.41}}{1 + e^{0.024h_a - 5.41}}\right]^{3.33} \tag{6-31}$$

式中：E_a——沥青混合料20℃时的动态压缩模量，MPa；
　　　VFA——沥青混合料的沥青饱和度，%；
　　　h_a——沥青混合料层厚度，mm；
　　　k_{T1}——温度调整系数；
　　　ε_a——沥青混合料层层底拉应变，$\times 10^{-6}$；根据弹性层状体系理论，按式(6-32)计算。

$$\varepsilon_a = p\overline{\varepsilon}_a \tag{6-32}$$

$$\overline{\varepsilon}_a = f\left(\frac{h_1}{\delta}, \frac{h_2}{\delta}, \cdots, \frac{h_{n-1}}{\delta}; \frac{E_2}{E_1}, \frac{E_3}{E_2}, \cdots, \frac{E_0}{E_{n-1}}\right)$$

式中：　　$\overline{\varepsilon}_a$——理论拉应变系数；
　　　　p、δ——标准轴载的轮胎接地压强(MPa)和当量圆半径(mm)；
　　　　E_0——路基顶面回弹模量，MPa；
h_1、h_2、$\cdots$、h_{n-1}——各结构层厚度，mm；
E_1、E_2、$\cdots$、E_{n-1}——各结构层模量，MPa。

季节性冻土地区调整系数 k_a 表6-24

冻区	重冻区	中冻区	轻冻区	其他冻区
冻结指数 F(℃·d)	≥2000	2000~800	800~50	≤50
k_a	0.60~0.70	0.70~0.80	0.80~1.00	1.00

沥青混合料层的疲劳开裂寿命应大于设计使用年限内车道的当量设计轴载累计作用次数。否则，应调整路面结构方案，重新验算，直至满足要求。

无机结合料稳定层的疲劳开裂寿命应根据路面结构分析得到的各种无机结合料稳定层层底拉应力，按式(6-33)计算。

$$N_{f2} = k_a k_{T2}^{-1} 10^{a-b\frac{\sigma_1}{R_s}+k_c-0.57\beta} \tag{6-33}$$

式中：N_{f2}——无机结合料稳定层的疲劳开裂寿命，轴次；
　　　k_a——季节性冻土地区调整系数；
　　　k_{T2}——温度调整系数；
　　　R_s——无机结合料稳定类材料的弯拉强度，MPa；
　　　a、b——疲劳试验回归参数，按表6-25确定；
　　　k_c——现场综合修正系数，按式(6-34)确定。

$$k_c = c_1 e^{c_2(h_a+h_b)} + c_3 \tag{6-34}$$

式中：c_1、c_2、c_3——参数，按表6-26取值；
　　　h_a、h_b——沥青混合料层和计算点以上无机结合料稳定层厚度；
　　　β——目标可靠指标；
　　　σ_1——无机结合料稳定层的层底拉应力(MPa)，根据弹性层状体系理论，按式(6-35)计算。

$$\sigma_t = p\overline{\sigma}_t \tag{6-35}$$

$$\overline{\sigma}_t = f\left(\frac{h_1}{\delta}, \frac{h_2}{\delta}, \cdots, \frac{h_{n-1}}{\delta}; \frac{E_2}{E_1}, \frac{E_3}{E_2}, \cdots, \frac{E_0}{E_{n-1}}\right)$$

式中:$\overline{\sigma}_t$——理论拉应力系数。

无机结合料稳定层疲劳破坏模型参数　　　　　　　　　　　　　　　表6-25

材 料 类 型	a	b
无机结合料稳定粒料	13.24	12.52
无机结合料稳定土	12.18	12.79

现场综合修正系数 k_c 相关参数　　　　　　　　　　　　　　　　表6-26

材 料 类 型	新建路面结构层或改建工程既有路面结构层		改建工程加铺层	
	无机结合料稳定粒料	无机结合料稳定土	无机结合料稳定粒料	无机结合料稳定土
c_1	14.0	35.0	18.5	21.0
c_2	−0.0076	−0.0156	−0.01	−0.0125
c_3	−1.47	−0.83	−1.32	−0.82

无机结合料稳定层的疲劳开裂寿命应大于设计使用年限内设计车道的当量设计轴载累计作用次数。否则,应调整路面结构组合或层厚,重新验算,直至满足要求。

沥青混合料层永久变形量验算时,应按下列要求对各沥青混合料层进行分层,分别计算各分层的永久变形量:

(1)表面层,采用 10~20mm 为一分层。
(2)第二层沥青混合料层,每一分层厚度应不大于 25mm。
(3)第三层沥青混合料层,每一分层厚度应不大于 100mm。
(4)第四层及其以下沥青混合料层,作为一个分层。

根据标准条件下的车辙试验,得到各层沥青混合料的车辙试验永久变形量,按式(6-36)计算各分层的永久变形量和沥青混合料层总的永久变形量。

$$R_a = \sum_{i=1}^{n} R_{ai} \tag{6-36}$$

$$R_{ai} = 2.31 \times 10^{-8} k_{Ri} T_{pef}^{2.93} p_i^{0.48} \left(\frac{h_i}{h_0}\right) R_{0i}$$

式中:R_a——沥青混合料层永久变形量,mm;

R_{ai}——第 i 分层永久变形量,mm;

n——分层数;

T_{pef}——沥青混合料层永久变形等效温度,℃;

h_i——第 i 分层厚度,mm;

h_0——车辙试验试件的厚度,mm;

R_{0i}——第 i 分层沥青混合料在试验温度为 60℃,压强为 0.7MPa,加载次数为 2520 次时,车辙试验永久变形量,mm;

k_{Ri}——综合修正系数,按式(6-37)计算。

$$k_{Ri} = 0.9731^{z_i}(d_1 + d_2 z_i) \tag{6-37}$$

$$d_1 = -1.35 \times 10^{-4} h_a^2 + 8.18 \times 10^{-2} h_a - 14.50 \tag{6-38}$$

$$d_2 = 8.78 \times 10^{-7} h_a^2 - 1.50 \times 10^{-3} h_a + 0.90 \tag{6-39}$$

式中:z_i——沥青混合料层第 i 分层深度,mm,第一分层取为 15mm,其他分层为路表距分层中点的深度;

h_a——沥青混合料层厚度,mm,h_a 大于 200mm 时,取 200mm;

p_i——沥青混合料层第 i 分层顶面竖向压应力,MPa,根据弹性层状体系理论,按式(6-40)计算。

$$p_i = p\bar{p_i} \tag{6-40}$$

$$\bar{p_i} = f\left(\frac{h_1}{\delta}, \frac{h_2}{\delta}, \cdots, \frac{h_{n-1}}{\delta}; \frac{E_2}{E_1}, \frac{E_3}{E_2}, \cdots, \frac{E_0}{E_{n-1}}\right)$$

式中:$\bar{p_i}$——理论压应力系数。

验算所得的沥青混合料层永久变形量应满足容许永久变形量要求。否则,应调整沥青混合料设计,直至满足要求。满足沥青混合料层容许永久变形量要求的沥青混合料,尚应满足标准车辙试验的动稳定度要求,其永久变形量 R_0 对应的稳定度可用作沥青混合料的质量要求和施工控制指标。标准车辙试验温度为 60℃,压强为 0.7MPa,试件厚度为 50mm,加载次数为 2520 次时沥青混合料的动稳定度 DS,可根据永久变形量 R_0 按式(6-41)计算。

$$\mathrm{DS} = 9365 R_0^{-1.48} \tag{6-41}$$

式中:DS——沥青混合料动稳定度,次/mm。

路基顶面的容许竖向压应变应按式(6-42)计算确定。

$$[\varepsilon_z] = 1.25 \times 10^{4-0.1\beta} (k_{T3} N_{e4})^{-0.21} \tag{6-42}$$

式中:$[\varepsilon_z]$——路基顶面容许竖向压应变,10^{-6};

β——目标可靠指标;

N_{e4}——设计使用年限内设计车道上的当量设计轴载累计作用次数;

k_{T3}——温度调整系数。

路基顶面竖向压应变按式(6-43)计算,结果应小于容许压应变值。否则,调整路面结构方案,重新验算,直至满足要求。

$$\varepsilon_z = p\bar{\varepsilon_z} \tag{6-43}$$

$$\bar{\varepsilon_z} = f\left(\frac{h_1}{\delta}, \frac{h_2}{\delta}, \cdots, \frac{h_{n-1}}{\delta}; \frac{E_2}{E_1}, \frac{E_3}{E_2}, \cdots, \frac{E_0}{E_{n-1}}\right)$$

式中:$\bar{\varepsilon_z}$——理论竖向压应变系数。

季节性冻土地区的沥青面层,应按式(6-44)验算其低温开裂指数 CI。

$$\mathrm{CI} = 1.95 \times 10^{-3} S_t \lg b - 0.075(T + 0.07 h_a) \lg S_t + 0.15 \tag{6-44}$$

式中:CI——沥青面层低温开裂指数;

T——路面低温设计温度,℃,为连续 10 年年最低气温平均值;

S_t——在路面低温设计温度加 10℃ 试验温度条件下,表面层沥青弯曲梁流变试验加载 180s 时蠕变劲度,MPa;

h_a——沥青结合料类材料层厚度,mm;

b——路基土类型参数,砂 $b=5$,粉质黏土 $b=3$,黏土 $b=2$。

沥青面层的低温开裂指数值应满足要求。否则,应改变所选用的沥青材料,直至满足要求。

季节性冰冻地区,路基为中湿或潮湿状态时,应按式(6-45)计算公路多年最大冻深:

$$Z_{\max} = abcZ_d \quad (6-45)$$

式中:$Z_{\max}$——公路多年最大冻深,mm;

Z_d——大地多年最大冻深,mm,根据调查资料查阅规范确定;

a——大地冻深范围内路基、路面各层材料热物性系数,按表6-27确定;

b——路基湿度系数,按表6-28确定;

c——路基断面形式系数根据表6-29按内插法确定。

路基、路面材料热物性系数 a　　表6-27

路基材料	黏质土	粉质土	粉土质砂	细粒土质砂、黏土质砂	含细粒土质砾(砂)
热物性系数	1.05	1.10	1.20	1.30	1.35
路基材料	水泥混凝土	沥青结合料类	级配碎石	二灰或水泥稳定粒料	二灰及水泥土
热物性系数	1.40	1.35	1.45	1.40	1.35

路基湿度系数 b　　表6-28

干湿类型	干燥	中湿	潮湿
湿度系数	1.0	0.95	0.90

路基断面形式系数 c　　表6-29

填挖形式和高(深)度	路基填土高度					路基挖方深度			
	零填	<2m	2~4m	4~6m	>6m	<2m	2~4m	4~6m	>6m
断面形式系数	1.0	1.02	1.05	1.08	1.10	0.98	0.95	0.92	0.90

根据公路多年最大冻深,按表6-30的规定验算路面的防冻厚度。路面结构厚度小于此最小防冻厚度时,应增设防冻层,使其满足最小防冻厚度的要求。

沥青路面结构最小防冻厚度(mm)　　表6-30

路基土质	基层、底基层材料类型	对应于以下公路多年最大冻深 $Z_{\max}$(mm)和路基干湿类型的最小防冻厚度							
		中湿				潮湿			
		500~1000	1000~1500	1500~2000	>2000	500~1000	1000~1500	1500~2000	>2000
黏性土、细亚砂土	粒料类	400~450	450~500	500~600	600~700	450~500	500~600	600~700	700~800
	水泥或石灰稳定类、水泥混凝土	350~400	400~450	450~500	550~650	400~500	500~550	550~650	650~750
	水泥粉煤灰或石灰粉煤灰稳定类、沥青结合料类	300~350	350~400	400~500	500~550	350~450	450~500	500~550	550~700

续上表

路基土质	基层、底基层材料类型	对应于以下公路多年最大冻深 Z_{max}(mm)和路基干湿类型的最小防冻厚度							
		中湿				潮湿			
		500~1000	1000~1500	1500~2000	>2000	500~1000	1000~1500	1500~2000	>2000
粉性土	粒料类	450~500	500~600	600~700	700~750	500~600	600~700	700~800	800~1000
	水泥或石灰稳定类、水泥混凝土	400~450	450~500	500~600	600~700	450~550	550~650	650~700	700~900
	水泥粉煤灰或石灰粉煤灰稳定类、沥青结合料类	300~400	400~450	450~500	500~650	400~500	500~600	600~650	650~800

注:1. 在《公路自然区划标准》(JTJ 003—1986)中,对潮湿系数小于0.5的地区,Ⅱ、Ⅲ、Ⅳ等干旱地区的防冻厚度可比表中值减少15%~20%。
   2. 对Ⅱ区砂性土路基防冻厚度应相应减少5%~10%。
   3. 公路多年最大冻深大时,靠近上限取值,反之靠近下限取值。
   4. 基层、底基层采用不同材料类型时,按厚度较大的材料类型确定。

6.5.5 路面结构的验收弯沉

路基顶面验收弯沉值 l_g 应按式(6-46)计算。

$$l_g = \frac{176pr}{E_0} \tag{6-46}$$

式中:l_g——路基顶面验收弯沉值,0.01mm;
   p——落锤式弯沉仪承载板施加荷载,MPa;
   r——落锤式弯沉仪承载板半径,mm;
   E_0——平衡湿度状态下路基顶面回弹模量,MPa。

路基施工完成后,宜采用落锤式弯沉仪进行路基验收,落锤式弯沉仪荷载为50kN,荷载盘半径应为150mm。路基顶面实测代表弯沉值 l_0 应符合式(6-47)的要求。

$$l_0 \leq l_g \tag{6-47}$$

式中:l_g——路基顶面验收弯沉值,0.01mm;
   l_0——路段内实测的路基顶面弯沉代表值,0.01mm,以1~3km为一评定路段,$l_0 = (\bar{l}_0 + \beta s)K_1$,$\bar{l}_0$ 为路段内实测路基顶面弯沉平均值,0.01mm;
   s——路段内实测路基顶面弯沉标准差,0.01mm;
   β——目标可靠指标,根据公路等级按表6-4取值;
   K_1——路基顶面弯沉湿度影响系数,根据当地经验确定。

路表验收弯沉值 l_a 应根据设计路面结构,采用弹性层状体系理论按式(6-48)计算。路面结构层参数应与路面结构验算时相同。路基顶面回弹模量应采用平衡湿度状态下路基顶面回弹模量乘以模量调整系数 k_1。

$$l_a = p\bar{l}_a \tag{6-48}$$

$$\bar{l}_a = f\left(\frac{h_1}{\delta}, \frac{h_2}{\delta}, \cdots, \frac{h_{n-1}}{\delta}; \frac{E_2}{E_1}, \frac{E_3}{E_2}, \cdots, \frac{E_0}{E_{n-1}}\right)$$

式中:$\bar{l}_a$——理论弯沉系数;

E_0——平衡湿度状态下路基顶面回弹模量,MPa。

路面交(竣)工时应对路表弯沉值进行检测。落锤式弯沉仪中心点弯沉代表值应符合式(6-49)要求:

$$l_0 \leqslant l_a \tag{6-49}$$

式中:l_a——路表验收弯沉值,0.01mm;

l_0——路段内实测路表弯沉代表值,0.01mm,以1~3km为一个评定路段,$l_0 = (\bar{l}_0 + \beta s)K_1K_3$,$\bar{l}_0$ 为路段内实测路表弯沉平均值,0.01mm;

s——路段内实测路表弯沉标准差,0.01mm;

β——目标可靠指标;

K_1——路表弯沉湿度影响系数,根据实测弯沉值通过反算得到路基模量值,再对路基模量值进行修正得到结构模量值,然后得出测试状态下弯沉湿度修正系数 K_1,或者根据当地经验确定;

K_3——路表弯沉温度影响系数,按式(6-50)确定。

$$K_3 = e^{[9\times10^{-6}(\ln E_0 - 1)h_a + 4\times10^{-3}](20-T)} \tag{6-50}$$

式中:T——弯沉测定时沥青结合料类材料层中点实测或预估温度,℃;

h_a——沥青结合料类材料层厚度,mm;

E_0——平衡湿度状态下路基顶面回弹模量,MPa。

6.6 沥青路面改建设计

沥青路面随着使用时间的延长,其使用性能和承载能力不断下降,超过设计使用年限后便不能满足正常行车的要求,则需补强或改建。改建设计应充分调查和分段评估既有路面状况,分析路面损坏原因,提出针对性改建对策,经技术经济分析后,结合工程经验确定适应预期交通荷载等级和使用性能要求的改建设计方案。确定改建设计方案时,应充分利用既有路面结构性能,减少废弃材料,并积极、稳妥地再生利用既有路面材料。改建设计应采用动态设计理念,工程实施阶段应逐段调查分析现场路况,动态调整改建方案。

6.6.1 既有路面调查、分析及改建方案的提出

既有路面调查与分析应包括下列主要内容:

(1)收集既有路面及其排水设施的设计、施工及历史养护维修情况等技术资料。

(2)调查分析交通量、轴载组成和增长率等交通荷载参数。

(3)调查路面破损状况,包括路面病害类型、严重程度、范围和数量等。

(4)采用落锤式动态弯沉仪或其他弯沉仪检测评价既有路面结构承载能力。

(5)采用钻芯、探坑取样、路面雷达、切割等方式,调查分析既有路面厚度、层间结合及病害程度情况,并取样进行室内试验,测定试件模量、强度等,分析路面材料组成与退化情况。

(6)对因路基问题导致路面损坏的路段,取样调查路基土质类型、含水率和CBR值等,分析路基稳定性和承载力等。

(7)调查沿线气候条件、地下水位及路基路面排水状况。

(8)调查沿线跨线桥、隧道净空要求及其他影响路面改建设计的因素。

既有路面损坏状况的评定应符合现行《公路技术状况评定标准》(JTG H20—2007)和《公路养护技术规范》(JTG H10—2009)的有关规定,可结合路面损坏特点采用路面横向裂缝间距、纵向裂缝率、网裂面积率和修补面积率等指标进行补充评价。根据既有路面调查结果综合分析病害原因,判断路面病害的层位、破坏程度、发展趋势及既有路面的可利用程度。

根据不同路段路面状况和损害程度,对既有路面采取相应的处理措施。既有路面处理可采用局部病害处治、整体性处理的方式或局部病害处治与整体性处理相结合的方式。既有路面破损不严重且结构性能较好的路段可参照现行《公路沥青路面养护技术规范》(JTG 073.2—2001)对局部病害处治后加铺。既有路面破损严重或结构性能不足的路段,宜采用整体性能处理方式。处理深度和范围应根据路面破损程度、层位和处理工艺确定。

改建方案应充分利用既有路面结构和材料,可视具体情况选择经局部病害处治后直接加铺一层或多层改建方案,将既有路面铣刨至某一结构层或将既有路面就地再生后加铺一层或多层改建方案。

既有路面存在较多裂缝时,应采取减缓反射裂缝的措施;既有路面出现因内部排水不良引起的水损害时,应改善或重置路面防排水系统。加铺层与既有路面间应采取设置黏层或封层等层间结合措施。

6.6.2 改建路面的结构验算

路面结构改建设计时,需对改建路面设计使用年限内预期的交通荷载参数进行调查和分析,确定交通荷载等级。要求加铺层以及经处治后的既有路面结构在设计使用年限内沥青混合料层容许永久变形量、低温开裂指数及抗滑要求等应符合沥青路面的设计标准。

当既有路面破损不严重且结构性能较好,采用直接加铺方案或铣刨至某一结构层再加铺方案时,应同时对既有路面结构层和加铺层进行结构验算。加铺层的设计参数应按新建路面结构确定。既有路面结构层的设计参数应按下列要求确定:

(1)将既有路面简化为由沥青结合料类材料层、无机结合料稳定层或粒料层和路基组成的三层体系,利用弯沉盆反演或芯样实测的方法确定各层材料模量。

(2)既有路面无机结合料稳定层弯拉强度宜根据现场取芯实测的无侧限抗压强度按式(6-51)计算,无条件时,可根据既有路面整体强度、基层和面层损坏状况,结合当地经验确定。

$$R_s = 0.21 R_c \tag{6-51}$$

式中:R_s——无机结合料稳定类材料试件的弯拉强度,MPa;

R_c——无机结合料稳定类材料试件的无侧限抗压强度,MPa。

当既有路面破损严重或结构性能不足时,无论采用直接加铺方案还是采用铣刨至某一结构层再加铺方案,均应对加铺层进行结构验算。加铺面层的设计参数应按新建路面结构确定。既有路面或铣刨后留用的路面结构层不再进行结构验算,其顶面当量回弹模量应按式(6-52)计算。

$$E_d = \frac{176 pr}{l_0} \tag{6-52}$$

式中:E_d——既有路面结构顶面当量回弹模量,MPa;

p——落锤式弯沉仪承载板施加荷载,MPa;

r——落锤式弯沉仪承载板半径,mm;

l_0——落锤式弯沉仪承载板中心点弯沉值,0.01mm。

改建路面结构验算应按图 6-5 所示的流程进行,包括下列主要内容:

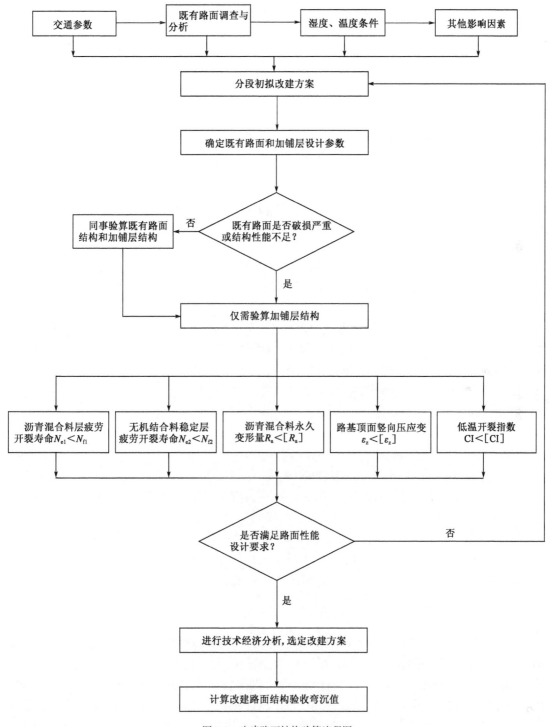

图 6-5 改建路面结构验算流程图

(1)调查分析交通参数,确定交通荷载等级。
(2)对既有路面技术状况进行调查和分析。
(3)根据路况调查结果,对既有路面进行分段;结合当地工程经验,分段初拟改建方案。
(4)确定需验算的结构层和设计指标,确定既有路面和加铺层的材料模量等设计参数,检验加铺层粒料的 CBR 值,无机结合料稳定类材料的无侧限抗压强度,沥青低温性能要求,沥青结合料的低温破坏应变、动稳定度、贯入强度和水稳定性等。
(5)收集工程所在地区气温资料,确定各设计指标相应的温度调整系数或等效温度。
(6)采用多层弹性体系理论程序计算各设计指标的力学响应量。
(7)路面结构验算结果应符合沥青路面的设计标准,不符合时,调整路面改建方案重新验算,直至符合为止。
(8)对通过结构验算的路面结构进行技术经济分析,选定路面改建方案。
(9)计算改建路面结构的路表验收弯沉值。

6.7　国外沥青路面设计简介

在公路建设和管理领域、国与国之间技术问题及其解决方法方面国内外具有很多共性。发达国家研究早、实践早,积累了丰富的经验,许多技术、标准和规范值得借鉴。普遍认为,欧美沥青路面的设计寿命越来越长,沥青混合料层也普遍较国内的厚,因此传统的疲劳开裂可能性大大降低,路面的损坏主要位于面层的顶部(25~100mm),这样一旦路面表面损坏达到临界水平,其经济性处理方法就是将损坏的顶层或面层铣刨、罩面,或者加铺,沥青面层材料可以再生利用,使得沥青路面在使用年限内不需要大的结构性重修或重建。

欧美部分国家,尤其是路基路面工程理论领先的美国,使用的是英制单位。本节中路基路面工程常用的单位有以下转化:

1 inch = 2.54cm

1 psi(pound per square inch) = 6.895kPa

1 pci(pound per cubic inch) = 271.3kN/m^3

西方发达国家柔性路面的设计方法可分为:进行或不进行土的强度检测的经验法,极限拉应力法、极限弯沉法,还有力学—经验法。其中极限拉应力法、极限弯沉法与我国的方法相似。经验法是美国沿用最久、使用最广的设计方法。而力学—经验法是 2002 年后在西方国家重新推广的设计方法,其主要步骤需通过大型计算机运算。由于美国公路和交通运输协会(AASHTO)经验法使用广泛且便捷,本节主要介绍美国 AASHTO 经验法的应用。

6.7.1　美国 AASHTO 设计法

美国公路和交通运输协会(AASHTO)所推荐的沥青路面设计程序是以 19 世纪 50 年代末到 60 年代初在伊利诺伊州渥太华市,通过对大量试验道路检测得出的结果为基础的。1961年,美国 AASHO(AASHTO 的前身)设计委员会首先出版了一本临时沥青路面设计指导手册。之后,AASHTO 在设计中加入环境参数,并在美国的东南、东北、中西及西部建立国家试验跑道,模仿在不同的环境及土质条件下路面的损毁情况,得出试验参数。AASHTO 设计指导中的设计参数曾在1972年、1981年、1986年及1993年被修正。

1993年的修正版本与之前版本所给出的设计方法实际上是没有变化的,只是参数上有部分改动。现行的AASHTO设计法主要沿用1993年版的设计参数及公式。

(1)设计变量

①耐用性

耐用性指数(PSI)是AASHTO设计中的重要设计变量。该指数并不代表路面的某一单一物理变量,而是综合地考虑路面对交通使用者的服务水平。耐用性指数可以由使用者主观地评估,也可以客观地观测道路损坏状况,通过复杂的公式得到。耐用指数的范围在0~5之间,数值越大表示服务能力越好。

初期和末期的耐用性指数都必须建立并用于计算耐用性的变化(ΔPSI)。初期耐用性指数是对路面类型和建设质量的综合评估得分。由美国高速公路协会道路试验所得的一般柔性路面初期耐用性数值为4.2,刚性路面为4.5。末期耐用性指数在道路重建之前默认为最低值。主要公路的设计中建议使用数值为2.5或者更高的末期耐用性指数。而2.0的末期耐用性指数则用于交通量比较小的公路上。

道路设计院的决策者必须根据不同的设计状况选择初期和末期的耐用指数,从而得出AASHTO设计法所需的耐用指数变化值ΔPSI。

②设计分析周期

为了使资金得到最好的利用,美国AASHTO设计指导鼓励在交通量大的道路上使用更长的设计分析周期。

分析周期是指道路持续到需要大修或者重建的时间,即一个新的结构从最初的状态恶化到末期的状态所耗费的时间。分析周期的选择可以被很多因素影响,比如道路等级的分类,初始建设的可用资金,寿命周期成本和其他工程上的考虑。一般把设计周期定为10~50年。详见表6-31。

设计分析周期　　　　　　　表6-31

公路条件	设计分析年限(年)	公路条件	设计分析年限(年)
市区大交通量	30~50	郊区沥青路面	15~25
市区小交通量	20~50	郊区碎砾石路面	10~20

③交通量及荷载

本设计法以18kip(80kN)的当量标准单轴荷载(ESAL)在设计车道的累积行驶量为设计基础。柔性路面和刚性路面的等价轴载转换公式有所不同。将混合交通的车辆轴载转换为标准轴载的步骤与本书第5.3节中的转换原理相同。但由于AASHTO使用英制单位及标准载重较低的标准轴,因此转化参数有所不同。

如果在分析期内并未预计到设计路面将有任何复原或重修,则需要考虑全部标准轴载。然而,如果设计时考虑到阶段性维护,那么设计所需的交通量则为对应时期内的累计标准轴载。

④可靠性

在路基路面设计中,材料具有不均匀性,因此材料的力学特性并不是一成不变的。而且交通量的预测也存在准确度的问题,因此在设计中引入可靠性这一概念,综合地评估各种变量作用在一起的变化。实际上,可靠性是指在设计期限各种变量的影响下,道路设计仍然能满足使用要求的可能性。因此,对可靠性的要求越高,设计标准就会越高。

设计中所使用的可靠性水平应该随着交通量、日后维护时转移交通的难度和公众对道路舒适度要求的增加而增加。

表6-32为不同道路功能等级推荐相应的可靠性水平。

道路功能等级对应的可靠性水平　　　　　　　　　　表6-32

功 能 等 级	对应的可靠度水平(%)		功 能 等 级	对应的可靠度水平(%)	
	市区	郊区		市区	郊区
洲际及其他高速路段	85~99.9	80~99.9	集散道路	80~95	75~95
主干道	80~99	75~95	地方道路	50~80	50~80

可靠性选定后,还需选择变量的标准方差(S_0),以表示变量的波动情况。一般推荐柔性路面使用0.45的标准方差,而刚性路面使用0.35的标准方差。

考虑阶段建设时,整体的可靠性的实现基于每个阶段可靠性的整合。阶段可靠性和整体可靠性之间的关系见式(6-53):

$$R_{\text{stage}} = (R_{\text{overall}})^{1/n} \tag{6-53}$$

式中:R_{stage}——每个阶段的可靠度;

　　　R_{overall}——整体可靠度;

　　　n——需要考虑的阶段数。

例如,如果有两个阶段要考虑(即中途有一次大型维护)且想要的整体可靠度水平为95%,那么每个阶段的可靠性应该为$(0.95)^{1/2}$或97.5%。

⑤环境影响

美国AASHTO设计法的经验方程是以试验跑道在两年时间内的试验结果为基础得出的。温度和湿度对路面的长期影响没有被考虑在内。如果给定地区的膨胀和冻胀问题严重并且没有被适当的考虑,在相同的累计交通荷载下,路面容易出现早衰现象。因此必须考虑设计路段与试验路段间的环境差别。根据不同地区的环境变化,1986年版的设计指导书给出了各种不同条件下的耐用性(PSI)降低量。图6-6为一个特定地区耐用性损失和时间之间的曲线。环境累计的损失是膨胀和冻胀损失之和。这个图可用于估算任意中间时期因环境造成的耐用性损失,例如,最后13年因环境因素的耐用性损失为0.73。这些曲线的形态也表明了耐用性损失的速率随分析时间的增加而降低。

(2)设计方程

①结构数方程

结构数(Structure Number,简称SN)这一概念的创立和AASHTO设计法中耐用性指数(PSI)的创立具有相同的逻辑。结构数并不代表某种材料的

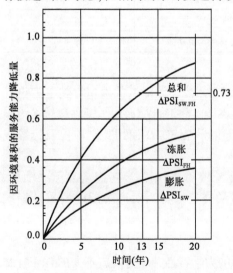

图6-6　耐久性损失与时间关系曲线

结构特性,而是综合考虑路面整体结构的承载能力。它是一个人为提出的抽象数值。数值越大,表示承受轴载的能力越强。路面结构数用式(6-54)计算:

$$SN = a_1D_1 + a_2D_2m_2 + a_3D_3m_3 \tag{6-54}$$

式中:a_1、a_2、a_3——各层(表层、基层和底层)的层系数;

D_1、D_2、D_3——各层的厚度;

m_2、m_3——各层的排水系数。

式(6-54)中层系数(a_n)取值与每一层所使用的材料有关,具体的层系数如表6-33所示。

结构数方程中的层系数(a_n)的取值　　　　　　　　　　　表6-33

结构层名	材料类型	层系数		
		a_1	a_2	a_3
面层	路拌沥青混凝土	0.20		
	厂拌沥青混凝土	0.44		
	沥青砂	0.40		
	砾石		0.07	
	碎石		0.14	
基层	水泥稳定(不包括水泥)			
	650lb/in² 以上		0.23	
	400~650lb/in²		0.20	
	400lb/in² 以下		0.15	
	沥青处理			
	粗级配		0.30	
	沥青砂		0.25	
	石灰稳定		0.15~0.30	
底基层	砂砾			0.11
	砂或砂质黏土			0.05~0.10

水是路基路面损坏的主要因素,式(6-54)中排水系数对整体的结构数具有重要影响。美国 AASHTO 设计法中的排水系数(m_n)主要综合考虑路面结构在一年内处于饱水状态的时间百分比,以及事后排水至理想状态所需的时间,其中 AASHTO 规定在排水系数难以取得的情况下,取中立值1.00。排水系数详见表6-34。

排水系数(m_n)在沥青路面设计时的建议值　　　　　　　　　　　表6-34

排水时间(排去95%水分)	一年内路面结构处于饱水状态的时间百分比(%)			
	<1	1~5	5~25	>25
优(≤2小时)	1.40~1.35	1.35~1.30	1.30~1.20	1.20
良(≤1天)	1.35~1.25	1.25~1.15	1.15~1.00	1.00
中(≤1周)	1.25~1.15	1.15~1.05	1.05~0.80	0.80
差(≤个月)	1.15~1.05	1.05~0.80	0.80~0.60	0.60
很差(不排水)	1.05~0.95	0.95~0.75	0.75~0.40	0.40

设计者可通过结构数公式(6-54)自主合理配置各层的材料及厚度。下文 AASHTO 设计法方程的主要目的是通过计算得出最低结构数(SN)。在不考虑其他条件(如经济,高程等)的情况下,只要设计方案的结构数不小于最低结构数,所设计的路面结构就被视为合理。

②求最低结构数(SN)的原始方程

原始方程纯粹基于美国高速公路协会(AASHTO 的前身)道路试验的结果。

下面是由美国高速公路协会(AASHTO)在 1962 年柔性路面的道路试验后得出来的基本方程:

$$G_t = \beta(\lg W_t - \lg \rho) \tag{6-55}$$

$$\beta = 0.40 + \frac{0.081(L_1 + L_2)^{3.23}}{(SN+1)^{5.19}L_2^{3.23}} \tag{6-56}$$

$$\lg \rho = 5.39 + 9.36\lg(SN+1) - 4.79\lg(L_1 + L_2) + 4.33\lg L_2 \tag{6-57}$$

式中: G_t——当 p_t 为 1.5 时所对应的点在时间 t 时耐用性损失率的对数值,或者 $\lg[(4.2-p_t)/(4.2-1.5)]$, p_t 为时间 t 末的耐用性;4.2 为柔性路面的初期耐用性;

β——设计以及荷载变化的一个函数;

ρ——设计以及荷载变化的一个函数,当 $p_t = 1.5$ 时, $\rho = W_t$;

W_t——时间 t 末时,单轴荷载应用;

L_1——单轴或串连轮轴上的荷载,kip;

L_2——车轴编号,单轴为 1,串列轮轴为 2。

如果使用一个等价于 18kip(80kN)的单轴荷载,那么这个程序就能很大程度地被简化。通过结合本书第 5.3 节的当量轴次转换原理,可以得到方程(6-58):

$$\lg W_{t18} = 9.36\lg(SN+1) - 0.20 + \frac{\lg[(4.2-p_t)/(4.2-1.5)]}{0.4 + 1094/(SN+1)^{5.19}} \tag{6-58}$$

其中 W_{t18} 表示时间为 t 时,单轴标准荷载数值为 18kip(80kN),且 p_t 恰好为末期耐用性指数。方程(6-58)仅适用于 1962 年美国高速公路协会道路试验中的柔性路面,柔性路面的有效路基回弹模量为 3000psi(20.7MPa)。

③修正方程

对于其他路基和环境条件而言,为了达到一个更高的可靠性,以上方程被修正为:

$$\lg W_{18} = Z_R S_0 + 9.36\lg(SN+1) - 0.20 + \frac{\lg[(4.2-p_t)/(4.2-1.5)]}{0.4 + 1094/(SN+1)^{5.19}} -$$
$$2.32\lg M_R - 8.07 \tag{6-59}$$

式中: M_R——有效路基土回弹模量。

当 $M_R = 3000\text{psi}(20.7\text{MPa})$ 时,原始方程与修正方程基本相同,只是修正方程的前部加入了可靠性的修正系数。这是由于原始方程是一个性能方程,式中所有的变量都基于平均值,并且其给出的 18kip(80-kN)单轴荷载 W_{t18} 可能导致 PSI 减小到等于 p_t 的允许值,此时设计的可靠性只有 50%。因此修正方程中的 W_{t18} 比 W_{18} 要小一个正态分布的偏移 Z_R,在实际设计中必须考虑:

$$Z_R = \frac{\lg W_{18} - \lg W_{t18}}{S_0} \tag{6-60}$$

式中: Z_R——规定可靠性 R 的一个正态偏移;

S_0——标准方差。

在正态分布的情况下,Z_R 的取值与可靠度的关系见表 6-35。

不同可靠度对应的正态偏移   表 6-35

可靠度(%)	正态偏移(Z_R)	可靠度(%)	正态偏移(Z_R)
50	0.000	93	-1.476
60	-0.253	94	-1.555
70	-0.524	95	-1.645
75	-0.674	96	-1.751
80	-0.841	97	-1.881
85	-1.037	98	-2.054
90	-1.282	99	-2.327
91	-1.340	99.9	-3.090
92	-1.405	99.99	-3.750

可靠性的选择主要与道路等级的选择有关。即当设计路段的道路等级确定后,可通过表 6-33 求得可靠度,代入表 6-36 求得 Z_R,从而获得足够的已知条件代入修正方程。

修正方程(6-59)为柔性路面的最终设计方程。AASHTO 设计法的独特之处在于把复杂的计算方程通过直观的诺模图(Nomograph)表现出来。图 6-7 是一个用于解析方程(6-59)的诺模图。通过从左到右连接图中各已知变量,最终在图的右下方横轴上解得所求的最小结构数。详细步骤见例题。

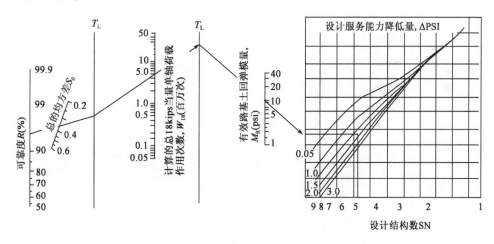

图 6-7　诺模图

(3)例题

【例题 6-1】 已知 $W_{18} = 5 \times 10^6$,$R = 95\%$,$S_0 = 0.35$,$M_R = 5000\text{psi}(34.5\text{MPa})$,且 $\Delta\text{PSI} = 1.9$,试通过图 6-7 诺模图确定 SN。

解:如图 6-7 中箭头所示,从 $R = 95\%$ 开始,画出一系列的折线,并且通过 $S_0 = 0.35$,$M_R = 5000\text{psi}(34.5\text{MPa})$,$\Delta\text{PSI} = 1.9$,SN 最终的交叉点在 5.0 处,所以 SN = 5.0。

诺模图对于确定 SN 的值来说是最方便的,但如果 W_{18} 是需要确定的未知量,如例题 6-2,那么使用修正方程会更加准确。

【例题 6-2】 已知 $R=95\%$，$SN=5$，$S_0=0.35$，$M_R=5000\mathrm{psi}(34.5\mathrm{MPa})$，且 $\Delta PSI=1.9$，试通过修正方程(6-59)确定 W_{18} 的大小。

解：因为 $R=95\%$，则可以通过表 6-36 得出 $Z_R=-1.645$。再根据修正方程，可以得出
$\lg W_{18}=-1.645\times0.35+9.36\lg(5+1)-0.2+\lg(1.9/2.7)/[0.4+1094/(6)^{5.19}]+2.32\lg(5000)-8.07=6.714$，得 $W_{18}=5.18\times10^6$。

6.7.2 力学—经验法（MEPDG）

在最近 50 年里，虽然美国国家高速公路和运输协会（AASHTO）对经验法公式中的参数作出过多次修改，但这些公式的主体没有发生变化，从而得出的路面结构设计结果也被认为精准度不高。道路工程是大型项目，在路面结构的设计中哪怕只比实际需要量多出两三厘米的厚度，都会导致数以千万的资金浪费。反之，如果路面结构设计过薄，容易造成道路的过早损毁，增加后期维修的费用。

为了满足路面结构设计精度的需要，土木工程方面的科学家们在近年发明了力学经验法（Mechanistic-Empirical Pavement Design，即 MEPDG 法，又名 AASHTOWare）。这种设计方法在考虑道路损毁程度数据的同时，还使用了材料科学的力学分布公式。在实际的使用中，MEPDG 被认为能更准确地设计路面厚度，因而得到了高度重视，也是目前欧美正在大力发展的新型路面结构设计方法。

MEPDG 设计方法综合了力学公式、经验法参数、气候、材料、交通数据等多方面因素，对每一次荷载进行单独的计算，通过疲劳破损积累原理（Miner's Theory）进行统计，设计过程如图 6-8 所示。

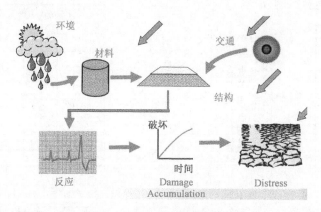

图 6-8 MEPDG 柔性路面设计流程

MEPDG 对龟裂、疲劳开裂、车辙、温度开裂、平整度等指标进行单独预测运算，当任一个指标未达标，整体的路面结构就不达标。每个路面的响应都应在最不利位置进行评估。

(1) 由下而上的疲劳开裂（龟裂）

这种类型的疲劳裂缝最初为沿着轮迹方向短的纵向裂缝，然后迅速发展成网状，最初在 HMA 层底部出现，在重复荷载作用下逐渐向表面传播，其传播机理见图 6-9。

由下而上的疲劳裂缝可由式(6-61)计算得到：

$$\mathrm{FC}_{\mathrm{bottom}}=\left(\frac{1}{60}\right)\left\{\frac{C_4}{1+e^{[C_1C_1^*+C_2C_2^*\lg(100\times\mathrm{DI}_{\mathrm{bottom}})]}}\right\} \quad (6\text{-}61)$$

式中： FC_{bottom}——由下而上疲劳裂缝(占总车道面积百分比);

DI_{bottom}——由下而上疲劳损坏指数;

C_1、C_2、C_4、C_1^*、C_2^*——回归系数,$C_1=1$、$C_2=1.0$、$C_1^*=-2C_2^*$、$C_2^*=-2.40874-39.748\times(1+h_{ac})^{-2.856}$,$C_4=6000$。

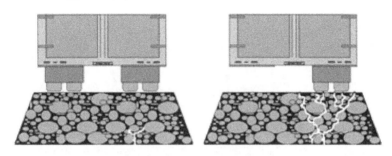

图 6-9　由底部向上发展的疲劳裂缝

(2)由上而下的疲劳开裂(纵向开裂)

有的疲劳裂缝在道路表面产生,继而向下发展,见图6-10。

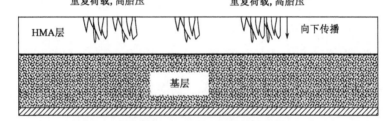

图 6-10　由表面向下发展的疲劳裂缝

由上而下的疲劳裂缝可由式(6-62)计算得到:

$$FC_{top}=10.56\left\{\frac{C_4}{1+e^{[C_1-C_2\lg(DI_{top})]}}\right\} \tag{6-62}$$

式中:FC_{top}——由上而下裂缝(ft/mile,1ft=0.3048m,1mile=1.6093km);

DI_{top}——由上而下疲劳损坏指数;

C_1、C_2、C_4——回归系数,$C_1=7.0$,$C_2=3.5$,$C_4=1000$。

(3)永久变形或车辙

车辙是路面层或土基的塑性变形在轮迹处产生的表面凹陷,为沥青层、粒料基层或底基层及路基竖向变形的总和,一般认为化学固结材料层不产生车辙。

MEPDG对沥青层车辙的预估模型见式(6-63):

$$\Delta_{p(HMA)}=\varepsilon_{p(HMA)}h_{HMA}=\beta_{r1}k_Z\varepsilon_{r(HMA)}10^{-3.35412}T^{1.5606\beta_{r2}}N^{-0.4791\beta_{r3}}h_{HMA} \tag{6-63}$$

式中:$\Delta_{p(HMA)}$——沥青层/子层累积永久变形,1in=2.5400cm;

$\varepsilon_{p(HMA)}$——沥青层/子层累计的塑性轴向应变;

$\varepsilon_{r(HMA)}$——沥青层/子层中部回弹(或弹性)应变;

h_{HMA}——沥青层/子层厚度,ft;

T——路面温度(℉,1℉=32+1℃×1.8,下同),℃;

k_Z——深度围压系数,$k_Z=(C_1+C_2D)\times0.328196^D$;

$$C_1 = -0.1039 \times H_{ac}^2 - 2.4868 \times H_{ac} - 17.342$$
$$C_2 = 0.0172 \times H_{ac}^2 - 1.7331 \times H_{ac}^2 + 27.428$$

D——路表计算点深度,ft;
H_{ac}——沥青层总厚度,ft;
N——荷载次数;
β_{r1}、β_{r2}、β_{r3}——地方标定系数。

MEPDG 对粒状基层及路基层的车辙预测模型见式(6-64):

$$\Delta_{p(soil)} = \beta_{sl} k_{sl} \varepsilon_v h_{soil} \left(\frac{\varepsilon_0}{\varepsilon_r}\right) e^{-\left(\frac{\rho}{N}\right)^\beta} \tag{6-64}$$

式中:$\Delta_{p(soil)}$——粒状层/子层永久变形,in;
N——交通荷载数;
ε_v——结构影响模型计算得到粒状层/子层平均竖向回弹(或弹性)应变;
h_{soil}——粒状层/分层的厚度,in;
ε_0、β、ρ——材料参数;
ε_r——室内试验时回弹应变;
k_{sl}——修正系数,颗粒基层取1.673(MEPDG 软件1.1版用2.03),细颗粒材料(路基层)取1.35;
β_{sl}——地方修正系数。

(4)温度开裂

温度开裂包括低温缩裂和温度疲劳开裂。低温缩裂主要出现在严寒地区,温度疲劳开裂主要出现在昼夜温差大、季节温差大的地区。

MEPDG 对沥青混凝土温度裂缝的预测公式如下:

$$TC = \beta_{t1} N(z) \left[\frac{1}{\sigma_d} \lg\left(\frac{C_d}{h_{HMA}}\right)\right] \tag{6-65}$$

$$\Delta C = A(\Delta K)^n \tag{6-66}$$

$$A = 10^{k_t \beta_t} (4.389 - 2.52) \lg(E_{HMA} \sigma_m^n) \tag{6-67}$$

式中:TC——观测到的温度裂缝,ft/mile;
β_{t1}——回归系数(400);
$N(z)$——z 时标准正态分布;
σ_d——裂缝深度对数的标准差(0.769),in;
C_d——裂缝深度,in;
h_{HMA}——沥青层厚度,in;
ΔC——一个冷冻周期内裂缝深度的变化;
A、n——沥青混合料断裂系数;
k_t——标定系数(NCHRP1-37A:一级输入为5.0,二级输入为1.5,三级输入为3.0;NCHRP1-40D:一级输入为1.0,二级输入为0.5,三级输入为6.0);
E_{HMA}——混合料间接抗拉模量,psi,145psi = 1MPa,下同;
σ_m——混合料抗拉强度,psi;
β_t——地方标定系数。

(5) 平整度(IRI)预测

设计期的 IRI 取决于路面结构的初始 IRI 和路面后期破坏两方面。这些破坏包括车辙、由底部向上扩展或由顶部向下延伸的疲劳开裂、温度开裂。规范中用初始 IRI、破坏模型及场地条件,包括土基和气候状况来评价平整度。IRI 在整个设计期内呈增加趋势。

MEPDG 对柔性路面 IRI 的预测公式见式(6-68):

$$IRI = IRI_0 + 0.015(SF) + 0.400(FC_{total}) + 0.0080(TC) + 40.0(RD) \quad (6-68)$$

式中:IRI_0——施工后初始 IRI,in/mile;

　　　SF——地段因数;

　FC_{total}——疲劳裂缝面积(包括龟裂、纵向裂缝及车轮轨迹内反射裂缝,占车道面积百分比);

　　　TC——横向裂缝长度(包括已有沥青路面横向反射裂缝),in/mile;

　　　RD——平均车辙深度,in。

【复习思考题】

6-1　沥青路面的基本特性是什么?

6-2　沥青路面破坏类型及破坏原因是什么?

6-3　沥青路面是如何分类的?

6-4　沥青路面高低温稳定性、水稳定性、耐久性等不足会出现哪些现象?如何评价?

6-5　何为弹性层状体系,求解时有何具体假定?各设计指标特征点的位置是哪里?

6-6　沥青路面结构组合设计的原则是什么?

第 7 章
水泥混凝土路面

【本章内容】

本章主要介绍水泥混凝土路面的种类、特点、构造及结构组合设计、厚度设计等方面的内容。

【学习要求】

掌握水泥混凝土路面分类、构造,水泥混凝土路面的病害种类及主要原因;掌握水泥混凝土路面各结构层主要功能、组合设计的基本原则和方法;熟悉水泥混凝土路面分析的小挠度弹性薄板理论;掌握普通水泥混凝土路面的基本构造、分析理论、结构设计方法;了解国外水泥混凝土路面设计方法。

7.1 概 述

7.1.1 水泥混凝土路面的基本特性

水泥混凝土路面是指以水泥混凝土做面层(配筋或不配筋)的路面,亦称刚性路面,俗称白色路面。水泥混凝土路面结构是多层的复合体系,最上层为水泥混凝土面层,其下根据功能要求的不同设有基层、底基层和垫层等。

与其他类型的路面相比,水泥混凝土路面具有以下优点:

(1)强度高、刚度大。水泥混凝土路面具有很高的抗压强度和较高的抗弯拉强度以及抗磨耗能力。

(2)稳定性好。水泥混凝土路面具有较好的水稳性和热稳性,特别是它的强度能够随着时间的延长而逐渐提高,不存在沥青路面的"老化"现象。

(3)耐久性好。由于水泥混凝土路面的强度和稳定性好,所以经久耐用,一般能使用30年以上,而且能够通行包括履带式车辆等在内的各种运输工具。

(4)有利于夜间行车。水泥混凝土路面色泽鲜明,能见度好,对夜间行车有利。

同时,水泥混凝土路面也存在一些缺点,主要有以下几个方面:

(1)混凝土板整体性强,对基层的抗冲刷性要求高,对板底脱空敏感。

在交通量大、重载车较多的路面上,对基层的抗冲刷性要求较高,否则将在接缝部位出现唧泥、错台和啃边等病害。在基层被冲刷掏空或基础支撑不稳固等情况下,水泥混凝土路面板极易形成断板、断边、断角等结构性破坏。

(2)行车舒适性较低。由于水泥混凝土模量高,刚度大,有接缝,因此减振效果差,噪声较大;一般水泥混凝土路面要布置许多接缝,这些接缝不但会增加施工和养护的复杂性,而且容易引起行车跳动,影响行车的舒适性。

(3)开放交通较迟。水泥混凝土路面完工后,实测强度大于设计强度的80%以上,才可停止养生,根据温度和混凝土类型的不同,一般养生期要经过7~28d,才能开放交通,如需提前开放交通,则需要采取特殊措施。

(4)常规情况下修复困难。水泥混凝土路面强度高,即使断板破损,硬度仍然很大,在缺乏修复新材料和机械时,开挖很困难,修补工作量大,且影响交通。采用快速维修材料与技术,能够实现当晚修复,第二天即可开放交通,但成本较高。

7.1.2 水泥混凝土路面的分类

水泥混凝土路面可分为普通混凝土路面、钢筋混凝土路面、连续配筋混凝土路面、预应力混凝土路面、钢纤维混凝土路面、装配式混凝土路面、水泥混凝土小块铺砌路面、碾压混凝土路面等。

(1)普通混凝土路面

普通混凝土路面是指除了接缝区和局部范围(如角隅和边缘)外,其余部位不配置钢筋的水泥混凝土路面,也叫素混凝土路面。目前采用最广泛的是就地浇筑的普通混凝土路面。

(2)钢筋混凝土路面

钢筋混凝土路面是指面层内配置纵、横向钢筋或钢筋网并设接缝的水泥混凝土路面。在水泥混凝土路面板内,沿纵横向配置钢筋网,配筋率(钢筋面积与构件的有效面积之比)为0.1%~0.2%。钢筋直径8~12mm,纵向钢筋间距15~35cm,横向钢筋间距30~75cm。钢筋设在板表面下5~6cm处,以减轻板面裂纹的产生和扩张。板厚和纵缝间距与素混凝土路面相同,但横向缩缝间距可增至10~30m,并设传力杆。在路基软弱地段和交通特别繁重处,也可将钢筋网设在板底面之上5~6cm处,或设双层钢筋网。

(3)连续配筋混凝土路面

连续配筋混凝土路面是指面层内配置纵向连续钢筋和横向钢筋,横向不设缩缝的水泥混凝土路面。路面板内配筋率达 0.6%~1.0%,纵向钢筋直径 12~16mm,间距 7.5~20cm,可连续贯穿横缝。横向钢筋直径 6~9mm,间距 40~120cm。钢筋设在板厚中央略高处,与板表面距离至少 6~7cm。

在连续配筋混凝土路面板的端部应设置端缝,它有两种形式:一种为自由式,即连续设置 3~4 条胀缝,以便板端部自由胀缩;另一种为锚固式,即在板底部设置若干根肋梁或桩埋入地基内,以阻止板的胀缩活动。与素混凝土路面相比,连续配筋混凝土路面板厚可减薄 15%~20%;缩缝间距可增长至 100~300m。但钢筋用量多,造价高,施工较复杂。

(4) 预应力混凝土路面

预应力混凝土路面是通过技术工艺使路面板产生预加应力的水泥混凝土路面。按施加预应力的方式不同分为三种:

① 无筋预应力混凝土路面。在混凝土板两端设置墩座埋入地基内,墩座与板之间设置弹力缝,放入钢弹簧。板长中央设置加力缝,缝内设千斤顶,对混凝土板逐渐施加压应力至 5MPa,然后塞入混凝土预制块,取出千斤顶,用混凝土填塞缝隙。

② 有筋预应力混凝土路面。在混凝土板厚中央预留孔,穿进钢丝束,张拉后将两头锚固,并在孔内注入水泥浆使钢丝束与混凝土黏牢。较窄的板可仅在板的纵向加力,较宽的板需在纵横向同时加力,或按与路中线成小于 45°角的斜向加力。后者在板的两侧施加应力,可以连续浇筑很长的板。在板的两侧施加应力。所加预应力,在纵向为 2~4MPa,在横向为 0.4~1.4MPa。

③ 自应力混凝土路面。用膨胀水泥制备混凝土铺筑路面,借配筋或在板的两端设置墩座,通过混凝土的膨胀施加预应力。

预应力混凝土路面板厚可减至 10~15cm,缩缝间距可增至 100~150m。但因施工工艺复杂,所需机具性能要求较高,除在某些飞机场建设中获得成功经验外,尚未普遍推广。

(5) 钢纤维混凝土路面

钢纤维混凝土路面是在混凝土面层中掺入钢纤维的水泥混凝土路面。在混凝土中掺入 1.5%~2.0%(体积比)的长 25~60mm、直径 0.25~1mm 的钢纤维,配制成钢纤维混凝土,其 28d 抗压强度和抗弯拉强度较素混凝土可提高 50% 以上,而且它的抗疲劳和抗裂缝能力也较素混凝土高。与素混凝土路面相比,钢纤维混凝土路面板厚可减小 30%~50%,缩缝间距可增至 15~30m,纵缝间距可增至 8m,胀缝可以不设。

(6) 装配式混凝土路面

装配式混凝土路面是在工厂中预制成混凝土板,运至工地现场安装而成的路面。装配式混凝土板一般做成边长 1~2m 的正方形或矩形,也可做成边长 1.2m 的六角形,板厚 12~18cm;还可做成宽 3.5m、长 3~6m 的大型板,但需有相应的运输和吊装机具来配合。板的边缘和角隅可配置钢筋,也可在全板面配设钢筋网。为提高混凝土的质量,可采用预应力、真空吸水、机械振捣和蒸汽养护等工艺。装配式混凝土路面板可以全年生产,不受气候影响,质量容易保证;而且铺装进度快,铺完即可通车,损坏后易于拆换修理。因此,较适用于停车站场及港口码头处,但其接缝多,整体性差,故在公路和城市道路干线上很少采用。

(7) 水泥混凝土小块铺砌路面

水泥混凝土小块铺砌路面是面层由水泥混凝土预制块铺砌而成的路面。混凝土预制块可采用异形块或矩形块,预制块的长度为 200~250mm,宽度为 100~125mm,长宽比通常为 2∶1。预制块的厚度为 100~120mm。预制块下整平层的厚度为 30~50mm。常用于人行道路面、停车场、堆场、街区道路等。

7.1.3 水泥路面破坏类型

由于交通量的增长、外界环境的影响以及路面的使用年限等原因,水泥混凝土路面会出现各种各样的病害。水泥混凝土路面的破坏类型主要有以下几种形式:破碎板、裂缝、板角断裂、错台、唧泥、边角剥落、接缝料损坏、坑洞、拱起、露骨等。

(1) 破碎板

温度应力与荷载应力超过水泥混凝土的抗弯拉强度时,水泥混凝土面板就会产生断裂并发展成为破碎板。破碎板主要是在路基填挖交界段或高填方路段及路面与桥涵等构造物交接路段,由于路基的不均匀沉降、路面基层和面层强度不足、板下脱空等原因产生。另外,重载超载车辆的增多也加剧了路面板的破坏。

(2) 裂缝

裂缝包括横向裂缝、纵向裂缝和不规则的斜裂缝等。纵向裂缝是指和路线走向平行或基本平行的裂缝。产生原因主要是路基填料土质不均匀、含水率不均匀、施工方法不当等,导致路基不均匀沉降,从而使路面板在自重和行车压力作用下产生纵向裂缝。纵向裂缝通常出现在高填方、半填半挖路段、填挖交界以及软土地基路段。横向裂缝是指垂直于路线方向的有规则裂缝。其原因主要是水泥混凝土失水干缩、温缩、切缝不及时等。不规则的斜裂缝产生的原因主要与路面材料温度变化系数差异、温度以及路面板的尺寸等有关。

(3) 板角断裂

板角断裂指裂缝与横接缝相交,且交点距板角小于或等于板边长度一半的损坏。板角断裂产生的主要原因有:①板角是水泥混凝土面板的薄弱部位,由于侧模的模壁效应,施工时较难保证板角密实,因而板角强度较小,相邻板角若无传力杆,传荷能力也较差,在车轮荷载作用下易产生板角裂缝及断裂;②板角处于纵横缝交叉处,受纵横双向接缝渗水淘刷,容易产生唧泥,形成脱空,导致板角应力增大,产生板角断裂;③行车荷载作用下,板角是受影响较敏感的部位,板角处往往最先脱空或基层破损,在荷载作用下产生断裂,尤其是低坡位的板角渗水淘刷更明显,在车轮冲击荷载作用下使相邻板块的板角产生断裂。

(4) 错台

错台是指接缝两边出现的高差大于5mm的损坏,是造成水泥混凝土路面行驶舒适性下降的主要原因之一。错台产生的原因较多:横缝处未设置传力杆或传力杆设置不合理;由于基层或路基压实不均匀,致使相邻水泥混凝土路面板在车辆的重复荷载作用下,产生不均匀沉降等。

(5) 唧泥

唧泥是指板块在车辆驶过时,接缝处有基层泥浆涌出的破坏形式。路面唧泥产生的原因主要有:①路基或基层处于松散状态,即存在松散的细粒土;②在面板与基层之间有自由水存在,并与松散细粒土混合形成泥浆;③频繁的重载作用,水泥混凝土路面板产生泵吸作用将泥浆喷出、吸入。

(6) 边角剥落

边角剥落是指沿接缝方向的板边碎裂和脱落,裂缝面与板面成一定角度。边角剥落是由于接缝内进入坚硬材料而妨碍了板的膨胀变形、接缝处水泥混凝土强度不足、传荷设施(传力杆)设计或设置不当(未正确定位,锈蚀等)、接缝施工质量差、重载反复作用等造成的。

(7) 接缝料损坏

接缝料损坏是指由于接缝的填缝料老化、剥落等原因,接缝内已无填料,接缝被砂、石、土等填塞。接缝料损坏的主要原因:施工时缝内灰尘清理不彻底;填缝料弹性和黏结能力差;填缝料本身没有达到耐热度技术指标等。

(8) 坑洞

坑洞是指板面出现有效直径大于30mm,深度大于10mm的局部坑槽,损坏程度按坑洞、坑洞群所涉及的面积计算。水泥混凝土路面形成坑洞的原因主要是:①水泥混凝土级配不合理,水泥混凝土的强度达不到设计的要求,路面在重载作用下形成坑洞;②路基压实度不够,在重载反复作用下,路面出现局部沉降破碎,破碎的水泥混凝土被车带走形成坑洞;③路面断角在重载和雨水直接作用下,出现松动破碎,随着时间的推移逐步形成坑洞。

(9) 拱起

拱起是指水泥混凝土面板在膨胀受阻时,接缝两侧的板突然向上拱起,横缝两侧的板体发生明显抬高,高度大于10mm的病害形式。路面产生拱起的原因主要是:①胀缝被砂、石、杂物堵塞,使板伸胀受阻;②胀缝设置的传力杆水平、垂直向偏差大,使板伸胀受阻;③凹曲线的纵坡变化处没设胀缝,水泥混凝土膨胀时,易在竖曲线两端变形的板内产生压力,形成拱起;④胀缝拱胀的发生同施工季节、连续铺筑长度、基层与面板之间的摩阻力等因素有关。

(10) 露骨

露骨是指板块表面细集料散失、粗集料暴露或表层松疏剥落。露骨产生的主要原因是:①表面灰浆不足,洒水提浆造成路面表层强度不足或水泥的耐磨性差;②为了提高平整度,局部采用砂浆找平,在交通荷载作用下,表层剥落、露骨;③水泥混凝土拌和不均匀或运输中离析,局部粗集料多水泥浆少,造成露骨。

7.1.4　水泥混凝土路面设计指标

水泥混凝土路面板的弹性模量及力学强度大大高于基层和土基的相应模量和强度,混凝土的抗弯拉强度又远小于抗压强度,约为其$1/7\sim1/6$,在车辆荷载与环境因素的共同作用下,混凝土板常产生断裂破坏,因此,取水泥混凝土板的抗弯拉强度作为设计指标。

水泥混凝土路面板的疲劳破坏与车轮荷载重复作用次数有关,也与温度周期变化产生的温度翘曲应力重复作用有关。因此,为防止两种因素综合作用使路面板产生疲劳断裂,必须使荷载疲劳应力与温度疲劳翘曲应力之和不超过水泥混凝土的抗弯拉强度。我国水泥混凝土路面设计方法以单轴双轮组100kN标准轴载作用下的弹性半空间地基上弹性薄板理论为基础,以路面板纵缝边缘处荷载与温度综合疲劳弯拉应力为设计指标进行路面板厚度设计。

7.2　水泥混凝土路面的构造

7.2.1　结构层

(1) 基层

对水泥混凝土面层下基层的首要要求是抗冲刷能力。不耐冲刷的基层,在渗入水和荷载的共同作用下,会产生唧泥、板底脱空和错台等病害,导致行车的不舒适,并加速和加剧板的断裂。提高基层的刚度,有利于改善接缝的传荷能力,然而,其作用只能是在基层未受冲刷的前提下才能得到保证。

交通繁重程度会影响到基层受冲刷的程度以及唧泥和错台出现的可能性和破坏程度。同时,基层材料中结合料的性质和含量以及细料的含量也会影响基层的抗冲刷能力。因此,按交通等级和基层的抗冲刷能力,提出了适宜于各交通等级的基层类型,如表7-1 所示。

各交通荷载等级的基层、底基层材料类型　　　　表7-1

交 通 等 级	基 层 类 型	底基层类型
极重、特重交通	贫混凝土、碾压混凝土或沥青混凝土	级配碎石,水泥稳定碎石,石灰、粉煤灰稳定碎石
重交通	密级配沥青稳定碎石或水泥稳定碎石	
中等、轻交通	级配碎石、水泥稳定碎石、石灰粉煤灰稳定碎石	未筛分碎石、级配砾石,或不设

表7-2 为各类基层适宜的厚度范围。

各类基层适宜的厚度范围　　　　表7-2

基 层 类 型	厚度范围(mm)	基 层 类 型	厚度范围(mm)
贫混凝土或碾压混凝土基层	120~200	级配粒料基层	150~200
水泥或石灰粉煤灰稳定粒料基层	150~250	多孔隙水泥稳定碎石排水基层	100~140
沥青混凝土基层	40~60	沥青稳定碎石排水基层	80~100
沥青稳定碎石基层	80~100		

承受极重、特重或重交通荷载的路面,基层下应设置底基层;承受中等或轻交通荷载时,可不设底基层。当基层采用无机结合料稳定类材料,且上路床由细粒土组成时,应在基层下设置粒料类底基层,且宜选用粒径小于 0.075mm 颗粒含量少于 7% 的粒料类材料。

贫混凝土或碾压混凝土基层上应铺设沥青混凝土夹层,层厚不宜小于 40mm。无机结合料稳定碎石基层上应设置封层,封层可采用单层沥青表面处治或适宜的膜层材料等。当采用单层沥青表面处治时,层厚不宜小于 6mm。

多雨地区,路基由低透水性细粒土组成的高速公路和一级公路或者承受极重或特重交通荷载的二级公路,宜设置由开级配沥青稳定碎石或开级配水泥稳定碎石组成的排水基层。排水基层下应设置由密级配粒料或水泥稳定碎石组成的不透水底基层。底基层顶面宜铺设沥青类封层或防水土工织物。

基层下未设垫层,上路床为细粒土、黏土质砂或级配不良砂(承受特重或重交通),或者为细粒土(承受中等交通时)时,应在基层下设置底基层。底基层可采用级配粒料、水泥稳定粒料或石灰粉煤灰稳定粒料,厚度一般为 200mm。

基层的宽度应比水泥混凝土面层每侧至少宽出 300mm(小型机具施工时)、500mm(轨模式摊铺机施工时)或 650mm(滑模式摊铺机施工时)。路肩采用水泥混凝土面层,其厚度与行车道面层相同时,基层宽度宜与路基同宽。级配粒料基层的宽度也宜与路基同宽。

碾压混凝土基层应设置与混凝土面层相对应的接缝。贫混凝土基层在其弯拉强度超过

1.8MPa时,应设置与混凝土面层相对应的横向缩缝;一次摊铺宽度大于7.5m时,应设置纵向缩缝。

(2)垫层

遇有下述情况时,需在基层下设置垫层:

①季节性冰冻地区,路面总厚度小于最小防冻厚度要求(表7-3)时,其差值应以垫层厚度补足;

②水文地质条件不良的土质路堑,路床土湿度较大时,宜设置排水垫层,以疏干路床土,改善路面结构的支承条件;

③路基可能产生不均匀沉降或不均匀变形时,可加设半刚性垫层。

水泥混凝土路面结构层最小防冻层厚度　　　　　表7-3

路基干湿类型	路基土质	当地最大冰冻深度(m)			
		0.50~1.00	1.01~1.50	1.51~2.00	>2.00
中湿路基	易冻胀土	0.30~0.50	0.40~0.60	0.50~0.70	0.60~0.95
	很易冻胀土	0.40~0.60	0.50~0.70	0.60~0.85	0.70~1.10
潮湿路基	易冻胀土	0.40~0.60	0.50~0.70	0.60~0.90	0.75~1.20
	很易冻胀土	0.45~0.70	0.55~0.80	0.70~1.00	0.80~1.30

注:1.冻深小或填方路段,或者基层、垫层为隔温性能良好的材料,可采用低值;冻深大或挖方及地下水位高的路段,或者基层、垫层为隔温性能稍差的材料,应采用高值。

2.冻深小于0.50m的地区,一般不考虑结构层防冻厚度。

垫层的宽度应与路基同宽,其最小厚度为150mm,防冻垫层和排水垫层宜采用砂、砂砾等颗粒材料。半刚性垫层可采用低剂量无机结合料稳定粒料或土。

(3)水泥混凝土面板

理论分析表明,轮载作用于板中部时,板所产生的最大应力约为轮载作用于板边部时的2/3。因此,面板的横断面宜采用中间薄两边厚的形式,如图7-1所示,以适应荷载应力的变化。一般边部厚度较中约厚25%,是从路面最外两侧板的边部,在0.6~1.0m宽度范围内逐渐加厚。但是厚边式路面对土基和基层的施工带来不便,而且工程经验也表明,在厚度变化转折处,易引起板的断裂。因此,目前国内外常采用等边厚式断面,或在等中厚式断面板的最外两侧板边部配置钢筋予以加固。

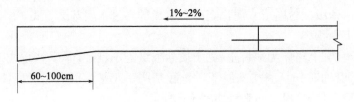

图7-1　混凝土路面横断面示意图

普通水泥混凝土路面板的厚度须根据该路在使用期内的交通性质和交通量计算确定。普通混凝土、钢筋混凝土、碾压混凝土或连续配筋混凝土面层所需的厚度,可参考表7-4确定。

水泥混凝土面层厚度的参考范围   表7-4

交通等级	极重	特重				重		
公路等级	—	高速	一级		二级	高速	一级	二级
变异水平等级	低	低	中	低	中	低	中	低	中
面层厚度(mm)	≥320	320~280	300~260	280~240		270~230	260~220	

交通等级	中等				轻	
公路等级	二级		三、四级		三、四级	
变异水平等级	高	中	高	中	高	中
面层厚度(mm)	250~220	240~210	230~200	220~190	210~180	

水泥混凝土面板应保证表面平整、耐磨、抗滑。水泥混凝土面板的平整度以3m直尺量测为准。3m直尺与路面表面的最大间隙,高速公路和一级公路不应大于3mm;其他各级公路不应大于5mm。水泥混凝土面板的抗滑标准以构造深度为指标,高速公路和一级公路不应低于0.8mm;其他各级公路不应低于0.6mm。

7.2.2 接缝及接缝材料

(1)接缝

水泥混凝土面层是由一定厚度的水泥混凝土板所组成,它具有热胀冷缩的性质。由于大气温度的周期性变化,致使混凝土板产生各种形式的温度变形。年温差引起的温度变形,周期较长,温度变化缓慢,因此路面板的胀缩在厚度范围内呈均匀分布,这种变形一旦受到约束,将产生温度内应力,若内应力超出容许范围,路面板即产生裂缝或被挤碎。当日温差较大,由于日温差变化周期较短,在路面板厚度范围内呈现不均匀分布,引起水泥混凝土变形及开裂(图7-2)。这些变形会受到板与基础之间的摩阻力和黏结力,以及板的自重、车轮荷载等的钳制与约束,致使板内产生过大的应力,造成板的断裂或拱胀等破坏。由于翘曲而引起的裂缝,在裂缝发生后被分割的两块板体尚不致完全分离,倘若板体温度均匀下降引起收缩,则将使两块板体被拉开,从而失去荷载传递作用。

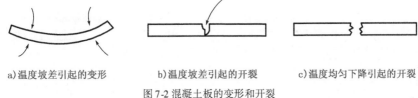

a)温度坡差引起的变形　　b)温度坡差引起的开裂　　c)温度均匀下降引起的开裂

图7-2 混凝土板的变形和开裂

为避免这些缺陷,混凝土路面不得不在纵横两个方向设置许多接缝,把整个路面分割成许多板块(图7-3)。以纵向和横向接缝将路面板分割为规则的形状,是减小温度内应力,保持路面整齐的有效措施,但是接缝附近的路面板却因此成了最薄弱的部位。车轮通过时,更加容易断裂。雨水也容易通过接缝渗入路基和基层,有时还会引起唧泥,使细颗粒土流失,造成路面板边、板角脱空等病害。因此,水泥混凝土路面既要设置接缝,又应尽量减少接缝数量,并且从接缝构造上保持两侧面板的整体性,以提高传荷能力,同时保护面板下路基与基层的正常工作条件。

横向接缝是垂直于行车方向的接缝,共有三种:缩缝、胀缝和施工缝。缩缝保证路面板因温度和湿度的降低而收缩时沿该薄弱断面缩裂,从而避免产生不规则的裂缝。胀缝保证路面板在温度升高时能部分伸张,从而避免产生路面板在热天的拱胀和折断破坏,同时胀缝也能起到缩缝的作用。水泥混凝土路面每天施工完成以及因雨天或其他原因不能继续施工时,应尽量做到胀缝处。如不可能,也应做至缩缝处,并做成施工缝的构造形式。对各种形式的接缝,都必须为其提供相应的传荷与防水的设施。

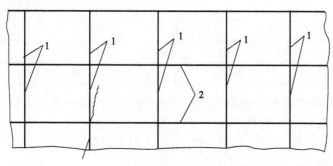

图 7-3　路面接缝设置
1-横缝;2-纵缝

①横缝的构造与布置

a. 横向缩缝。

横向缩缝的构造如图 7-4 所示,它可等间距或变间距布置,采用假缝形式,如图 7-4a) 所示。极重、特重和重交通公路、收费广场以及邻近胀缝或自由端部的 3 条缩缝,应采用假缝加传力杆形式,其构造如图 7-4b) 所示。传力杆的设置不应妨碍相邻混凝土板的自由伸缩,钢筋表面应作防锈处理。

横向缩缝的顶部应锯切槽口,深度为面层厚度的 1/4~1/3(设传力杆)或 1/5~1/4(不设传力杆),宽度为 3~8mm,槽内应填塞填缝料。二级及二级以下公路的槽口可一次锯切成型;高速公路和一级公路槽口宜二次锯切成型,在第一次锯切缝的上部宜增设宽 7~10mm 的浅槽口,槽口下部应设置背衬垫条,上部应用填缝料灌填,如图 7-5 所示。

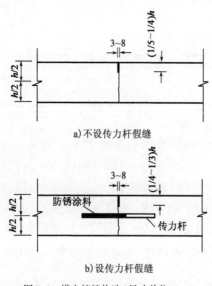

图 7-4　横向缩缝构造(尺寸单位:mm)

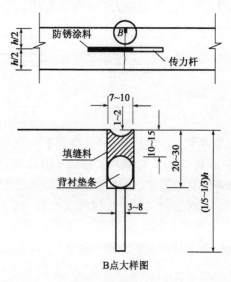

图 7-5　二次锯切槽口构造(尺寸单位:mm)

b. 横向胀缝。

在行车方向上每隔一段距离或在邻近桥梁或其他固定构造物处或与其他道路相交处应设置横向胀缝。设置胀缝的条数，应根据膨胀量大小而定。胀缝宽宜为 20~25mm，缝内设置嵌缝板和可滑动的传力杆。胀缝构造如图 7-6 所示。

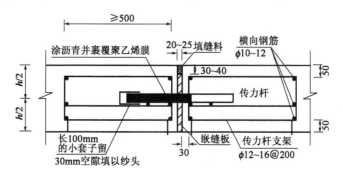

图 7-6　胀缝构造(尺寸单位:mm)

c. 横向施工缝。

施工结束或因临时原因中断施工时，必须设置横向施工缝，其位置选在缩缝或胀缝处。设在缩缝处的横向施工缝，应采用加传力杆的平缝形式，其构造如图 7-7a)所示；设在胀缝处的施工缝，其构造与胀缝相同。遇有困难需设在缩缝之间时，施工缝宜采用设传力杆的企口缝形式，如图 7-7b)所示。

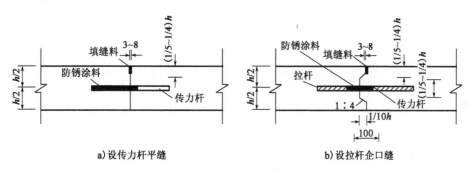

图 7-7　横向施工缝构造(尺寸单位:mm)

②纵缝的构造与布置

纵缝应与路线中线平行，其构造如图 7-8 所示。在路面等宽的路段内或路面变宽路段的等宽部分，纵缝的间距和形式应保持一致。路面变宽段的加宽部分与等宽部分之间，以纵向施工缝隔开。加宽板在变宽段起终点处的宽度不应小于 1m。

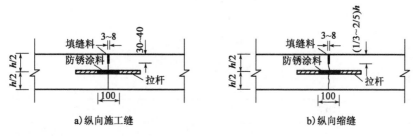

图 7-8　纵缝构造(尺寸单位:mm)

a. 纵向施工缝。

一次铺筑宽度小于路面宽度时,应设置纵向施工缝。纵向施工缝采用平缝形式,并应设置拉杆。上部应锯切槽口,深度为 30~40mm,宽度为 3~8mm,槽内灌塞填缝料,如图 7-8a)所示。

b. 纵向缩缝。

一次铺筑宽度大于 4.5m 时,应设置纵向缩缝,如图 7-8b)所示。纵向缩缝采用设拉杆的假缝形式。锯切的槽口深度应大于施工缝的槽口深度。采用粒料基层时,槽口深度应为板厚的 1/3;采用半刚性基层时,槽口深度应为板厚的 2/5。

③交叉口接缝的布设

两条道路正交时,各条道路的直道部分宜保持本身纵缝的连贯,而相交路段内各条道路的横缝位置应按相对道路的纵缝间距做相应变动,保证两条道路的纵横缝垂直相交,互不错位。两条道路斜交时,主要道路的直道部分保持纵缝的连贯,而相交路段内的横缝位置应按次要道路的纵缝间距做相应变动,保证与次要道路的纵缝相连接。相交道路弯道加宽部分的接缝布置,应不出现或少出现错缝和锐角板,当出现错缝或锐角板时,宜加设防裂钢筋和角隅补强钢筋。

在次要道路弯道加宽段起终点断面处的横向接缝,应采用胀缝形式。膨胀量大时,应在直线段连续布置 2~3 条胀缝。

④端部处理

水泥混凝土路面与固定构造物相衔接的胀缝无法设置传力杆时,可在毗邻构造物的板端部内配置双层钢筋网;或在长度为 6~10 倍板厚的范围内逐渐将板厚增加 20%。

水泥混凝土路面与桥梁相接,桥头设有搭板时,应在搭板与水泥混凝土面层板之间设置长 6~10m 的钢筋混凝土面层过渡板。过渡板与搭板间的横缝采用设拉杆平缝形式,与混凝土面层间的横缝采用设传力杆胀缝形式。膨胀量大时,应连续设置 2~3 条设传力杆胀缝。当桥梁为斜交时,钢筋混凝土板的锐角部分应采用钢筋网补强。

桥头未设搭板时,应在水泥混凝土面层与桥台之间设置长 10~15m 的钢筋混凝土面层板,或设置由水泥混凝土预制块面层或沥青面层铺筑的过渡段,其长度不小于 8m。

水泥混凝土路面与沥青路面相接时,其间应设置至少 3m 长的过渡段。过渡段的路面采用两种路面呈阶梯状叠合布置,其下面铺设的变厚度水泥混凝土板的厚度不得小于 200mm。过渡板与水泥混凝土面层相接处的接缝内设置直径 25mm、长 700mm、间距 400mm 的拉杆。混凝土面层毗邻该接缝的 1~2 条横向接缝应设置为胀缝。

(2)接缝材料

接缝材料按使用性能分接缝板和填缝料两类。接缝板要求能适应混凝土面板的膨胀与收缩,且施工时不变形、复原率高、耐久性好。接缝板可采用杉木板、纤维板、泡沫树脂板等。技术要求见表 7-5。

接缝板的技术要求 表 7-5

试验项目	接缝板种类			备 注
	木材类	塑料泡沫类	纤维类	
压缩应力(MPa)	5.0~20.0	0.2~0.6	2.0~10.0	
复原率(%)	>55	>90	>65	吸水后不应小于不吸水的 90%

续上表

试验项目	接缝板种类			备注
	木材类	塑料泡沫类	纤维类	
挤出量(mm)	<5.5	<5.0	<4.0	
弯曲荷载(N)	100~400	0~50	5~40	

填缝料要求能与混凝土面板缝壁黏结力强,且材料的回弹性好、能适应混凝土面板的膨胀与收缩、不溶于水、不渗水、高温时不溢出、低温时不脆裂以及耐久性好等。填缝料按施工温度可分为加热施工式和常温施工式两类。加热施工式填缝料主要有沥青橡胶类、聚氯乙烯胶泥类和沥青玛蹄脂类等。其技术要求见表7-6。

加热施工式填缝料的技术要求 表7-6

试验项目	低弹性型	高弹性型
针入度(锥针法)(mm)	<5	<9
弹性[复原率(%)]	>30	>60
流动度(mm)	<5	<2
拉伸量(mm)	>5	>15

常温施工式填缝料有聚氨酯胶泥类、氯丁橡胶类和乳化沥青橡胶类等。其技术要求见表7-7。

常温施工式填缝料的技术要求 表7-7

试验项目	技术要求	试验项目	技术要求
灌入稠度(s)	<20	流动度(mm)	0
失黏时间(h)	6~24	拉伸量(mm)	>15
弹性[复原率(%)]	>75		

7.2.3 拉杆和传力杆

拉杆应采用螺纹钢筋,设在板厚中央,并应对拉杆中部100mm范围内进行防锈处理。拉杆直径、长度和间距可参照表7-8选用。施工布设时,拉杆间距应按横向接缝的实际位置予以调整,最外侧的拉杆距横向接缝的距离不得小于100mm。

拉杆直径、长度和间距 表7-8

面层厚度(mm)	到自由边或设拉杆纵缝的距离(m)					
	3.0	3.50	3.75	4.5	6.0	7.50
200~250	14×700×900	14×700×800	14×700×700	14×700×600	14×700×500	14×700×400
260~300	16×800×900	16×800×800	16×800×700	16×800×600	16×800×500	16×800×400

注:拉杆直径、长度和间距的数字为直径×长度×间距。

传力杆应采用光面钢筋,其尺寸和间距可按表7-9取用。最外侧传力杆距纵向接缝或自由边的距离为150~250mm。

传力杆尺寸和间距 表7-9

面层厚度(mm)	传力杆直径(mm)	传力杆最小长度(mm)	传力杆最大间距(mm)
220	28	400	300
240	30	400	300
260	32	450	300
280	35	150	300
300	38	500	300

7.2.4 特殊部位的处理

(1) 水泥混凝土面板板边补强

水泥混凝土面层自由边缘下基础薄弱或接缝为未设传力杆的平缝时,可在面层边缘的下部配置钢筋。通常选用2根直径为12~16mm的螺纹钢筋,置于面层底面之上1/4厚度处并不小于50mm,间距为100mm。纵向边缘钢筋仅配置在一块板内,不得穿过胀缝,一般也不应穿过缩缝,以免妨碍板的翘曲。为加强锚固能力,钢筋两端应向上弯起,边缘钢筋布置如图7-9所示。

(2) 水泥混凝土面板角隅补强

承受极重、特重或重交通的胀缝、施工缝和自由边的角隅以及承受极重交通的水泥混凝土面层缩缝的角隅,宜配置角隅钢筋。可选用2根直径为12~16mm的螺纹钢筋,置于面层上部,距顶面不小于50mm,距边缘为100mm。角隅钢筋布置如图7-10所示。

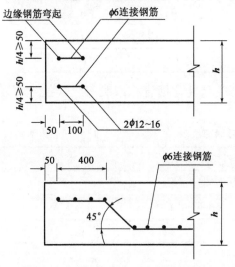

图7-9 边缘钢筋布置图(尺寸单位:mm)

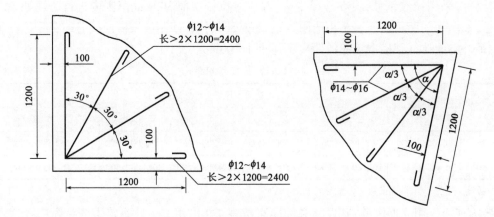

图7-10 角隅钢筋布置图(尺寸单位:mm)

(3)构造物横穿公路

涵洞、管线等构造物横穿公路,为保证构造物不因行车荷载下传的力而造成破坏,应对构造物顶部及其两侧适当范围内的水泥混凝土板采用钢筋网补强或采用钢筋混凝土板。

7.3 小挠度薄板理论

水泥混凝土路面板具有较高的力学强度,在车轮荷载作用下变形小,按照现行的设计理论,水泥混凝土板工作在弹性阶段,也就是在汽车荷载作用下,板内产生的最大应力不超过水泥混凝土的比例极限应力。当水泥混凝土板工作在弹性阶段时,基层和土基所承受的荷载、单位应力及产生的变形也是微小的,它们也都工作于弹性阶段。同时,由于水泥混凝土板与基层或土基之间的摩阻力一般不大,因此在力学模型上,可把水泥混凝土路面结构看成是弹性地基板,用弹性地基板体系理论进行分析计算。

水泥混凝土路面的应力分析一般以弹性地基上的薄板为基本的力学模型。弹性地基包括文克勒(Winkler)地基、弹性半空间地基与弹性层状体系地基,其中前两种地基模型较为常用。

7.3.1 水泥混凝土路面的受力特点

水泥混凝土路面铺筑在基层上,在行车荷载和自然环境因素作用下,具有以下物理力学特点:

(1)水泥混凝土的强度和模量远大于基层和土基的强度和模量;

(2)水泥混凝土本身的抗压强度远大于抗弯拉强度;

(3)基层表面与路面板间摩阻力较小;

(4)板块厚度相对于平面尺寸较小,板块在荷载作用下的竖向位移很小;

(5)水泥混凝土板在自然条件下,存在沿板厚方向的温度梯度,会产生翘曲现象,如果受到约束,会在板中产生翘曲应力;

(6)荷载多次重复作用,温度梯度也反复变化,水泥混凝土板有疲劳现象。

根据以上特点,对板体进行受力分析时,应注意:

(1)水泥混凝土板基层和土基在模量和强度上的差异,决定了基层和土基的模量、强度参数的变化对整个结构的应力分布情况影响不大,这时可以将下层结构看作同一材料(介质)的弹性体(地基)。

(2)实际工程中,水泥混凝土板块往往因为抗弯拉强度不足发生断裂(而不是压碎),这与水泥混凝土本身抗压强度远大于抗弯拉强度的力学特点相吻合。因此,在对水泥混凝土路面板进行厚度设计时,应以抗弯拉强度作为主要标准。

(3)在力学模型中,基层表面与路面板间摩阻力可以忽略,从而得到了板块与基层间完全光滑的联结条件,也就是板块和弹性地基间只传递竖向应力,而不传递水平方向上的应力。

(4)水泥混凝土板在荷载作用下的挠度很小,可以采用小挠度弹性薄板理论。

(5)水泥混凝土板在某种温度梯度下的温度翘曲应力最大值应出现在板块变形受到地基摩阻力完全限制的时候,也就是板与地基始终保持接触时。

(6)进行板厚设计时,要考虑荷载疲劳应力和温度疲劳应力的综合作用。

7.3.2 小挠度弹性薄板的基本假设

在弹性力学里,两个平行面和垂直于这两个平行面所围成的柱面或棱柱面简称板。两个板面之间的距离 h 称厚度,平分厚度 h 的平面称为板的中面。如果板的厚度 h 远小于中面的最小边尺寸 b(例如 $b/8 \sim b/5$),这种板称薄板。当薄板弯曲时,中面所弯成的曲面称为薄板的弹性曲面,而中面内各点在横向的(即垂直于中面方向的)位移称挠度。水泥混凝土板属于小挠度弹性薄板,也就是说虽然板很薄,但仍然具有相当的弯曲刚度,因而其挠度远小于厚度。

研究小挠度弹性薄板在垂直于中面荷载(板顶为局部范围内的轮载,板底为地基反力)作用下的弯曲时,通常采用下述三项基本假设:

(1)垂直于中面方向的应变 ε_z 极其微小,可忽略不计。因此由 $\varepsilon_z = \dfrac{\partial W}{\partial z} = 0$ 得 $W = W(x, y)$,说明竖向位移 W 仅是平面坐标 (x,y) 的函数,也就是说,在中面的任一根法线上,薄板全厚度范围内的所有点都具有相同的位移 W。

(2)垂直于中面的法线,在弯曲变形前后均保持为直线并垂直于中面,因而无横向剪切应变,即

$$\gamma_{zx} = \gamma_{zy} = 0 \tag{7-1}$$

(3)中面上各点无平行于中面的位移,即 $(U)_{z=0} = (V)_{z=0} = 0$

由后两点假设,应用几何方程可得到应变与竖向位移的关系式:

$$\left. \begin{aligned} \varepsilon_x &= -z \frac{\partial^2 W}{\partial x^2} \\ \varepsilon_y &= -z \frac{\partial^2 W}{\partial y^2} \\ \nu_{yx} &= -2z \frac{\partial^2 W}{\partial x \partial y} \end{aligned} \right\} \tag{7-2}$$

对于弹性地基薄板,板与地基的联系又采用了如下假设:

(1)在变形过程中,板与地基的接触面始终吻合,即板面与地基表面的竖向位移是相同的;

(2)在板与地基的两接触面之间没有摩阻力(可自由滑动),即将接触面上的剪应力视为零。

7.3.3 板挠曲面微分方程

从板上割取长和宽各为 $\mathrm{d}x$ 和 $\mathrm{d}y$、高为 h 的单元,作用于单元上的内力和外力如图 7-11 所示。

根据单元的平衡条件($\sum Z = 0, \sum M_y, \sum M_x = 0$)可导出当板表面作用竖向荷载 p、地基对板底面作用竖向反力 q 时,板中心挠曲面的微分方程为:

$$D \nabla^2 \nabla^2 W = p - q \tag{7-3}$$

式中:∇^2——拉普拉斯算子,即 $\nabla^2 = \dfrac{\partial^2}{\partial x^2} + \dfrac{\partial^2}{\partial y^2}$;

D——板的弯曲刚度,即 $D = \dfrac{E_c h^3}{12(1-\mu_c^2)}$;

W——板的挠度,m;

E_c——板的弹性模量,MPa;

μ_c——板的泊松比;

h——板厚,m。

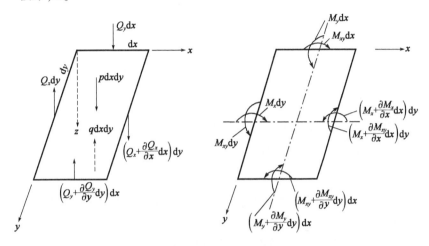

图 7-11　弹性地基板微分单元受力分析

在求得板的挠度 W 后,即可由下式计算板的应力:

$$\left.\begin{aligned}\sigma_x &= -\frac{E_c z}{1-\mu_c^2}\left(\frac{\partial^2 W}{\partial x^2} + \mu_c \frac{\partial^2 W}{\partial y^2}\right) \\ \sigma_y &= -\frac{E_c z}{1-\mu_c^2}\left(\frac{\partial^2 W}{\partial y^2} + \mu_c \frac{\partial^2 W}{\partial x^2}\right) \\ \tau_{xy} &= -\frac{E_c z}{1+\mu_c^2}\frac{\partial^2 W}{\partial x \partial y}\end{aligned}\right\} \quad (7\text{-}4)$$

对上式进行积分,可得到截面上的弯矩和扭矩:

$$\left.\begin{aligned}M_x &= -D\left(\frac{\partial^2 W}{\partial x^2} + \mu_c \frac{\partial^2 W}{\partial y^2}\right) \\ M_y &= -D\left(\frac{\partial^2 W}{\partial y^2} + \mu_c \frac{\partial^2 W}{\partial x^2}\right) \\ M_{xy} &= -D(1+\mu_c)\frac{\partial^2 W}{\partial x \partial y}\end{aligned}\right\} \quad (7\text{-}5)$$

在微分方程(7-3)中有两个未知数,即位移 W 和地基反力 q,因此必须建立附加方程将 W 与 q 联系起来,才能求得方程(7-3)的解 W。如果对地基的受力变形采用不同的假设,那么建立的 W 与 q 的关系方程也就不同。对于地基变形的假设(即地基模型),目前主要有两种,即文克勒地基假设与弹性半空间体地基假设,如图 7-12 所示。从而产生了两种求解弹性地基板应力和位移的方法。

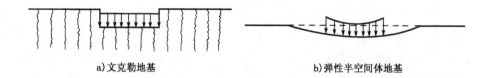

图7-12 不同假设的地基模型

7.4 荷载应力分析

7.4.1 文克勒地基板的荷载应力分析

文克勒地基是以地基反应模量 K 表征的弹性地基,它假设地基上任一点的反力仅同该点的挠度成正比,而与其他点无关,即相当于地基是由互不相连的弹簧组成,见图7-12a)。这一假说首先由捷克工程师文克勒(E. Winkler)提出,故称文克勒地基。地基反力 $q(x,y)$ 与该点的挠度 $W(x,y)$ 的关系为:

$$q(x,y) = KW(x,y) \tag{7-6}$$

式中:K——地基反力模量,MPa/m。

(1)文克勒地基上板的荷载应力的威斯特卡德解

威斯特卡德于1925年最先运用文克勒地基上无限大板模型,分析了图7-13所示三种车轮荷载位置下板的挠度和弯矩,即:①轮载作用于无限大板中央,分布于半径为 R 的圆面积内;②轮载作用于受一直线边限制的无限大板的边缘,分布于半圆内;③轮载作用于受两条相互垂直的直线边限制的大板的角隅处,压力分布的圆面积的圆心距角隅点为 $\sqrt{2}R$。

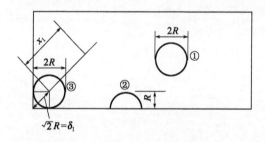

图7-13 三种荷载位置

在解微分方程(7-3)时,附加 $q = KW$ 条件并引入边界条件得出挠度 W,再代入式(7-4),最后得如图7-13所示三种荷载情形的最大应力计算公式。

①荷载作用于板中(荷位①),荷载引起的最大弯拉应力用式(7-7)计算:

$$\sigma_i = 1.1(1 + \mu_c)\left(\lg\frac{l}{R} + 0.2673\right)\frac{P}{h^2} \tag{7-7}$$

该最大拉应力出现在荷载中心处的板底。
相应的位移为:

$$w_i = \frac{Pl^2}{8D} \tag{7-8}$$

式中:l——相对刚性半径。

$$l = \left(\frac{D}{K}\right)^{1/4} = \left[\frac{E_c h^3}{12(1-\mu_c^2)K}\right]^{1/4} \tag{7-9}$$

②荷载作用于板边缘中部(荷位②),荷位下板底的最大弯拉应力用式(7-10)计算:

$$\sigma_e = 2.116(1 + 0.54\mu_c)\left(\lg\frac{l}{R} + 0.08975\right)\frac{P}{h^2} \tag{7-10}$$

相应的位移:

$$w_e = (1 + 0.4\mu_c)\frac{P}{\sqrt{6}Kl^2} \tag{7-11}$$

③荷载作用于板角隅(荷位③),最大弯拉应力产生在板的表面离荷载圆中心为 $x_1 = 2\sqrt{\delta_1 L}$ 的分角线上,最大拉应力用式(7-12)计算:

$$\sigma_c = 3\left[1 - \left(\frac{\sqrt{2}R}{l}\right)^{0.6}\right]\frac{P}{h^2} \tag{7-12}$$

相应的位移:

$$w_c = \left(1.1 - 0.88\frac{\sqrt{2}R}{l}\right)\frac{P}{Kl^2} \tag{7-13}$$

(2)威斯特卡德解的修正

1930年美国在阿灵顿进行了水泥混凝土路面足尺试验,通过试验,对上述应力计算公式进行了修正。

①荷载作用于板中

在弹性薄板假定中,忽略了竖向应力 σ_z 的影响,并假定任何垂直于中面的直线在弯曲以后仍然为直线。如果作用在面板上的力不出现集中现象,荷载半径 R 与厚度 h 相差并不大,则以上的假定是符合实际的。如果 R 同 h 相比,小于某一限度,则以上的假定不再符合实际,应按照厚板理论进行计算,或采用当量半径 b 取代实际半径 R 来考虑这一影响,b 和 R 的关系按式(7-14)、式(7-15)确定:

当 $R < 1.724h$ 时

$$b = \sqrt{1.6R^2 + h^2} - 0.675h \tag{7-14}$$

当 $R > 1.724h$ 时

$$b = R \tag{7-15}$$

②荷载作用于板边

阿灵顿试验发现,在没有翘曲的情况下,对于常用的轮载,实测应力与威斯特卡德计算结果很一致;假如 R 值较大,则实测应力略大于威斯特卡德计算结果;假如 R 较小,则实测应力略小于威斯特卡德计算结果,但差异很小。在白天有翘曲的情况下,对于常用的轮载,实测应力略大于威斯特卡德计算结果;在夜晚有翘曲的情况下,对于常用的轮载,实测应力明显大于威斯特卡德计算结果。

板与地基保持接触时,不需修正;与地基脱空时,修正公式为:

$$\sigma_e = 2.116(1 + 0.54\mu_c)\left(\lg\frac{l}{R} + \frac{1}{4}\lg\frac{R}{2.54}\right)\frac{P}{h^2} \tag{7-16}$$

③荷载作用于板角

阿灵顿试验表明,在正常气候条件下,在白天,板角向下翘曲,板体与地基保持接触的条件下,实测应力与威斯特卡德计算结果完全一致。但是,在夜间,当角隅向上翘曲时,实测应力比威斯特卡德公式计算结果高出许多,断裂面离开角隅顶端的对角线距离大于威斯特卡德公式

的计算结果,因此提出了角隅修正公式如下:

$$\sigma_c = 3\left[1 - \left(\frac{\sqrt{2}R}{l}\right)^{1.2}\right]\frac{P}{h^2} \quad (7\text{-}17)$$

7.4.2 弹性半空间体地基板的荷载应力分析

弹性半空间体地基是以弹性模量和泊松比表征的弹性地基。它假设地基为一各向同性的弹性半无限体(故又称半无限地基)。地基在荷载作用范围内及影响所及的以外部分均产生变形[图7-12b)],其顶面上任一点的挠度不仅同该点的压力,也同其他各点的压力有关,即:

$$q(x,y) = f[W(x,y)] \quad (7\text{-}18)$$

根据霍格理论,当弹性半空间体地基上作用任意竖向轴对称荷载 $p(r)$ 时(图7-14),其表面的挠度为:

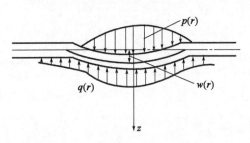

图7-14 弹性半空间体地基挠度计算

$$W(r) = \frac{2(1-\mu_s^2)}{E_s}\int_0^\infty \bar{p}(\xi)J_0(\xi r)\mathrm{d}\xi \quad (7\text{-}19)$$

式中:$\bar{p}(\xi)$——荷载 $q(r)$ 的亨格尔(Hankel)函数;

$J_0(\xi r)$——第一类零阶贝塞尔(Bessel)函数;

ξ——任意参数;

$E_s \, \mu_s$——地基的弹性模量和泊松比。

对于外荷载与弹性地基板本身均属于轴对称的情况下,方程(7-3)变为:

$$D\nabla^2\nabla^2 W(r) = p(r) - q(r) \quad (7\text{-}20)$$

式中: ∇^2——拉普拉斯算子,即 $\nabla^2 = \frac{\mathrm{d}^2}{\mathrm{d}r^2} + \frac{1}{r}\frac{\mathrm{d}}{\mathrm{d}r}$;

$W(r)$、$p(r)$、$q(r)$——随坐标变化的板的挠度、荷载与反力。

此时板内辐向弯矩 M_r 与切向弯矩 M_t 的表达式为:

$$M_r = -D\left(\frac{\mathrm{d}^2}{\mathrm{d}r^2} + \frac{\mu_c}{r}\frac{\mathrm{d}}{\mathrm{d}r}\right)W(r)$$

$$M_t = -D\left(\frac{1}{r}\frac{\mathrm{d}}{\mathrm{d}r} + \mu_c\frac{\mathrm{d}^2}{\mathrm{d}r^2}\right)W(r) \quad (7\text{-}21)$$

当荷载作用于板中时(图7-15),应用弹性地基上无限大板轴对称课题的理论解来计算荷载位置的弯矩。即将式(7-19)代入式(7-20)中可解得板挠度方程式(7-3)的贝塞尔函数解 $W(r)$,再将它代入式(7-21)便得圆形均布荷载下板在单位宽度内所产生的最大弯矩为:

$$M_r = M_t = \frac{CP(1+\mu_c)}{2\pi\alpha R} = \overline{M_0}P \quad (7\text{-}22)$$

式中:M_r——单位板宽内的辐向弯矩,$MN \cdot m/m$;

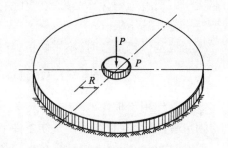

图7-15 在无限大圆板上的圆形均布荷载

M_t——单位板宽内的切向弯矩,MN·m/m;

P——作用在板上的车轮荷载,MN;

C——随 αR 值而变的系数,$C = \int_0^\infty \dfrac{tJ_1(\alpha Rt)}{1+t^3}dt$,其值可查表7-10;

t——任意参变量;

α——与板的弯曲刚度有关的弹性特征系数,$\alpha = \sqrt[3]{\dfrac{E_s}{2D(1-\mu_s^2)}} = \dfrac{1}{h}\sqrt[3]{\dfrac{6E_s(1-\mu_c^2)}{E_c(1-\mu_s^2)}}$;

R——车轮荷载当量圆半径,m;

h——板厚,m;

E_c、E_s——水泥混凝土和基础的弹性模量,MPa;

μ_c、μ_s——水泥混凝土和基础的泊松比;

$\overline{M}_0$——取 $\mu_c = 0.15$ 时均布荷载位置下的弯矩系数,其值随 αR 变化,可由表7-10中查得。

C 与 $\overline{M}_0$ 系数值 表7-10

R	C	$\overline{M}_0$	R	C	$\overline{M}_0$
0.02	0.0453	0.4143	1.4	0.3336	0.0436
0.04	0.0767	0.3509	1.5	0.3228	0.0394
0.06	0.1029	0.3139	1.6	0.3113	0.0356
0.08	0.1257	0.2875	1.7	0.2994	0.0322
0.1	0.1460	0.2672	1.8	0.2872	0.0292
0.2	0.2231	0.2042	1.9	0.2750	0.0265
0.3	0.2749	0.1677	2.0	0.2627	0.0240
0.4	0.3107	0.1422	2.1	0.2385	0.0198
0.5	0.3354	0.1228	2.2	0.2153	0.0164
0.6	0.3517	0.1073	2.3	0.1935	0.0136
0.7	0.3615	0.0945	2.4	0.1732	0.0113
0.8	0.3662	0.0838	2.5	0.1547	0.0094
0.9	0.3669	0.0746	2.6	0.1378	
1.0	0.3644	0.0667	2.7	0.1227	
1.1	0.3593	0.0598	2.8	0.1091	
1.2	0.3521	0.0537	2.9	0.0970	
1.3	0.3435	0.0484	3.0	0.0863	

当轮载距计算点一定距离时,可作为集中荷载,则距集中荷载作用点 r 处,板在单位宽度内的弯矩(图7-16)为:

$$M_t = (A + \mu_c B)P = \overline{M}_t P$$
$$M_r = (B + \mu_c A)P = \overline{M}_r P \tag{7-23}$$

式中:A、B——随 αr 值而变的系数;

$$A = \frac{1}{2\pi\alpha r}\int_0^\infty \frac{tJ_1(\alpha rt)}{1+t^3}dt, B = \frac{1}{2\pi}\int_0^\infty \left[J_0(\alpha rt) - \frac{tJ_1(\alpha rt)}{\alpha rt}\right]\frac{t^2}{1+t^3}dt;$$

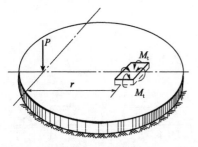

图 7-16 距离集中荷载作用点为 r 处的弯矩

r——集中荷载作用点至求算弯矩点间的距离，m；

$\overline{M}_r$、$\overline{M}_t$——距离集中荷载作用点 r 处的辐向和切向弯矩系数，其值随 αr 变化可由表 7-11 查得。

应当指出，在上述理论中所称的无限大圆形薄板，应符合下列条件：

$$S = 3\frac{1-\mu_c^2 E_s R_B^3}{1-\mu_s^2 E_c h^3} \geqslant 10 \qquad (7\text{-}24)$$

式中：S——板的刚性指数；

R_B——与板面积相等的圆形板的半径，m。

A、B、$\overline{M}_r$、$\overline{M}_t$ 系数值   表 7-11

αr	A	B	$\overline{M}_r$	$\overline{M}_t$	αr	A	B	$\overline{M}_r$	$\overline{M}_t$
0.02	0.3603	0.2808	0.3349	0.4024	1.4	0.0379	-0.0165	-0.0108	0.0354
0.04	0.3052	0.2257	0.2715	0.3391	1.5	0.0342	-0.0178	-0.0127	0.0315
0.06	0.2729	0.1935	0.2344	0.3019	1.6	0.0310	-0.0186	-0.0139	0.0282
0.08	0.2501	0.1707	0.2082	0.2725	1.7	0.0280	-0.0192	-0.0150	0.0251
0.1	0.2324	0.1530	0.1879	0.2554	1.8	0.0254	-0.0195	-0.0156	0.0225
0.2	0.1775	0.0988	0.1245	0.1923	1.9	0.0230	-0.0196	-0.0161	0.0201
0.3	0.1458	0.0681	0.0900	0.1560	2.0	0.0209	-0.0195	-0.0163	0.0180
0.4	0.1236	0.0473	0.0658	0.1307	2.1	0.0173	-0.0189	-0.0163	0.0144
0.5	0.1068	0.0320	0.0480	0.1116	2.2	0.0143	-0.0179	-0.0157	0.0115
0.6	0.0933	0.0203	0.0343	0.0963	2.3	0.0118	-0.0168	-0.0150	0.0093
0.7	0.0822	0.0112	0.0235	0.0839	2.4	0.0098	-0.0154	-0.0139	0.0075
0.8	0.0729	0.0040	0.0149	0.0735	2.5	0.0082	-0.0141	-0.0129	0.0061
0.9	0.0649	-0.0017	0.0080	0.0646	2.6	0.0069	-0.0127	-0.0117	0.0050
1.0	0.0580	-0.0062	0.0025	0.0571	2.7	0.0057	-0.0114	-0.0105	0.0040
1.1	0.0520	-0.0098	-0.0020	0.0505	2.8	0.0048	-0.0102	-0.0095	0.0033
1.2	0.0467	-0.0127	-0.0057	0.0448	2.9	0.0041	-0.0091	-0.0085	0.0027
1.3	0.0420	-0.0149	-0.0086	0.0398	3.0	0.0034	-0.0080	-0.0075	0.0022

一般现场浇筑的水泥混凝土路面板均能符合上述条件，故不需验算。同时，只有当荷载中心点与板边距离(m)大于 $1.5/\alpha$ 时，才能用式(7-22)、式(7-23)进行计算。

当单后轴汽车的两侧后轮同时作用在板上时，由于两组车轮相距较远，其中一侧后轮对另一侧后轮下板所引起的附加弯矩，相对来说是很小的，一般可不予考虑。至于两组后轮中央处板所承受的弯矩要较一组后轮下板所产生的弯矩小很多，一般也不予计算。所以对单后轴车的两组后轮，通常仅按双轮胎的一组后轮的均布荷载来计算板的最大弯矩。

当荷载相等而形成对称的多组车轮作用在一块板上时，例如双后轴汽车的四组后轮、平板挂车的多组后轮以及飞机起落架上的两组或四组轮子等，则应选其中一组轮子作主轮，按圆形均布荷载计算板所受的最大弯矩 M_0,对其他各组轮子则按集中荷载计算其在主轮轮迹中心下板所承受的附加辐向弯矩 M_r 和切向弯矩 M_t,然后把这些 M_r 和 M_t 按下式转算为 x 向弯矩和 y 向弯矩(图 7-17):

$$M_x = M_r\cos^2\beta + M_t\sin^2\beta$$
$$M_y = M_r\sin^2\beta + M_t\cos^2\beta \qquad (7\text{-}25)$$

式中:M_x、M_y——换算得到的板在单位宽度上的 x 向弯矩和 y 向弯矩,MN·m/m;

β——集中荷载作用点与主轮轮迹中心点连线同 x 轴的夹角,°。

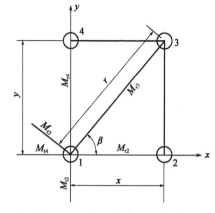

图 7-17 对称的多组车轮荷载作用在一块板上的弯矩计算图式

最后把所有轮子对板所引起的 x 向弯矩与 y 向弯矩分别迭加起来,得出 $\sum M_x$ 和 $\sum M_y$。

例如,在图 7-17 所示的四组轮子中,选 1 号轮组作为主轮,按圆形均布荷载计算弯矩;对 2 号、3 号和 4 号三组轮子,按集中荷载计算弯矩,则总弯矩为:

$$\sum M_x = M_{01} + M_{r2} + M_{r3}\cos^2\beta + M_{t3}\sin^2\beta + M_{t4}$$
$$\sum M_y = M_{01} + M_{t2} + M_{r3}\sin^2\beta + M_{t3}\cos^2\beta + M_{r4} \qquad (7\text{-}26)$$

按上述方法算得的弯矩,只是板中部受荷时所产生的弯矩。荷载作用于板边、板角隅时的弯矩,弹性半空间体地基板尚没有解答,过去曾根据车轮荷载作用于两种地基模型上无限大板中部时弯矩相等的原则,即根据式(7-22)算得的弯矩相等,建立地基反应模量与弹性模量之间的关系,再将此关系代入相应的地基板边、板角应力公式,从而得到相当于弹性半空间体地基板在板边和板角隅受荷时的弯曲应力计算公式。

(1)当车轮荷载作用在板边时

$$\sigma_{\max} = -0.529(1 + 0.54\mu_c)\frac{P}{h^2}(\alpha_0 - 0.71) \qquad (7\text{-}27)$$

(2)当车轮荷载作用在板角时

$$\sigma_{\max} = \frac{3P}{h^2}\left[1 - 1.79\left(\frac{1-\mu_c^2}{10^{\alpha_0}}\right)^{0.15}\right] \qquad (7\text{-}28)$$

以上两式中,$\alpha_0 = 1.91\dfrac{h}{R}\sqrt[3]{\dfrac{E_c(1-\mu_s^2)}{E_s(1-\mu_c^2)}}$。

其余符号意义同前,上述公式适用于 $h/R \geqslant 0.5$ 的情况。

大量计算表明,按照上述方法求得的板边的弯曲应力与按式(7-22)算得的板中弯曲应力之比,在常用的板厚(h/R)与模量比(E_c/E_s)范围内,约等于 1.5,或者说等厚板在同一车轮作用于板中及板边时,板边弯矩约为板中弯矩的 1.5 倍。如果对水泥混凝土路面板进行等强度设计,则板中及板边所需厚度分别为:

$$h_i = \sqrt{\frac{6M_i}{[\sigma]}} \quad \text{与} \quad h_e = \sqrt{\frac{6M_e}{[\sigma]}} \qquad (7\text{-}29)$$

又知板边弯矩近似等于板中弯矩的 1.5 倍,即 $M_e \approx 1.5M_i$,故有

$$h_e = \sqrt{\frac{6 \times 1.5 M_i}{[\sigma]}} = \sqrt{1.5}\sqrt{\frac{6M_i}{[\sigma]}} = 1.23 h_i \tag{7-30}$$

式中：h_e、h_i——板边、板中的厚度，m；

M_e、M_i——板边、板中的弯矩，MN·m/m；

$[\sigma]$——水泥混凝土的容许弯拉应力，MPa。

由此可见，按板边受荷时所产生的最大弯矩算得的板边厚度，要较板中受荷时所需厚度约大25%。

7.4.3 水泥混凝土板荷载应力的有限元解

以上分析了文克勒地基上三个特殊荷位以及弹性半空间体地基上无限大板中央受荷载的荷载应力，而实际上水泥混凝土路面板是有限尺寸的矩形板，对弹性半空间体地基上有限尺寸的矩形板，其上作用车轮荷载时，求解相应荷位的挠度和弯矩等在数学上遇到了困难，至今尚未得出解析表达式。有限元方法的出现为这一问题的求解，提供了有效的途径。

有限元方法是结构和连续介质应力分析中的一种较有效的计算方法。采用有限元法分析水泥混凝土路面的荷载应力，比解析解（解微分平衡方程）有许多优越的地方，主要表现在：

(1) 可以按板块的实际大小求解，从而消除了假设板无限大所带来的误差（此误差随荷载接近板块边缘和相对刚度半径的增大而增加）。

(2) 可以考虑各种荷载情况（包括荷载组合和荷载位置），而不必像前述方法那样规定若干种典型的荷位，因此，可以用于符合实际荷载情况的应力分析。

(3) 可以计及板的实际边界条件，如接缝的传荷能力、板和地基的脱空（不连续接触）等。

(4) 所解得的结果是整个板面上的位移场和应力场，从而可以更全面地分析板的受荷情况。

《公路水泥混凝土路面设计规范》(JTG D40—2011)就采用了有限元法分析荷载作用下板的极限应力值，由此给出了应力回归计算公式和诺模图。

7.4.4 弹性半空间地基上双层板荷载应力分析

工程中，经常应用双层混凝土板，例如碾压混凝土基层水泥混凝土路面等。对于双层水泥混凝土板，根据层间接触情况的不同，有不同的求解方法。

(1) 分离式双层板

假定上、下层完全分离，接触面为完全光滑，如图7-18所示。

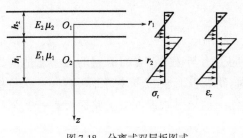

图7-18 分离式双层板图式

弹性地基分离式双层板的求解同单层薄板的解法一样，求出板2和板1的弯曲刚度D_2与D_1，即：$D_2 = \frac{E_2 h_2^3}{12(1-\mu_2^2)}$，$D_1 = \frac{E_1 h_1^3}{12(1-\mu_1^2)}$；令 $D = D_2 + D_1$，则：$l = \sqrt[3]{\frac{2D(1-\mu_0^2)}{E_0}} = \sqrt[3]{\frac{(1-\mu_0^2)}{6E_0}\left(\frac{E_2 h_2^3}{1-\mu_2^2} + \frac{E_1 h_1^3}{1-\mu_1^2}\right)}$，可得出分离式双层板上下层板承

受的总弯矩为上下层各自承受的弯矩之和,即:

$$
\left.\begin{array}{l}
M_r = M_{r2} + M_{r1} = -(D_2 + D_1)\dfrac{d^2\omega}{dr^2} - (\mu_2 D_2 + \mu_1 D_1)\dfrac{1}{r}\dfrac{d\omega}{dr} \\
M_\theta = M_{\theta2} + M_{\theta1} = -(\mu_2 D_2 + \mu_1 D_1)\dfrac{d^2\omega}{dr^2} - (D_2 + D_1)\dfrac{1}{r}\dfrac{d\omega}{dr}
\end{array}\right\}
\quad (7\text{-}31)
$$

当 $\mu_1 = \mu_2 = \mu$ 时:

$$
\left.\begin{array}{l}
M_r = -(D_2 + D_1)\left(\dfrac{d^2\omega}{dr^2} + \dfrac{\mu}{r}\dfrac{d\omega}{dr}\right) \\
M_\theta = -(D_2 + D_1)\left(\mu\dfrac{d^2\omega}{dr^2} + \dfrac{1}{r}\dfrac{d\omega}{dr}\right)
\end{array}\right\}
\quad (7\text{-}32)
$$

由此可以得出:

$$
\left.\begin{array}{l}
M_{r2} = \dfrac{D_2}{D}M_r = \dfrac{E_2 h_2^3}{E_2 h_2^3 + E_1 h_1^3}M_r \\[6pt]
M_{r1} = \dfrac{D_1}{D}M_r = \dfrac{E_1 h_1^3}{E_2 h_2^3 + E_1 h_1^3}M_r \\[6pt]
M_{\theta2} = \dfrac{D_2}{D}M_\theta = \dfrac{E_2 h_2^3}{E_2 h_2^3 + E_1 h_1^3}M_\theta \\[6pt]
M_{\theta1} = \dfrac{D_1}{D}M_\theta = \dfrac{E_1 h_1^3}{E_2 h_2^3 + E_1 h_1^3}M_\theta
\end{array}\right\}
\quad (7\text{-}33)
$$

由式(7-33)可见,弹性地基分离式双层板的两层板间的弯矩分配与两层板的刚度分配有关。计算时只需分别计算 D_2、D_1,然后按 $D = D_2 + D_1$ 计算弯矩,如同弹性地基上单层板那样进行弯矩计算,按照式(7-31)分别计算出上下层薄板的弯矩。

(2) 结合式双层板

假设上、下两层板密切结合,接触面完全连续,如图 7-19 所示。

弹性地基上结合式双层板的求解较分离式双层板复杂。由于上下层板完全紧密结合,如同单层板一样工作时,两层板只有一个中面,该中面的位置可根据作用于两板横断面上内力之和为零的条件求得。当 $\mu_1 = \mu_2 = \mu$ 时,合力为零的条件可表示为:

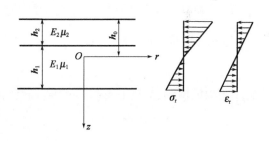

图 7-19 结合式双层板图式

$$
-\frac{E_2^2}{1-\mu^2}\left(\frac{d^2\omega}{dr^2} + \frac{\mu}{r}\frac{dw}{dr}\right)\int_{-h_0}^{-(h_0 - h_2)} z\,dz - \frac{E_2^2}{1-\mu^2}\left(\frac{d^2\omega}{dr^2} + \frac{\mu}{r}\frac{dw}{dr}\right)\int_{-(h_0 - h_2)}^{h_1 - (h_0 - h_2)} z\,dz = 0 \quad (7\text{-}34)
$$

则

$$
E_2\int_{-h_0}^{-(h_0 - h_2)} z\,dz + E_1\int_{-(h_0 - h_2)}^{h_1 - (h_0 - h_2)} z\,dz = 0 \quad (7\text{-}35)
$$

积分后得出:

$$
h_0 = \frac{E_1 h_1^2 + 2E_1 h_1 h_2 + E_2 h_2^2}{2(E_1 h_1 + E_2 h_2)} \quad (7\text{-}36)
$$

因此

$$D = \frac{E_1[(h_1+h_2-h_0)^3 - (h_2-h_0)^3] + E_2[(h_2-h_0)^3 + h_0^3]}{3(1-\mu^2)} \quad (7\text{-}37)$$

$$l^3 = \frac{2(1-\mu_0^2)}{3(1-\mu^2)E_0}\{E_1[(h_1+h_2-h_0)^3 - (h_2-h_0)^3] + E_2[(h_2-h_0)^3 + h_0^3]\} \quad (7\text{-}38)$$

由此，可用与单层板同样的方法求解结合式双层板的总弯矩。当计算上层板底面弯拉应力时，取 $z = h_2 - h_0$；当计算下层板底面弯拉应力时，取 $z = h_1 + h_2 - h_0$。上下层弯拉应力公式如下：

$$\left.\begin{aligned}\sigma_{r2} &= \frac{E_2(h_2-h_0)}{(1-\mu^2)D}M_r \\ \sigma_{r1} &= \frac{E_1(h_1+h_2-h_0)}{(1-\mu^2)D}M_r \\ \sigma_{\theta 2} &= \frac{E_2(h_2-h_0)}{(1-\mu^2)D}M_\theta \\ \sigma_{\theta 1} &= \frac{E_1(h_1+h_2-h_0)}{(1-\mu^2)D}M_\theta\end{aligned}\right\} \quad (7\text{-}39)$$

由式(7-39)可见，双层结合式板中，上下层板的最大弯拉应力取决于各自的弹性模量和板厚度的大小。此外还有部分结合式双层板，其求解可参考相关文献。

7.5 温度应力分析

水泥混凝土路面板内不同深度处的温度，随气温的变化而变化，这种变化使水泥混凝土板出现膨胀和收缩变形的趋势。当变形受阻时，板内便产生胀缩应力或翘曲应力。

7.5.1 胀缩应力

当气温缓慢变化时，板内温度均匀升降，则面板沿断面的深度均匀胀缩。设 x 为板的纵轴，y 为板的横轴，如有一平面尺寸很大的板，在温差影响下板内任一点的应变为：

$$\begin{aligned}\varepsilon_x &= \frac{1}{E}(\sigma_x - \mu\sigma_y) + \alpha\Delta t \\ \varepsilon_y &= \frac{1}{E}(\sigma_y - \mu\sigma_x) + \alpha\Delta t\end{aligned} \quad (7\text{-}40)$$

式中：ε_x、ε_y——板纵向和横向应变；

σ_x、σ_y——板纵向和横向的温度应力，MPa；

α——水泥混凝土的线膨胀系数；

Δt——板温差，℃。

由于板与基层之间的摩阻约束，在温度升降时板中部不能移动，即 $\varepsilon_x = \varepsilon_y = 0$，以此代入上式，解得面板胀缩完全受阻时所产生的应力：

$$\sigma_x = \sigma_y = -\frac{E\alpha\Delta t}{1-\mu} \quad (7\text{-}41)$$

对于板边缘中部或窄长板,$\varepsilon_x=0$ 和 $\sigma_y=0$,则有

$$\sigma_x = -E_c\alpha\Delta t \tag{7-42}$$

例如,对于未设接缝的水泥混凝土路面板,当温度下降 15℃ 时,其最大收缩应力可按式(7-41)计算。取 $E_c=3\times10^4\text{MPa}$,$\mu_c=0.15$,$\Delta t=-15℃$,则

$$\sigma_i = -\frac{3\times10^4\times10^{-5}\times(-15)}{1-0.15} = 5.29\text{MPa}$$

此种情况若发生在水泥混凝土浇筑后的初期,由于水泥混凝土尚未完全硬化,其抗拉强度不足以抵抗收缩应力,板将出现开裂。

当水泥混凝土板温度升高时,如果未设置胀缝,板的膨胀受阻,板内将出现膨胀应力。如果板温升高 15℃,则压应力为 5.29MPa。这一数值虽小于水泥混凝土的抗压强度,但要注意在此压力作用下是否出现屈曲现象。

为了减少收缩应力,在水泥混凝土板内设置各种接缝,板被划分为有限尺寸的板块。这时板的自由收缩受到板与基础之间摩阻力的约束,此摩阻力随板的自重而变。因变形受阻而产生的板内最大应力出现于板长的中央,其值可近似按下式计算:

$$\sigma_t = \gamma f\frac{L}{2} \tag{7-43}$$

式中:L——板长,m;

γ——混凝土重度,MN/m^3;

f——板与基础之间的摩擦系数,同基础类型、板的位移量和位移反复情况等因素相关,一般取 1.0~2.0。

板被划分为有限尺寸板块后,因收缩而产生的应力很小,可不予考虑。

7.5.2 翘曲应力

由于水泥混凝土板、基层和土基的导热性能较差,当气温变化较快时,使板顶面与底面产生温度差,因而板顶与板底的胀缩变形大小也就不同。当气温升高时,板顶面温度较底面高,板顶膨胀变形较板底的大,则板中部隆起;相反,当气温下降时,板顶面温度较底面低,板顶收缩变形较板底大,因而板的边缘和角隅翘起,如图 7-20 所示。由于板的自重、地基反力和相邻板的钳制作用,使部分翘曲变形受阻,从而使板内产生翘曲应力。由气温升高引起的板中部隆起受到限制时,板底面出现拉应力;而当气温降低引起的板四周翘起受阻时,板顶面出现拉应力。

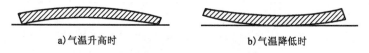

a) 气温升高时　　　　　　b) 气温降低时

图 7-20　混凝土路面板的翘曲变形

为了分析翘曲应力,威斯特卡德对文克勒地基板作了如下假设:温度沿板断面呈直线变化、板和地基始终保持接触、不计板自重,从而导出了板仅受地基约束时的翘曲应力计算公式。对有限尺寸板,沿板长(L)和板宽(B)方向的翘曲应力分别为:

$$\sigma_x = \frac{E_c\alpha\Delta t}{2}\cdot\frac{C_x+\mu_c C_y}{1-\mu_c^2}$$

$$\sigma_y = \frac{E_c \alpha \Delta t}{2} \cdot \frac{C_y + \mu_c C_x}{1 - \mu_c^2} \tag{7-44}$$

在板边缘中点：

$$\sigma_x = \frac{1}{2} E_c \alpha \Delta t C_x \tag{7-45}$$

式中：Δt——板顶面与板底面的温度差，℃；

C_x、C_y——与 L/l 或 B/l 有关的系数，其数值可从图 7-21 中的曲线 3 查取；也可按下式计算：

$$C_x \text{ 或 } C_y = 1 - \frac{\sinh\lambda\cos\lambda + \cosh\lambda\sin\lambda}{\cos\lambda\sin\lambda + \sinh\lambda\cosh\lambda}$$

在上式中，计算 C_x 时，$\lambda = \frac{L}{3l}$，计算 C_y 时，$\lambda = \frac{B}{3l}$，l 为相对刚性半径（m），见式(7-9)。

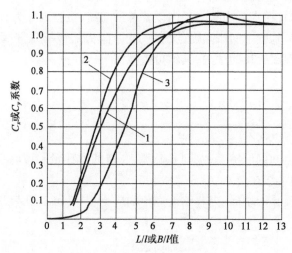

图 7-21　板温度翘曲应力系数诺模图
1-弹性半空间体地基板中；2-弹性半空间体地基板边；3-文克勒地基板

板顶面与板底面的温度差通常表示为板的温度梯度乘以板厚，即 $\Delta t = T_g \cdot h$。各公路自然区划内混凝土面板的最大温度梯度计算值 T_g，如表 7-12 所示。

水泥混凝土面板的温度梯度值　　　　　　　　表 7-12

公路自然区划	Ⅱ	Ⅲ	Ⅳ	Ⅴ	Ⅵ	Ⅶ
温度梯度 T_g（℃/m）	83~88	90~95	86~92	83~88	86~92	93~98

注：海拔高取高值，湿度大取低值。

表中数值为板厚 $h = 22$cm 时的温度梯度值，海拔高时取高值；湿度大时取低值。弹性半空间体地基上板的翘曲应力，目前尚无解析解，可采用有限元法计算。

按照文克勒地基板计算翘曲应力的假设，采用有限元法计算了弹性半空间体地基上板的翘曲应力。根据所得结果，绘出图 7-21 中的曲线 1 和 2。此时板的刚性半径计算公式为：

$$l = h \sqrt[3]{\frac{E_c(1 - \mu_s^2)}{6E_{tc}(1 - \mu_c^2)}} \tag{7-46}$$

式中：E_{tc}——弹性半空间地基的计算回弹模量，MPa。

对于较厚的板,采用温度沿板断面呈直线分布的假设进行计算,会得到偏大的温度翘曲应力值。为此,应考虑由于温度的非线性分布而引起的内应力。按板底受约束的应变量,可以推导出内应力的计算式。将它同翘曲应力相叠加后,便得到考虑内应力的翘曲应力计算式。

板中部:

$$\sigma_x = \frac{E_c \alpha \Delta t}{2(1-\mu_c^2)} \cdot D_x \tag{7-47}$$

式中:D_x——温度应力系数,$D_x = 1.77 \mathrm{e}^{-4.48 h_c} C_x - 0.131(1-C_x)$,$C_x' = \frac{C_x + \mu_c C_y}{1+\mu_c}$,$C_x$、$C_y$ 的意义同式(7-44);h_c 为板的厚度,m。

板边缘中点:

$$\sigma_x = \frac{E_c \alpha \Delta t}{2} \cdot D_x \tag{7-48}$$

式中:D_x——意义同式(7-47),但其中 $C_x' = C_x$。

式(7-47)和式(7-48)中的温度应力系数 D_x 可绘制成曲线,以便于应用。

7.6 水泥混凝土路面设计方法

7.6.1 设计内容

水泥混凝土路面的结构设计包括以下内容:

(1)路面结构层组合设计

水泥混凝土路面结构层的组合设计,应根据该路的交通繁重程度,结合当地环境条件和材料供应情况,合理选择安排水泥混凝土路面的结构层层次,它包括土基、垫层、基层和面层的结构组合及各层的弹性模量和厚度。一个技术先进、经济合理的路面结构组合方案,应是能给水泥混凝土面层以均匀支撑、承受预期交通的作用,并提供良好使用性能的水泥混凝土路面结构。

(2)水泥混凝土面板厚度设计

水泥混凝土路面结构设计的目标,是提供一种寿命周期费用最小的路面结构,使其在设计基准期内按规定的可靠度水平,承受预期交通荷载的作用,以满足预定使用性能的要求。路面结构设计是合理选择路面结构,分析各设计变量同结构反应及使用性能指标间的关系,以确定所需的水泥混凝土路面厚度。

(3)水泥混凝土面板的平面尺寸与接缝设计

根据混凝土面层板内的荷载应力和温度应力确定板的平面尺寸以及接缝的位置,设计接缝构造,并采取有效措施提高接缝的传荷能力。水泥混凝土板宽和板长之比一般控制在1:1.3以内,纵缝间距(板宽)一般不大于4.5m,横缝间距(板长)一般为4~6m。

(4)路肩设计

高速公路和一级公路的中间带及路肩路缘带的结构应与行车道的水泥混凝土路面相同,

并与行车道部分的混凝土面板浇筑成整体。路肩可采用水泥混凝土面层或沥青混合料面层，其基(垫)层结构应满足行车道路面结构和排水的要求。一般公路的混凝土路面应设置路缘石或加固路肩，路肩加固可采用沥青混合料或其他材料。

(5)普通水泥混凝土路面的配筋设计

当水泥混凝土路面板较长或交通量较大时、地基有不均匀沉降或板的形状不规则时,可沿板的自由边缘加设补强钢筋,在角隅处加设"发针形"钢筋或钢筋网,以阻止可能出现的裂缝。

7.6.2 水泥混凝土路面板厚计算

(1)设计指标与设计参数

公路工程结构的设计安全等级,应根据结构破坏可能产生的后果的严重程度划分:一级为破坏后果很严重,二级为严重,三级为不严重。目标可靠度是所设计路面结构应具有的可靠度水平。它的选取是一个工程经济问题,目标可靠度定得较高,则所设计的路面结构较厚,初期修建费用较高,但使用期间的养护费用和车辆运行费用较低;目标可靠度定得较低,初期修建费用可降低,但养护费用和车辆运行费用需提高。各级公路水泥混凝土路面结构的设计安全等级及相应的设计基准期、目标可靠指标和目标可靠度,应符合表7-13的规定。二级及二级以下公路路面结构破坏可能产生很严重后果时,可提高一级安全等级。

可靠度设计标准　　　　　　　表7-13

公路等级	高速	一级	二级	三级	四级
安全等级	一级		二级	三级	
设计基准期(a)	30		20	15	10
目标可靠度(%)	95	90	85	80	70
目标可靠指标	1.64	1.28	1.04	0.84	0.52

各安全等级路面的材料性能和结构尺寸参数的变异水平可分为低、中和高三级,应按公路等级以及所采用的施工技术和所能达到的施工质量控制和管理水平,通过调研确定变异水平等级和相应的变异系数,高速公路、一级公路的变异水平等级宜为低级,二级公路的变异水平等级应不大于中级。确有困难时可按表7-14规定的主要设计参数选择相应的变异系数。

变异系数 C_v 的范围　　　　　　　表7-14

变异水平等级	低	中	高
水泥混凝土弯拉强度	$0.05 \leq C_v \leq 0.10$	$0.10 < C_v \leq 0.15$	$0.15 < C_v \leq 0.20$
基层顶面当量回弹模量	$0.15 \leq C_v \leq 0.25$	$0.25 < C_v \leq 0.35$	$0.35 < C_v \leq 0.55$
水泥混凝土面层厚度	$0.02 \leq C_v \leq 0.04$	$0.04 < C_v \leq 0.06$	$0.06 < C_v \leq 0.08$

根据设计安全等级和设计基准期、各安全等级的目标可靠度和变异水平分级、变异系数变化范围以及不同目标可靠度和变异水平等级的可靠度,对标准的路面结构进行计算分析归纳,提出面层厚度的参考范围如表7-15所示。对于极重交通荷载等级所提出的厚度参考值是依据各项有利的参数值计算得到的下限。对于轻交通荷载等级所提出的厚度参考范围高限,是依据各项不利的参数值计算得到的上限,其低限则为面层最小厚度的限值。在所建议的各级面层厚度参考范围内,设计轴载作用次数多、变异系数大、最大温度梯度大或者基、垫层厚度或

模量值低时,取高值。高速公路的施工水平只能达到中等变异水平等级时,可参照低变异水平等级的厚度范围的高限或者高于此高限选用。

水泥混凝土面层厚度参考范围 表7-15

交通荷载等级	极重	特重			重			
公路等级	—	高速	一级	二级	高速	一级		二级
变异水平等级	低	低	中	低	中	低	中	低	中
面层厚度(mm)	≥320	320~280	300~260	280~240		270~230		260~220	

交通荷载等级	中等				轻			
公路等级	二级		三、四级			三、四级		
变异水平等级	高	中	高	中	高	中		
面层厚度(mm)	250~220	240~210	230~200	220~190	210~180			

水泥混凝土路面结构设计过程中所需要的路基回弹模量应通过重复加载的三轴压缩试验测定或查表7-16,应用时需经湿度调整系数(表7-17)进行调整。

路基回弹模量参考值 表7-16

土 组	取值范围(MPa)	代表值(MPa)	土 组	取值范围(MPa)	代表值(MPa)
级配良好砾(GW)	240~290	250	含细粒土砂(SF)	80~160	120
级配不良砾(GP)	170~240	190	粉土质砂(SM)	120~190	150
含细粒土砾(GF)	120~240	180	黏土质砂(SC)	80~120	100
粉土质砾(GM)	160~270	220	低液限粉土(ML)	70~110	90
黏土质砾(GC)	120~190	150	低液限黏土(CL)	50~100	70
级配良好砂(SW)	120~190	150	高液限粉土(MH)	30~70	50
级配不良砂(SP)	100~160	130	高液限黏土(CH)	20~50	30

注:1. 对于砾和砂,D_{60}(通过率为60%时的颗粒粒径)大时,模量取高值;D_{60}小时,模量取低值。
2. 对于其他含细粒的土组,小于0.075mm颗粒含量大和塑性指数高时,模量取低值;反之,模量取高值。

路基回弹模量湿度调整系数 表7-17

土 组	路床顶距地下水位的距离(m)					
	1.0	1.5	2.0	2.5	3.0	4.0
细粒质砾(GF)、土质砾(GM、GC)	0.81~0.88	0.86~1.00	0.91~1.00	0.96~1.00	—	—
细粒质砂(SF)、土质砂(SM、SC)	0.80~0.86	0.83~0.97	0.87~1.00	0.90~1.00	0.94~1.00	—
低液限粉土(ML)	0.71~0.74	0.75~0.81	0.78~0.89	0.82~0.97	0.86~1.00	0.94~1.00
低液限黏土(CL)	0.70~0.73	0.72~0.80	0.74~0.88	0.75~0.95	0.77~1.00	0.81~1.00
高液限粉土(MH)、高液限黏土(CH)	0.70~0.71	0.71~0.75	0.72~0.78	0.73~0.82	0.73~0.86	0.74~0.94

注:1. 小于0.075mm颗粒含量大和塑性指数高时,调整系数取低值;反之,调整系数取高值。
2. 当表中调整系数最大值为1.00时,调整系数取高值。

当采用粒料类基层和底基层时,材料回弹模量值应采用重复加载的单轴压缩试验测定,或参考表7-18取用。

粒料类基层和底基层材料回弹模量参考值(MPa)　　表 7-18

材料类型	取值范围	代表值	材料类型	取值范围	代表值
级配碎石(基层)	200~400	300	级配砾石(基层)	150~300	250
级配碎石(底基层)	180~250	220	级配砾石(底基层)	150~220	190
未筛分碎石	180~220	200	天然砂砾	105~135	120

水泥混凝土的强度和弹性模量值可参考表 7-19。

水泥混凝土强度和弹性模量参考值(MPa)　　表 7-19

弯拉强度	1.5	2.0	2.5	3.0	3.5	4.0	4.5	5.0	5.5
抗压强度	7	11	15	20	25	30	36	42	49
抗拉强度	0.89	1.21	1.53	1.86	2.20	2.54	2.85	3.22	3.55
弹性模量	15	18	21	23	25	27	29	31	33

当采用无机结合料类基层和底基层时,材料弹性模量值应采用单轴压缩试验测定,水泥稳定类材料试件龄期 90d,石灰稳定类材料试件龄期 180d,或参考表 7-20 取用。

无机结合料类基层和底基层材料弹性模量参考值(MPa)　　表 7-20

材料类型	7d 浸水抗压强度	试件模量	收缩开裂后模量	疲劳破坏后模量
水泥稳定类	3.0~6.0	3000~14000	2000~2500	300~500
	1.5~3.0	2000~10000	1000~2000	200~400
石灰、粉煤灰稳定类	≥0.8	3000~14000	2000~2500	300~500
	0.5~0.8	2000~10000	1000~2000	200~400
石灰稳定类	≥0.8	2000~4000	800~2000	100~300
	0.5~0.8	1000~2000	400~1000	50~200
开级配水泥稳定碎石(CTPB)	≥4.0	1300~1700	—	

(2)交通分析与轴载换算

①标准轴载与轴载换算

对于交通量的获取,可利用当地交通量观测站的观测和统计资料,或者通过实地设立站点进行交通量观测和统计,获取所设计公路的初期年平均日交通量(双向)及其车辆类型组成数据,剔除 2 轴 4 轮及以下的客、货运车辆交通量,得到包括大型客车交通量在内的初期年平均日货车交通量(双向)。

我国公路水泥混凝土路面结构设计按疲劳断裂设计标准进行结构分析,以 100kN 单轴—双轮组荷载作为设计轴载,对极重交通荷载等级的水泥混凝土路面,宜选用货车中占主要份额特重车型的轴载作为设计轴载。各级轴载作用次数 N_i,可按式(5-12)换算为设计轴载的作用次数 N_s。

②累计轴载计算与交通分级

设计基准期内,设计车道的标准轴载累计作用次数与使用初期的交通量、交通组成和交通量的增长情况等因素有关。上述交通参数应进行详细调查、观测与预测,然后按式(5-18)确定标准轴载累计作用次数 N_e。

(3) 设计标准

水泥混凝土路面结构设计应以面层板在设计基准期内,在行车荷载和温度梯度综合作用下,不产生疲劳断裂作为设计标准;并以最重轴载和最大温度梯度综合作用下,不产生极限断裂作为验算标准。其极限状态设计表达式分别为式(7-49)和式(7-50)。

$$\gamma_r(\sigma_{pr} + \sigma_{tr}) \leq f_r \tag{7-49}$$

$$\gamma_r(\sigma_{p,max} + \sigma_{t,max}) \leq f_r \tag{7-50}$$

式中:σ_{pr}——面层板在临界荷位处产生的行车荷载疲劳应力,MPa;

σ_{tr}——面层板在临界荷位处产生的温度梯度疲劳应力,MPa;

$\sigma_{p,max}$——最重的轴载在临界荷位处产生的最大荷载应力,MPa;

$\sigma_{t,max}$——所在地区最大温度梯度下在临界荷位处产生的最大温度翘曲应力,MPa;

γ_r——可靠度系数,依据所选目标可靠度、变异水平等级及变异系数通过计算确定,或按表 7-21 取用;

f_r——水泥混凝土弯拉强度标准值,MPa,应采用 28d 龄期的弯拉强度,见表 7-22。

可靠度系数 γ_r 表 7-21

变异水平等级	目标可靠度(%)			
	95	90	85	80
低	1.20~1.33	1.09~1.16	1.04~1.08	—
中	1.33~1.50	1.16~1.23	1.08~1.13	1.04~1.07
高	—	1.23~1.33	1.13~1.18	1.07~1.11

注:变异系数在表 7-21 所示的变化范围的下限时,可靠度系数取低值;上限时,取高值。

水泥混凝土弯拉强度标准值 表 7-22

交通荷载等级	极重、特重、重	中等	轻
水泥混凝土的弯拉强度标准值(MPa)	≥5.0	4.5	4.0
钢纤维混凝土的弯拉强度标准值(MPa)	≥6.0	5.5	5.0

贫混凝土或碾压混凝土基层应以设计基准期内行车荷载不产生疲劳断裂作为设计标准。其极限状态设计表达式为式(7-51)。

$$\gamma_r \sigma_{bpr} \leq f_{br} \tag{7-51}$$

式中:σ_{bpr}——基层内产生的行车荷载疲劳应力,MPa;

f_{br}——基层材料的弯拉强度标准值,MPa。

(4) 力学模型与临界荷位

按基层和面层类型及组合的不同,路面结构分析可分别采用下述力学模型:

①弹性地基单层板模型——适用于粒料基层上混凝土面层,旧沥青路面加铺混凝土面层;面层板底面以下部分按弹性地基处理。

②弹性地基双层板模型——适用于无机结合料类基层或沥青类基层上混凝土面层,旧混凝土路面上加铺分离式混凝土面层;面层和基层或者新旧面层作为双层板,基层底面以下或者旧面层底面以下部分按弹性地基处理。

③复合板模型——适用于两层不同性能材料组成的面层或基层复合板。旧混凝土路面上加铺结合式混凝土面层,两层不同性能材料组成的层间胶结的面层,作为弹性地基上的单层板

或者弹性地基上双层板的上层板;无机结合料类基层或沥青类基层与无机结合料类底基层组成的基层,作为弹性地基上双层板的下层板。

为简化计算工作,通常选取使路面板产生最大应力、最大挠度或最大损坏的一个轴载作用位置作为临界荷位。混凝土面层板的临界荷位位于纵缝边缘中部。基层板的临界荷位与面层板相同。

(5)混凝土板应力分析

①弹性地基单层板荷载应力

a. 荷载应力。

设计轴载在四边自由板临界荷位处产生的荷载应力按式(7-52)计算。

$$\sigma_{ps} = 1.47 \times 10^{-3} l^{0.70} h_c^{-2} P_s^{0.94}$$

$$l = 1.21 \left(\frac{D_c}{E_t}\right)^{1/3}$$

$$D_c = \frac{E_c h_c^3}{12(1-\mu_c^2)} \tag{7-52}$$

式中:σ_{ps}——设计轴载在四边自由板临界荷位处产生的荷载应力,MPa;

P_s——设计轴载的单轴重,kN;

h_c——混凝土面板的厚度,m;

E_c——混凝土弯拉弹性模量,MPa;

μ_c——混凝土泊松比;

l——混凝土面层板的相对刚度半径,m;

D_c——混凝土面层板的截面弯曲刚度,MN·m;

E_t——板底地基当量回弹模量,MPa。

对新建公路,E_t 可按式(7-53)计算:

$$E_t = \left(\frac{E_x}{E_0}\right)^a E_0 \tag{7-53}$$

$$a = 0.86 + 0.26\ln h_x$$

$$E_x = \sum_{i=1}^{n} \frac{(h_i^2 E_i)}{\sum_{i=1}^{n} h_i^2}$$

$$h_x = \sum_{i=1}^{n} h_i$$

式中:E_0——路床顶综合回弹模量,MPa;

E_x——粒料层的当量回弹模量,MPa;

h_x——粒料层的总厚度,m;

a——与粒料层总厚度 h_x 有关的回归系数;

n——粒料层的层数;

E_i——第 i 结构层的回弹模量,MPa;

h_i——第 i 结构层的厚度,m。

在旧沥青混凝土路面上铺筑水泥混凝土面层时,原沥青混凝土路面顶面的地基综合当量回弹模量 E_t 可根据落锤式弯沉仪(荷载 50kN、承载板半径 150mm)的中心点弯沉的测定结果,按式(7-54),或根据贝克曼梁(后轴重 100kN 的车辆)的弯沉测定结果,按式(7-55)计算确定。

$$E_{\mathrm{t}} = \frac{18621}{\omega_0} \tag{7-54}$$

$$E_{\mathrm{t}} = 13739\omega_0^{-1.04} \tag{7-55}$$

$$\omega_0 = \overline{\omega} + 1.04 s_{\mathrm{w}}$$

式中:ω_0——路段代表弯沉值,0.01mm;

$\overline{\omega}$——路段弯沉平均值,0.01mm;

s_{w}——路段弯沉的标准差,0.01mm。

b. 荷载疲劳应力。

设计荷载在面层板临界处产生的荷载疲劳应力按式(7-56)计算:

$$\sigma_{\mathrm{pr}} = k_{\mathrm{r}} k_{\mathrm{f}} k_{\mathrm{c}} \sigma_{\mathrm{ps}} \tag{7-56}$$

式中:σ_{pr}——设计轴载在面层板临界荷位处产生的荷载疲劳应力,MPa;

σ_{ps}——设计轴载在四边自由板临界荷位处产生的荷载应力,MPa,按式(7-44)确定;

k_{r}——考虑接缝传荷能力的应力折减系数,采用混凝土路肩时,$k_{\mathrm{r}} = 0.87 \sim 0.92$(路肩面层与路面面层等厚时取低值,减薄时取高值),采用柔性路肩或土路肩时,$k_{\mathrm{r}} = 1$;

k_{c}——考虑理论计算与实际差异以及动载等因素影响的综合系数,按公路等级查表 7-23 确定;

k_{f}——考虑设计基准期内荷载应力累计疲劳作用的疲劳应力系数,按式(7-57)确定。

$$k_{\mathrm{f}} = N_{\mathrm{e}}^v \tag{7-57}$$

式中:N_{e}——设计基准期内设计轴载累计作用次数,轴次;

v——材料疲劳指数,普通混凝土、钢筋混凝土、连续配筋混凝土,$v = 0.057$;碾压混凝土和贫混凝土,$v = 0.065$;钢纤维混凝土,按式(7-58)计算。

$$v = 0.053 - 0.017\rho_{\mathrm{f}}\frac{l_{\mathrm{f}}}{d_{\mathrm{f}}} \tag{7-58}$$

式中:ρ_{f}——钢纤维的体积率,%;

l_{f}——钢纤维的长度,mm;

d_{f}——钢纤维的直径,mm。

综 合 系 数　　　　表 7-23

公路等级	高速公路	一级公路	二级公路	三、四级公路
k_{c}	1.15	1.10	1.05	1.00

c. 最重轴载在面层板临界荷位处产生的最大荷载应力,应按式(7-59)计算。

$$\sigma_{\mathrm{p,max}} = k_{\mathrm{r}} k_{\mathrm{c}} \sigma_{\mathrm{pm}} \tag{7-59}$$

式中:$\sigma_{\mathrm{p,max}}$——最重轴载 P_{m} 在面层板临界荷位处产生的最大荷载应力,MPa;

σ_{pm}——最重轴载 P_{m} 在四边自由板临界荷位处产生的最大荷载应力,MPa;按式(7-52)计算,式中的设计轴载 P_{s} 改为最重轴载 P_{m}(以单轴计,kN)。

②弹性地基单层板温度应力

a. 最大温度应力。

最大温度梯度时,在面层板临界荷位处产生的最大温度应力按式(7-60)计算:

$$\sigma_{t,\max} = \frac{\alpha_c E_c h_c T_g}{2} D_x \tag{7-60}$$

式中：$\sigma_{t,\max}$——最大温度梯度时面层板产生的最大温度应力，MPa；

α_c——混凝土的线膨胀系数，根据粗集料的岩性按表7-24取用；

T_g——公路所在地50年一遇的最大温度梯度，可按公路所在地的公路自然区划按表7-12选用；

D_x——综合温度翘曲应力和内应力的温度应力系数，按式（7-61）确定。

$$\left. \begin{aligned} D_x &= 1.77\mathrm{e}^{-4.48h_c}C_x - 0.131(1 - C_x) \\ C_x &= 1 - \frac{\sinh\lambda\cos\lambda + \cosh\lambda\sin\lambda}{\cos\lambda\sin\lambda + \sinh\lambda\cosh\lambda} \\ \lambda &= \frac{L}{3l} \end{aligned} \right\} \tag{7-61}$$

式中：C_x——混凝土面层板的温度翘曲应力系数；

L——面层板的横缝间距，即板长，m；

l——面层板的相对刚度半径，m。

水泥混凝土线膨胀系数经验参考值　　　　　　　　　　　　　　　　　　表7-24

粗集料类型	石英岩	砂岩	砾岩	花岗岩	玄武岩	石灰岩
水泥混凝土线膨胀系数(10^{-6}/℃)	12	12	11	10	9	7

b. 温度疲劳应力。

面层板在临界荷位处产生的疲劳应力按式（7-62）计算：

$$\sigma_{tr} = k_t \sigma_{t,\max} \tag{7-62}$$

式中：σ_{tr}——面层板临界荷位处的温度疲劳应力，MPa；

$\sigma_{t,\max}$——最大温度梯度时面层板产生的最大温度应力，MPa，按式（7-60）确定；

k_t——考虑温度应力累计疲劳作用的温度疲劳应力系数，按式（7-63）确定。

$$k_t = \frac{f_r}{\sigma_{t,\max}}\left[a_t\left(\frac{\sigma_{t,\max}}{f_r}\right)^{b_t} - c_t\right] \tag{7-63}$$

式中：a_t、b_t、c_t——回归系数，所在地区的公路自然区划查表7-25确定。

回 归 系 数　　　　　　　　　　　　　　　　　　表7-25

系　　数	公路自然区划					
	Ⅱ	Ⅲ	Ⅳ	Ⅴ	Ⅵ	Ⅶ
a_t	0.828	0.855	0.841	0.841	0.837	0.834
b_t	1.323	1.355	1.323	1.287	1.382	1.270
c_t	0.041	0.041	0.058	0.071	0.038	0.052

③弹性地基双层板荷载应力

对于弹性地基双层板，面层板或上面层板的荷载疲劳应力 σ_{pr} 应按式（7-56）计算，其中，荷载疲劳应力系数 k_f、应力折减系数 k_r 和综合系数 k_c 的确定方法与单层板的相同；设计轴载 P_s 在上层板临界荷位处产生的荷载应力 σ_{ps} 应按式（7-64）～式（7-66）确定。

$$\sigma_{ps} = \frac{1.45 \times 10^{-3}}{1 + D_b/D_c} l_g^{0.65} h_c^{-2} P_s^{0.94} \tag{7-64}$$

$$D_b = \frac{E_b h_b^3}{12(1-\mu_b^2)} \quad (7\text{-}65)$$

$$l_g = 1.21[(D_c + D_b)/E_t]^{1/3} \quad (7\text{-}66)$$

式中：D_b——半刚性基层板的弯曲刚度，MN·m；

h_b、E_b、μ_b——下层板的厚度，m；弯拉弹性模量，MPa；泊松比；

l_g——双层板的总相对刚度半径，m；

h_c、D_c——上层板的厚度，m；截面弯曲刚度，MN·m，按式(7-52)计算。

贫混凝土或碾压混凝土基层板或者下面层板的荷载疲劳应力，应按式(7-67)计算。其中，疲劳应力系数 k_f 和综合系数 k_c 的确定方法与单层板的确定方法相同；设计轴载 P_s 在下层板临界荷位处产生的荷载应力应按式(7-68)计算。

$$\sigma_{bpr} = k_f k_c \sigma_{bps} \quad (7\text{-}67)$$

$$\sigma_{bps} = \frac{1.41 \times 10^{-3}}{1 + D_c/D_b} l_g^{0.68} h_b^{-2} P_s^{0.94} \quad (7\text{-}68)$$

式中：σ_{bpr}——下层板的荷载疲劳应力，MPa；

σ_{bps}——设计轴载 P_s 在下层板临界荷位处产生的荷载应力，MPa。

最重轴载在上层板临界荷位处产生的最大荷载应力应按式(7-59)计算。最重轴载在四边自由板临界荷位处产生的最大荷载应力按式(7-64)计算，式中的设计轴载 P_s 改为最重轴载 P_m（以单轴计，kN）。

④弹性地基双层板温度应力

对于弹性地基双层板温度应力，上层板的温度疲劳应力 σ_{tr}、最大温度翘曲应力 $\sigma_{t,max}$、综合温度翘曲应力和内应力作用的温度应力系数 D_x 的计算式与单层板的相同。下层板的温度疲劳应力不需要计算分析。

上层板的温度翘曲应力系数 C_x 应按式(7-69)～式(7-73)计算：

$$C_x = 1 - \left(\frac{1}{1+\xi}\right)\frac{\sinh\lambda\cos\lambda + \cosh\lambda\sin\lambda}{\cos\lambda\sin\lambda + \sinh\lambda\cosh\lambda} \quad (7\text{-}69)$$

$$\lambda = \frac{L}{3l_g} \quad (7\text{-}70)$$

$$\xi = -\frac{(k_n l_g^4 - D_c) r_\beta^3}{(k_n r_\beta - D_c) l_g^3} \quad (7\text{-}71)$$

$$r_\beta = \left[\frac{D_c D_b}{(D_c + D_b) k_n}\right]^{\frac{1}{4}} \quad (7\text{-}72)$$

$$k_n = \frac{1}{2}\left(\frac{h_c}{E_c} + \frac{h_b}{E_b}\right)^{-1} \quad (7\text{-}73)$$

式中：ξ——与双层板结构有关的参数；

r_β——层间接触状况参数，m；

k_n——面层与基层之间竖向接触刚度，上下层之间不设沥青混凝土夹层或隔离层时按式(7-73)计算，设沥青混凝土夹层或隔离层时，取 3000MPa/m。

(6)水泥混凝土板厚度计算流程

考虑荷载应力和温度翘曲应力综合疲劳损伤作用的水泥混凝土板厚度计算和板的平面尺

寸确定方法,可遵循下述设计步骤:

①进行路面结构的组合设计,初拟路面结构,包括路床、垫层、基层和面层的材料类型和厚度,并按水泥混凝土面层厚度建议范围,依据交通等级、公路等级和所选变异水平等级初选混凝土板厚度。

②按照初拟路面结构的组合情况,选择相应的结构分析模型。

③参照水泥混凝土路面板厚度计算流程,分别计算混凝土面层板(单层板或双层板的面层板)的最重轴载产生的最大荷载应力、设计轴载产生的荷载疲劳应力、最大温度梯度产生的最大温度应力及温度疲劳应力。

④当荷载疲劳应力与温度疲劳应力之和与可靠度系数的乘积小于且接近于水泥混凝土弯拉强度标准值,同时,最大荷载应力与最大温度应力之和与可靠度系数的乘积小于混凝土弯拉强度标准值,初选厚度可作为水泥混凝土板的计算厚度。

⑤贫混凝土或碾压混凝土基层或者双层板的下面层板,需计算其荷载疲劳应力,并检算荷载疲劳应力与可靠度系数的乘积是否小于其材料的弯拉强度标准值。

⑥若不能同时满足式(7-49)及式(7-50),则应改选混凝土面层板厚度或(和)调整基层类型或(和)厚度,重新计算,直到同时满足式(7-49)及式(7-50)。

⑦计算厚度加 6mm 磨损厚度后,应按 10mm 向上取整,作为混凝土面层的设计厚度。

水泥混凝土板厚度计算流程见图 7-22。

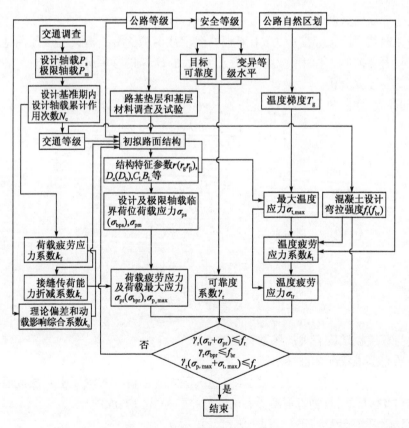

图 7-22 混凝土板厚度计算流程图

7.6.3 水泥混凝土面板厚度计算示例

(1)粒料基层上混凝土面板厚度计算

公路自然区划Ⅱ区拟新建一条二级公路,路面宽7m,路基为低液限黏土,路床顶距地下水位平均1.2m,当地的粗集料以花岗岩为主。拟采用普通混凝土路面。经交通调查得知,设计轴载 P_s =100kN,最重轴载 P_m =150kN,设计车道使用初期设计轴载的日作用次数为100次,交通量年平均增长率为5%。

①交通分析

由表7-13查得二级公路的设计基准期为20年,安全等级为二级。由表5-12查得临界荷位处的车辆轮迹横向分布系数取0.62。按式(5-18)计算得到设计基准期内设计车道设计轴载累计作用次数:

$$N_e = \frac{N_s \times [(1+g_r)^t - 1] \times 365}{g_r} \times \eta$$

$$= \frac{100 \times [(1+0.05)^{20} - 1] \times 365}{0.05} \times 0.62 = 74.8 \times 10^4 \text{次}$$

由表6-7可知,属中等交通荷载等级。

②初拟路面结构

由表7-14,施工质量变异水平选择中级。根据二级公路、中等交通荷载等级和中级变异水平,查表7-15,初拟普通混凝土面层厚度为0.23m,基层选用级配碎石,厚0.20m。普通混凝土板的平面尺寸4.5m×3.5m,纵缝为设拉杆平缝,横缝为不设传力杆的假缝,路肩面层与行车道面层等厚并设拉杆相连。

③路面材料参数确定

按表7-22,取普通混凝土面层的弯拉强度标准值为4.5MPa,相应弯拉弹性模量与泊松比为29GPa、0.15。查表7-24,粗集料为花岗岩的混凝土线膨胀系数 $\alpha_c = 10 \times 10^{-6}/℃$。查表7-16,取低液限黏土路基回弹模量80MPa。查表7-17,取距地下水位1.2m时的湿度调整系数为0.75,由此得到路床顶综合回弹模量为 $80 \times 0.75 = 60$ MPa。查表7-18,取级配碎石基层回弹模量为300MPa。按式(7-53)计算板底地基当量回弹模量如下:

$$E_x = \frac{\sum_{i=1}^{n}(h_i^2 E_i)}{\sum_{i=1}^{n} h_i^2} = \frac{h_1^2 E_1}{h_1^2} = 300 \text{MPa}$$

$$h_x = \sum_{i=1}^{n} h_i = h_1 = 0.20\text{m}$$

$$\alpha = 0.26\ln(h_x) + 0.86 = 0.26 \times \ln(0.20) + 0.86 = 0.442$$

$$E_t = \left(\frac{E_x}{E_0}\right)^\alpha E_0 = \left(\frac{300}{60}\right)^{0.442} \times 60 = 122.2 \text{MPa}$$

板底地基当量回弹模量 E_t 取为120MPa。

普通混凝土面层的弯曲刚度 D_c 按式(7-52)计算,相对刚度半径 l 按式(7-52)计算。

$$D_c = \frac{E_c h_c^3}{12(1-\mu_c^2)} = \frac{2900 \times 0.23^3}{12(1-0.15^2)} = 30.1 \text{MN} \cdot \text{m}$$

$$l = 1.21\left(\frac{D_c}{E_t}\right)^{\frac{1}{3}} = 1.21 \times \left(\frac{30.1}{120}\right)^{\frac{1}{3}} = 0.763\text{m}$$

④荷载应力

按式(7-52)计算设计轴载和最重荷载在临界荷位处产生的荷载应力：

$\sigma_{ps} = 1.47 \times 10^{-3} l^{0.70} h_c^{-2} P_s^{0.94} = 1.47 \times 10^{-3} \times 0.763^{0.70} \times 0.23^{-2} \times 100^{0.94} = 1.744\text{MPa}$

$\sigma_{pm} = 1.47 \times 10^{-3} l^{0.70} h_c^{-2} P_m^{0.94} = 1.47 \times 10^{-3} \times 0.763^{0.70} \times 0.23^{-2} \times 150^{0.94} = 2.544\text{MPa}$

按式(7-56)计算荷载疲劳应力，按式(7-59)计算最大荷载应力：

$$\sigma_{pr} = k_r k_f k_c \sigma_{ps} = 0.87 \times 2.162 \times 1.05 \times 1.744 = 3.44\text{MPa}$$

$$\sigma_{p,\max} = k_h k_c \sigma_{pm} = 0.87 \times 1.05 \times 2.554 = 2.33\text{MPa}$$

其中，考虑接缝传荷能力的应力折减系数 $k_r = 0.87$；综合系数 $k_c = 1.05$（表7-23）；疲劳应力系数按式(7-57)计算：

$$k_f = N_e^v = (74.8 \times 10^4)^{0.057} = 2.162$$

⑤温度应力

由表7-12，最大温度梯度取88℃/m。按式(7-61)计算综合温度翘曲应力和内应力的温度应力系数 D_x。

$$\lambda = \frac{L}{3l} = \frac{4.5}{3 \times 0.76} = 1.97$$

$$C_x = 1 - \frac{\sinh(1.97)\cos(1.97) + \cosh(1.97)\sin(1.97)}{\cos(1.97)\sin(1.97) + \sinh(1.97)\cosh(1.97)} = 1 - 0.162 = 0.838$$

$$D_x = 1.77e^{-4.48h_c} \times C_x - 0.131(1 - C_x)$$
$$= 1.77e^{-4.48 \times 0.23} \times 0.838 - 0.131 \times (1 - 0.838)$$
$$= 0.508$$

按式(7-60)计算最大温度应力：

$$\sigma_{t,\max} = \frac{\alpha_c E_c h_c T_g}{2} D_x = \frac{10^{-5} \times 29000 \times 0.23 \times 88}{2} \times 0.58 = 1.49\text{MPa}$$

温度疲劳应力系数 k_t 按式(7-63)计算。

$$k_t = \frac{f_r}{\sigma_{t,\max}}\left[a_t\left(\frac{\sigma_{t,\max}}{f_r}\right)^{b_t} - c_t\right] = \frac{4.5}{1.491}\left[0.828 \times \left(\frac{1.491}{4.5}\right)^{1.323} - 0.041\right] = 0.46$$

再由式(7-62)计算温度疲劳应力：

$$\sigma_{tr} = k_t \sigma_{t,\max} = 0.46 \times 1.49 = 0.69\text{MPa}$$

⑥结构极限状态校核

查表7-21，二级公路、中等变异水平条件下的可靠度系数 γ_r 取1.13。

按式(7-49)和式(7-50)校核路面结构极限状态是否满足要求。

$$\gamma_r(\sigma_{pr} + \sigma_{tr}) = 1.13 \times (3.44 + 0.69) = 4.67 > f_r = 4.5\text{MPa}$$

$$\gamma_r(\sigma_{p,\max} + \sigma_{t,\max}) = 1.13 \times (2.33 + 1.49) = 4.32 \leq f_r = 4.5\text{MPa}$$

显然，初拟的路面结构不能满足要求。将混凝土面层厚度增至0.24m。重复以上计算，得到荷载疲劳应力 $\sigma_{pr} = 3.26\text{MPa}$，最大荷载应力 $\sigma_{p,\max} = 2.21\text{MPa}$，最大温度应力 $\sigma_{t,\max} = 1.47\text{MPa}$，温度疲劳应力 $\sigma_{tr} = 0.67\text{MPa}$，然后再进行结构极限状态验算。

$$\gamma_r(\sigma_{pr} + \sigma_{tr}) = 1.13 \times (3.26 + 0.67) = 4.46 \leqslant f_r = 4.5 \text{MPa}$$
$$\gamma_r(\sigma_{p,\max} + \sigma_{t,\max}) = 1.13 \times (2.21 + 1.47) = 4.16 \leqslant f_r = 4.5 \text{MPa}$$

满足结构极限状态要求,所选的普通混凝土面层计算厚度 0.24m 可以承受设计基准期内设计轴载和温度梯度的综合疲劳作用,以及最重轴载在最大温度梯度时的一次极限作用。综合考虑,最终取设计厚度为 0.25m。

(2) 水泥稳定粒料基层上混凝土面板厚度计算

公路自然区划Ⅳ区新建一条一级公路,路基土为低液限粉土,路床顶距地下水位 1.0m,当地粗集料以砾石为主。拟采用普通混凝土面层,基层采用水泥稳定砂砾。经交通调查分析得知,设计轴载 $P_s = 100$kN,最重轴载 $P_m = 180$kN,设计车道使用初期标准轴载日作用次数为 3200,交通量年平均增长率为 5%。

① 交通分析

由表 7-13,一级公路的设计基准期为 30 年,安全等级为一级。由表 5-12,临界荷位处的车辆轮迹横向分布系数取 0.22。按式(5-18)计算得到设计基准期内设计车道标准荷载累计作用次数:

$$N_e = \frac{N_s \times [(1+g_r)^t - 1] \times 365}{g_r} \times \eta$$
$$= \frac{3200 \times [(1+0.05)^{30} - 1] \times 365}{0.05} \times 0.22 = 1707 \times 10^4 \text{次}$$

由表 6-7 可知,属重交通荷载等级。

② 初拟路面结构

施工变异水平取低级。根据一级公路重交通荷载等级和低变异水平等级,查表 7-15,初拟普通混凝土面层厚度为 0.26m,水泥稳定砂砾基层 0.20m,底基层选用级配砾石,厚 0.18m。单向路幅宽度为 2×3.75m(行车道)+2.75m(硬路肩),行车道水泥混凝土面层板平面尺寸取 5.0m$\times 3.75$m,纵缝为设拉杆平缝,横缝为设传力杆的假缝。硬路肩面层采用与行车道面层等厚的混凝土,并设拉杆与行车道板相连。

③ 路面材料参数确定

按表 7-22,取普通混凝土面层的弯拉强度标准值为 5.0MPa。相应的弯拉弹性模量与泊松比为 31GPa、0.15。查表 7-24,砾石粗集料混凝土的线膨胀系数 $\alpha_c = 11 \times 10^{-6}/℃$。查表 7-16,取低液限粉土的回弹模量为 100MPa。查表 7-17,取距地下水位 1.0m 时的湿度调整系数为 0.80。由此,路床顶综合回弹模量取为 $100 \times 0.80 = 80$MPa。查表 7-20,水泥稳定砂砾基层的弹性模量取 2000MPa,泊松比取 0.20,级配砾石底基层回弹模量取 250MPa,泊松比取 0.35。

按式(7-53)计算板底地基综合回弹模量如下:

$$E_x = \frac{\sum_{i=1}^{n}(h_i^2 E_i)}{\sum_{i=1}^{n} h_i^2} = \frac{h_1^2 E_1}{h_1^2} = 250 \text{MPa}$$

$$h_x = \sum_{i=1}^{n} h_i = h_1 = 0.18\text{m}$$

$$\alpha = 0.26\ln(h_x) + 0.86 = 0.26 \times \ln(0.18) + 0.86 = 0.414$$

$$E_t = \left(\frac{E_x}{E_0}\right)^\alpha E_0 = \left(\frac{250}{80}\right)^{0.414} \times 80 = 128.2 \text{MPa}$$

板底地基综合回弹模量 E_t 取为 125MPa。

混凝土面层板的弯曲刚度 D_c 按式(7-52)、半刚性基层板的弯曲刚度 D_b 按式(7-65)计算,路面结构总相对刚度半径 l_g 按式(7-66)计算为:

$$D_c = \frac{E_c h_c^3}{12(1-\mu_c^2)} = \frac{31000 \times 0.26^3}{12(1-0.15^2)} = 46.4 \text{MN} \cdot \text{m}$$

$$D_b = \frac{E_b h_b^3}{12(1-\mu_b^2)} = \frac{2000 \times 0.20^3}{12(1-0.20^2)} = 1.39 \text{MN} \cdot \text{m}$$

$$l_g = 1.21\left(\frac{D_c + D_b}{E_t}\right)^{1/3} = 1.21 \times \left(\frac{46.4 + 1.39}{125}\right)^{1/3} = 0.878\text{m}$$

④荷载应力

按式(7-52),标准轴载和极限荷载在临界荷位处产生的荷载应力为:

$$\sigma_{ps} = \frac{1.45 \times 10^{-3}}{1 + D_b/D_c} l_g^{0.65} h_c^{-2} P_s^{0.94} = \frac{1.45 \times 10^{-3}}{1 + \frac{1.39}{46.4}} \times 0.878^{0.65} \times 0.26^{-2} \times 100^{0.94} = 1.452 \text{MPa}$$

$$\sigma_{pm} = \frac{1.45 \times 10^{-3}}{1 + D_b/D_c} l_g^{0.65} h_c^{-2} P_m^{0.94} = \frac{1.45 \times 10^{-3}}{1 + \frac{1.39}{46.4}} \times 0.878^{0.65} \times 0.26^{-2} \times 180^{0.94} = 2.522 \text{MPa}$$

按式(7-56)计算面层荷载疲劳应力,按式(7-59)计算面层最大荷载应力。

$$\sigma_{pr} = k_r k_f k_c \sigma_{ps} = 0.87 \times 2.584 \times 1.10 \times 1.452 = 3.59 \text{MPa}$$

$$\sigma_{p,\max} = k_r k_c \sigma_{pm} = 0.87 \times 1.10 \times 2.522 = 2.41 \text{MPa}$$

其中:应力折减系数 $k_r = 0.87$;综合系数 $k_c = 1.10$(表7-23);疲劳应力系数按式(7-57)计算,即 $k_f = N_e^v = (1707 \times 10^4)^{0.057} = 2.584$。

⑤温度应力

由表7-12,最大温度梯度取 92℃/m。按式(7-61)、式(7-69)~式(7-73)计算综合温度翘曲应力和内应力的温度应力系数 D_x。

$$k_n = \frac{1}{2}\left(\frac{h_c}{E_c} + \frac{h_b}{E_b}\right) = \frac{1}{2}\left(\frac{0.26}{31000} + \frac{0.20}{2000}\right)^{-1} = 4613 \text{MPa/m}$$

$$r_\beta = \left[\frac{D_c D_b}{(D_c + D_b)k_n}\right]^{1/4} = \left[\frac{46.4 \times 1.39}{(46.4 + 13.9) \times 4613}\right]^{1/4} = 0.131\text{m}$$

$$\xi = -\frac{(k_n l_g^4 - D_c)r_\beta^3}{(k_n r_\beta - D_c)l_g^3} = -\frac{(4613 \times 0.878^4 - 46.4) \times 0.131^3}{(4613 \times 0.131^4 - 46.4) \times 0.878^3} = 0.199$$

$$\lambda = \frac{L}{3l_g} = \frac{5.0}{3 \times 0.878} = 1.90$$

$$C_x = 1 - \left(\frac{1}{1+\xi}\right)\frac{\sinh(1.90)\cos(1.90) + \cosh(1.90)\sin(1.90)}{\cos(1.90)\sin(1.90) + \sinh(1.90)\cosh(1.90)} = 1 - \frac{0.200}{1 + 0.199} = 0.833$$

$$D_x = 1.77e^{-4.48h_c} \times C_x - 0.131(1 - C_x) = 1.77e^{-4.48 \times 0.26} \times 0.833 - 0.131(1 - 0.833) = 0.438$$

按式(7-60)计算面层最大温度应力:

$$\sigma_{t,\max} = \frac{\alpha_c E_c h_c T_g}{2} D_x = \frac{11 \times 10^{-6} \times 31000 \times 0.26 \times 92}{2} \times 0.438 = 1.79 \text{MPa}$$

温度疲劳应力系数 k_t,按式(7-63)计算:

$$k_t = \frac{f_r}{\sigma_{t,\max}}\left[a_t\left(\frac{\sigma_{t,\max}}{f_r}\right)^{b_t} - c_t\right] = \frac{5.0}{1.79}\left[0.841 \times \left(\frac{1.79}{5.0}\right)^{1.323} - 0.058\right] = 0.442$$

按式(7-62)计算温度疲劳应力:
$$\sigma_{tr} = k_t \sigma_{t,\max} = 0.442 \times 1.79 = 0.79 \text{MPa}$$

⑥结构极限状态校核

查表7-21,一级安全等级,低变异水平条件下,可靠度系数 γ_r 取1.14。按式(7-49)和式(7-50),校核路面结构极限状态是否满足要求:
$$\gamma_r(\sigma_{pr} + \sigma_{tr}) = 1.14 \times (3.59 + 0.79) = 4.99 \leqslant f_r = 5.0 \text{MPa}$$
$$\gamma_r(\sigma_{p,\max} + \sigma_{t,\max}) = 1.14 \times (2.41 + 1.79) = 4.79 \leqslant f_r = 5.0 \text{MPa}$$

拟定的由计算厚度0.26m的普通混凝土面层和厚度0.18m的水泥稳定粒料基层组成的路面结构满足要求,可以承受设计基准期内荷载应力和温度应力的综合疲劳作用,以及最重轴载在最大温度梯度时的一次作用。综合考虑取混凝土面层设计厚度为0.27m。

7.7 国外水泥混凝土路面设计简介

在国外,水泥路面的设计包括经验法、力学经验法以及标准力学设计方法等。这些方法分别按步骤建立损伤模型,使用结构模型计算路面响应,预测结构响应产生的损伤,以及根据使用中的实际路面损失校正预期的损伤。但总体而言,水泥路面考虑的因素以及力学的分析方法比沥青路面复杂。

7.7.1 美国AASHTO水泥混凝土设计法

美国AASHTO水泥混凝土设计法是美国各州常用的设计方法,本节对此进行详细介绍。

1980版《AASHTO刚性路面设计指南》的编制是根据AASHTO道路试验及进一步修正的经验方程来进行的。本书仅介绍厚度设计、钢筋配比以及拉杆和传力杆的设计,并遵循本章前面部分我国的设计规范。

(1)设计变量

在第6.7节提到的设计变量,例如时间限制、交通和可靠度,只是针对柔性路面。而第6.7节中的环境影响和耐用性等变量适用于刚性路面,这里不再重复。AASHTO水泥混凝土路面设计中主要的变量有混凝土回弹模量 E_c、混凝土断裂模量 S_c、荷载传递系数 J、排水系数 C_d 和地基反应模量 k。

①混凝土回弹模量

混凝土的回弹模量可以按美国材料试验学会(ASTM)C469标准所述方法来确定,或者应用与抗压强度的关系式来确定。美国水泥协会建议的关系公式如下:
$$E_c = 57000(f'_c)^{0.5} \tag{7-74}$$

式中: E_c——混凝土回弹模量,psi;

f'_c——用ASTM C39标准测试的混凝土抗压强度,psi。

②混凝土断裂模量

AASHTO设计方法中所使用的断裂模量是按ASTM C78测试法的规定在28d后用三分点

加载试验确定的平均值。若采用中心点加载取得抗压强度,应建立两种试验方法之间的关系式。一般的关系式如下:

$$S_c = k_1 (f_c)^{0.5} \tag{7-75}$$

式中:S_c——混凝土断裂模量,psi;

f_c——中心点加载测得的混凝土抗压强度,psi;

k_1——转化系数,设为 9.0。

③传荷系数

传荷系数 J 是只在刚性路面设计公式中采用的一个系数,用于考虑混凝土板块横缝和纵缝处传递荷载的能力。传荷系数越小表示荷载传递越有效。使用荷载传递装置(如传力杆)和带拉杆的混凝土路肩能增加荷载传递量,从而使传荷系数变小。表 7-26 所示为不同路面类型和设计条件下建议的传荷系数。

不同设计条件下建议使用的传荷系数　　表 7-26

路肩类型	沥青材料路肩		设拉杆水泥混凝土路肩	
是否设有传递装置	是	否	是	否
JPCP 和 JRCP 路面	3.2	3.8~4.4	2.5~3.1	3.6~4.2
CRCP 路面	2.9~3.2	不可用	2.3~2.9	不可用

④排水系数

在水泥混凝土路面的设计中,排水系数 C_d 和传荷系数 J 具有同等重要的作用。有研究认为水泥混凝土路面排水系统的好坏能影响路面的使用寿命高达 50%;表 7-27 根据排水时间和路面结构含水量接近饱和状态的时间百分比得出建议的排水系数 C_d。

排水系数(C_d)在水泥混凝土路面设计时的建议值　　表 7-27

排水时间 (排去 95% 水分)	一年内路面结构处于饱水状态的时间百分比(%)			
	<1	1~5	5~25	>25
优(≤2 小时)	1.20~1.25	1.15~1.20	1.10~1.15	1.10
良(≤1 天)	1.15~1.20	1.10~1.15	1.00~1.10	1.00
中(≤1 周)	1.10~1.15	1.00~1.10	0.90~1.00	0.90
差(≤个月)	1.00~1.10	0.90~1.00	0.80~0.90	0.80
很差(不排水)	0.90~1.00	0.80~0.90	0.70~0.80	0.70

⑤地基反应模量

地基反应模量是 AASHTO 设计法中计算最为复杂的变量。由于水泥板块的刚性良好,在设计中可把水泥板直接置于刚性一般的地基上。因此地基的受力特性对水泥板块有很大的影响,必须详细考虑。AASHTO 的地基反应模量就是综合季节变化、湿度变化、板底脱离情况等考虑因素得出的较为保守的数值。

刚性路面设计所用的地基力学参数为地基反应模量 k,而不是柔性路面设计中地基土的回弹模量 M_R。但和 M_R 相似,k 值也随一年的季节变化而变化,而因 k 的变化所产生的相对损坏值需要进行计算取得。在计算前必须预估路面基层及水泥板的设计厚度。地基反应模量 k 的计算过程列于表 7-28。按照表格从左到右,从上而下,地基反应模量 k 的计算步骤为:

a. 预估设计中的路面基层厚度、水泥板厚度。在已知设计交通量的情况下,这些值可根据设计经验,并结合我国规范中的厚度设计范围进行估算。

b. 勘测刚性地基深度。

c. 根据拟采用的路面基层材料类型,按表7-29选择对应的脱空系数LS。

d. 每月取样测得路基土的回弹模量 M_R 以及路面基层的回弹模量 E_{sb},并将数值列于表7-28中第2、3列。

e. 结合路基土回弹模量 M_R、路面基层回弹模量 E_{sb} 以及基层厚度的取值,按图7-23取得每月综合反应模量 k_∞,列于表7-28中第4列。

f. 结合综合反应模量 k_∞,对刚性地基在10ft(约3m)内的路基综合反应模量进行修正,按图7-24,取得每月的刚性基层模量 k_c,列于表7-28中第5列。

g. 结合刚性基层模量 k_c,以及预估的水泥板厚度,按图7-25,得出每月的相对损坏 U_r,列于表7-28中第6列。

h. 计算相对损坏 U_r 的年平均值,再按图7-25,反推得出地基等效反应模量 k_{eff}。

i. 结合地基等效反应模量 k_{eff},以及脱空系数LS,按图7-26得出最终的地基反应模量 k。

确定地基反应模量的步骤及实例　　　　　　　　表7-28

预设	基层类型及厚度:粒料,6ft		刚性基层深度:5ft		
	地基脱空系数: LS = 1.0		水泥板厚度:9in		
月份	路基土回弹模量 M_R (psi)	基层模量 E_{sb} (psi)	综合反应模量 k_∞ (pci)	刚性基层模量 k_c (pci)	相对损坏 U_r
1	20000	50000	1100	1350	0.35
2	20000	50000	1100	1350	0.35
3	2500	15000	160	230	0.86
4	4000	15000	230	300	0.78
5	4000	15000	230	300	0.78
6	7000	20000	410	540	0.60
7	7000	20000	410	540	0.60
8	7000	20000	410	540	0.60
9	7000	20000	410	540	0.60
10	7000	20000	410	540	0.60
11	4000	15000	230	300	0.78
12	20000	50000	1100	1350	0.35
				相对损坏平均值	0.60
	地基等效反应模量,k_{eff} = 540pci				
	考虑脱空系数,修正后,k = 170pci				

AASHTO水泥路面设计中不同基层材料对应的脱空系数LS　　　表7-29

路面基层材料类型	脱空系数LS	路面基层材料类型	脱空系数LS
水泥稳定粒料	0~1	石灰稳定基层	1~3
半刚性集料	0~1	粒料	1~3
沥青处理基层	0~1	细粒料及天然地基	2~3
沥青稳定集料	0~1		

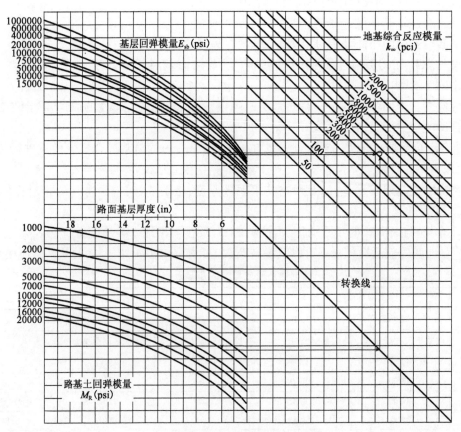

图 7-23 地基综合反应模量 k_∞ 的估算

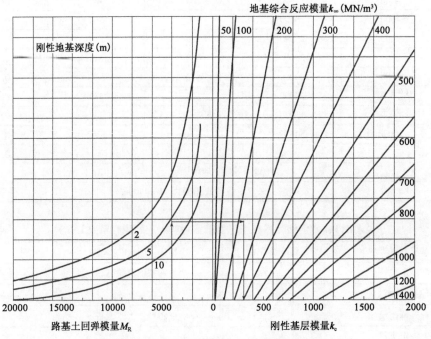

图 7-24 对地基综合反应模量修正,取得刚性基层模量 k_c 值

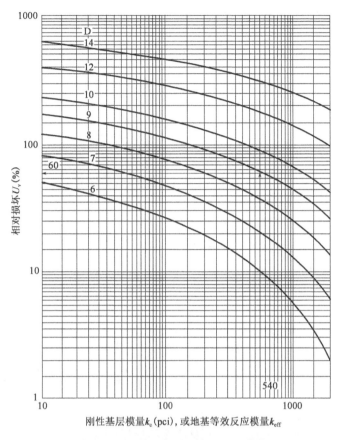

图 7-25　对混凝土路面相对损坏 U_r 的估值

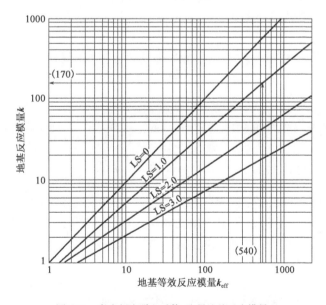

图 7-26　考虑板底脱空系数,取得地基反应模量 k

(2) 设计方程式

由 AASHTO 道路试验推导的刚性路面基本设计方程与柔性路面的设计方程式形式相同,

只是回归常数有所区别。后来针对水泥混凝土材料特性对方程作了修正,其中包括了原来 AASHTO 道路试验没有考虑的许多变量。

①初始方程式

回归方程式为:

$$G_t = \beta(\lg W_t \lg \rho)$$

$$\beta = 100 + \frac{3.63(L_1 + L_2)^{5.20}}{(D+1)^{8.46} L_2^{3.52}}$$

$$\lg \rho = 5.85 + 7.35 \lg(D+1) - 4.62 \lg(L_1 + L_2) + 3.28 \lg L_2$$

式中:G_t——$\lg[(4.5-P_t)/(4.5-1.5)]$,为 AASHTO 道路试验时刚性路面的初始服务能力;

P_t——时间 t 的服务能力;

D——板厚,用以代替柔性路面的结构数 SN,in;

β——设计以及荷载变化的一个函数;

ρ——设计以及荷载变化的一个函数,当 $P_t = 1.5$ 时,$\rho = W_t$;

W_t——时间 t 末时,单轴荷载应用;

L_1——单轴或串列轮轴上的荷载,kip;

L_2——车轴编号,单轴为 1,串列轮轴为 2。

对于 18kip(80kN)当量单轴荷载,$L_1 = 18$ 而 $L_2 = 1$,并将前三公式合并,得:

$$\lg W_{t18} = 7.35 \log(D+1) - 0.06 + \frac{\lg[(4.5-\rho_t)/(4.5-1.5)]}{1+1.624 \times 10^7/(D+1)^{8.46}} \tag{7-76}$$

式中:W_{t18}——到时间 t,单轴荷载(18kip)的作用次数。

上式仅适用于具有下列条件的 AASHTO 道路试验的路面:混凝土弹性模量 $E_c = 29\text{GPa}$ ($4.2 \times 10^6 \text{psi}$),混凝土断裂模量 $S_c = 4.8\text{MPa}(690\text{psi})$,地基反应模量 $k = 16\text{MN/m}^3(60\text{psi})$,传荷系数 $J = 3.2$ 和排水系数 $C_d = 1.0$。

②修正方程式

为了考虑在实际道路应用中的其他条件,必须按经验和理论对初始方程式进行修正。AASHTO(1972)选用角隅加荷的史潘格勒方程,作为初始方程,考虑排水的影响与可靠度,形成 AASHTO 新的刚性路面设计方程式如式(7-77)所示。

$$\lg W_{18} = Z_R S_0 + 7.35 \lg(D+1) - 0.006 + \frac{\lg[\Delta PSI/(4.5-1.5)]}{1+1.624 \times 10^7/(D+1)^{8.46}} +$$

$$(4.22\ 0.32\rho_t) \lg \frac{S_g C_d(D^{0.75} 1.132)}{215.63 J[D^{0.75} 18.42/(E_c/k)^{0.25}]} \tag{7-77}$$

修正方程式的计算复杂。但 AASHTO 设计法的特点在于公式可使用诺模图表示,并以手绘的方法得出计算结果。图 7-27 和图 7-28 是水泥结构设计修正方程的诺模图。要注意,图中 $P_t = 4.5 - \Delta PSI$。按图 7-27 作图时应从左到右,而图 7-28 则大致从下到上。两股垂线在水泥板厚度的表格中相交,得出水泥板块的厚度。

7.7.2 交通研究实验室(TRL)研究报告 87 设计法

交通研究实验室的 RB87 报告介绍了当前英国路面设计方法和国家设计标准文件 HD26/01 中关于 JPCP 和 JRCP 路面的设计背景。该设计方法是在对英国大量道路性能检测的基础上提出来的纯经验的设计方法。该设计方法较为简单,混凝土用 28d 立方体抗压强度来表征,交通荷载采用标准轴载(80kN),与美国 AASHTO 方法一致,单位为百万次,唯一较为复杂的量是等效路基模量。报告包含一系列指南,用以确定不同路基的模量设计值。

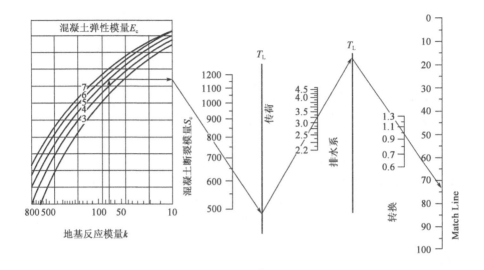

图 7-27 水泥结构设计修正方程诺模图(一)

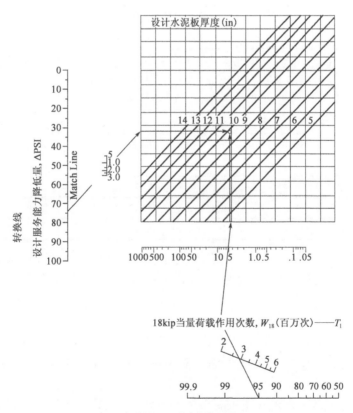

图 7-28 水泥结构设计修正方程诺模图(二)

(1) JPCP 路面设计(英国称 URCP)

RR87 报告中的表达式经调整后得到如下设计公式:

$$H = 0.85 \times 1.15 e^{(40.78 - 3.466\ln S - 0.4836\ln M - 0.08718\ln F + \ln L)/5.094} \quad (7\text{-}78)$$

式中：L——路面使用寿命,msa；

H——路面厚度,mm；

S——28d 立方体抗压强度均值,MPa；

M——板底等效路面模量,MPa；

F——断板率,%(最终服务能力为 30%)；

0.85——有拉杆路肩的修正系数；

1.15——可靠度为 90% 时的修正系数。

设计公式所用到的假设如下：

①路面边缘设置拉杆(至少 1m 宽的水泥混凝土边块)，无交通荷载时，系数取 1.0 代替 0.85；

②假设 90% 的保证率，如果为 50%，则系数取为 1.0 代替 1.15；

③所有接缝设置传力杆与拉杆；

④地下水位距离基层地面的距离至少为 600mm。

表 7-30 给出了基于英国抗压强度为 40MPa 引气混凝土路面设计厚度的计算结果。

RR87 路面计算厚度示例 表 7-30

交通量 (msa)	水泥混凝土板厚(m)		
	支撑平台 A	支撑平台 B	HD26/01
	M=78MPa； 250mm 厚粒料底基层； 3% CBR 地基	M=489MPa； 200mm 厚 CBM 底基层； 3% CBR 地基	M=270MPa 标准地基； 150mm 厚 CBM 5% CBR 地基
0.5	0.114	0.096	0.150
1	0.131	0.110	0.150
5	0.180	0.151	0.150
10	0.206	0.173	0.160
50	0.282	0.237	0.230
100	0.323	0.272	0.260

英国标准借鉴了美国标准中的校正值，即对于有连接杆路肩的路面，厚度可以减少 15%。

图 7-29 表明了在有传力杆路肩情况下 AASHTO、RR87 和 TR550 设计方法得到的路面厚度各不相同。

(2) JRCP 路面设计

RR87 提供的钢筋混凝土路面计算公式已经用于英国国家标准的路面设计中。该公式与无配筋混凝土路面的不同之处是把配筋率而不是断板率作为变量。RR87 中的设计公式如下:

$$H = 0.85 \times 1.15 e^{(45.15 - 3.171\ln S - 0.3255\ln M - 1.418\ln F + \ln L)/4.786} \quad (7\text{-}79)$$

式中：L——路面使用寿命，msa；
    H——路面厚度，mm；
    S——28d 立方体抗压强度均值，MPa；
    M——板底等效路基模量，MPa；
  0.85——有拉杆路肩的修正系数；
  1.15——可靠度为 90% 时的修正系数。

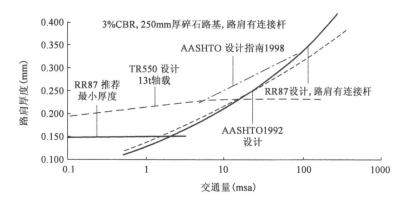

图 7-29 粒料底基层上的 JPCP 路面设计

式(7-79)中采用以下的假设：
①板边设拉杆且无交通荷载；
②可靠度为 90%；
③所有接缝设置传力杆；
④地下水位距基底层面的距离至少为 600mm。

表 7-31 给出了基于英国抗压强度为 40MPa 引气混凝土路面设计厚度的计算结果。

RR87 采用 A393 钢筋的 JRCP 路面设计示例　　表 7-31

交通量 （msa）	路面板厚（m）		
	支撑平台 A	支撑平台 B	HD26/01
	$M=78$MPa； 250mm 厚粒料底基层； 3%CBR 地基	$M=489$MPa； 200mm 厚 CBM 底基层； 3%CBR 地基	500mm²/m 配筋； $M=270$MPa； 150mm 厚 CBM； 5%CBR 地基
0.5	0.100	0.089	0.150
1	0.116	0.102	0.150
5	0.162	0.143	0.150
10	0.188	0.166	0.150
50	0.263	0.232	0.210
100	0.304	0.268	0.230

图 7-30 和图 7-31 说明了配筋（A393 钢筋网）的影响。与 JPCP 路面相比，粒料基层上的 JRCP 路面厚度可以减小 10~20mm，CBM 底基层的 JRCP 路面厚度的减小量少于 10mm。低配筋率的路面与无配筋路面的使用性能相似，AASHTO 设计方法关于配筋只是将有裂缝的混

凝土路面板连接在一起的解释说法得到广泛认同。

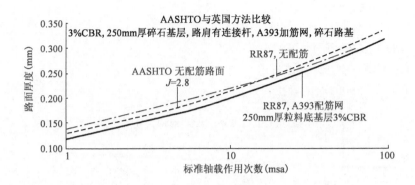

图 7-30　粒料底基层上的 JRCP 路面厚度与标准轴载关系

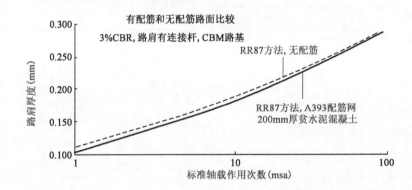

图 7-31　CBM 底基层上的 JRCP 路面厚度与标准轴载关系

（3）CRCP 路面设计

关于英国 CRCP 路面标准设计方法的背景可参见相关文献。经实例评价，CRCP 路面最终采用了 RR87 中 JRCP 路面的设计公式，但要求采用适合 CRCP 路面的配筋率。设计标准通过固定下列参数来简化设计过程。

①混凝土抗压强度为 40MPa；

②纵向配筋率为 0.6%，采用直径为 16mm 的 460 号螺纹配筋（横向配筋为直径 12mm 的 460 号螺纹钢筋，间距为 600mm）；

③纵向接缝最大间距为 6m（对于石灰石集料混凝土为 7.6m）；

④施工要求板厚不小于 200mm。

英国设计方法是一种近似的方法，没有考虑不同集料的热性能以及极重轴载情况。重载交通及非正常天气条件下施工可能造成 CRCP 路面破坏。表 7-32 总结了一系列 CRCP 路面板厚的设计示例。

图 7-32 和图 7-33 给出了英国和美国设计方法比较结果，由图可知 AASHTO 关于 CRCP 路面的设计方法较为保守，美国设计方法没有考虑配筋的重要作用。另一方面，英国设计方法假设集料热力学性质不变，在某些特殊情况下可能会导致早期破坏，因此需要进一步考虑这两种设计方法中的一些问题。

RR87 CRCP 路面设计示例   表 7-32

交通量 (msa)	路面板厚(m)		
	支撑平台 A $M=78\text{MPa}$; 250mm 厚粒料底基层; 3%CBR 地基	支撑平台 B $M=489\text{MPa}$; 200mm 厚 CBM 底基层; 3%CBR 地基	HD26/01 $M=270\text{MPa}$ 标准地基; 150mm 厚 CBM; 5%CBR 地基
5	0.131	0.122	0.200
10	0.147	0.137	0.200
50	0.191	0.177	0.200
100	0.214	0.198	0.200
500	0.278	0.256	0.270
1000	0.310	0.288	0.300

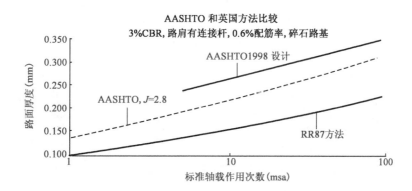

图 7-32 粒料底基层上的 CRCP 路面厚度与标准轴载关系

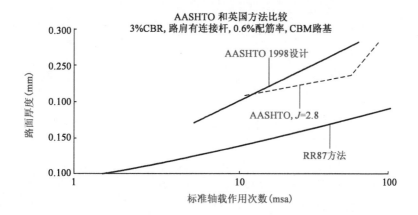

图 7-33 CBM 底基层上的 CRCP 路面厚度与标准轴载的关系

复习思考题

7-1 水泥混凝土路面的特点及其分类是什么?
7-2 水泥混凝土路面的破坏类型及其原因是什么?
7-3 水泥混凝土路面什么情况下要设置垫层?
7-4 水泥混凝土路面设置接缝的原因、构造、作用、传力杆与拉杆有何不同?
7-5 什么是小挠度弹性薄板?有哪些基本假定?
7-6 什么是文克勒地基?什么是弹性半空间体地基?各有何特点?各用何指标表征?
7-7 什么是胀缩应力、翘曲应力?温度应力计算时考虑哪个应力,为什么?
7-8 温度翘曲应力系数和温度应力系数有何区别?

第 8 章
路基路面排水设计

【本章内容】

本章主要介绍了路基路面排水的一般原则,常用的排水设施、排水设计的一般方法与内容。

【学习要求】

了解路基路面排水设计的一般原则,熟悉排水设计内容及各种排水构造物的设计要求、方法等。

路基路面的强度与稳定性同水的关系十分密切。水往往是引起路基路面各种病害的关键性因素之一。例如,地面水渗入路基,路基的强度降低;地面水对边坡冲刷,路基整体稳定性受到威胁;地下水侵入路基,路基强度降低,形成冻胀、翻浆以及滑坍等病害;降水渗入路面,与车辆荷载共同作用下路面会产生各种类型的水损害等,因此,道路设置完善的排水设施,以排除可能危害道路的地面水和地下水,保证路基路面结构稳定,并防止路面积水影响行车安全。道路排水可分为路基排水和路面排水。

排水设计应根据道路等级、沿线自然条件以及桥涵设置等情况进行综合考虑,注意充分利用地形和天然水系,合理布置各项设施,形成良好的排水系统,确保排水畅通和养护方便。

排水设计应遵循下列原则:

(1)全面规划、合理布局、少占农田,并与当地排灌系统协调,防止冲毁农田及其水利设施,重视环境保护防止水土流失和水源污染。

(2)根据公路等级、沿线地形、地质、水文、气象等条件以及桥涵设置等情况进行综合考虑,注意各种排水设施之间的联系,使全线形成完善的排水系统。

(3)考虑施工场地的临时性排水设施,并尽可能使之与永久性排水设施结合起来。各项排水构造物的设计,均应考虑便于施工、检查和养护维修。

(4)穿越城镇的公路,其排水设计应与城镇现有或规划的排水系统和设施相协调。

(5)黄土、膨胀土、盐渍土、多年冻土、滑坡等特殊地区的道路,其排水设计应结合该工程的其他处治措施综合进行。

8.1 路基排水设计

8.1.1 地面排水设计

常用的路基地面排水设施,包括边沟、截水沟、排水沟、跌水与急流槽等,必要时还有蒸发池、倒虹吸、渡水槽与蒸发池等。这些排水设施,分别设置在路基的不同部位,各自的排水功能、布置要求和构造形式,均有所差异。各类地表排水设施的断面尺寸应满足设计排水流量的要求,沟顶应高出沟内设计水面 0.2m 以上。地表排水沟管排放的水流不得直接排入饮用水水源、养殖池。

(1)地面排水设施

①边沟

边沟是为汇集和排除路面、路肩及边坡的水流,在路基两侧设置的水沟。边沟分为路堤边沟和路堑边沟,位于土路肩或护坡道外侧,走向通常与路线一致。挖方地段和填土高度小于边沟深度的填方地段应设置边沟。路堤靠山一侧的坡脚应设置不渗水的边沟。边沟断面形式既要考虑地形地质条件、边坡高度、汇水面积及排水功能,也要注意边沟形式对行车安全和环境景观的影响,其形式可分为梯形、碟形、三角形、矩形或 U 形边沟,如图 8-1 所示。高速公路、一级公路挖方路段的矩形边沟,在不设护栏的路段应设置带孔盖板。

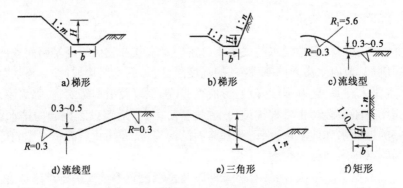

图 8-1 边沟横断面示意图(尺寸单位:m)

梯形边沟是最常用的一种形式,底宽与深度一般不宜小于 0.4m,沟壁内侧边坡 1:1.0～1:1.5,外侧边坡通常与路基挖方边坡一致。岩石路堑地段宜采用矩形横断面,其内侧边坡直立,坡面应采用浆砌片石防护,外侧边坡直立或与挖方边坡坡度相同。从安全和视觉效果分析,沿街路段、挖方路段等采用设盖板的矩形边沟,可具有路基视觉增宽、防止车轮卡限和边坡碎落堵塞等功能。

少雨地区的土质边沟可采用三角形横断面,其内侧边坡宜采用1:2～1:3,外侧边坡坡度与挖方边坡坡度相同。三角形边沟的水流条件较差,流量较大时沟深宜适当增大。边沟紧靠路基,通常不允许其他排水沟渠的水流导入,亦不能与其他人工沟渠合并使用。

边沟水流不应滞留在沟内,必须尽快排除,使水流不危害路基。边沟沟底纵坡宜与路线纵坡一致,并不小于0.3%;为了防止边沟满溢或冲刷,在平原区和重丘山岭区,边沟应分段设置出水口,多雨地区梯形边沟每段长度不宜超过300m,三角形边沟不宜超过200m。

平曲线处边沟施工时,沟底纵坡应与曲线前后沟底纵坡平顺衔接,不允许曲线内侧有积水或外溢现象发生。曲线外侧边沟应适当加深,其增加值等于超高值。边沟出水口附近,水流冲刷比较严重,必须慎重布置和采取相应措施。

②截水沟

设置在挖方路基边坡坡顶以外或山坡路堤上方的适当位置,用以拦截路基上方流向路基的地表水,减轻边沟水流负担,保护挖方边坡和填方坡面不受水流冲刷和损害的人工沟渠,称为截水沟(又称天沟)。截水沟的位置,在无弃土堆的情况下,截水沟的边缘离开挖方路基坡顶的距离视土质而定,以不影响边坡稳定为原则。如一般土质至少应离开5m,对黄土地区不应小于10m并应进行防渗加固。截水沟挖出的土,可在路堑与截水沟之间修成土台并夯实,台顶应筑成2%倾向截水沟的横坡,如图8-2a)所示。

路基上方有弃土堆时,截水沟应离开弃土堆坡脚1～5m,弃土堆坡脚离开路基挖方坡顶不应小于10m,弃土堆顶部应设2%倾向截水沟的横坡,如图8-2b)所示山坡上路堤的截水沟离开路堤坡脚至少2.0m,并用挖截水沟的土填在路堤与截水沟之间,修筑向沟倾斜坡度为2%的护坡道或土台,使路堤内侧地面水流入截水沟排出,如图8-3所示。

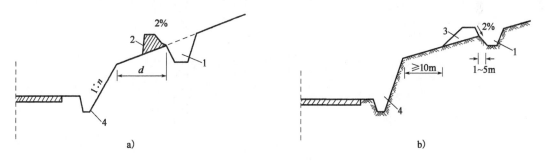

图8-2 挖方路段弃土堆与截水沟关系图
1-截水沟;2-土台;3-弃土堆;4-边沟

截水沟长度超过500m时应选择适当的地点设出口,将水引至山坡侧的自然沟中或桥涵进水口,截水沟必须有牢靠的出水口,必要时需设置排水沟、跌水或急流槽。截水沟的出水口必须与其他排水设施平顺衔接。

为防止水流下渗和冲刷,截水沟应进行严密的防渗和加固,地质不良地段如土质松软、透水性较大或裂隙较多的岩石路段,对沟底纵坡较大的土质截水沟及截水沟的出水口,均应采用加固措施防止水流渗漏和冲刷沟壁。

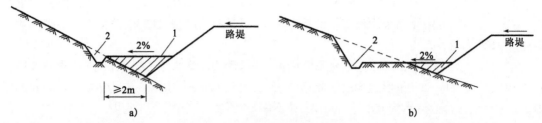

图 8-3 填方路段上的截水沟示意图
1-土台;2-截水沟

③排水沟

排水沟的作用在于将路基范围内的各种水源的水流(如边沟、截水沟、取土坑、边坡和路基附近积水)引至桥涵或路基范围以外的指定地点。

排水沟的布置可以根据需要并结合当地地形条件而定,距离路基坡脚不宜小于 3~4m,平面上应力求直捷,需要转角时亦应尽量圆顺,做成弧形,其半径不宜小于 10~20m,连续长度宜短,一般不超过 500m。

排水沟应具有合适的纵坡,以保证水流畅通,不致流速太大而产生冲刷,亦不可流速太小而形成淤积,为此宜通过水文水力计算而择优选定。一般情况下,可取 0.5%~1.0%,不小于 0.3%,宜不大于 3%。

排水沟水流注入其他沟渠或水道时,应使原水道不产生冲刷或淤积。通常应使排水沟与原水道两者成锐角相交,交角不大于 45°,有条件可用半径 $R=10b$(b 为沟顶宽)的圆曲线朝下游与其他水道相接。如图 8-4 所示。

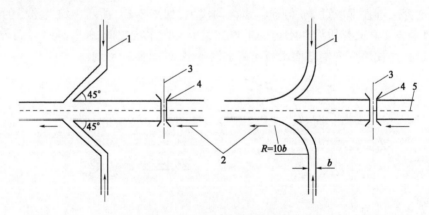

图 8-4 排水沟与水道衔接示意图
1-排水沟;2-其他渠道;3-路基中心线;4-桥涵;5-渠道中心线

边沟、截水沟、排水沟等土质沟渠在有可能受到冲刷和渗漏时必须进行防护和防渗处理,排水沟渠加固类型与坡底纵坡关系见表 8-1,加固类型见表 8-2。

加固类型与坡底纵坡关系　　　　　　　　表 8-1

纵坡(%)	<1	1~3	3~5	5~7	>7
加固类型	不加固	土质好,不加固 土质不好,简易加固	简易加固或 干砌式加固	干砌式或 浆砌式加固	浆砌式加固或 改用跌水

加固类型   表8-2

类型	名称	铺砌厚度(cm)
简易式	平铺草皮	单层
	竖铺草皮	叠铺
	水泥砂浆抹平层	2~3
	石灰三合土抹平层	3~5
	黏土碎(砾)石加固层	10~15
	石灰三合土碎(砾)石加固层	10~15
干砌式	干砌片石	15~25
	干砌片石砂浆勾缝	15~25
	干砌片石砂浆抹平	20~25
浆砌式	浆砌片石	20~25
	混凝土预制块	6~10
	砖砌水槽	—

④跌水与急流槽

在陡坡或深沟地段设置的沟底为阶梯,水流呈瀑布式跌落的沟槽称作跌水,跌水的作用是在较短的距离内降低水流流速、消减水流能量,进而防止冲刷(用于坡度大于10%,水头高差大于1.0m的陡坡地段)。跌水构造如图8-5所示。

在陡坡或深沟地段设置的坡度较陡,水流不离开槽底的沟槽称作急流槽。急流槽的作用是在较短的距离内以沟渠的方式引排水流、降低水头,进而防止冲刷(可用于比跌水更陡的坡度,可达60°)。急流槽构造如图8-6所示。

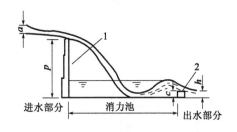

图8-5 跌水构造示意图
1-护墙;2-消力槛

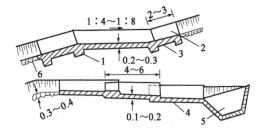

图8-6 急流槽构造示意图(尺寸单位:m)
1-耳墙;2-消力池;3-混凝土槽底;4-钢筋混凝土槽底;
5-横向沟渠;6-砌石护底

跌水与急流槽应符合下列规定:

a.跌水与急流槽必须用浆砌圬工结构,跌水的台阶高度可根据地形、地质等条件决定,多级台阶的各级高度可以不同,其高度与长度之比应与原地面坡度相适应。

b.急流槽的纵坡不宜超过1:1.5,同时应与天然地面坡度相配合。当急流槽较长时,槽底可用几个纵坡,一般是上段较陡,向下逐渐放缓。

c.当急流槽很长时,应分段砌筑,每段不宜超过10m,接头用防水材料填塞,密实无空隙。

d.急流槽的砌筑应使自然水流与涵洞进、出口之间形成一个过渡段,基础应嵌入地面以下,基底要求砌筑抗滑平台并设置端护墙。

e.路堤边坡急流槽的修筑,应能为水流入排水沟提供一个顺畅通道,路缘石开口及水流进入路堤边坡急流槽的过渡段应连接圆顺。

⑤蒸发池

蒸发池是在气候干燥、地势平坦地区的排水困难地段,于公路两侧每隔一定距离为汇集边沟水流,任其蒸发所设置的积水池。蒸发池的设置应符合下列规定:

a. 用取土坑作蒸发池时与路基坡脚间的距离不应小于 5.0m。面积较大的蒸发池至路堤坡脚的距离不得小于 20m,坑内水面应低于路基边缘至少 0.6m。

b. 坑底部应做成两侧边缘向中部倾斜 0.5% 的横坡。取土坑出入口应与所连接的排水沟或排水通道平顺连接。当出口为天然沟谷时,应妥善导入沟谷内,不得形成漫流,必要时予以加固。

c. 蒸发池的容量不宜超过 $200 \sim 300 m^3$,蓄水深度不应大于 $1.5 \sim 2.0 m$。池周围可用土埝围护,防止其他水流入池中。

d. 蒸发池的设置不应使附近地区泥沼化或影响当地环境。

⑥倒虹吸与渡水槽

当水流需要横跨路基,同时受到设计标高的限制,可以采用管道或沟槽,从路基底部或上部架空跨越,前者称为倒虹吸,后者称为渡水槽,分别相当于涵洞和渡水桥,两者属于路基地面排水的特殊结构物,并且多半是配合农田水利所需而采用。

倒虹吸的设置往往是因为路基横跨原有沟渠,且沟渠水位高于路基设计高程,不能按正常条件下设置涵洞,此时采用倒虹吸是可行的方案之一。

原水道与路基设计高程相差较大,如果路基两侧地形有利,或当地确有必要,可设简易桥梁,架设水槽或管道,从路基上部跨越,以沟通路基两侧的水流。

(2)明渠水文水力计算

①设计流量

流量是路基排水设施设计的基本依据,其大小与汇水面积和一定频率下的径流厚度,以及汇水区域内的地形、地貌及地表植被等因素有关。路界内各项排水所排泄的设计流量,常可采用式(8-1)计算:

$$Q = 16.67\psi qF \tag{8-1}$$

式中:Q——设计流量,m^3/s;

q——设计降雨重现期(表8-3)和降雨历时内的平均降雨强度,mm/min;

ψ——径流系数,按表8-4查取;

F——汇水面积,km^2。

设计降雨重现期(单位:年)　　表8-3

公 路 等 级	路面和路肩表面排水	路界内坡面排水
高速公路和一级公路	5	15
二级及二级以下公路	3	10

径 流 系 数 ψ　　表8-4

地表种类	径流系数	地表种类	径流系数
沥青混凝土路面	0.95	陡峻的山地	$0.75 \sim 0.90$
水泥混凝土路面	0.90	起伏的山地	$0.60 \sim 0.80$

续上表

地表种类	径流系数	地表种类	径流系数
透水性沥青路面	0.60~0.80	起伏的草地	0.40~0.65
粒料路面	0.40~0.60	平坦的耕地	0.45~0.60
粗粒土坡面和路肩	0.10~0.30	落叶林地	0.35~0.60
细粒土坡面和路肩	0.40~0.65	针叶林地	0.25~0.50
硬质岩石坡面	0.70~0.85	水田、水面	0.70~0.80
软质岩石坡面	0.50~0.75		

降雨历时一般应取设计控制点的汇流时间,其值为汇水区最远点到设施处的坡面汇流历时与沟或管内的沟管汇流历时之和(考虑路面表面排水时,可不计算管沟汇流历时),即

$$t = t_1 + t_2 \tag{8-2}$$

$$t_1 = 1.445 \left(\frac{m_1 L_s}{\sqrt{i_s}}\right)^{0.467} \quad (L_s \leq 370\text{m}) \tag{8-3}$$

$$t_2 = \sum_{i=1}^{n} \left(\frac{l_i}{60 v_i}\right) \tag{8-4}$$

式中:t_1——坡面汇流历时,min;

t_2——管沟汇流历时,min;

L_s——坡面流的长度,m;

i_s——坡面流的坡度;

m_1——地表粗糙度系数,见表8-5;

n、i——管沟分段数、分段序号;

l_i——第 i 段管沟的长度,m;

v_i——水流在第 i 段管沟内的流速,m/s,可按式(8-5)近似估算。

$$v_i = 20 i_g^{0.6} \tag{8-5}$$

式中:i_g——该段排水管沟的平均坡度。

地表粗糙度系数 m_1 表8-5

地表状况	粗糙度系数	地表状况	粗糙度系数
沥青路面、水泥混凝土路面	0.013	牧草地、草地	0.40
光滑的不透水地面	0.02	落叶树林	0.60
光滑的压实土地面	0.10	针叶树林	0.80
稀疏草地、耕地	0.20		

如果当地气象站有10年以上自记雨量计资料时,可以利用观测资料按式(8-6)整理分析得到设计重现期和降雨历时期的降雨强度:

$$q = \frac{a_p}{(t+b)^n}$$

$$a_p = c + d\lg p \tag{8-6}$$

式中: t——降雨历时,min;

p——重现期,年;

$b、n、c、d$——回归系数。

如果当地气象站缺乏自记雨量计资料时,可利用标准降雨强度等值线图和有关转换系数,按式(8-7)计算降雨强度:

$$q = c_p c_t q_{5,10} \tag{8-7}$$

式中:$q_{5,10}$——5 年重现期和 10min 降雨历时的标准降雨强度,mm/min,可由《公路排水设计规范》(JTG/T D33—2012)查得;

c_p——重现期转换系数,为设计重现期降雨强度 q_p 与标准重现期降雨强度 q_5 的比值,见表 8-6;

c_t——降雨历时转换系数,为降雨历时 t 时的降雨强度 q_t 同 10min 降雨历时的降雨强度 q_{10} 的比值,可按公路所在地区的 60min 转换系数(c_{60})由表 8-7 查取,而 c_{60} 可由《公路排水设计规范》(JTG/T D33—2012)查得。

重现期转换系数 c_p 表 8-6

地区	重现期 p(年)			
	3	5	10	15
海南、广东、广西、云南、贵州、四川、山东、湖南、湖北、福建、江西、安徽、江苏、浙江、上海、台湾	0.86	1.00	1.17	1.27
黑龙江、吉林、辽宁、北京、天津、河北、山西、河南、山东、四川、西藏	0.83	1.00	1.22	1.36
内蒙古、陕西、甘肃、宁夏、青海、新疆(非干旱区)	0.76	1.00	1.34	1.54
内蒙古、陕西、甘肃、宁夏、青海、新疆(干旱区[①])	0.71	1.00	1.44	1.72

注:①干旱区约相当于 5 年一遇 10min 降雨强度小于 0.5mm/min 的地区。

降雨历时转换系数 c_t 表 8-7

C_{60}	降雨历时 t(min)										
	3	5	10	15	20	30	40	50	60	90	120
0.30	1.40	1.25	1.00	0.77	0.64	0.50	0.40	0.34	0.30	0.22	0.18
0.35	1.40	1.25	1.00	0.80	0.68	0.55	0.45	0.39	0.35	0.26	0.21
0.40	1.40	1.25	1.00	0.82	0.72	0.59	0.50	0.44	0.40	0.30	0.25
0.45	1.40	1.25	1.00	0.84	0.76	0.63	0.55	0.50	0.45	0.34	0.29
0.50	1.40	1.25	1.00	0.87	0.80	0.68	0.60	0.55	0.50	0.39	0.33

②水力计算

a. 基本计算公式。

对于形状规则,纵坡缓和,而且两者均无急剧变化的排水沟渠,流量和流速可按如下公式计算:

$$v = C\sqrt{Ri} \tag{8-8}$$

$$Q = \omega \cdot v = \omega C\sqrt{Ri} \tag{8-9}$$

式中:v——水流通过横断面的流速,m/s;

Q——水流通过横断面的流量,m³/s;

ω——水流经过横断面的面积,m²;

R——水力半径,m;

i——水力坡降,在等速流的情况下,可以认为水力坡降(水力坡度)与沟底纵坡相等;

C——流速系数,通过试验按规定公式计算。

b. 流速系数。

流速系数对于路基排水而言,普遍采用式(8-10)计算:

$$C = \frac{1}{n}R^y \tag{8-10}$$

式中:n——沟渠表面的粗糙系数,与沟渠表层材料有关;

R——水力半径,m;

y——与 R 及 n 有关的指数。

c. 允许的最小与最大流速。

为了使沟渠不致产生泥沙淤积,设计时应保证沟渠内的水流具有一定流速。沟渠的允许最小流速 $v_{\min}$(m/s)同水中所含土质沉淀所允许的淤泥有关,一般可按经验公式(8-11)计算:

$$v_{\min} = \alpha R^{1/2} \tag{8-11}$$

式中:α——与水中含土粒径有关的系数,见表8-8;

R——水力半径,m。

α 值 表 表8-8

水中含土类	α 值	水中含土类	α 值
粗砂	0.65 ~ 0.77	细砂	0.41 ~ 0.45
中砂	0.58 ~ 0.64	极细砂	0.31 ~ 0.41

为使沟渠不致被冲刷,应限制设计流速。各种明渠的允许最大设计流速由试验结果而定。当水深在 0.4~1.0m 时可按表8-9选用,在此范围外的允许值按表8-10所示系数进行修正。

明渠的最大允许流速 表8-9

明渠类别	允许最大流速(m/s)	明渠类别	允许最大流速(m/s)
亚砂土	0.8	黏土	1.2
亚黏土	1.0	草皮护面	1.6
干砌片石	2.0	水泥混凝土	4.0
浆砌片石	3.0		

最大允许流速的水深修正系数 表8-10

水深(m)	修正系数	水深(m)	修正系数
$h \leq 0.4$	0.85	$1.0 < h < 2.0$	1.25
$0.4 < h \leq 1.0$	1.00	$h \geq 2.0$	1.40

d. 常用沟渠横断面的水力要素,梯形沟渠横断面示意图如图8-7所示。

a)水流横断面面积。

$$\omega = bh + mh^2 \tag{8-12}$$

其中 m 值:对于矩形,$m = 0$;对于对称梯形,$m = m_1 = m_2$;对于不对称梯形,$m = 0.5(m_1 + m_2)$。

b)湿周。

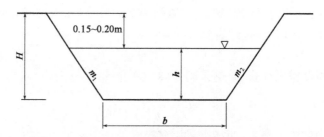

图 8-7 梯形沟渠横断面示意图

$$\chi = b + Kh \tag{8-13}$$

其中横断面系数 K 值(因随边坡坡率而变):对于矩形($m=0$),$K=2$;对于对称梯形,$K = 2\sqrt{1+m^2}$;对于不对称梯形,$K = \sqrt{1+m_1^2} + \sqrt{1+m_2^2}$。

c) 水力半径。

$$R = \frac{\omega}{\chi} \tag{8-14}$$

e. 最佳水力横断面的水力要素。

最佳水力横断面,又称经济横断面,指在既定设计流量的条件下,与允许最大流量相对应的水流最小横断面面积。分析上述公式不难得知,在固定条件下(即 Q_s、v、C 与 m 等参数不变),如果使设计的沟渠横断面具有最小的湿周,则可达到此目的。现以对称梯形横断面为例进行分析。

a) 水流深度 h 与水流横断面面积 ω 的关系。

由式(8-12)及式(8-13)得:

$$\chi = \frac{\omega}{h} + Ah \tag{8-15}$$

式中,$A = (2\sqrt{1+m^2} - m)$,为常数。令 $d\chi/dh = 0$ 可得

$$h = \sqrt{\frac{\omega}{A}} \tag{8-16}$$

b) 水深 h 与底宽 b 的关系。

将式(8-16)代入式(8-12)得:

$$b = 2(\sqrt{1+m^2} - m)h \tag{8-17}$$

c) 最佳横断面时,湿周 χ_0 与水流横断面面积 ω 的关系。

将式(8-16)代入式(8-15)得:

$$\chi_0 = 2\sqrt{\omega A} = 2\sqrt{\omega(K-m)} = 2\sqrt{\omega}(2\sqrt{1+m^2} - m)^{1/2} \tag{8-18}$$

d) 最佳横断面时的水力半径 R_0。

$$R_0 = \frac{1}{2}\sqrt{\frac{\omega}{A}} = \frac{1}{2}h \tag{8-19}$$

e) 最佳横断面时的流速 v_0。

由式(8-18),$A = K - m$ 及 $v = C\sqrt{Ri}$ 得:

$$v_0 = \frac{i^{0.5}}{h}\left(\frac{1}{2\sqrt{K-m}}\right)^{(y+0.5)} \omega^{(0.5y+0.25)} = B\omega^{(0.5y+0.25)} \tag{8-20}$$

f) 最佳水流横断面面积 ω_0。

由式(8-20)可得：

$$\omega_0 = \left(\frac{v_0}{B}\right)^{\frac{1}{0.5y+0.25}} \tag{8-21}$$

8.1.2 地下排水设计

路基下部及边坡土体中的上层滞水，或埋藏很浅的潜水等地下水，当影响路基路面强度或边坡稳定时，应设置暗沟(管)、渗沟和渗井等地下排水设施。路基地下排水设施有暗沟(管)、渗沟、渗井、检查井等。其作用是将路基范围内的地下水位降低或拦截地下水并将其排除至路基范围以外。

(1)暗沟

暗沟用于排除泉水和地下集中水流，是埋置在地下引导水流的沟渠，无渗水和汇水作用。当地下水位较高、浅水层埋藏不深时，可采用暗沟截流地下水及降低地下水位，暗沟沟底宜埋入不透水层内，沟壁最下一排渗水孔(或裂缝)的底部宜高出沟底不小于 20cm。暗沟设在路基旁边时，宜沿路线方向布置，设在低洼地带或天然沟谷处时，宜顺山坡的沟谷走向布置。

暗沟采用混凝土浇筑或浆砌片石砌筑时，应在沟壁与含水层底层接触面的高度处，设置一排或多排向沟内侧倾斜的渗水孔，沟壁外侧应填以粗粒透水材料或土工合成材料作反滤层。沿沟槽每隔 10~15m 或当沟槽通过软硬岩石层分界处时应设置伸缩缝或沉降缝。

暗沟应符合如下规定：

①当路基范围内遇有个别泉眼、泉水外涌，路线不能绕避时，为将泉水引至填方坡脚以外或挖方边沟，加以排除，可在泉眼出口之间开挖沟槽，修建暗沟。

②市区街道污水管或雨水管，以及有中央分隔带的公路时弯道处的排水设计也可采用暗沟或暗管排除积水。

③暗沟造价一般高于明沟，同时，如果一旦淤塞，疏通困难，甚至需要开挖重建，因此，设计时必须与修建明沟方案进行经济比较，择优选用。

④暗沟沟底纵坡建议不小于1%。如出口处为边沟，暗沟沟底应高出边沟最高水位 20cm 以上，不允许出现倒灌现象。

⑤采用暗管排水时，管底纵坡建议不小于0.5%，出口条件同上。

(2)渗沟

采用渗透方式将地下水汇集于沟内，并通过沟底通道将水排至指定地点，这种地下排水设施统称为渗沟，它的作用是降低地下水位或拦截地下水。如图 8-8 ~ 图 8-10 所示。

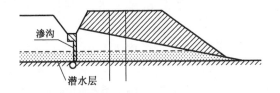

图 8-8 拦截潜水流向路堤的渗沟

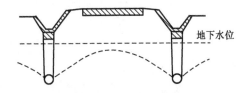

图 8-9 降低地下水位的渗沟

根据结构形式，将渗沟分为填石渗沟、洞式渗沟、管式渗沟。三种渗沟均应设置排水层(或管、洞)、反滤层和封闭层，渗沟的结构图如图 8-11 所示。

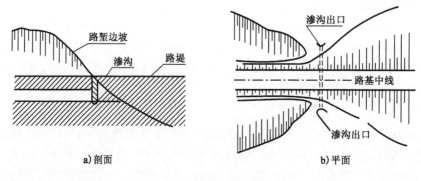

图 8-10　截断路堑间水的渗沟

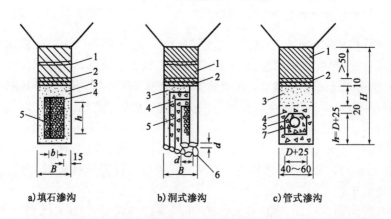

图 8-11　渗沟结构图示(尺寸单位:cm)

1-黏土夯实;2-双层反铺草皮;3-粗砂;4-石屑;5-碎石;6-浆砌片石沟洞;7-预制混凝土管

填石渗沟,一般适用于地下水流量不大、渗沟不长的地段,填石渗沟较易淤塞。

洞式及管式渗沟,一般适用于地下水流量较大、引水较长的地段,条件允许时,应优先采用管式渗沟。渗沟还有边坡渗沟、支撑渗沟,主要用于疏干潮湿的土质路堑边坡坡体和引排边坡上局部出漏的上层滞水或泉水,坡面采用干砌片石覆盖,以确保边坡干燥、稳定。

填石渗沟通常为矩形或梯形,在渗沟的底部和中间用较大碎石或卵石(粒径 3~5cm)填筑,在碎石或卵石的两侧和上部,按一定比例分层(层厚约 15cm),填充较细颗粒的粒料(中砂、粗砂、砾石),做成反滤层,逐层的粒径比例,由下至上大致按 4:1 递减,砂石颗粒小于 0.15cm 的含量不大于 5%。用土工合成材料包裹有孔的硬塑管时,管四周填以大于塑管孔径的等粒径碎、砾石,组成渗沟。渗沟顶部应做封层,可用双层反铺草皮或其他材料(如土工合成的防渗材料)铺成,并在其上夯填厚度不小于 50cm 的黏土层,或用浆砌片石封层。

管式渗沟适用于地下引水较长、流量较大的地区。当管式渗沟长度为 100~300m 时,其末端宜设横向泄水管分段排除地下水。管式渗沟的埋置深度按地下水位的高程、地下水位需下降的深度以及含水层介质的渗透系数等因素考虑确定。排水管可采用带槽孔的塑料管或水泥混凝土管。管径按设计渗流量确定,但最小内径应为 15cm(渗沟长度不大于 150m 时)或 20cm(渗沟长度大于 150m 时)。排水管周围回填透水性材料,管底回填料的厚度为 15cm,管两侧的回填料宽度不少于 30cm。透水性回填料可采用粒径 5~40mm 的碎石或砾石,且粒径小于 2.36mm 的细粒含量不得大于 5%。

洞式渗沟适用于地下水流量较大的地段,洞壁宜采用浆砌片石砌筑,洞顶应用盖板覆盖,盖板之间应留有空隙,使地下水流入洞内,洞式渗沟的高度要求同管式渗沟。在渗沟底部,以片石浆砌成矩形排水槽,槽顶覆盖水泥混凝土条形盖板,形成排水洞。盖板顶面铺以透水的土工织物,沟内回填透水性填料,沟顶覆盖 20cm 厚不透水封闭层。当含水层内的细粒有可能随着渗流进入沟内而堵塞渗沟时,应在渗沟的迎水面沟壁处设置粒料反滤层。

(3)渗井

当路基附近的地面水或浅层地下水无法水平排除,影响路基稳定时,可设置渗井,将地面水或浅层地下水经渗井排入下卧透水层中。渗井属于竖直方向的地下排水设备,穿过不透水层,将路基范围内的上层地下水,引入更深的含水层中去,以降低上层的地下水或全部予以排除。渗井结构图如图 8-12 所示。

渗井直径 50~60cm,井内填置材料按层次分别在下层透水范围内填碎石或卵石,上层不透水层范围内填砂或砾石,填充料应采用筛洗过的不同粒径的材料,应层次分明,不得粗细材料混杂填塞,井壁和填充料之间应设反滤层。

渗井离路堤坡脚不应小于 10m,渗水井顶部四周(进口部除外)用黏土筑堤坝围护,井顶应加筑混凝土盖,严防渗井淤塞。渗井一般施工不易,造价高,易堵塞而失去其功能,应用时应进行综合比较。渗井的布置和使用环境如下:

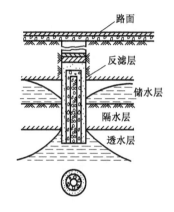

图 8-12 渗井结构图

①路线穿过雨量稀少地区,路线高度与原地面相仿,因建筑物障碍不能贯通边沟,而距地面不深处有渗透性土层,且地下水流向背离路基,地面水流量不大。此时可以修筑渗水井将边沟水流排到地面 1.5m 以下的透水层中,使之不致影响路基稳定。

②高速公路或城市道路立交桥下的通道,路线为凹形竖曲线时,如通道路基下层有良好的渗水性土层,则可于凹形的最低部位设置渗井,与一般雨水井相同,上盖铁箅盖板,总宽与通道宽相等,使低洼处积水由渗井排走。

(4)检查井

深而长的暗沟、渗沟及渗水隧洞,在直线段每隔 30~50m 及平面转弯、纵坡变坡点等处,宜设置检查井,以便维修养护。

检查井一般采用圆形,内径不小于 1.0m,在井壁处的渗沟底应高出井底 0.3~0.4m,井底铺一层厚 0.1~0.2m 的混凝土。井基如遇不良土质,应采取换填、夯实等措施。兼起渗井作用的检查井的井壁,应在含水层范围设置渗水孔和反滤层。深度大于 20m 的检查井,除设检查梯外,还应设置安全设备。井口顶部应高出附近地面 0.3~0.5m,并设置井盖。

8.1.3 路基排水综合设计

路基排水综合设计必须做好实际调查和研究工作,进行必要的水力水文计算,做出总体规划,逐段逐项进行细部设计,并进行效益分析与经济核算。综合排水如图 8-13~图 8-16 所示。综合排水设计的原则如下:

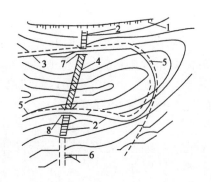
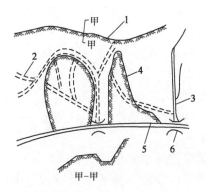

图 8-13 回头曲线路段综合排水
1-截水沟;2-跌水;3-路线;4-急流槽;5-边沟;6-排水沟;7-上线涵洞;8-下线涵洞

图 8-14 滑坡路段综合排水
1-截水沟;2-排水沟;3-自然沟;4-滑坡土体边界;5-路线;6-涵洞

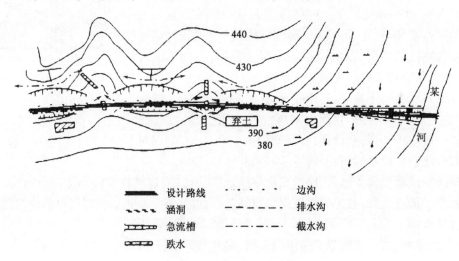

图 8-15 路基综合排水系统示例 1

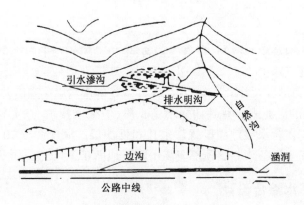

图 8-16 路基综合排水系统示例 2

(1)流向路基路面的地面水和地下水,需在路基范围以外的地点拦截并排除;
(2)对于明显的天然沟槽,一般依沟设涵,不必勉强改沟与合并;
(3)地面沟渠宜大体沿等高线布置,使沟渠垂直于水流方向;

(4)各排水沟渠地基应稳固,不得渗漏或滞留,并有适当的纵坡;
(5)地上排水与地下排水相结合;
(6)注意各种排水系统的有效衔接,使之构成统一的、完整的排水系统。

8.2 路面排水设计

路面排水包括路面(含路肩)表面排水、中央分隔带排水、路面内部排水等。

8.2.1 路面表面排水

路面表面排水的主要任务是迅速把降落在路面和路肩表面的降水排走,以免造成路面积水而影响行车安全。路面排水应遵循的原则:

(1)路堑地段路面表面水应通过横向排流的方式汇集于边沟内。

(2)路堤较高且边坡坡面未作防护,或坡面虽有防护措施但仍有可能受到冲刷的路段,应采用路面集中排水系统排除路表水。

(3)路线纵坡平缓、汇水量不大、路堤较低且边坡坡面不易受到冲刷的路段,以及设置了具有截、排水功能的骨架护坡的高填方路段,可采用路面横向分散漫流排水方式排除路表水。

(4)设置拦水带汇集路表水时,高速公路及一级公路的设计积水宽度不得超过右侧车道外边缘;二级及二级以下公路不得超过右侧车道中心线。当硬路肩宽度较窄、汇水量大或拦水带形成的过水断面不足时,可采用沿土路肩设置U形路肩边沟等措施加大过水断面。路肩边沟宜采用水泥混凝土等预制件铺筑。路肩拦水带宜采用水泥混凝土、沥青砂或当地其他材料预制或现场浇筑。在季冻区及受盐侵蚀的路段,由于冻融循环以及融雪剂的腐蚀作用,水泥混凝土拦水带冻害较为严重,影响拦水功能,宜采用现浇沥青砂、花岗岩、陶瓷预制件等耐冻、耐盐蚀材料。

(5)采用路面横向分散漫流方式排除路表水时,土路肩加固后,易在土路肩和坡面交界处产生冲刷,因此要求对土路肩及坡面进行加固。

无中间带或采用分离式路基的公路,在未设超高路段上,行车道路面应沿路中心线设置向两侧倾斜的双向横坡,在设超高路段上,应设置向曲线内侧倾斜的单向横坡。设中间带的公路,各个行车方向的行车道路面应分别设置单向横坡。路面和路肩横坡的坡度,应依据铺面类型,按《公路工程技术标准》(JTG B01—2014)中的规定选用。设拦水带时,右侧硬路肩的横向坡度宜采用5%。拦水带的顶面应略高于过水断面的设计水面高。在低路堤不设防撞护栏的路段上,拦水带的外露高度不宜超过10cm,其迎车面的坡度不宜陡于1:2,见图8-17。

拦水带的泄水口可设置成开口(喇叭口)式。设在纵坡坡段上的泄水口,宜做成不对称的喇叭口,并在硬路肩边缘的外侧设置逐渐变宽的低凹区,如图8-18所示。低凹区的铺面类型与路肩相同。设在平坡或缓坡坡段上时,泄水口可做成对称式,泄水口的设置间距,以20~50cm为宜。

在道路交叉口、匝道口、与桥梁等结构物连接处、超高路段和一般路段的横坡转换处,应设置泄水口以避免路面表面水横向流过行车道或结构物。在纵坡符号变换的凹形竖曲线底部,泄水口应设在最低点,并在其前后相距3~5m处各增设一个泄水口。

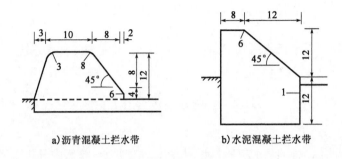

图 8-17　拦水带横断面参考尺寸(尺寸单位:cm)
1-硬路肩外侧边缘

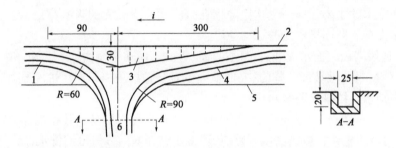

图 8-18　纵坡坡段上拦水带不对称泄水口的平面布置(尺寸单位:cm)
1-水流流向;2-硬路肩外侧边缘;3-低凹区;4-拦水带顶;5-路堤边坡顶;6-急流槽

8.2.2　中央分隔带排水

降雨量较大的地区,中央分隔带未设置完善的防排水设施的路段,降雨渗入后不能及时排除,会造成路基土含水率过大等不利影响,降低路基路面承载能力,在季冻区还会加剧冻害。因此,对中央分隔带防排水设计做出具体要求。

(1)宽度小于3m且表面采用铺面封闭的中央分隔带,在不设超高路段上,分隔带铺面应采用向两侧外倾的横坡,其坡度与路面的横坡度相同,如图 8-19 所示;在超高路段上,可在分隔带上侧边缘处设置缘石和泄水口,或者在分隔带内设置缝隙式圆形集水管或蝶形混凝土浅沟和泄水口,如图 8-20 所示,以拦截和排泄上侧半幅路面的表面水。

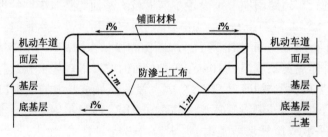

图 8-19　设铺面中央分隔带防排水系统示意图

(2)宽度大于3m且表面未采用铺面封闭的中央分隔带,应通过内倾的横向坡度使表面水流向分隔带中央低凹处,并通过纵坡排流到泄水口或横穿路界的桥涵水道中。分隔带的横向坡度不得陡于1:6;分隔带的纵向排水坡度,在过水断面无铺面时不得缓于0.25%,有铺面时不得缓于 0.12%。当水流速度超过地面土的最大允许流速时,应在过水断面宽度范围内对地面土进行防冲刷处理,做成三角形或 U 形断面的水沟。防冲刷层可采用石灰或水泥稳定土,或者采用浆砌片石铺砌,层厚为 10~15cm。

在中央分隔带内的水流流量过大或流速超过允许范围处,或者在分隔带低凹区的流水汇集处,应设置格栅式泄水口,并通过排水管引排到桥涵或路界外。格栅可以同周围地面齐平,也可以适当降低,并在其周围一定宽度范围内做成低凹区,如图 8-21 所示,以增加泄水能力。

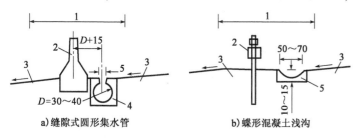 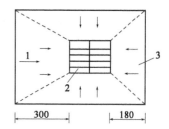

图 8-20 超高路段上设置缝隙式圆形集水管或蝶形浅沟(尺寸单位:cm)
1-中央分隔带;2-护栏;3-铺面;4-缝隙式圆形集水管;5-蝶形混凝土浅沟

图 8-21 中央分隔带格栅式泄水口布置示意图(尺寸单位:cm)
1-上游;2-格栅;3-低凹区

(3)表面无铺面且未采用表面排水措施的中央分隔带,为排除渗入分隔带内的表面水,可设置纵向排水渗沟,如图 8-22 所示,并隔一定间距通过横向排水管将渗沟内的水排引出路界。渗沟周围包裹反滤织物(土工布),以免渗入水携带的细粒将渗沟堵塞。渗沟上的回填料与路面结构的交界处铺设涂双层沥青的土工布隔渗层。排水管可采用直径 70~150mm 的塑料管。

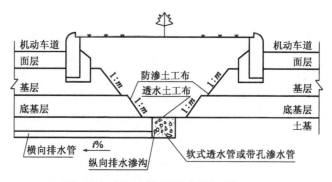

图 8-22 不铺面中央分隔带防排水系统示意图

8.2.3 路面内部排水

渗入路面结构内的水如不能迅速排除,会对路面产生不利影响。路面内部排水系统可由路面边缘排水系统、排水基层或排水垫层单独或组合构成。遇有下列情况之一时,宜设置路面内部排水系统:

(1)年降水量为 600mm 以上的湿润多雨地区,路床由渗透系数不大于 10^{-4} cm/s 细粒土填筑的高速、一级或重要的二级公路。

(2)路基两侧有滞水,可能渗入路面结构内。

(3)重冰冻地区,路基为粉性土的潮湿路段。

(4)现有公路路面改建或路基改善工程,需排除积滞在路面结构内的水。

路面内部排水设计应符合以下规定:

(1) 路面内部排水系统中各种排水设施的设计排泄量均应不小于路面表面水渗入量的2倍,下游排水设施的泄水能力应超过上游排水设施的泄水能力。

(2) 排水设施应能避免渗流时从路面结构、路基或路肩中带来的细颗粒堵塞。

(3) 系统的排水功能不应随时间很快降低。

路表面渗入路面结构的水量大,仅设置路面边缘排水系统难以迅速排除时,可在面层下设置排水基层。地下水丰富的低填和挖方路段的路基顶面应设置排水垫层。

(1) 路面边缘排水

沿路面边缘设置由透水性填料集水沟、纵向排水管、横向出水管和过滤织物(土工布)组成的边缘排水系统如图8-23所示。

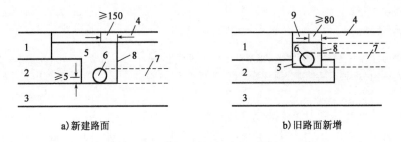

图8-23 边缘排水系统示意图(尺寸单位:mm)
1-面层;2-基层;3-垫层;4-路肩面层;5-集水沟;6-排水管;7-出水管;8-反滤织物;9-回填路肩面层

纵向排水管宜选用聚氯乙烯或聚乙烯塑料管,每延米排水管的开口总面积不宜小于 $4200 mm^2$。宜设3排槽口或孔口,沿管周边等间隔(120°)排列。设槽口时,槽口的宽度可为1.3mm,长度可为15mm;设孔口时,孔的直径可为5mm。

横向出水管管径不小于纵向排水管径,其间距和安设位置应根据水力计算,并结合邻近地面高程和公路纵断面情况确定,横向坡度不宜小于5%。除了起端和终端外,中间段的出水管宜采用双管的布置方案;出水管和排水管之间应采用圆弧形承口管连结,圆弧半径不宜小于300mm,如图8-24所示。出水管应采用反开槽法,并用低透水材料回填。出水管的外露端头应采取镀锌铁丝网或格栅罩住等措施;出水口的下方应采取铺设水泥混凝土防冲刷垫板或者对泄水道的坡面进行浆砌片石防护等措施,防止冲刷路基边坡。出水水流应引排至排水沟或涵洞内。

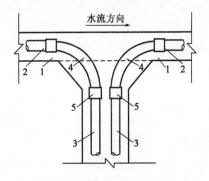

图8-24 边缘排水系统出水管布置示意图(尺寸单位:mm)
1-集水沟;2-排水管;3-出水管;4-半径不小于300mm的弯管;5-承口管

(2) 排水基层

透水性排水基层应直接设置在面层下,如图8-25所示,排水基层下设置不透水层阻截自由水的下渗。排水基层可采用横贯路基整个宽度的形式,也可采用在排水基层边缘设置边缘排水系统的形式。排水基层可采用水泥或沥青的不含或含少量4.75mm以下细料的开级配碎石材料,也可采用未经结合料处治的开级配碎石材料,并符合以下规定:

①集料应选用洁净、坚硬而耐久的碎石,其压碎值不得大于28%。采用沥青处置时,最大公称粒径宜为16mm;采用水泥处治时,最大公称粒径宜为19mm;最大公称粒径不得超过层厚的2/3。小于4.75mm的细料含量不得大于10%。混合料级配应满足透水性要求,且渗透系数不得小于300m/d。可通过常水头或变水头渗透试验试配后确定。

②水泥处治碎石集料的水泥用量不得少于160kg/m^3,其7d浸水抗压强度不得低于3～4MPa。沥青处治碎石集料的沥青用量可为集料烘干质量的2.5%～4.5%。

③水泥混凝土面层的排水基层,宜采用水泥处治开级配碎石。沥青混凝土路面的排水基层,宜采用沥青处治碎石。未经水泥或沥青处治的开级配碎石,在施工摊铺时易出现离析,在碾压时不易压实稳定,并且易在施工机械行驶下出现推移变形,因此,推荐采用经处治的开级配碎石作为排水基层。

图8-25 排水基层排水系统示意图

1-面层;2-排水基层;3-不透水垫层;4-路肩面层或水泥混凝土路肩面层;5-集水沟;6-排水管;7-出水管;8-反滤织物;9-路基

(3)排水垫层

排水垫层宜采用横贯路基整个宽度的形式,也可采用结合边缘排水系统的形式,其厚度不宜小于0.15m。路基为路堑或半路堑时,挖方坡脚还应设置纵向集水沟和排水管,如图8-26所示。

图8-26 排水垫层排水系统示意图

1-面层;2-基层;3-垫层;4-排水垫层;5-集水沟;6-排水管

排水垫层材料需要同时满足透水和反滤的要求,因此对级配要求较严格。根据反滤准则,并结合工程经验,排水垫层宜选用开级配集料(砂或砂砾石),其级配应满足如下要求:

$$\left.\begin{array}{l}5d_{15} \leq D_{15} \leq 5d_{85} \\ D_{50} \leq 25d_{50} \\ D_{60}/D_{10} \leq 20\end{array}\right\} \qquad (8\text{-}22)$$

式中:D_x——开级配集料在通过率为$x\%$时的粒径,mm;

d_x——路基土级配在通过率为$x\%$时的粒径,mm。

复习思考题

8-1 路基路面排水设计的一般要求是什么?

8-2 路基地面排水构造物有哪些?
8-3 路基地下排水构造物有哪些?
8-4 路面排水设施有哪些?
8-5 如何排出路面内部水?

第 9 章
路基路面养护技术与管理

【本章内容】

本章主要介绍了路基路面养护内容与方法;路面结构检测内容与方法;介绍了预防性养护、路面管理系统的基本概念。

【学习要求】

了解路基路面正常养护的内容与方法;了解路面结构检测内容与方法;了解预防性养护、路面管理系统的基本概念、基本内容,以及路面管理系统的基本构成及其作用。

9.1 概 述

道路是国家的交通基础设施之一,它直接影响着社会和经济的发展,保证道路处于良好的运营状态对国家的建设与发展具有非常重要的意义。道路的质量不仅与初期建设水平有关,更与后期的养护方法和实施情况密不可分,而后者在道路建成以后显得尤为重要,它是确保道路在设计使用年限内功能完好和安全运行的关键。据 2013 年交通运输行业发展统计公报显示,我国公路行业将从大规模建设阶段逐步过渡到大规模养护阶段。道路养护部门对道路的各种质量问题进行解决,并采取有效的措施对道路病害进行有效的防治,这样做不仅能够有效减少因道路维修而消耗的大量成本,也能够有效提高道路的使用效率和车辆通行的质量,对于交通事业的健康发展意义重大。

对我国道路工程使用质量和使用寿命造成不利影响的因素主要包含以下内容。

(1)施工因素

道路工程施工因素是造成道路养护工作存在问题的首要因素,主要是指施工单位在道路工程施工过程中没有考虑到道路在使用过程中的养护工作,对养护工作的进行没有做好相关的准备措施,造成养护单位在对道路工程进行保养工作时存在诸多难以解决的问题。

(2)自然因素

自然因素造成的道路养护工作存在的问题,主要是指由于天气环境、地理情况等因素造成道路养护工作存在一定的难题。常见的对道路养护工作造成问题的自然现象分别是岩体坍塌、泥石流以及山体滑坡等。其中岩体坍塌不仅会对道路两旁的土体性质造成破坏,而且岩体坍塌的过程中掉落的岩石还会对道路造成严重的质量破坏,道路工程的路面、路基等都会因此受到严重的质量损失。

(3)管理因素

管理因素造成的道路养护问题则是由于道路养护部门在道路养护工作的实践中存在着诸多问题,主要有:

①道路养护工作的资金调拨不足或者资金的使用不合理。其主要原因是政府相关单位对道路养护工作不够重视,养护单位在得到调拨的专用资金后对养护工作没有合理的计划安排,等到各个地方的道路发生了相关质量上和效能上的问题以后才去进行相关的养护工作,错失了道路工程养护的最佳时机,不仅增加了道路养护使用的资金,也给道路的工程质量造成了一定的损害,延误了道路的正常使用。

②道路的使用时间超出了工程设计中道路的使用寿命,道路工程的使用程度超出了道路承受限额,造成的道路破损以及道路养护工作存在难度。

9.2 路基养护技术

路基是道路的重要组成部分,是路面的基础,其强度和稳定性是保证路面能够正常使用的重要条件。所以,必须对路基进行经常性、预防性和科学合理的养护,使其经常处于良好的工作状态,不致发生较大的变形和其他病害。

为了保证路基的坚实稳定,排水畅通,使各部分尺寸和坡度符合规定,及时消除不稳定因素,保证路基良好的技术状况,必须对路基进行及时、经常的养护和维修与改善。路基的养护工作需紧紧围绕路基高度、路基宽度、路基边坡及排水和防护工程等几方面进行。路基的养护工作主要内容包括:

(1)路基排水设施疏通与加固。路基排水设施包括边沟、截水沟、排水沟以及暗沟(管)等。应及时排除堵塞、疏导水流、保持水流畅通,必要时结合地形、地质、纵坡、流速等情况,综合考虑铺砌加固。

(2)路肩及边坡检查、维修和加固。如:整修边坡,及时清除可能滑落的土石方;加固边坡,如种草、铺草皮或植树;必要时也可以采取喷浆、挡土墙或支护墙等措施。

(3)路基防护构造物维护、修理。公路沿线的防护构造物包括护坡、护面墙、石笼、植树、铺草皮、丁坝、顺坝及各种类型的挡土墙等,要保证这些构造物完整无损,发挥其对路基的防护与加固作用。

(4) 及时清除塌方、积雪,检查险情,预防水毁等灾害。

(5) 观察、预防、处理滑坡、翻浆、泥石流、崩塌、塌方及其他路基病害的险情,加强水毁的预防与治理。

9.3 路面预防性养护简介

9.3.1 路面预防性养护概述

路面预防性养护是指在路面未出现明显结构性损坏之前所进行的养护工作,其概念起源于20世纪90年代后期。预防性养护的主要目的是让状态良好的道路系统保持更长使用寿命,延缓未来的破坏,在不增加结构承载能力的前提下改善系统的功能状况。其实质是在恰当的时机,对合适的路面采取适宜的养护技术措施。经验表明,预防性养护能延缓路面破坏,延迟昂贵的路面大、中修和重建,其最佳实施时机应该在路面尚处于良好状况,或者只有某些病害先兆时进行。预防性养护需要投入一些费用,但它是一种效益费用比非常良好的养护措施。当人们发现路面需要维修时,这对于预防性养护来说已经太晚了。路面预防性养护的主要作用是改善路面表面功能,但不能明显提高路面结构承载能力。

相对于预防性养护,在路面发生明显损坏后所采取的维修养护称为治疗性养护或矫正性养护。治疗性养护的作用主要是修补路面的局部损坏,修复某些特定病害。主要适用于路面已发生结构性损坏的路段,路面承载力不足,需要补强并恢复表面使用功能。

路面预防性养护与传统的路面管理系统(PMS)具有本质差别。在现有路面管理系统中,通常要在表征路面使用性能的路面服务性指数 PSI 降低到相当低的水平时进行大修,大修方案多数为 4~10cm 厚度的加铺改建。预防性养护则是在路面服务性指数(PSI)还比较好时采取对应的必要性养护措施(养护厚度为 0~4cm)。采用预防性养护不仅可以保证路面性能始终完好,就其本质而言,这些措施有效避免了路面损伤的发生与累积,极大限度地延长路面使用寿命,见图9-1。预防性养护不仅可以保证路面服务性指数 PSI 始终处于良好状态,更重要的是由于路面结构始终得到保护,不会产生严重的损伤。如果将路面作为一种资产,预防性养护可以取得资产保值的效益,并可称之为路面保值。总之,预防性养护使得养护投资得以预见并可化整为零,同时始终处于良好状态的路面服务性能可以获得最大限度的公众满意度。

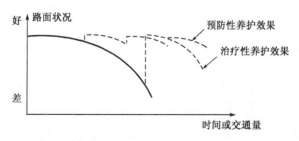

图 9-1 预防性养护与治疗性养护效果对比示意图

近年来,路面预防性养护在我国正逐步受到重视,路面预防性养护技术手段和措施也不断成熟和丰富多样。路面预防性养护对于我国道路基础设施建设和维护具有重要意义。

9.3.2 常用的路面预防性养护措施与技术

路面使用一定时间后,总会发生一些病害,导致使用功能发生衰退。为了持续提供和保持道路的使用功能,必须对路面采取必要的预防性养护和治疗性养护措施。路面预防性养护措施很多,这里主要介绍常用的路面预防性养护的技术措施。表 9-1 为国内外几种主要的预防性养护技术措施的概念和用途。

国内外常用的预防性养护技术措施　　　　表 9-1

序号	处治技术名称	材料和工艺	主要作用
1	封缝(Cracks Seal)	乳化沥青、热沥青、专用压缝带	封住裂缝,防止路面水渗入路基
2	雾封层(Fog Seal)	喷洒添加多种外掺剂的乳化沥青或液体沥青材料	恢复正常使用过程中老化造成的轻微裂缝、损失细集料等,封住细小裂缝及表面孔洞,主要作用是防水、防老化、松散
3	单层或多层石屑(砂)封层(Chip Seal、Scrub Seal)	先在路面上喷洒沥青材料(热沥青、液体沥青或乳化沥青等),紧接着撒布石屑(砂)、单粒径或适当级配的集料,最后适当碾压	主要作用是恢复路面表面功能,防水、防老化、松散,也可用于半刚性基层的上封层
4	单(多)层微表处(Microsurfacing)	由高分子改性乳化沥青、优质级配细集料、矿粉、水等,采用专门设备调配成稀浆混合料后冷拌冷铺而成厚度 1cm 左右的薄层沥青混合料,无需碾压	主要作用是恢复路面表面功能,防水、防老化、松散,也可用于修补车辙
5	稀浆封层(Slurry Seal)		
6	开普封层(Cape Seal)	在新铺设的石屑封层上再铺一层稀浆或微表处	防止石屑脱落,提供永久的磨耗层,也可作为消散反射裂缝的中间层
7	超薄磨耗层(Nova Chip)	在旧沥青路面上洒布一层较厚的改性乳化沥青(约 1.1L/m²),立即铺间断级配热拌沥青混合料,使改性乳化沥青凭借高温上升裹附在热拌沥青混合料四周,乳化沥青破乳使超薄沥青层与原路面实现充分黏结,压路机碾压成型,20min 后即可开放交通	更好的路面排水性能,减少水雾,提高雨天行车安全系数;提高表面抗滑性能,有效地降低路面噪声
8	超薄沥青罩面(<20mm)	超薄沥青罩面(UTAC)为热拌沥青混合料,通常采用改性沥青,热拌热铺,碾压成型	恢复表面功能,延长路面结构寿命
9	薄层沥青罩面(<40mm)	可采用 OGFC、SMA 等级配,采用改性沥青,热拌热铺,碾压成型	恢复表面功能,延长路面结构寿命

预防性养护技术措施主要包括以下几类:①封缝;②雾封层;③石屑封层;④超薄冷拌封层,包括稀浆封层、微表处、开普封层;⑤薄层及超薄热沥青罩面,包括Nova Chip、UTAC、OGFC、SMA罩面等。预防性养护技术措施的特点是层薄、单价低,在技术措施选用时通常也要考虑到其使用年限和寿命,参照国内外工程经验和文献资料,主要几种预防性养护技术措施的寿命见表9-2。

预防性养护技术措施的预估寿命 表9-2

处治技术	良好路况 (PCI=80)	路况一般 (PCI=60)	路况差 (PCI=40)	厚度 (mm)
雾封层	3~5年	1~3年	1~2年	0
石屑封层	7~10年	3~5年	1~3年	3~6
稀浆封层	7~10年	3~5年	1~3年	5~8
微表处	8~12年	5~7年	2~4年	7~10
超薄磨耗层	8~12年	6~8年	4~6年	15~25
薄层沥青罩面	10~12年	5~7年	2~4年	20~40

9.3.3 路面预防性养护的时机

预防性养护的经济性和有效性在很大程度上取决于采取预防性养护措施的时机。在目前的实际应用中,路面预防性养护时机的选取方法主要有:行驶质量指数和破坏指数法、基于时间或路况的方法、费用效益评估法、排序法、生命周期费用评估法和决策树/决策矩阵等。

9.4 沥青路面维修养护

按照我国规范和世界各国经验,高等级沥青路面设计使用寿命为15年左右。近年来,道路交通量日益增大,车辆迅速大型化且轴载不断增加,加上大规模建设时期路面质量不可避免地存在各种技术问题,我国高等级沥青路面使用寿命实际上仅为7~10年,甚至许多高等级沥青路面建成通车不久,由于不适应交通快速发展的需要,发生了较为严重的早期破损现象,因此我国高等级路面目前正从大规模建设时期进入"建养并重时期"。路面的破损对道路的通行能力、行车舒适性、交通安全以及环境保护都会造成较大的影响。所以路面的养护与维修是保证道路服务质量和延续道路使用寿命的重要手段。

9.4.1 沥青路面维修养护工作内容与要求

(1)沥青路面维修养护工作内容

沥青路面的养护工作可分为日常巡视与检查、小修保养、中修、大修、改建和专项养护工程等。

日常巡视与检查的内容包括:路面上是否有明显的坑槽、裂缝、拥包、沉陷、松散、车辙、泛油、波浪、麻面、冻胀和翻浆等病害,及其危害程度及趋势;路面上是否有可能损坏路面或妨碍交通的堆积物等。

小修保养可分为日常保养和小修两项工作内容。日常保养的内容包括：清扫路面泥土、杂物；排除路面积水、积雪、积冰、积砂，铺防滑料等；拦水带(路缘石)的刷白和修理；清理边沟、维修护坡道和培土等；春融期间灌缝。小修的内容包括：修补路面的泛油、拥包、轻微裂缝、横向裂缝、坑槽、沉陷、波浪、局部网裂、松散、车辙、麻面和啃边等病害。

中修工程是指对沥青路面的一般性磨损和局部损坏进行修缮加固或局部改善。中修工程的内容包括：沥青路面整段铺装、罩面或封面(稀浆封层)；沥青路面局部严重病害处理；整段(500m)以上更换路缘石、整段维修路肩。

大修是指对沥青路面较大范围内的损坏部分进行的综合性维修工作，以全面恢复原设计标准或原技术等级。大修的内容包括路面的翻修、补强等。当沥青路面出现大面积病害，破损严重时，应采用机械铣刨或挖除，然后重新铺筑沥青面层，称为翻修。沥青路面强度不足时，应在原有路面上进行加铺，以改善路面技术状况，提高路面的使用性能，称为补强。

改建是指对原有沥青路面因不适应现有交通要求而进行的翻修、加固补强和局部改线等较大的工程项目。改建的目的是对不适应交通要求、不符合路线标准的路段，通过局部改线，提高公路等级，使之符合技术标准要求。其内容包括：提高路面等级、补强、加宽、局部改线。

专项养护工程是指沥青路面因遭受突然自然灾害，而需要申请专款修复受损害路段的工程项目。

(2)沥青路面维修养护要求

①在技术上，沥青路面维修养护应满足以下要求：

a.沥青路面的小修保养应符合下列要求：保证路面平整、横坡适应、线形顺直、清扫整洁、排水良好；加强巡路检查，掌握路面情况，及时排除有损路面的各种不良因素，发现路面初期病害应及早维修。

b.路面较大损坏，应根据损坏程度，及时安排大、中修或专项工程，进行维修和整治；对路面承载能力不足或不适应交通要求的，应根据不同情况进行补强、加宽或改线，以提高公路等级。

c.应重视路面排水。及时修补沥青路面的坑槽和裂缝，防止地表水渗入基层；对已渗入基层的积水，应设纵横向盲沟排水，地下水位较高的在排水沟下面设置腹式盲沟；应加强路面排水设施的维修养护，保持良好的排水功能。

②在管理上，沥青路面维修养护应满足以下要求：

a.沥青路面必须强化预防性、经常性和周期性养护，加强路况日常巡视，随时掌握路面的使用状况，根据路面的实际情况制订日常小修保养和经常性、周期性养护工程计划，对于较大范围路面维修和超龄路面的维修应及时安排大、中修工程和改建工程。

b.沥青路面的养护，应依靠科技进步，加强养护技术管理，采用先进的检测仪器设备采集路况资料。应用路面管理系统正确评价路况，提出科学的养护对策；积极推广应用新技术、新材料、新工艺，发展现代化沥青路面养护技术；以机械化养护为主，保证养护工程质量。

c.沥青路面的养护，必须加强计划及施工管理，根据计划做好进度安排、人员组织、物资设备供应，确保养护工作按照计划实施，同时，必须加强沥青路面养护的经济核算和成本分析，提高经济效益。

d.沥青路面养护，必须贯彻安全生产的方针，制订技术安全措施，加强安全教育，严格执行安全操作规程，确保安全生产、文明施工、交通畅通、保护环境。

(3) 沥青路面养护质量标准

表9-3为各级公路沥青路面养护质量标准。城市快速路和主干道可参照高速公路和一级公路的标准,其他等级城市道路可参照其他等级公路的规定执行。达不到规定标准时,应采取适当的措施进行修复。

沥青路面养护质量标准　　　　　　　　　表9-3

序号	项 目		高速公路、一级公路	其他等级公路
1	平整度(mm)	平整度仪(σ)	≤3.5	≤4.5(≤5.5或≤7.0)①
		3m 直尺 h(mm)	≤7	≤10(≤12或≤15)②
		IRI(m/km)	≤6	≤8
2	抗滑性能	横向力系数 SFC	≥40	≥30
		摆式仪摆值 BPN	—	≥32
3	路面状况指数 PCI(分)		≥70	>55
4	路面强度系数 SSI		≥0.8	≥0.6
5	路面车辙深度(mm)		≤15	—
6	路拱坡度(%)		1.0~2.0	—

注:①对于其他等级公路的平整度方差σ:沥青碎石、贯入式取低值4.5,沥青表面处治取中值5.5,碎砾石及其他粒料类路面取高值7.0。

②对于其他等级公路的平整度3m 直尺指标:沥青碎石、贯入式应取低值10,沥青表面处治取中值12,碎砾石及其他粒料类路面取高值15。

9.4.2 沥青路面日常养护

(1)初期养护

①热拌沥青混合料路面

摊铺、压实后的热拌沥青混合料路面,待摊铺层自然冷却,混合料表面温度低于50℃时方可开放交通。

②沥青贯入式路面

路面竣工后,开放交通时,车辆行驶速度在15km/h以下,根据表面成型情况,逐步提高到20km/h。设专人指挥交通或设置临时路标,按先两边,后中间控制车辆行驶,达到全面压实。应随时将行车驱散的嵌缝料回扫、扫匀和压实,以形成平整密实的上封层。当路面泛油后,要及时补撒与施工最后一层矿料相同的嵌缝料,同时控制行车碾压。

③沥青表面处治路面

层铺法施工的沥青表面处治路面的初期养护与贯入式路面的要求基本相同。拌和法施工的沥青表面处治路面的初期养护与热拌沥青混合料的要求相同。

④乳化沥青路面

乳化沥青路面的初期稳定性差,压实后的路面应做好初期养护,设专人管理,按实际破乳情况,封闭交通2~6h,在未破乳的路段上,严禁一切车辆、人、畜通过;开放交通初期,应控制车速不超过20km/h,并不得制动和掉头。当有损坏时应及时修补。

(2)沥青路面日常养护

①加强路况巡查,及时发现病害,分析研究病害产生的原因,并有针对性地、及时地对病害

进行维修处理。巡查过程中,发现路面上有杂物,要及时清扫,保持路面清洁。沥青路面的日常清扫,应根据公路等级,采用机械或人工的方法进行清扫。其清扫作业频率,应根据路面污染程度、交通量的大小及其组成、气候及环境条件等因素而定。为了防止清扫路面时产生扬尘而污染环境,危及行车安全,应根据路面的扬尘程度,适当洒水。

②严禁履带车和铁轮车在沥青路面上直接行驶,如必须行驶,应采取相应措施。

③雨后路面有积水的地方要及时排除,以免下渗,破坏路面。

④除雪防滑。每次降雪之后,都要由人工或机械及时清除路面积雪。在冬季降雪或下雨后,路面上有结冰现象时,应在桥面、陡坡、急弯、桥头引道撒一层砂等防滑料,以增大路面摩擦系数。在环保允许情况下,下雪时也可以撒布药剂(氯化钙、氯化钠等),以降低冻结温度,达到行车安全的目的。

(3)季节性预防养护

沥青路面对气温比较敏感,对于寒冷地区沥青路面而言,应根据不同季节的气候特点,以及水和温度变化规律,按照"预防为主、防治结合"的原则,结合本地区成功经验,针对季节性病害根源,因地制宜,采取有效的技术措施,做好季节性预防养护工作,防止各种病害的发生和发展。

9.4.3 沥青路面常见病害维修

沥青路面常见病害包括裂缝、拥包、沉陷、泛油、车辙、波浪等。对各种路面病害的维修,应分析其成因,并根据路面的结构类型、龄期、维修季节气温等实际情况,采取相应措施。病害维修应有周密的计划,保证工序之间的衔接。为防止病害发展和破损面积的扩大,对路面病害的处理应及时。凡需将原路面面层挖除后机械修补作业的坑槽、沉陷、车辙等,宜当日开挖、当日修补。修补面积应大于病害的实际面积,修补范围的轮廓线应与路面中心线平行或垂直,并在病害以外 10~15cm,且使修补部分与原路面连接紧密。高速公路、一级公路路面和城市干道病害的维修宜采用机械作业,所使用的沥青混合料应集中厂拌,并采取保温措施以保证适宜的摊铺温度。其他等级的公路也应尽量提高维修作业的机械化水平。如果病害不是由于面层或基层材料的性质、结构层或级配类型引起的,维修时所采用的材料、结构及级配类型等宜与原路面相同。

9.5 水泥混凝土路面维修养护

我国公路修建水泥混凝土路面已有 70 余年的历史,20 世纪 80 年代以来得到了快速发展。我国有铺装路面公路里程中,水泥混凝土路面占 55%~60%。随着使用时间的延长,我国在 20 世纪 80 年代建成的水泥混凝土路面已接近使用年限,90 年代前期建成的水泥混凝土路面也由于特重、重交通量和超重轴载的破坏作用,陆续出现破损。

9.5.1 水泥混凝土路面日常养护内容

水泥混凝土路面使用寿命的长短,除与施工质量有关外,在很大程度上受养护质量的影响。水泥混凝土路面作为高级路面,虽然具有使用周期长、耐久性好的特点。但一旦开始破坏,其破损就会加速发展,且修补困难。因此,水泥混凝土路面日常养护应通过经常的巡视检查,及早发现存在的问题和缺陷,查清原因,做好预防性、经常性养护,清除障碍物,保持路面状况良好,延长路面使用寿命。

水泥混凝土路面日常养护内容包括:日常巡视检查;日常保洁;接缝养护;季节性养护。

(1)水泥混凝土路面日常保洁

水泥混凝土路面必须定期清扫泥土和污物,与其他不同类型路面平面连接处及平交道口应勤加清扫,路面上出现的小石块等坚硬物应予以清除,中央分隔带内的杂物应定期清除,保持路容整洁。

(2)水泥混凝土路面接缝养护

接缝是水泥混凝土路面的特有构造,接缝的好坏直接影响路面寿命。所以应对接缝进行适时的保养,保持接缝完好,表面平顺。接缝养护包括接缝保养及填缝料的及时更换。

(3)水泥混凝土路面季节性养护

水泥混凝土路面季节性养护主要是指冰雪地区路段水泥混凝土路面冬季养护,其重点是除雪、除冰、防滑。养护作业的重点路段是桥面、坡道、弯道、路口及其他严重危害行车安全的路段。

9.5.2 水泥混凝土路面破损维修

(1)裂缝维修

根据路面开裂程度和裂缝的宽度,裂缝维修可采取不同的方法和工艺。通常采用的裂缝维修方法包括扩缝灌浆法、直接灌浆法、条带罩面补缝和全深度补块等。

(2)板边和板角修补

路面板边剥落、板角断裂的原因包括:接缝或纵横缝交叉处,水的浸入易产生唧泥、脱空,导致板边或角隅应力增大或断裂;接缝处没有传荷能力或板块边缘附近的传力杆失效;路基、基层在荷载和水的作用下,逐渐产生塑性变形,使板边、板角应力增大,产生断裂;面板边缘的接缝中嵌入硬物等。

(3)错台处治

水泥混凝土路面错台,轻者影响行车的舒适性,重者危及行车安全,应根据错台轻重程度和成因,采取不同措施及时维修处治。错台产生的主要原因:路基、基层碾压不密实,强度不足;局部地基不均匀下沉或矿区地基大面积沉陷;水浸入基层,行车荷载使路面板产生泵吸现象;传力杆、拉杆功能不完善或失效。

错台的处置方法有磨平法和填补法两种,可按错台的轻重程度选定。

(4)沉陷处治

沉陷是水泥混凝土路面严重病害之一,它可导致面板的开裂、错台、严重破碎,影响到行车安全。沉陷产生的主要原因包括:

①路基、基层稳定性不够,强度不均匀,造成地基不均匀下沉。

②排水设施不完善,地面水渗入基层,导致基层强度减弱、唧泥、面板严重破碎和面板沉陷。

沉陷的处置方法有板块灌砂顶升法、千斤顶顶升法和整块板翻修法等。

(5)拱起处理

路面拱起的主要原因包括:

①非高温季节施工时,胀缝设置间距过长或失效。
②接缝内嵌入硬物。
③夏季连续高温,使板体热胀。
拱起处理应根据具体情况,采取不同的方法进行处治。

(6)坑洞修补

坑洞修补应根据不同情况采取相应措施进行。对单个的坑洞,应清除洞内杂物,用水泥砂浆等材料填充,达到平整密实;对较多且连成一片的坑洞,应采取薄层修补方法;对低等级公路的面积较大、深度在3cm以内、成片的坑洞,可用沥青混凝土进行修补。

(7)接缝维修

接缝维修应针对不同情况采用不同方法。主要方式有:接缝填缝料损坏维修、纵向接缝张开维修和接缝碎裂维修。

(8)板块脱空处治

水泥混凝土路面板和基层之间由于出现空隙而导致路面沉陷的,可采用沥青灌注、水泥浆、水泥粉煤灰浆和水泥砂浆灌浆等方法进行板下封堵。

(9)唧泥的处治

水泥混凝土路面发生唧泥病害,应采取灌浆处理,然后应对接缝及时灌缝,并做好排水,防止唧泥病害的再次发生。

9.6 路面管理系统简介

9.6.1 路面管理系统定义

路面管理系统(Pavement Management System,PMS)的概念起源于20世纪70年代的北美,许多研究者致力于引入系统分析和运筹学以建立路面设计系统,并逐渐扩展为公路的路面管理系统。

1971年首先出现了"路面管理系统"的术语,美国和加拿大的许多州和省相继建立和实施了网级路面管理系统。20世纪80年代以后,路面管理的方法与技术在美国、加拿大、澳大利亚、日本及欧洲等国家和地区得到了广泛的应用。比较有影响的系统有美国陆军兵团WWER系统、加拿大路面信息和需求系统PNIS、改建信息和优序系统RPIPS、英国运输和道路研究所(TRRL)的公路养护和评价系统CHART等。

不同国家和地区的机构组织对路面管理系统分别给出了各自的定义。美国各州公路与运输工作者协会(AASHTO)在路面管理系统指南中对PMS的定义为:用于决策者在公路评价养护决策中寻求投资有效分配方案(Cost-Effect)的工具。美国联邦公路总署(FHWA)定义PMS为一种通过对路面信息的收集、分析,选择并实施路面建设和养护维修资金投入方案的系统决策过程。根据2001年美国路面管理指南的定义,PMS是指一系列的工具或方法,用以帮助决策者在进行路面养护时能够找到最优策略,从而使路面在一定时期内保持良好的使用状态。澳大利亚道路研究所(ARRB)对PMS的定义为:用于优化利用路面养护可用资源,包括信息采集、信息分析和方案决策的管理方法。

一般说来,PMS 主要包括路面状况评价、路面性能预测、管理策略优化等一系列过程。作为一种辅助决策工具,PMS 是专门为相关管理部门的决策提供依据和进行分析的工具。按照不同的管理层次的需要,可分为网级路面管理系统和项目级路面管理系统。

网级路面管理系统是涉及整个公路网的、用于制定路网养护决策、确定路网养护需求和养护费用优化分配的宏观分析系统,其决策基础是整个路网,目标是追求系统整体效益的最大化,其主要任务是为公路管理部门进行关键性决策提供依据。

项目级路面管理系统则是以具体项目为研究对象,从技术和经济的角度分析养护方案的系统,系统往往受到网级路面管理系统所确定的资金和时间条件约束,其目标是实现项目效益的最优化,主要任务是为公路管理部门对某一工程项目进行技术决策提供依据。

不同层次的 PMS 所包含的要素如图 9-2 所示。

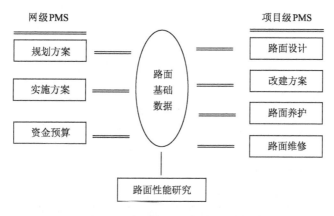

图 9-2　路面管理系统的基本要素

我国路面管理系统的研究起始于 20 世纪 80 年代,期间陆续引进了英国的 BSM 路面评价系统、芬兰 FPMS 路面管理系统及世界银行 HDM-Ⅲ 公路投资效益分析模型等,在"七五"期间,许多科研院所和公路管理部门联合(或单独)开发了一系列的路面管理系统。我国公路路面管理系统大致包括数据库管理、路面性能评价、路面性能预测和路面养护决策四部分,并在参考国外模型方法的基础上,建立了符合我国实际的一些模型。

9.6.2　路面管理系统的组成

路面管理是以有组织的方式把同路面有关的各个方面组合在一起,从采集处理和分析路段的数据,到鉴别目前和今后的养护和改建需要,到编制改建和养护计划,到通过设计、施工和养护实施这些计划,系统是在各方面活动之间建立起来的联系和协调关系。

路面管理系统建立和实施的目的是帮助管理部门改善所作出的决策效果,扩大决策的范围,为决策的效果提供反馈信息,以积累管理经验,并保证部门内各级单位决策的协调一致性。路面管理系统从功能上划分,一般由数据采集系统、数据库管理系统、网级系统和项目级系统 4 个部分组成,见图 9-3。不同组成部分有不同的作用。

9.6.3　常见路面管理系统

(1) 网络型路面管理系统

随着网络技术的发展,将 Internet 技术应用到路面管理系统中,改变了以往局域版和单机版的路面管理系统的工作模式。路面管理系统的广域网化不仅允许路面管理内部人员在各个网络终端按权限使用路面管理系统的各项功能,而且允许外部人员根据用户权限使用路面管理系统数据库和分析功能。在路面管理系统中应用 Internet 技术具有以下几个优点:

①仅需要在服务器上安装相应的软件就可以实现多用户的应用,省却了在客户端安装应用程序的过程,这也使得系统的远程应用以及维护升级更加便利。

②使路面管理系统的使用不受地点的限制。

③外部人员可方便地利用路面管理系统的功能和数据库中的数据进行研究。

但网络型路面管理系统在有这么多优点的同时也为我们带来了网络安全问题,这在开发路面管理系统时需要特别注意。

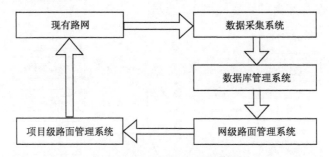

图 9-3　路面管理系统基本组成

(2)基于 GIS 的高速公路路面管理系统

GIS(Geographic Information System)即地理信息系统是在计算机软件和硬件系统的支持下,以地理空间数据库为基础,采集、储存、管理、分析和描述整个和部分地球表面与空间和地理分布有关的数据,为地理研究和地理决策服务的空间信息系统。GIS 实现了图形和数据的结合,以数据可视化的方式提供了一种崭新的决策支持方法。

在路面管理系统中采用 GIS 系统有利于数据的储存、管理、分析,使得路面管理系统的使用更加的直观、方便,添加 GIS 功能是路面管理系统发展的必然趋势。在增加了 GIS 模块之后可以实现如下功能:

①以电子地图的形式表示路段、路网的设计、养护历史、现状数据。

②以电子地图的形式表示路段的养护对策,并提供在电子地图上直接对养护对策进行调整的功能,并将调整的结果回馈到数据库。

参 考 文 献

[1] 黄晓明,朱湘,李昶. 路基路面工程[M]. 南京:东南大学出版社,2006.
[2] 钟阳. 路基路面工程[M]. 北京:科学出版社,2004.
[3] 李西亚,王育君. 路基路面工程[M]. 北京:科学出版社,2004.
[4] 王秉刚,郑木莲. 水泥混凝土路面设计与施工[M]. 北京:人民交通出版社,2003.
[5] 李继业,刘经强,张玉稳. 现代道路材料与施工工艺[M]. 北京:化学工业出版社,2006.
[6] 方左英. 路基工程[M]. 北京:人民交通出版社,1987.
[7] 姚祖康. 道路路基和路面工程[M]. 上海:同济大学出版社,1994.
[8] 高速公路丛书编委会. 高速公路路基设计与施工[M]. 北京:人民交通出版社,2001.
[9] 李峻利,姚代录. 路基设计原理与计算[M]. 北京:人民交通出版社,2001.
[10] 高大钊,袁聚云. 土质学与土力学[M]. 3 版. 北京:人民交通出版社,2001.
[11] 吴旷怀. 道路工程[M]. 北京:中国建筑工业出版社,2012.
[12] 潘玉利. 路面管理系统原理[M]. 北京:人民交通出版社,1998.
[13] 黄卫. 高速公路数据库应用技术[M]. 北京:科学出版社,2002.
[14] 钟阳,吴宇航. 路基路面工程[M]. 哈尔滨:哈尔滨工业大学出版社,2010.
[15] 姚祖康. 水泥混凝土路面设计理论和方法[M]. 北京:人民交通出版社,2003.
[16] 刘宇,杨哲. 路基路面工程[M]. 广州:华南理工大学出版社,2014.
[17] 黄晓明. 路基路面工程[M]. 4 版. 北京:人民交通出版社,2014.
[18] 韦璐,扈惠敏. 路基路面工程[M]. 武汉:武汉大学出版社,2014.
[19] 沈金安. 国外沥青路面设计方法总汇[M]. 北京:人民交通出版社,2004.
[20] 喻翔. 高速公路路面养护管理系统决策优化的研究[D]. 重庆:西南交通大学,2005.
[21] 甄侦. 基于 GIS 的路面管理系统框架研究[D]. 重庆:西南交通大学,2005.
[22] 熊辉,史其信,潘先榜. 路面管理理论与方法的研究进展与趋势[J]. 土木工程学报, 2004,1:65-69,73.
[23] 张德津,李清泉. 公路路面快速检测技术发展综述[J]. 测绘地理信息,2015,1.
[24] 魏东. 我国道路养护问题和应对策略解析[J]. 技术与市场,2015,22(3):121-121.
[25] AASHTO guidelines for pavement management systems[J]. America Association of State Highway and Transportation Officials, 444 North Capital Street, N. W. Suite 225, Washington, D. C. 20001, USA, 1990.
[26] FHWA Management and Monitoring Systems: Executive Summary Report. America Association of State Highway and Transportation Officials, 2001.
[27] Mulholland P. J. Pavement Management System for local Government guidelines report, Research report ARR 188, Australian Road Research Board (ARRB), Australia, 1991, 01.
[28] Yang H Huang. Pavement Engineering and Design. Upper Saddle River: Pearson and Prentice Hall, 2004.
[29] America Association of State Highway and Transportation Officials (AASHTO). AASHTO Guide for Design of Pavement Structures. Washington D. C. : USDOT, 1993.

[30] U. S. Department of Transportation(USDTO). Traffic monitoring guide, Washington, D. C.: Office of Highway Policy Information, Federal Highway Administration, 2001.

[31] Li, Q, Xiao, D. X., Kelvin, C. P., Hall, K. D., and Qiu, Y. Mechanistic-Empirical Pavement Design Guide(MEPDG); A bird's eye view. Journal of Modern Transportation. 19, 114-133, 2011.

[32] 中华人民共和国行业标准. JTG B01—2014 公路工程技术标准[S]. 北京:人民交通出版社, 2014.

[33] 中华人民共和国行业标准. JTG C10—2007 公路勘测规范[S]. 北京:人民交通出版社, 2008.

[34] 中华人民共和国行业标准. JTG E51—2009 公路工程无机结合料稳定材料试验规程[S]. 北京:人民交通出版社, 2009.

[35] 中华人民共和国行业标准. JTG D30—2015 公路路基设计规范[S]. 北京:人民交通出版社股份有限公司, 2015.

[36] 中华人民共和国行业标准. JTG F10—2006 公路路基施工技术规范[S]. 北京:人民交通出版社, 2006.

[37] 中华人民共和国行业标准. JTG E40—2007 公路土工试验规程[S]. 北京:人民交通出版社, 2007.

[38] 中华人民共和国行业标准. JTG E60—2008 公路路基路面现场测试规程[S]. 北京:人民交通出版社, 2008.

[39] 中华人民共和国行业标准. JTG F40—2004 公路沥青路面施工技术规范[S]. 北京:人民交通出版社, 2004.

[40] 中华人民共和国行业标准. JTG D40—2011 公路水泥混凝土路面设计规范[S]. 北京:人民交通出版社, 2011.

[41] 中华人民共和国行业标准. JTG D50—2017 公路沥青路面设计规范[S]. 北京:人民交通出版社股份有限公司, 2017.

[42] 中华人民共和国行业标准. JTG E20—2011 公路工程沥青及沥青混合料试验规程[S]. 北京:人民交通出版社, 2011.

[43] 中华人民共和国行业推荐标准. JTG/T F30—2014 公路水泥混凝土路面施工技术细则[S]. 北京:人民交通出版社, 2014.

[44] 中华人民共和国行业标准. JTG H20—2007 公路技术状况评定标准[S]. 北京:人民交通出版社, 2007.

[45] 中华人民共和国行业标准. JTG H10—2009 公路养护技术规范[S]. 北京:人民交通出版社, 2010.

[46] 中华人民共和国行业标准. JTJ 073.2—2001 公路沥青路面养护技术规范[S]. 北京:人民交通出版社, 2001.